난 아침마다 별을 찾았다

난 아침마다 별을 찾았다

초판 1쇄 | 2024년 8월 15일 펴냄

지은이 | 유제현
북디자인 | 루디아153

펴낸 곳 | 도서출판 훈훈
주소 | 경기도 고양시 덕양구 소원로267
이메일 | toolor@hanmail.net
홈페이지 | blog.naver.com/toolor
인스타그램 | @hunhun_hunhun

난 아침마다 별을 찾았다

유제현 장로가 날마다
써 내려간 큐티QT의 흔적들

흔흔

인생의 여정에서 나이가 들어간다는 것은 상의할 사람이 사라진다는 것을 의미하기도 합니다. 어린 시절에는 부모님과 선생님 등 수많은 고민과 결정들 앞에서 찾아뵙고 상의할 분이 계셨습니다. 그러나 어느덧 어른이 되고 나니 누군가를 찾아가 상의하기보다는 누군가의 고민을 듣고 대답해주는 위치가 되어버렸습니다. 여전히 처음 살아보는 나이이고, 처음 살아보는 위치이며, 처음 살아보는 시대이지만 대답을 줘야 하는 위치에 있게 되었습니다. 정답이 존재하지 않는 세상 속에서 해답을 찾아야 하는 지혜자로 살아가야 하는 순간 찾아갈 스승이나 어른이 없을 때, 가장 안전하고 지혜로운 해답은 성경을 통한 하나님의 인도하심이었습니다.

〈난 아침마다 별을 찾았다〉는 어느덧 인생길에 어른이 되어 하늘의 해답을 받아 살아가고자 애쓴 유제현 장로님이 써 내려간 하나님 말씀 앞에서의 진실한 대화입니다. 신학자의 연구 결과나 목회자의 목회서신이 아닌 자신의 정직한 고백입니다. 그렇기에 성도들에게 더욱 친밀하고 가깝게 다가옵니다.

하나님의 말씀을 받는다는 것은 유한한 인간이 무한한 하나님의 뜻을 받아들이는 것을 의미합니다. 하나님의 말씀을 묵상한다는 것은 지금까지 살아온 지식과 경험으로 살아가는 것이 아닌 늘 그 시대 속에서 말씀하시는 하나님의 세미한 음성에 귀를 기울이며 새롭게 회복되어 살아가는 것을 의미하게

4

됩니다. 그 놀라운 경험의 고백과 감사가 본 도서의 내용 속에 녹아 있습니다.

본 도서는 각기 자기 소견의 옳은대로 살아가려는 이 세상 속에서 하늘의 해답과 지혜를 찾고자 애쓰는 성도들에게, '큐티를 통해 아침마다 하루하루 달려갈 길을 발견하고 하나님과의 동행을 사모하게 되는 귀한 별빛'이 되리라 기대합니다. 큐티를 시작하는 것을 망설이고 있는 성도들에게 하나님과 더욱 친밀해지는 데 좋은 가이드가 되리라 확신하며 추천합니다.

일산충신교회 위임목사(서울서북노회 전 노회장) 구영철

성경에서 말씀은 곧 하나님이라고 하셨습니다. 말씀을 대하는 태도는 하나님을 대하는 태도입니다. 하지만 실생활에서 성경 말씀을 대할 때 하나님을 대하듯 하는 성도들은 많지 않은 듯합니다. 심지어 목회자들도 설교 준비를 위해 수행하는 부담스러운 과제처럼, 말씀을 과제처럼 대할 때가 있습니다.

그러나 유제헌 장로님은 사랑하는 하나님을 대하듯이 말씀을 사랑하고 묵상해 오셨습니다. 매일 세 시간에서 다섯 시간까지 말씀을 읽고 묵상하고 질문하고 적용하며 순종하는 삶을 살아오셨습니다. 목회자로서도 존경스러운 믿음의 삶입니다.

그간 쌓아온 묵상의 열매들이 책으로 나오게 된 것을 기쁘게 생각합니다. 부디 많은 성도님들이 이 책을 통해 하나님의 말씀을 사랑하게 되고 생명의 우물물을 부지런히 긷게 되기를 소망하고 기대합니다.

영신교회 위임목사 이진형

시편 기자는 이야기합니다. "주의 말씀은 내 발에 등이요 내 길에 빛이니이다"(시 119:105). 이 말씀은 그리스도인들이라면 대부분 알고 있는 귀한 말씀이지만, 이 말씀대로 살아간다는 건 결코 쉽지 않습니다. 주의 말씀을 내 길의 빛으로 삼는다는 건 매순간 결단하는 삶을 살아야 함을 의미하기 때문입니다.

유제현 장로님의 묵상 글을 엮은 〈난 아침마다 별을 찾았다〉를 보면, 말씀 앞에서 몸부림치는 한 명의 그리스도인의 모습이 드러납니다. 그리고 이 몸부림이야말로, 연약한 우리들이 할 수 있는 최선이며 유일한 몸짓이 아닐까 생각해봅니다.

진리가 아니면서도 진리인 것처럼 포장된 메시지들이 사방에서 쏟아지는 시대를 살아가고 있습니다. 몇 년 지나면 썩어 없어질 것들이지만, 진리로 둔갑하여 우리들의 눈을 혼란스럽게 하기도 합니다. 그래서 더더욱 우리는 말씀을 붙들 수밖에 없습니다. 말씀이야말로, 수천 년간 진리가 아닌 것들의 공격을 견뎌내며 생명을 유지한 우리들의 유일한 진리이기 때문입니다.

〈난 아침마다 별을 찾았다〉를 통해 드러나는, '말씀을 향한 한 명의 그리스도인이 보여주는 분투'가 읽는 사람들로 하여금 선한 영향력을 끼치기를 기도합니다. 그리하여 우리 모두가 말씀 앞에서 함께 몸부림치기를 기도합니다.

서울서북노회 전 노회장 김상목 장로(승리교회)

유제현 장로님은 평소 성경 말씀을 묵상하며 주변 지인들에게 본인이 느끼고 알게 된 내용을 잘 나누어 주시는 편입니다. 그래서 이번에 출간하신 큐티 묵상집 〈난 아침마다 별을 찾았다〉에 담긴 추천사를 부탁받은 후 추천의 글을 쓰기 위한 부담과 고민보다는 '과연 어떠한 묵상의 깨달음이 들어있을까' 하는 기대감으로 책의 첫 장을 넘겨보았습니다. 책의 제목에 나타나듯, 장로님이 아침마다 찾은 별은 과연 장로님에게 무슨 의미였을지 생각해 보았습니다. 밤하늘을 수놓았던 그 별들은 창세부터 지금까지 시기 시기마다 그 기적을 담고 있을 터. 때로는 광야의 사막 한가운데 떠 있는 무수한 별들부터 동방박사들을 이끌던 별까지, 장로님이 만난 그 별들의 이야기가 묵상의 깨달음 가운데 오롯이 녹아져 있었습니다.

장로님은, 은혜 가운데 찾은 별들을 혼자만 간직하기엔 너무 아까워 지난 300여 편의 큐티 묵상을 정리하여 이번에 도서를 출간하게 되었다고 합니다. 동이 터오면 사라지는 별들이지만 큐티를 통하여 받은 은혜와 말씀의 비밀을 알게 된 감격과 감동의 별은 계속해서 이어집니다. 〈난 아침마다 별을 찾았다〉라는 책의 제목처럼, 이 책의 여운이 읽는 분들에게 퍼져 나가기를 기대합니다.

서울서북노회 전 노회장 윤한진 장로(한소망교회)

예수 그리스도를 믿는 그리스도인이라면 말씀 묵상은 일상화 된, 삶의 한 부분이어야 합니다. 그럼에도 바쁜 현대인들의 일상을 보았을 때 큐티를 매일 해내기란 결코 쉽지 않습니다. 저 역시 가끔, 아주 조금씩 묵상을 하기는 했지만 깊이 몰입하지는 못했고 잠깐 하는 시늉만 낸 듯합니다. 그러나 그러한 신앙생활은 주일 예배로 만족하는 데 끝나는 경우가 많고, 더 이상 말씀 속으로 들어가지 못하는 한계를 분명히 드러내게 됩니다. 강렬한 성령 체험을 하고, 말씀의 은혜에 눈물을 흘리며 여러 사역에 열심을 기울여도 말씀 안으로 깊이 들어가지 못하면 우리는 예수 그리스도, 그 분의 마음을 헤아릴 수 없습니다. 어찌 보면 자기 방식의 신앙생활을 그대로 지속하는 행위에 머무를 수도 있음을 깨닫게 됩니다.

그렇게 자기 방식대로 신앙생활을 할 때, 하나님의 뜻과는 거리가 있는 내 방식의 삶을 살게 되고 '하나님 의존적 삶'이 아니라 '나 의존적 삶'이 되어 결국 내가 왕이 된 삶을 살 수밖에 없다고 봅니다. 이런 삶은 자신의 죄가 뭔지도 모르고 신나게 세상을 향해 달려간 후 그것을 두고 '최선을 다한 삶'이라고 자부하기도 합니다. 마치 여름 전봇대 전등을 향해 달려드는 나방들 같이 세상을 향해 달려가는 셈이죠. 전봇대 아래 즐비하게 쌓여 있는 죽은 나방들의 모습과 같이, 우리 삶은 피폐해지고 영적으로는 멸망의 문으로 들어가게 됩니다.

이성을 내려놓아야 하나님이 일하심을 경험할 수 있습니다. 이것은 제가 출애굽기에 나오는 5대 광야 훈련을 거친 후에야 깨닫게 된 진리의 고백입니다. 세상의 가치, 경험, 지식, 문화, 환경에서 오는 모든 것으로 집약된 나의 생각, 즉 이성을 내려놓아야 하나님이 일하실 공간이 생긴다는 의미겠죠. 저는 이것을 두고 〈주권이양〉이라 표현하고 싶습니다. 특별히 일산중신교회를 섬기면서 구영철 담임 목사님의 목회 철학인 제자화에 영향을 받아 제자반 과정을 열심히 수료했고 설교 말씀을 18년간 열심히 기록하면서 목사님을 스승으로, 닮아 가기를 힘써 노력했습니다. 그런 말씀의 되새김 과정을 통해 쌓인 기초가 큐티를 시작할 때 영적인 문을 열어 줄 수 있는 동기가 된 것은 분명합니다.

말씀을 해석하고 통찰하고 말씀 안으로 깊이 들어갈 수 있는 것은 큐티를 통해서 훈련되었을 때 가능하다는 것을 저는 매우 특별하게 경험했습니다. 말씀을 해석하고 나의 삶을 드러내며 말씀을 삶에 적용하는 훈련은 새롭게 거듭나는 원동력이 될 수 있습니다. 2015년 〈우리들교회〉 김양재 목사님을 '일산충신교회 신년 부흥 사경회'에 강사로 모셨을 때 그분을 통해 큐티의 중요성을 깨닫게 되었고 큐티 제자반을 수료하면서 더 깊이 큐티의 세계로 빠져들게 되었습니다. 김양재 목사님을 만난 이후 약 2~3년간 성령님은 저를 큐티로 몰입하게 하셨습니다. 새벽기도회에 다녀온 후 책상에 앉으면 홀로 앉아 주석을 찾아가며 큐티를 하기 시작했습니다. 긴 시간 묵상한 말씀들이 머리에서 정리되면 곧바로 핸드폰 카톡을 열고 써 내려가기 시작했습니다. 그렇게 약 300여편의 큐티가 차곡차곡 쌓이게 되었습니다. 그중 일부를 1집으로 〈난 아침마다 별을 찾았다〉라는 제목 아래 출간하게 되었습니다. 물론 많이 부족하고, 한편 부끄럽기도 합니다. 그렇지만 그 모든 큐티들은 진솔한 삶의 고백이며 말씀 앞에 정직하게 서서 나를 들여다본 '고백서'이기도 합니다.

큐티를 통해 저는 말할 수 없는 큰 은혜를 경험했습니다. 내가 한 큐티를 다시 읽어 보면서 때론 '내가 어떻게 이런 말을 했지?' 하는 생각을 할 때가 많았는데 생각해 보면 큐티를 할 땐 성령님이 내 심령을 인도하셨기 때문이었음을 후에야 알게 되었습니다. 그리고 말씀이 해석될 때는 그렇게 기쁠 수가 없었습니다. 또한 말씀을 통찰하면서 하나님 아버지의 마음을 엿볼 때는 하늘의 비밀을 안 것 같아 내 안에 말할 수 없는 희열이 차오름을 경험하기도 했습니다. 더 큰 유익이 있었다면, 큐티가 자가 발전을 하는 것 같았다는 겁니다. 내 안에 있는 심령 충전기에 계속 충전할 수 있는 힘을 주고, 때론 스스로 발전기가 돌아가는 현상을 경험하게 된 것입니다.

이런 경험을 한 저는 자연스럽게 큐티를 주변에 열심히 권하는, 그런 사람이 되었습니다. 큐티를 통해 제가 경험한 은혜가 워낙 컸기 때문입니다. 당시 저는 약 200여명과 큐티 나눔을 했는데 큐티가 문서 선교가 될 수 있음도 깨닫게 되었습니다.

이 책에 담긴 큐티들은 제가 매일 주님 앞에 무릎을 꿇고 별을 찾는 심정으로 묵상하며 써 내려간 것들입니다. 치열하게 살아가며 큐티 가운데 받은 은혜를 기록할 수 있었던 건, 돌아보니 그 자체로 커다란 은혜였습니다. 또한 본 도서의 앞부분에 기록된 큐티에 대한 다양한 방법론은 큐티에 대한 〈우리들교회〉 교재를 일부 참고했음을 미리 밝혀두며 감사함을 전합니다.

이 책을 읽는 모든 독자분들이 제가 경험한 은혜, 그 이상의 은혜를 경험하기를 기도합니다. 그리하여 반드시, 여러분만의 조용한 시간에 '주님'이라는 소중한 별을 찾기를 소망합니다.

2024년 8월

유제헌

결연이란 이름으로 하나님께서 맺어준 소중한 천사들.
이들과 함께 하나님의 꿈을 이뤄 가고 싶다.

목 차 *

매일, 매일
주님 앞에 무릎을 꿇었다

주님께서는 매일 내게
작은 별을 보여주셨다

큐티란
무엇인가?

· Quiet: 가만히 머물 수 있는 시간과 장소.
· Time: 규칙적이고 일정한 하루의 때.

Quiet Time의 약자인 QT는 하나님과 교제하기 위해서 그 날에 따로 떼어드리는 시간입니다. 성경 묵상의 대명사로 불리고 있는 QT는 하나님을 알아가고 사랑하는 것으로 정의를 내릴 수 있습니다. 좀 더 구체적으로 말한다면 성경을 구속사적으로 읽고, 이해하고, 해석하는 것으로 볼 수 있습니다.

우리가 다른 사람을 알아가기 위해서는 그 사람과 함께 시간을 보내고 대화를 나누는 것처럼 하나님을 알아가기 위해서는 그 분의 말씀이 담긴 성경을 통해서, 그리고 기도를 통해서 하나님과 대화할 수 있습니다.

큐티(QT)는 날마다 말씀으로 나의 심령을 적셔주는 것이며, 이것이 매일의 성경묵상이라고 할 수 있습니다. 오래된 내 가치관, 내 자아가 깨지기 위해서는 날마다 말씀을 먹고 소화해야(겔3:3) 합니다. 그것이 나의 새로운 조직이 될 때 비로소 내면의 변화가 일어나는 것입니다. 그때 비로소 나의 가치관이 성경적 가치관으로 변하게 되며, 이렇게 말씀으로 묵상하다 보면 잘 이해되지 않던 성경 말씀이 통찰되고 해석되는 놀라운 축복을 누리게 되는 것입니다.

첫째, 큐티(QT)는 생각하는 훈련입니다.

사람은 누구나 자기중심적 사고와 이기주의적 사고를 갖고 있습니다. 그런데 하나님을 알아 가면 갈수록 '자기중심'에서 '하나님 중심'으로 생각이 이동을 하게 됩니다. 자기중심의 사람은 다른 사람을 이해할 수 없고 자기 기준이 율법이 되어 그 율법에 갇히는 우를 범하게 됩니다. 그래서 자기와 다른 것은 틀린 것으로 판단하고 정죄하게 됩니다. 그러나 예수 그리스도는 우리를 위해 기꺼이 십자가의 고난을 감당하셨을 뿐만 아니라 생명까지 내어 주셨습니다. '생각'(think)을 잘못하면 '가라앉게'(sink) 되고, '탱크'(tank)처럼 자기 열심으로 밀어붙이게 됩니다. 내 생각에 치우치지 않고 예수님처럼 생각하려면 말씀 묵상(QT)으로 찾아오시는 주님을 만나야 합니다. 나 중심에서 예수님 중심으로 생각하는 훈련이 필요한 이유입니다.

둘째, 큐티(QT)는 날마다 말씀 묵상을 통해 내 생각과 욕심을 가지치기 하는 훈련입니다.

큐티는 성경을 구속사적인 관점으로 보면서 아브라함을 비롯한 수많은 믿음의 조상들의 삶에 자신을 투영시켜 조명하는 것입니다. 자신의 죄를 발견하며 나 자신이 주님의 은혜 없이는 살 수 없는 존재임을 깨달으며, 매일 새롭게 거룩한 사람으로 창조되어 가는 신앙 훈련인 것입니다. '생각'(think)을 바르게 하면, 어떤 환경에서도 '감사'(thank)가 나오고, 큐티(QT)의 궁극적인 목적인 영혼구원의 사명을 발견하는 데까지 이르게 됩니다.

셋째, 하나님을 사랑한다면 하나님에 대해 알아야 합니다. 즉 큐티(QT)는 하나님을 알아가는 훈련입니다.

아는 것만큼 믿음이 생깁니다. 사랑은 구체적이기 때문에 반드시 만남이 있어야 합니다. 하나님을 만나기 위해 지각을 사용하여 성경을 보아야 합니다. 그래야 하나님의 뜻대로 기도도 하게 되고, 내 삶의 구체적인 부분까지 말씀의 인도함을 받게 됩니다. 매일의 삶에 구체적인 하나님의 인도하심을 받게 된다면 얼마나 기쁨이 가득할까요? 살아있는 말씀의 능력이 나와 내 가족의 삶에 세밀하게 적용된다면 얼마나 좋을까요? 이 같은 삶의 비결이 바로 말씀 묵상(QT)에 있습니다.

> "내가 이르노니 너희는 성령을 따라 행하라 그리하면 육체의 욕심을 이루지 아니하리라 육체의 소욕은 성령을 거스르고 성령은 육

체를 거스르나니 이 둘이 서로 대적함으로 너희가 원하는 것을 하지 못하게 하려 함이니라." 갈5:16-17

큐티를 통해 매일 하나님과 조용한 시간, 조용한 장소에서 깊은 교제를 나누게 되면 하나님의 마음이 내 영, 혼, 육에 촉촉이 젖어 들어 하나님의 가치, 하나님의 원리가 내게 가득 채워지게 되고 하나님의 마음을 알게 되어 내 마음이 육체의 소욕에 따라가지 않게 됩니다. 나아가 성령을 따라 살아가게 됨으로 하나님과 동행의 역사를 이뤄 나갈 수 있다고 생각합니다. 그렇기 때문에 우리는 큐티가 일상화되는 삶을 지향해야 할 것입니다.

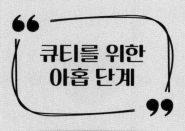

큐티를 위한 아홉 단계

1

준비 및
기도하기

우선 조용한 시간과 장소를 확보하는 게 필요합니다. 분주한 마음을 내려놓고 시간을 여유 있게 충분히 확보합니다. 자기 나름대로 가장 적절한 방법에 따라 마음을 차분히 가라앉히고 하나님께만 집중합니다. 그리고 성경을 읽기 전에 성령님의 도움을 간구합니다. 말씀을 묵상하는 데 방해받지 않는 공간을 마련하는 것이 중요합니다.

2

본문 읽기

큐티 할 본문을 집중하여 정독합니다. 일반적으로 성경 지식과 관계없이 깨달아지는 말씀이 있을 수 있으나 가능한 주석 성경이나 성경 사전을 참고하여 핵심 단어의 의미를 찾고 또는 본문의 배경과 인물에 대한 자세한 내용을 찾을 수 있다면 더욱 좋습니다. 말씀을 전체적으로 이해하고 묵상을 하게 되면 묵상도 점차 깊어지고 적용도 풍성해지기 때문입니다.

3

큐티 노트

말씀을 정독할 때 그냥 읽는 것으로 끝내지 말고 성령께서 주시는 마음을 생각하고 성령님께 질문도 하면서 꼭 노트에 기록합니다. 깨달아지는 마음, 떠오르는 생각, 느껴지는 마음 등을 자세히 노트에 기록합니다. 이렇게 성령께서 주시는 은혜를 기록하는 습관은 영적 성장에 큰 요인으로 작용합니다. 특별히 주석이나 성경 사전을 찾아서 깨달아지는 내용을 함께 기록하면서 큐티를 준비합니다.

4

본문 요약

성경 본문을 여러 번 정독한 후 가능한 5줄 이내로 내용을 함축 요약해 봅니다. 성경 본문을 함축해서 요약하는 훈련은 설교나 간증을 요약하는 데도 큰 도움이 됩니다.

5

질문하기

성경 본문을 정독한 내용 중에서 본문의 핵심 키워드가 무엇인지 생각하고 묵상할 질문을 2개 정도 선택합니다. 좋은 질문이 좋은 큐티의 출발이 됩니다. 성경을 보면 소제목이 붙은 단원별로 나눠져 있는데 단원별, 또는 내용별로 선택해서 묵상하면 됩니다.

6

묵상하기

성경의 말씀은 단순히 수천 년이 지난 역사 이야기가 아닙니다. 바로 오늘 내 삶의 현장에 적용해야 할 하나님의 명령과 약속의 말씀입니다. 그러므로 성경 말씀이 거울이 되어 나를 비춰볼 때 거울 속에 비친 나의 진면목을 볼 수 있어야 합니다. 그리고 오늘도 끊이지 않는 나의 죄와 수치를 주님 앞에 솔직히 오픈하고 지금 내 상황과 해결해야 할 문제에 대해 본문 말씀이 구체적으로 어떻게 내게 적용되는지를, 어떻게 나에게 말씀하고 있는지를 묵상합니다.

7

적용하기

본 큐티의 절정은 적용입니다. 묵상한 내용을 어떻게 내 삶에 적용할지 기록하고 그것을 삶으로 실천하는 것입니다. 적용 내용을 2~3개 정도 고백하는 마음으로 기록합니다. 또한, 공동체와 나눌 때는 '적용 질문'으로 나눠도 좋습니다. 적용은 스스로의 결단이기도 합니다. 최고의 양약인 말씀으로 나의 영과 혼과 육이 새롭게 살아남을 경험하게 될 것입니다.

8

**말씀으로
기도하기**

큐티를 했던 내용을 중심으로 그 말씀을 붙들고 기도합니다. 나의 죄와 연약함을 고백하며 하나님의 긍휼을 구합니다. 또한 오늘 나에게 주신 말씀이 그대로 이뤄질 것을 믿고 기대하며, 내 삶을 전적으로 주님께 내어 맡기고 올려 드립니다.

9

은혜
나누기

묵상한 내용을 먼저 자신과 나눕니다. 몇 번이고 묵상한 말씀을 되새김하면서 하나님의 마음을 품고 하나님과 교제를 합니다. 그리고 가족, 교회, 소그룹 공동체의 지체들과 큐티를 나누고 가까운 지인들에게도 함께 나눴을 땐, 부족하나마 문서 선교사의 역할도 감당하게 됩니다.

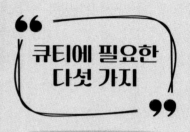

1. 교재 선택하기

성경만 갖고도 QT를 할 수는 있으나 QT가 훈련되고 생활화되지 않은 사람은 결코 쉽지가 않습니다. 그래서 QT 교재가 필요합니다. 교재를 가지고 묵상을 하면 매일 주어진 분량의 본문을 읽게 되고 묵상하게 됨으로 QT 훈련에 매우 유익합니다. 교재를 통해 매일의 QT를 하며 밀려오는 거룩한 부담은 우리가 지성소 영성으로 가는 데 큰 도움이 됩니다. 교재는 '우리들 교회' <QTin>을 사용하면 누구나 쉽게 접근할 수 있고 큐티 훈련에 도움이 될 것입니다. 기독교 서점에 가서 자기에게 맞는 교재를 선택하는 것도 좋은 방법입니다.

2. 기도하기

큐티에 들어가기 전에 겸손한 마음으로 먼저 하나님께 기도합니다. 오늘 선택한 본문을 이제 묵상하겠다고 말씀드리고 성령님께서 깨달을 수 있는 마음을 주시기를, 볼 수 있는 눈을 열어주시고 들을 수 있는 귀를 열어주셔서 오늘 저희 삶에 그리고 여러 성도, 지체들의 삶에 선한 영향력을 줄 수 있는 적용이 될 수 있도록 말씀해 주시기를 간구합니다.

3. 본문 읽기

본문을 읽을 때, 하나님의 구속사적 관점으로 생각하면서 말씀이 나에게 어떻게 적용이 될까를 묵상하는 마음으로 읽어 내려갑니다. 먼저 크게 소리를 내어 읽고, 눈으로 읽고, 마음으로 읽으면서 하나님의 마음을 헤아려 봅니다. 또한 본문의 앞에 있는 말씀과 뒤에 있는 말씀을 같이 보면서 전체적인 말씀의 배경과 이해를 높여 가는 것이 좋습니다.

4. 찾아보기

본문 말씀과 관련한 관주, 주석 등 필요 사항을 찾고 성령께서 주시는 마음을 기록합니다. 핵심 주제를 파악하고 관련된 말씀들을 찾아 묵상 자료를 모아 기록합니다.

5. 큐티의 필수 요소

1) 시간
2) 장소
3) 성경
4) 기도
5) 나눌 수 있는 공동체

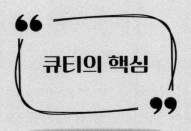

큐티의 핵심

큐티의 핵심은 성경을 구속사로 묵상하는 것입니다. 그리고 기억해야 할 것은 '큐티는 생각하는 훈련'이라는 겁니다. 주님을 알기 전, 우리는 늘 내 중심의 생각을 합니다. 사건마다, 사람마다 자기를 중심으로 생각하기에 다른 사람을 이해하지 못합니다. 원망과 불평의 올무에 갇히기 쉽습니다. 그러나 주님은 나 한 사람의 구원을 위해 이 세상의 모든 환경을 움직이셨을 뿐 아니라 오랜 시간 기다려주시고 급기야 자신의 생명까지 내어 주셨습니다. 이런 주님을 만나게 된 사람은 '예수님이라면 나와 같은 상황에서 어떻게 하셨을까?' 생각하게 됩니다.

나의 생각으로 치우치지 않고 예수님의 생각을 하려면 말씀으로 오신 주님을 만나야 합니다. 그래서 큐티는 말씀묵상을 통해 내 생각과 욕심을 가지치기하는 훈련입니다. 성경을 구속사적인 관점으로 보면서 아브라함 이래 수많은 믿음의 조상들을 투영시켜 자신을 조명하는 훈련입니다. 자기의 죄를 보며, 주님의 은혜 밖에서는 살 수 없

프롤로그

는 존재라는 사실을 깨달아가며, 매일 새롭게 거룩한 사람으로 빚어
져가는 신앙훈련인 것입니다. 생각(Think)을 바로 하면, 어떤 환경에
서도 감사(Thank)가 나오게 됩니다. 아울러 큐티의 궁극적 목적인 영
혼 구원의 사명을 발견하는 데까지 이르게 됩니다.

이렇게 말씀 앞에 겸손히 자신을 직면하고 하나님의 주권을 인정하
게 되면 나의 구원을 위해 어떤 것도 버릴 것이 없음을 깨닫게 됩니
다. 말씀 안에서 나와 다른 '너'를 이해하며 받아들이게 되고, 상대
방의 사건이 나의 사건이 되어 더욱 깊이 주님의 마음으로 체휼하게
됩니다. 십자가 지는 사랑으로 한 걸음 한 걸음 나아갑니다. 이렇게
영혼 구원을 목적으로 이타적인 삶을 소망하는 사람들이 모인 공동
체는 은혜와 구원의 통로로 쓰임 받게 됩니다. 큐티를 통해 체득하게
될 유익은 풍성합니다.

1. 하나님의 구속사로 성경을 차례대로 읽어가는 큐티
2. 일시적이 아니라 날마다 해야 하는 삶의 과정인 큐티
3. 내 죄를 보는 큐티
4. 십자가를 길로 놓는 큐티
5. 나를 살리는 약재료로 다른 사람을 살리는 큐티
6. 오픈이 능력임을 경험하는 큐티
7. 환난 당하고 빚지고 원통한 자들과 함께 하는 큐티
8. 공동체를 정결하게 하는 큐티
9. 인생의 목적은 행복이 아니라 거룩임을 깨닫게 되는 큐티

10. 내게 일어난 사건을 말씀으로 해석하는 큐티

11. 한 사람에 대한 순종을 배우는 큐티

12. 한 영혼의 소중함을 깨닫게 되는 큐티

13. 끼리끼리의 공동체에서 사명 공동체로 나아가게 하는 큐티

14. 이타적인 삶을 가능하게 하는 큐티

15. 인간에 대한 깊은 이해를 가능하게 하는 큐티

16. 남녀의 구조와 역할을 깨닫게 하는 큐티

17. 치리와 권징을 가능하게 하는 큐티

18. 옳고 그름의 문제가 아님을 깨닫게 하는 큐티

19. 가정 중수가 이뤄지는 큐티

20. 구속사의 시간으로 사람(사건)을 보게 하는 큐티

이어서 양질의 큐티 나눔을 위해 필요한 사항을 나눕니다.

첫째, 마음 열기(Telling-텔링)입니다.

한 주간의 삶을 돌아보며 생각과 마음을 솔직하게 나눕니다. 마구잡이식 나눔이 아니라 내 삶이 예수님과 어떤 연관이 있는지 생각해보며 마음 문을 여는 시간입니다. 이는 예수님을 초청하는 것을 뜻합니다. 예수님을 초청한다는 것은 내 죄를 고백하는 것이기도 합니다. 주일 설교말씀을 되새기고 나를 비춰보며 지금까지 생각지 못했던 내 모습을 깨닫고 나를 찾아오신 주님 앞에 내 마음을 고백합니다.

둘째, 말씀 읽기(Holifying-홀리파잉)입니다.

나 스스로는 거룩해질 수 없습니다. 오직 말씀이신 예수님을(요1:14) 만나야만 삶이 거룩해집니다. 매주 주제 큐티 말씀으로 오신 주님을 만납니다. 매주 주제 큐티 본문 말씀이 나를 읽고 지나갈 수 있도록 성령님의 감동을 구합니다(딤후 3:16).

셋째, 구속사로 해석하기(Interpreting-인터프리팅)입니다.
예수님을 영접해도 여전히 사람은 살아온 습관이 있어서 자기 생각을 가지고 예수님을 만나려고 합니다. 내 생각에 예수님의 생각을 맞추는 것이 아니라, 내 생각을 내려놓고 나를 만나주신 예수님의 생각을 알아보는 것이 구속사로 해석하기입니다. '구속사적인 해석'이란 옳고 그름의 인본주의적 관점이 아닙니다. 하나님의 관점, 곧 구원의 관점으로 성경을 보는 것입니다.

넷째는 돌아보기(Nursing-널싱)입니다.
예수님을 만나고 예수님의 해석을 듣고 난 다음에는, 스스로 예수님을 만나고 그분의 말씀을 듣는 훈련이 되어야 합니다. 이를 위해 필요한 정보나 책을 이용하기도 합니다. 깨달은 말씀에 비추어 나를 돌아보고, 나 자신과 주위 지체들과 공동체를 돌아보면서 나눔을 할 수 있습니다. 내가 먼저 양육되고 성장하면 당연히 손, 발, 시간, 물질이 가는 '적용'을 하게 되고, 다른 사람을 돌보며 공동체를 섬기는 지경까지 넓혀지게 됩니다.

다섯째는 살아내기(Keeping)입니다.

깨달은 말씀을 마음에 새기고 말씀으로 살아낼 때, 자신과 가정, 공동체를 '지키고 중수'할 수 있습니다. 교재를 통해 매주 주제 큐티를 선정해서 하게 되면 이와 같이 변화된 삶이 주어질 것입니다.

마지막으로, 주제 큐티에 대한 간략한 안내를 드리도록 합니다.

선택한 성경 본문에서 1. 제목을 정하고, 2. 본문을 요약하고, 3. 질문하기를 통해 4. 질문을 중심으로 묵상합니다. 충분한 묵상 후 5. 적용하고, 6. 말씀으로 기도합니다.

· 제목은 선택한 본문의 전체 내용이 함축된 것을 압축한 것으로 정합니다.
· 본문 요약은 전체 본문을 최대한 간략하게 3-5줄 이내로 요약합니다.
· 질문하기는 두 가지를 선택해서 하는데 질문 내용의 연속성이 드러나도록 하면 좋습니다
· 적용하기는 실제로 내가 적용할 내용을 합니다.
· 기도는 말씀 내용으로 기도하고 마칩니다.

2015년 큐티
아침마다 별을 찾다

주제: 고질병 죄

말씀 요약_

반복되는 이스라엘 백성들의 죄로 인해 하나님께서는 더 강한 가나안 왕 야빈의 손을 통해 이스라엘을 치셨고 20년 동안 야빈을 섬기게 하셨습니다. 하지만 야빈의 심한 학대에 다시 이스라엘이 여호와께 부르짖으매, 하나님께서는 평범한 한 남편의 아내인 드보라를 세워 백성들을 구원하셨습니다. 드보라는 바락을 불러 하나님의 명령을 선포하고 두 지파에서 만 명을 이끌고 가서 철병거 900대로 중무장한 야빈을 치도록 했습니다. 이에 바락은 드보라가 같이 갈 것을 조건으로 내세웁니다.

묵상하기_

오늘 말씀에서 몇 가지를 살펴보고자 합니다. 첫째는 이스라엘 백성들의 반복되는 죄는 일종의 고질병이라는 것입니다. 이는 스스로의 힘으로는 해결할 수 없고 하나님의 도움으로만 일어설 수 있습니다. 우리도 어떤 연약한 고질병이 있다면 공동체에 공개적으로 영적인 고백을 통해 십자가에 못 박고 죄로부터 자유함을 얻어야 합니다. 둘째는 하나님께서 왜 평범한 주부인 드보라를 선택하셨는가 하는 것입니다. 철병거 900대로 무장한 강한 군대를 대적할 인물로는 너무도 연약한 존재이기 때문입니다. 그 이유는, 오직 하나님만 의지했을 때 연약함도 하나님의 능력이 됨을 보이시려는 하나님의 뜻입니다. 내 힘으로 했을 때 교만할 수 있기 때문입니다. 셋째는, 전쟁에서 군대 숫자는 매우 중요함에도 불구하고 만 명으로 제한하신 것은 오직 전쟁의 승리는 하나님 손에 달려 있다는 것입니다. 넷째로 우리가 생각해야 할 것은 바락이 전적인 순종을 못 한 결과입니다. 그는 온전한 신뢰를 하지 못하고 드보라가 전쟁에 동행할 것을 조건으로 내세웠습니다. 그 결과 전쟁 승리의 영광을 취하지 못하고 다른 사람에게 그 영광이 돌아가게 했습니다. 오늘 말씀을 통해 깨닫는 것은 드보라의 하나님으로 믿는 게 중요한 게 아니라, 하나님이 '나의 하나님'이 되어야 한다는 사실입니다. 그리고 야빈이 자기가 갖고 있는 강한 군대를 의지한 것처럼, 나의 명예, 물질, 학벌, 자녀로 성을 쌓고 그것을 의지할 때 우리의 마음이 교만해지고 이것은 하나님의 영광을 가린다는 것입니다. 또한 바락처럼 상황만 보고 뒤에서 일하시는 하나님을 믿지 못하는 우리의 연약함을 내려놓고 약함이 강함 되게 하시는 주님만 전적으로 의지해야 한다는 것입니다. 그리할 때 앞서 일하시는 하나님을 경험할 수 있게 됩니다.

★ 적용하기_

1. 고쳐지지 않는 고질병적인 죄를 하나님 앞에 드러내고 십자가에 매일 못 박겠습니다.
2. 상황에 무력해지는 자신을 믿음의 관점에서 바라보고 주님만 더욱 의지하겠습니다.

★ 말씀으로 기도하기

"하나님 아버지! 오늘 이스라엘 백성들의 반복되는 죄의 모습이 우리의 모습임을 고백합니다. 그러므로 매일 십자가 앞에 나의 죄를 드러내어 못 박음으로 자기 부인의 삶을 살아가게 하옵소서. 또한, 연약한 자를 세워 주님의 일을 이뤄 가시는 주님만을 전적으로 의지하며 나의 약함이 오히려 주님의 강한 도구가 되도록 인도하여 주옵소서. 예수님의 이름으로 기도합니다. 아멘."

주제: 그리스도인의 자녀 교육

말씀 요약_

　마노아가 간청하자 여호와의 사자는 번제를 준비하게 합니다. 마노아와 그의 아내는 불꽃이 제단에서 하늘로 올라가는 이적을 경험한 후, 그제야 그가 여호와의 사자인 줄 알고 엎드립니다. 마노아는 죽을까 두려워하지만 그의 아내가 안심시킵니다. 이후 마노아의 아내는 삼손을 낳고, 마하네단에서 여호와의 영이 삼손에게 임합니다.

묵상하기_

　오늘 말씀은 이스라엘의 마지막 사사 삼손의 탄생에 대한 말씀입니다. '그리스도인의 자녀 교육'에 대해 나눔을 갖고자 합니다. 본문에서 하나님은 구체적인 양육 지침을 주십니다. 5절을 보면 아이가 태어나면 "머리 위에 삭도를 대지 말라"는 것과 "포도주와 독주를 마시지 말라"는 것입니다. 이것은 가나안 문화를 본받지 말라는 하나님의 강력하신 명령입니다. 당시 가나안은 단발머리 문화가 있었고, 농경 사회 역시 포도와 포도주가 흔했던 것을 생각하면 이런 문화에 젖어 들지 말라는 것입니다. 우리가 몸담고 사는 세상은 가나안입니다. 그러나 가나안 문화에 몸담지 말고 구별된 삶을 살라는 하나님의 명령임을 깨달아야 합니다. 12절 말씀에는 마노아가 이르되 "이제 당신의 말씀대로 되기를 원하나이다. 이 아이를 어떻게 기르며, 우리가 그에게 어떻게 행하리이까" 이렇게 질문합니다. 아이의 양육 방법을 하나님께 묻는 것입니다. 우리의 자녀교육이 나의 방법 인가 하나님의 방법인가 분별해야 합니다. 예를 들어 족집게 과외는 하나님 방법이 아닙니다. 아이의 특성을 살리는 교육이 하나님 방법 입니다. 최고의 자녀 교육은 부모가 하나님께 기도하는 것으로 시작 하여 하나님께 묻는 것입니다. 24절을 보면 "여호와께서 복을 주시 니 여호와의 영이 그를 움직이기 시작하셨더라"라고 했습니다. 여호 와께서 복을 주셔야 합니다. 가나안에 물들지 않은 부모와 자녀가 될 때 하나님의 영이 우리를 움직이십니다.

오늘 말씀을 묵상하면서 나의 자녀 교육을 되돌아보는 계기가 되 었습니다. 교회에 다닌다고 하면서도 말씀을 깊이 묵상하지 못한 얕 은 신앙생활은 삶에 큰 변화를 주지 못했습니다. 그렇기 때문에 언제 나 판단의 잣대는 나의 주관이고 나의 생각이었습니다. 큰 애가 태어 나고 이 아이를 정말 내가 원하는 방향으로 최선을 다해 키우겠다는 다짐을 했습니다. 그리고 세상의 방법을 적용해서 잘 키우려고 노력 을 했습니다. 그러나 그것은 하나님의 양육 방법이 아님을 한참이 지 나서야 깨달을 수 있었습니다. 부모의 강요와 강박을 힘들어했던 아 이는 부모의 눈을 피하기 시작했고 오락과 게임을 더 좋아하게 되었 습니다. 그럴 때마다 더 강력한 질책으로 아이를 다루려 했지만, 그 럴수록 아이는 부모의 기대에서 벗어났습니다. 아이의 유약하고 의 지도 강하지 못한 성격을 그대로 인정해 주지 않고 부모의 기대대로 움직여 주기를 강요했던 것입니다. 저도 그렇지만 대부분 부모들은 내가 못한 것을 자식이 해주기를 바라는 마음에서 부모의 기대대로 양육하려고 합니다. 제게도 다 이루지 못한 꿈이 있었습니다. 정말 부모님이 좀 더 적극적으로 밀어줬더라면 오늘의 내가 아닌 더 발전되고 성공적인 내가 되었을 텐데 하는 인지 오류적 사고를 갖고 있었기 때문이었습니다. 그래서 큰 자식에게 거는 기대가 컸고 내가 꿈꾸고 그리던 그런 아들로 키우고 싶은 욕망이 있었습니다. 그러기에 더 강하게 압박을 했던 것 같습니다. 그러나 그것은 하나님의 방법이 아니었음을 지금에서야 깨닫게 되었습니다. 아이를 하나님께 맡기는 것부터 결단하고 양육했어야 했습니다. 내 의지나 내 방식이 아니라 하나님의 성품에 맡기고 하나님의 인도하심을 기다렸어야 했습니다. 내 방식은 가나안 문화를 답습할 우려가 매우 크기 때문입니다.

본문 마노아처럼 아이의 양육 방법을 하나님께 묻는 것, 그것은 우리가 지금 해야 할 일입니다. 세상적인 자녀 양육은 공부 → 좋은 대학 → 좋은 직장 → 성공 → 행복 이런 등식을 지향하지만, 하나님 방법의 자녀 양육은 달란트 발견=>자기소명=>행복한 인생=요셉의 형통한 복, 이러한 흐름으로 진행되어야 합니다. 그런데 세상은 자녀의 달란트는 생각지 않고 오직 '부모 기대 맞춤형 교육'을 시키려고 무던히도 애를 씁니다. 그것을 마치 자신의 성공인 것으로 착각하면서 말입니다. 그런 양육 방식은 자신도 망가트리고 자녀도 망가트리게 됨을 우리는 깨달아야 합니다. 나의 자녀가 갖고 있는 달란트가 무엇인가를 먼저 발견하고 달란트에 따라 자녀를 양육한다면 자녀의 삶은 행복한 삶이 될 것입니다. 그 삶을 통해 가정도 행복하고 건강한 가정이 될 것입니다.

★ 적용하기_
1. 나의 실수를 솔직히 인정하고 자식들에게 올바른 다음세대 양육 방법에 따라 가르치겠습니다.
2. 가나안 문화의 가치관과 하나님 말씀에 따른 가치관을 큐티를 통해 가정에서 나누겠습니다.

★ 말씀으로 기도하기
"하나님 아버지! 오늘 말씀을 통해 우리의 삶을 하나님 손에 맡기는 것이 최선임을 깨닫습니다. 또한 자녀를 양육하는 방법도 내 방법이 아니라 '하나님 방법에 따라 하나님의 인도하심을 받는 것'이 자녀들의 행복이고 성공인 것을 깨닫게 됩니다. 이를 위해 우리가 먼저 말씀 앞에 순종하고 엎드릴 수 있도록 성령님께서 인도해 주옵소서. 예수님의 이름으로 기도합니다. 아멘."

주제: 삼손의 마지막 사명

말씀 요약_

구별된 삶을 살아야 하는 삼손은 본분을 잊은 채 블레셋과의 싸움에서 이긴 승리에 도취되어 기생과 성적 관계를 맺음은 물론 들릴라를 사랑하게 됩니다. 결과적으로, '자기의 강한 힘이 어디에서 오는지' 그 비밀을 가르쳐주게 됩니다. 이로 인해 블레셋에 사로잡힌 몸이 되어 눈이 빠진 채 블레셋의 웃음거리로 전락하게 되고 그 고통과 모멸감 속에 참된 회개를 고백합니다. 그리고 하나님께 간구했더니 하나님께서 그의 힘을 회복시켜 주심으로 건물의 기둥을 무너뜨려 블레셋 모든 방백과 삼천 명의 사람들을 죽게 하는 마지막 사명을 감당하게 됩니다.

질문하기_

1. 왜 삼손은 나실인의 삶을 외면했을까요?

2. 왜 삼손은 힘의 비밀을 깨닫지 못했을까요?

묵상하기_

1. 왜 삼손은 나실인의 삶을 외면했을까요?

삼손은 구별된 나실인임에도 방탕하고 음란한 삶을 살았고 나실인이 지켜야 할 법, 즉 포도주와 독주를 먹지 말아야 하는 것과 머리에 삭도를 대지 않는 것, 부정한 시체도 만지지 말아야 하는 이 모든 것을 어겼습니다. 결국 들릴라에게 비밀까지 털어놓는 모습에서 그의 마음에 하나님이 없었다는 것을 알 수 있습니다. 그렇기 때문에 율법을 어기면서도 죄 의식이 없었고 고작 나실인을 흉내밖에는 내지 못한 것입니다.

이 모습에서 우리 자신도 되돌아봐야 합니다. 우리도 흉내내는 그리스도인은 아닌지 말입니다. 지켜야 할 마음을 지키지 못할 때 진정한 그리스도인이 아닌 것입니다. 특별히 공동체 안에서 지체와의 시기와 질투의 마음을 갖는 것은 그리스도의 사랑이 없기 때문입니다. 미워하는 마음은 더더욱 그렇습니다. 그럼에도 우리는 주변에서 지체와의 갈등과 시기 질투에 자기 마음을 다스리지 못하는 사람들을 종종 보게 됩니다. 그것은 하나님을 나의 주인으로 모시지 못했을 때 나타나는 현상이기도 합니다. 오늘 삼손의 모습은 육체의 소욕을 그대로 따르는 삶의 모습을 드러냅니다. 그 모습이 우리 모습과도 너무나 유사하다는 생각이 들었습니다. 세상은 우리를 그렇게 유혹합니다. 세상적으로 놀고먹고 즐길 거리를 무한 제공하면서 우리가 마음을 지키지 못하게 합니다. 그렇다면 어떻게 마음을 지켜야 합니까? 예수 그리스도의 십자가를 나의 십자가로, 예수 그리스의 삶을 나의 삶으로 살아갈 때 마음을 지킬 수 있습니다. 마음을 지키는 것은 바로 십자가의 삶입니다.

말씀을 묵상하면서 나도 젊었을 때 저런 모습이었구나 하는 것을 깨달을 수 있었습니다. 친구가 좋아 세상 속으로 갔고 못 마시는 술을 억지로 마시며 흥겹게 노래부르고 세상이 주는 즐거움에 빠져 시간을 보냈습니다. 그것이 사람과의 교제이고 관계라는 인지오류적 생각을 갖고 있었습니다. 십자가의 사랑을 몸으로 체휼하기 전에는 마음을 지키기가 결코 쉽지 않습니다. 그러므로 잠언 4장 23절에서는 이렇게 말씀하고 있습니다.

"모든 지킬 만한 것 중에 더욱 네 마음을 지키라 생명의 근원이 이에서 남이니라."

2. 왜 삼손은 힘의 비밀을 깨닫지 못했을까요?

삼손의 힘은 어디서 나왔을까요? 삼손은 자신의 힘이 머리카락에 있는 것으로 알았는데 사실 그 힘의 근원은 여호와께로부터 나왔습니다. 그러므로 하나님이 떠나시면 힘도 사라지는 것입니다. 결국 삼손의 머리카락이 잘린 것보다 삼손의 마음에서 하나님이 떠난 것이 문제인 것입니다.

오늘날 우리는 어떻습니까? 삼손의 모습이 우리의 모습은 아닙니까? 지켜야 할 마음을 지키지 못하고 머리카락만 있으면 힘이 있을 것으로 보는 삼손처럼 주일성수 하고 십일조만 하면 된다는 흉내는 나실인은 아닌지 자신을 돌아봐야 합니다. 하나님의 목표는 '거룩'입니다. 흉내만 내는 종교생활로는 하나님을 기쁘시게 할 수 없습니다. 우리는 신앙생활을 하면서도 때론 자기의 능력이 자기 재능과 지혜에서 온다고 믿는 경우가 많습니다. 그래서 스스로 똑똑하다고 생각하고 그것이 자기 프라이드가 되곤 합니다. 그런데 정말 그렇습니까? 지혜도 재능도 하나님이 주시지 않으면 그것이 내 것이 될 수 없습니다. 공급자는 하나님이십니다.

저도 제가 참 똑똑한 줄 알았습니다. 삼성그룹에 근무할 때도 일 잘 한다고 칭찬 듣고 좋은 인사고과도 받곤 했습니다. 그것이 다 나의 능력인 줄 알았습니다. 삼성을 떠나 잠시 중소기업에서 관리 책임자로 일하면서 마음껏 능력을 발휘하기도 했습니다. 그래서 세상을 내가 마음먹은 대로 다 할 수 있다고 생각했습니다. 그런 마음으로 세상에 나와 '사업'이라는 원대한 꿈을 안고 시작했습니다. 그러나 결과는 초라하기 이를 데 없었습니다. 이것은 모범생인 나의 성적표와는 너무나 거리가 멀었습니다. 결국에는 가진 것을 모두 잃고서야 내가 할 수 있는 것이 아무것도 없다는 것을 깨달았습니다. 하나님께서 함께하시지 않으면 나는 무익한 존재라는 것을 깨달았습니다. 하나님 앞에 다시 무릎을 꿇고 그분의 긍휼을 구했습니다.

무릎을 꿇는다는 것은 그분께 항복을 의미합니다. 이제부턴 그분의 처분에 따르고 그분의 인도하심에 전적으로 따르겠다는 고백의 외형적 표현이 무릎을 꿇는 것입니다. 그것은 철저한 자기 통회와 회개로부터 시작되었고 그분은 그런 저를 다시 회복시켜 주셨습니다.

삼손이 철저히 자신을 부수고 하나님께 간구했을 때 힘을 주셨던 것처럼 저에게도 그렇게 하셨습니다. 힘의 원천은 하나님이십니다. 나의 힘이 빠질 때 하나님이 힘이 되어주시고 나의 힘이 강할 땐 하나님께서 침묵하십니다. 하나님의 침묵이 길어지면 나의 고난과 고통의 시간은 길어지게 됩니다. 잃어버린 힘을 다시 찾는 길은 나의 무력함을 스스로 인정하고 나의 힘을 빼는 것입니다. 그것이 겸손입니다. 하나님은 지금도 우리가 힘을 빼고 그분께 자신을 맡기시길 기다리고 계십니다.

★ 적용질문
1. 내가 그리스도인으로서의 삶을 외면한 것은 어떤 것입니까?
2. 나의 능력과 지혜가 나의 힘이라고 생각하고 있지는 않습니까?

★ 말씀으로 기도하기
"하나님 아버지! 오늘 말씀을 묵상하면서 아버지의 마음을 느끼고 깨닫게 하심을 감사합니다. 내 힘으로는 마음을 지킬 수 없고 삼손과 같은 삶을 살 수밖에 없는 저희들이지만 십자가를 의지하고 그 십자가를 내가 질 때 아버지께서 나와 함께 하심을 믿습니다. 하나님이 나와 함께 하심이 힘이 원천이고 은혜이며 사역 감당의 동기임을 믿습니다. 주님을 이전보다 더욱 사랑합니다. 예수님의 이름으로 기도합니다. 아멘."

주제: 믿음으로 누리는 자유

말씀 요약_

그리스도의 십자가와 부활을 믿는 사람은 죄와 사망으로부터의 자유를 얻습니다. 그러나 할례를 받음으로 율법 안에서 의롭다 함을 받으려 하면, 율법으로 말미암아 그리스도의 은혜에서 떨어지게 됩니다. 또한 할례의 율법에 복종하도록 가르치는 자 역시 심판을 피하지 못합니다.

묵상하기_

오늘은 먼저 할례에 대해 나눔을 갖고자 합니다. 할례는 이스라엘 백성들이 하나님의 선택된 언약 백성임을 표징하는 것으로(창 17:1-14) 남성의 성기 표피를 자르는 의식을 말합니다. 이것을 언약의 표징으로 삼은 이유는 남성의 성기는 남자의 처음과 끝 곧 남자의 전인격을 상징하기 때문입니다. 따라서 표피를 자르는 행위는 남자의 인간적인 욕망과 세속적 사고방식을 벗고 새사람이 되는 전인격적인 변화를 의미하는 것입니다. 즉 할례의식을 통해 믿음을 포기하지 않겠다는 굳은 의지를 표현한 것입니다.

그러나 할례의 진정한 의미는 하나님의 사람으로 거듭나는 것입니다. 곧 세례인 것입니다. 예수 그리스도께서 오심으로 죄인인 우리가 의롭게 되었고 이제 할례나 무할례가 중요한 것이 아니라 사랑으로 역사하는 믿음의 본질이 드러난 것입니다(6절). 사도 바울은 은혜의 시대에 할례란 믿음으로 의롭게 되는 것을 상징한다고 계속해서 말합니다. 그러므로 그리스도께서 우리를 자유롭게 하려고 자유를 주셨다고 말하면서 다시는 종의 멍에를 메지 말라고 강하게 권면합니다(1절). 십자가 복음을 부정하며 할례를 포함한 율법을 지킴으로 하나님의 언약 백성이 된다는 율법주의자들을 따르지 말라는 것입니다. 그것은 진리에서 떠난 '다른 복음'이기 때문입니다. 구원받고 하나님의 자녀가 될 때, 이 모든 것으로부터 자유로울 수 있는 것입니다. 또한 율법의 굴레에서도 해방되는 것입니다. 우린 예수 그리스도를 통해서 십자가로 이어진 다리를 건너 하늘로 갈 수 있습니다. 이 다리는 우리의 어떤 노력으로도 세울 수 없는 다리입니다. 그러므로 이것을 선물이라고 하는 것입니다. 그러나 우리가 이것을 모를 때 내 인간적인 노력에 더 집착하고 매달리는 자신을 보게 됩니다. 이럴 때, 인간의 방법대로 하나님을 사랑하려는 인간의 본성이 나타납니다. 그것은 내 생각, 지식, 계획, 감정, 느낌, 경험 등 인간의 자연 본성입니다. 그러나 하나님의 은혜, 사랑은 자유인 것입니다. 그럼에도 여전히 종의 멍에를 메려 하는 자가 있습니다(2절).

오늘날 우리는 어떻습니까? 할례를 받지 않음에도 여전히 율법에 매여 있지는 않습니까? 사도 바울이 계속해서 강조하는 것은 그리스도 안에서 사랑과 믿음입니다(6절). 사랑과 믿음은 별개의 단어가 아니고 동의어입니다. 그리고 정비례합니다. 이 말은 사랑이 충만할수록 믿음도 장성함을 말하는 것입니다. 그런데 율법과 사랑은 반비례합니다. 율법의 비중이 커질수록 사랑은 작아집니다. 율법은 그리스도의 은혜에서 끊어진다고 말씀합니다(4절). 다시 말씀드리면 율법 안에 있고 율법으로 살아가려는 자는 그리스도의 사랑에서, 은혜에서 떨어진 자라는 것입니다. 부모를 걱정, 염려하게 하는 자녀는 뭔가 잘 하려고 애를 쓰고 눈치를 봅니다. 그러나 부모의 사랑 안에 있는 자식은 든든한 믿음의 배짱이 있습니다. 하나님은 우리를 향해 너는 내 사랑하는 아들이라고, 내 안에 거하라고 말씀하십니다. 그럼에도 인간의 본성, 율법으로 되돌아간다면, 그는 율법 전체를 행할 의무를 짊어진 자의 자리로 가는 것입니다(3절). 죽을 힘을 다해 율법을 지키려는 자가 되는 것입니다. 이보다 더 큰 멍에가 어디 있겠습니까?

주님은 우리의 멍에를 벗기시는 분입니다. 자유케 하시는 분입니다. 그럼에도 우리가 율법으로 살아가려고 한다면 그것은 '우리 자신'이 하나님에 대한 사랑의 깊이가 되는 것입니다. 다시 말씀드리면 그만큼 하나님을 신뢰하지 못한다는 의미입니다. 주님은 사도바울을 통해 로마서 13:10에서 이렇게 말씀하십니다. "사랑은 율법의 완성"이라고. 율법을 넘어서는 사랑, 그것이 사랑의 완성이 될 것입니다. 율법은 당위가 아니라 동기이고 사랑입니다. 우리가 주일 성수하고, 헌금하고, 봉사, 사역하는 것이 짐이 됩니까? 그것이 사랑이어야 하고 기쁨이어야 합니다. 우리는 마음의 할례를 받아야 합니다. 그리고 그리스도의 은혜 안에, 사랑 안에 거해야 합니다. 그러므로 사랑으로 율법을 완성해 그리스도의 소망이 되어야 합니다.

★ 적용질문
1. 우리가 힘겹게 메고 있는 율법의 멍에는 무엇입니까?
2. 하나님과 우리 사이를 잇는 십자가 다리를 놓기 위해 우리가 할 일은 무엇입니까?

★ 말씀으로 기도하기
"하나님 아버지! 말씀을 통해 진정한 할례가 무엇인지 깨닫게 해 주시니 감사합니다. 그리스도의 사랑을 통해 율법의 완성을 이루어 가게 하시고, 내 지식과 경험 안에 갇혀 있는 율법이 진리가 되어 그 안에 그리스도의 사랑을 담려 하는 어리석은 자 되지 않게 하옵소서. 그러므로 그리스도의 사랑에 나를 온전히 던짐으로 내 안에 그리스도의 사랑이 가득함을 경험할 수 있도록 성령님께서 인도하여 주옵소서. 사랑이 율법을 덮음으로 믿음으로 참 자유를 누리는 그리스도인이 되게 하옵소서. 예수님의 이름으로 기도합니다. 아멘."

주제: 믿음의 명문가정

말씀 요약_

성전에서 분향하고 있는 사가랴에게 가브리엘 천사가 나타나 그의 아내 엘리사벳이 아들을 낳을 것이라고 알려줍니다. 자신이 나이가 많다는 이유로 천사의 말을 믿지 못하는 사가랴가 증거를 요구하자, 사가랴는 말을 못하는 자가 되었습니다. 이후 엘리사벳은 아들을 잉태합니다.

묵상하기_

저자 누가는 바울의 동역자이며, 의사이고, 사도행전의 저자(추측) 정도로만 알려져 있습니다. 또한 누가복음에서 누가는 '데오빌로 각하'라고 수신인을 지칭했지만, 신을 사랑하는 자라는 뜻을 가진 '데오빌로'가 실존 인물인지, 신을 사랑하는 모든 사람에게 쓴 것인지는 확실하지 않습니다.

구약의 마지막인 말라기 이후 하나님께서는 침묵으로 일관하셨는데 이 시기를 침묵, 암흑의 시대라고 하며, 그 기간이 400년간 지속되었습니다. 그 시기에 유대민족은 로마의 침략을 받아 식민지 통치를 받고 있었고 헤롯이 로마의 환심을 사서 유대 왕이 되어 그 지역을 다스리던 때입니다. 그 당시 헤롯이 대제사장을 마음대로 임명했기 때문에 제사장들은 하나님의 마음에 들려고 하지 않고 헤롯의 마음에 들려고 애쓰며 기득권을 지키려 했을 뿐 아니라 바리새인들은 율법의 잣대로 백성들을 더욱 힘들게 하던 상황이었습니다. 백성들은 하나님의 임재를 경험하거나 음성을 들을 수도 없었으며 그저 습관대로 종교 생활을 하던 때입니다.

오늘 본문을 읽으면서 이런 모습이 오늘날 이 시대 모습과 같다는 생각이 듭니다. 6.25전쟁 이후 예배드릴 땐 교회의 건물도 없고 열악하기 그지없는 환경에서도 감사가 넘쳤고 은혜의 눈물을 흘렸지만, 물질적 풍요 시대에 살고 있는 지금은 어떻습니까, 어느덧 예배가 습관화 되어 가고 교회에서 사람을 만나 교제함이 더 큰 즐거움이 되었으며 때론 '어떤 세상적 목적'을 가지고 와서 종교 생활을 하고 있는 것을 보게 됩니다. 하나님이 하나님 되지 못하고 예배가 예배 되지 못하는 현실입니다.

본문에 두 사람의 중요 인물이 등장합니다. 사가랴와 그의 아내 엘리사벳입니다. 사가랴는 제사장이었고 엘리사벳은 아론의 자손입니다. "엘리사벳이 잉태를 못함으로 그들에게 자식이 없고 두 사람의 나이가 많더라"고 성경은 말합니다. 이런 상황에서 사가랴가 전례에 따라 제비를 뽑아 제사장의 직무를 감당하게 되었는데 분향하는 향단에서 기도할 때 가브리엘 천사가 나타나 "너의 간구함이 들린지라 네 아내 엘리사벳이 네게 아들을 주리니 그 이름을 요한이라

하라"고 말합니다. 그리고 그는 주 앞에 큰 자가 되며, 그로 말미암아 이스라엘이 하나님께로 많이 돌아온다고 계시합니다. 이 예언의 말씀은 말라기 3:1에 "만군의 여호와가 이르노라 보라 내가 내 사자를 보내리니 그가 내 앞에서 길을 준비할 것이요…" 이렇게 말씀하신 예언이 400년 만에 이뤄지는 순간이기도 합니다.

우리는 여기서 두 사람의 신앙적 혈통을 볼 필요가 있습니다. 남편은 제사장이요 아내는 아론의 자손입니다. 누가 봐도 신앙의 명문 가정입니다. 하나님은 이 두 사람이 주의 모든 계명과 규례를 지켜 흠이 없는 의인이라고 말씀하십니다. 계명과 규례를 형식으로 지키는 바리새인들에게는 "독사의 자식, 회칠한 무덤"이라고 질책하시던 하나님이 이들에게 의인이라고 말씀하시는 것입니다. 왜 그렇습니까? 하나님 앞에 어떤 마음, 어떤 모습으로 서는가 하는 것이 중요한 것입니다. 이런 의인, 명문가정에 특별한 아이가 태어납니다. 주님 오심을 준비할 뿐만 아니라 죄인들을 회개케 하여 하나님 앞으로 인도하는 세례 요한이 탄생하는 것입니다. 그는 엘리야의 심령과 능력으로 백성들을 하나님께로 돌아오게 하는 자라고 했습니다(13-17). 이런 계시를 받았을 때 사가랴의 반응은 어떻습니까? 이를 믿지 못하고 "내가 이것을 어떻게 알리요, 내가 늙고 아내도 나이가 많습니다"라고 불신앙을 드러냅니다. 이 말씀을 보면서 아브라함 생각이 났습니다. 아브라함도 언약의 자식 이삭을 주시겠다고 하나님께서 말씀해 주실 때 이런 반응을 보였습니다. 믿음은 신뢰를 기본으로 하는 것입니다. 우리도 하나님을 신뢰하지 못했을 때는 상황만 바라보고 이런 반응을 보일 것입니다. 계시의 말씀대로 엘리사벳이 임신을 했을 때 엘리사벳은 다섯 달 동안 숨어서 지냈다고 했습니다. 하나님의 계시로 잉태한 아이를 거룩하게 키우려는 신앙적 믿음인 것입니다. 우리는 하나님의 자녀, 백성입니다. 우리가 말씀을 받고 그 말씀을 묵상하면서 세상과 구별된 거룩한 삶을 살아야 할 이유는 우리가 하나님의 거룩한 백성이기 때문입니다.

오늘 말씀에서 우리는 무엇을 묵상하고 삶 속에 적용해야 하겠습니까? 첫째 우리가 영적 레위인으로서 신앙의 명문 가정의 혈통을 유지하고 있는가 하는 것입니다. 모양만 그리스도인이고 속사람은 세상 사람으로 산다면 우리는 영적 레위인이라 말할 수 없을 것입니다. 둘째는 사가랴처럼 분향단의 기도를 드리고 있는가 하는 것입니다. 우리의 기도가 나감향의 향기로 하나님께 올려질 때 하나님께서는 사가랴의 기도에 응답하신 것처럼 우리의 기도에 응답하실 것입니다. 셋째 우리가 믿는다 하며 복음을 전하면서도 어떤 상황에선 내가 믿지 못하는 것은 무엇인가 하는 것입니다. 전적인 신뢰를 갖지 못한다면 우리의 연약함이 불신앙적 종교생활에 머무르고 말 것입니다.

말씀을 묵상하면서 우리 가정을 돌아보게 되었습니다. 결혼 후 아이를 임신하고 그 아이를 위해 신앙적 태교를 무지함으로 하지 못한 나의 죄가 보였습니다. 거룩한 하나님의 자녀로 키워야 할 부모로서 말씀의 깨달음이 없었기에 세상적 상식에 기초하여 태교와 출생 후 양육을 하려 했습니다. 그 이유는 내가 제사장의 인격과 품성을 갖추지 못했기 때문입니다. 더 올라가면 부모로부터 그런 신앙 훈련이 없었기에 나의 자녀를 어떻게 신앙적으로 양육하고 교육시켜야 하는지 무지했다고 볼 수 있습니다. 지금에 와서야 이런 나의 죄가 보였습니다. 하나님이 기업으로 준 두 아들을 좀 더 신앙적으로 양육하고 훈련시켜 여호와의 군대로 만들지 못한 책임이 저에게 있습니다. 부모로서 이런 뉘우침과 깨달음이 두 아들에게 은혜로 채워져서 하나님의 품성과 인격으로 이 땅의 삶을 아름답게 살아가기를 진심으로 기도하고 소망합니다.

그것이 믿음의 명문 가정을 만드는 것이고 신앙의 혈통을 잇는 길이기 때문입니다.

★ 말씀으로 기도하기

"하나님 아버지! 오늘 묵상을 통해 이 시대가 '교회는 부흥했지만 영적으로는 헤롯의 때'임을 깨닫게 해주셔서 감사합니다. 하나님보다 나를 더 의지하고 경제를 더 의지하고 환경을 더 의지함으로 하나님의 음성이 들리지 않는 우리의 죄를 바라보게 하옵소서. 그러므로 순종하고 기도하는 자를 찾으시는 하나님의 은혜를 사모하며 하나님이 기뻐하시는 믿음의 명문 가정으로 저희를 인도해 주옵소서. 예수님의 이름으로 기도합니다. 아멘."

주제: 세례 받으시는 예수님

말씀 요약_

　세례 요한은 좋은 소식을 전했지만 헤롯의 악함을 책망하다가 결국 감옥에 갇힙니다. 이후 예수님의 사역이 시작되면서 요한은 자신의 사명을 마칩니다. 예수님이 세례를 받으실 때 하늘이 열리고 "내 사랑하는 아들이라 내가 너를 기뻐하노라"라는 소리가 납니다. 예수님의 족보는, 그가 하나님의 아들임을 밝혀줍니다.

묵상하기_

　오늘 본문 말씀의 줄거리는 세례 요한의 옥에 갇힘과 예수님의 세례 받는 장면, 그리고 예수님의 족보 이렇게 단순하게 구분되지만 그 내용을 보면 엄청난 사건, 그리고 우리를 향한 하나님의 일하심을 깨달을 수 있습니다. 본문 전반부에 세례 요한이 옥에 갇히게 되는데 그 이유는 갈릴리와 베레아 지역을 다스리던 분봉 왕 헤롯 안티파스의 악행에 대해 옳지 않다고 지적하고 비난했기 때문이었습니다. 헤롯은 동생의 아내 헤로디아와 결혼하기 위해 전처와 이혼하고 헤로디아와 재혼했는데 이것은 율법에서 금하는 일이었습니다. 많은 사람들이 세례 요한을 선지자로 따르고 세례를 받고 있었기 때문에 그의 비난은 사람들에게 큰 영향력을 미칠 수 있는 것입니다. 그렇기 때문에 헤롯과 헤로디아는 세례 요한을 원수같이 미워하고 죽이고 싶어 했습니다. 헤롯은 악행이 심했던 사람입니다. 19절을 보면 "분봉 왕 헤롯은 그의 동생의 아내 헤로디아의 일과 또 자기가 행한 모든 악한 일로 말미암아 요한에게 책망을 받고"라고 했습니다. 그리고 그 위에 한 가지 악을 더하여 요한을 옥에 가뒀다고 했습니다(20절). 여기에서 우리는 두 가지를 생각해 봐야 합니다. 첫째는 헤롯의 죄가 반복되고 있다는 사실입니다. 헤롯은 이스라엘 땅 중 일부 지역을 다스리는 지도자입니다. 왕이라기보다는 영주 정도로 봐야 합니다. 그리고 로마 황제의 신하입니다. 그럼에도 폭정과 악행을 일삼으며 죄를 거듭해 갔습니다. 죄의 연속성입니다. 한 번 죄를 짓고 나면 두 번째는 조금 더 쉽고 세 번째는 더더욱 쉬워집니다. 왜 그렇습니까? 죄에 대해 무감각해지기 때문입니다. 이런 것을 우리도 일상생활에서 경험할 수 있습니다. 작은 교통 법규를 지키지 않는 것이 처음에는 꺼림칙하지만 나중에는 습관이 되고 맙니다. 그리곤 큰 대형 사고를 겪게 되는 것입니다. 헤롯도 세례 요한을 옥에 가둘 때는 두려운 마음도 들고 번민도 했지만 이미 악행들이 죄에 대한 감각을 무디게 하여 결국 요한의 목을 참수까지 합니다. 그것도 성적 타락의 비난을 잠재우기 위해서 말입니다. 둘째는 요한이 옥에 갇힘으로 세례 요한의 사역이 끝났음을 알리는 것입니다. 요한의 사역은 짧았지만 그는 짧은 생애 가운데서 메시야의 길을 준비했고 이제 그 바통을 예수님께 넘기는 것입니다. 말라기 이후 400년 만의 첫 선지자 세례 요한은 이렇게 자기의 사명을 완수하고 순교로 생을 마감합니다. 사람들은 '너무 억울하지 않느냐, 다니엘도 사자 굴에서 살리시고, 바울도 옥에 갇혔을 때 지진이 나서 옥문이 열리게 하셨던 하나님이 왜 요한은 죽게 놔두셨을까' 생각할 수도 있지만 요한의 순교는 요한에게는 큰 축복인 것입니다. 왜냐하면 그는 사명을 완수한 사람이었기 때문입니다. 그리고 요한과 예수님이 동시대 같이 사역을 했다면 그것은 하나님 뜻을 이루는 데 큰 걸림돌이 될 수 있었을 것입니다. 비록 짧은 생애였지만 값지게 살며 사명 완수라는 큰일을 한 것입니다. 그러므로 예수님은 세례 요한을 일컬어 "여자가 낳은 자 중 가장 큰 자"라고 말씀하셨습니다. 우리도 이 땅을 살아가면서 우리 삶이 무한의 삶이 아니라 지극히 유한적이라는 것을 깨닫고 남은 날을 계수하는 지혜가 필요합니다. 그리고 어떻게 하나님의 뜻을 이루고 회개의 합당한 삶을 살까 묵상해야 합니다. 나를 통해 예수 그리스도가 드러나야 합니다. 다음은 예수님이 세례받는 모습을 살펴보겠습니다. 요한이 주는 세례는 예수님께서 받을 필요가 없는 세례였습니다. 요한의 세례는 죄에 대해 회개하라는 것입니다. 그런데 예수님은 죄가 없으신 분이십니다. 그렇기 때문에 세례 받으라고 하면 그것은 예수님에 대한 모욕이 될 것입니다. 그럼에도 예수님은 세례를 받으셨습니다. 마태복음 3:13-15절을 보면 "예수님이 요단강에 이르러 요한에게 세례를 받으려 하시니 요한이 말려 이르되 내가 당신에게서 세례를 받아야 할 터인데 당신이 내게로 오시나이까? 예수께서 대답하여 이르시되 이제 허락하라 우리가 이와 같이 하여 모든 의를 이루는 것이 합당하니라 하시니 이에 요한이 허락하는지라"라고 하셨습니다.

모든 의가 무엇입니까? 그것은 우리를 위해 저주를 받으시고(갈 3:13) 모든 죄를 지고 가는 하나님의 어린양의 사명을 감당하시는 것입니다. 이제 그 사역의 첫 행보를 시작하시는 것입니다. 우리는 오늘 세례를 받으시는 예수님의 모습에서 경이롭고 놀랄만한 것을 경험하게 됩니다. 예수님이 세례를 받고 기도하실 때 하늘이 열리며 성령이 비둘기 같은 형체로 그의 위에 강림하시고 하늘로부터 소리가 나기를 너는 내 사랑하는 아들이라 내가 너를 기뻐한다는 음성이 들리는, 삼위일체 하나님이 동시에 드러나시는 현장을 보는 것입니다. 이 광경은 기도하시는 성자 하나님, 하늘 문을 여시며 너는 내 사랑하는 아들이라고 말씀하시는 성부 하나님, 그리고 비둘기 같은 형체로 그 위에 임하시는 성령 하나님을 같은 장소, 같은 시간에 보여 주시는 것입니다. 예수님이 하나님의 아들이심이 증명되는 것입니다. 우리도 기도할 때 하늘 문이 열리고 비둘기 같은 성령이 임하는 것을 경험해야 합니다. 다음은 예수님의 족보에 대해 살펴보겠습니다. 38절을 보면 아담 위는 하나님이라고 했습니다. 예수님 족보에 아담이 있는 것을 보여 주는 것은 첫 사람 아담과 마지막 아담 예수 그리스도를 비교하기 위함입니다. 고린도전서 15:45절에는 "첫 사람 아담은 생령이 되었다 함과 같이 마지막 아담은 살려 주는 영이 되었나니"라고 했습니다. 누가는 역사학자답게 아담까지 올라가 예수님이 하나님의 아들임을 밝히고 있는 것입니다. 그리고 그리스도가 뱀의 머리를 깨뜨려야 할 여자의 후손임을 말씀하고 있습니다. 오늘 말씀에서 우리는 무엇을 묵상해야 합니까?

첫째, 우리가 헤롯의 길을 갈 수 있다는 것을 깨달아야 합니다.

만약 헤롯이 세례 요한의 지적을 들었을 때 그를 미워하며 원수 삼지 않고 죄의 길에서 멈췄다면, 헤롯 왕가는 전혀 다른 모습으로 왕권을 계승해 갔을 것입니다. 그러나 헤롯은 그렇게 하지 못했습니다. 반복되는 죄가 영적 감각을 무디게 하여 습관적 죄를 짓게 했습니다. 헤롯을 보면 이스라엘이 남, 북으로 분단되었을 때 북이스라엘의 대표적 악한 집안인 오므리 왕조를 연상케 합니다. 오므리의 후손은 많은 선지자들을 죽였고 엘리야까지도 죽이려 했습니다. 헤롯은 세례 요한의 지적을 받고 크게 번민은 했으나 회개하지도 않았고 멈추지도 않았습니다. 우리 역시 죄를 깨닫지 못하고 계속 죄의 길을 갈 수도 있고, 또 깨달았다 해도 죄의 속성에 절제를 하지 못해 죄에 빠질 수도 있습니다. 그리고 누군가 선한 도리를 가르쳐 주고 죄를 지적해 줘도 내 오만함으로 듣지 않는 경우가 있습니다. 죄의 결과는 사망입니다. 이것을 우리는 한시도 잊어서는 안 됩니다.

둘째, 아담의 길은 어떤 길인가 살펴봐야 합니다.

첫 아담은 불순종의 죄를 범하므로 실패했습니다. 그래서 둘째 아담 예수 그리스도가 오신 것입니다. 아담은 선악과를 따 먹음으로 하나님의 명령을 어겼습니다. 왜 하나님은 선악과나무를 둬서 아담이 따 먹게 했는가 하는 의문을 가질 수 있습니다. 그러나 선악과 명령 앞에 붙어 있는 근본적 명령은 축복으로 주신 명령이란 것입니다. 왜냐하면 하나님은 인간을 자율적 존재로 만드셨기 때문입니다. 그래서 하나님의 절대 주권과 인간의 자유의지 사이에 만나는 것이 있는데 그것이 선악과나무인 것입니다. 자율이 무엇입니까? 할 수도 있고 안 할 수도 있는 것입니다. 이것은 하나님만 갖고 있는 속성입니다. 그럼에도 위험을 감수하고 사람에게 자율을 주셨습니다. 왜냐하면 하나님은 인간과 인격적 관계를 만들어 사랑도 나누고 교제하시길 원하셨기 때문입니다. 하나님도 교감하기 위해 인간을 만드셨습니다. 그래서 하나님의 형상을 따라 사람을 만드신 것입니다. 그러나 선악과는 하나님의 절대 주권 왕권인 것입니다. 아담에게 만물을 다스릴 왕권을 주셨지만 왕은 하나님이시라는 것입니다. 하나님은 우리에게 왕권을 주셨습니다. 하나님의 속성인 자유의지도 주셨습니다. 매일 일상의 삶에서 선악과가 우리 앞에 놓여 있습니다. 하나님의 축복인 자유의지로 어떤 선택을 해야 할지 일상의 삶에서 우리는 선택을 해야 합니다.

셋째, 예수님이 걸어온 길을 통해 우리를 봐야 합니다.

첫째 아담의 죄로 인해 죄가 대물림 된 우리는 우리 힘으로 그 죄를 해결할 수 없습니다. 속죄양의 피가 아니고는 해결할 길이 없기에 하나님은 독생자 예수 그리스도를 보내 주셨습니다. 그리고 모든 죄를 다 짊어지고 골고다 언덕을 오르셨습니다. 모진 채찍질과 수치심 그리고 가시면류관을 쓰신 채 십자가에 달리심으로 우리를 속량하셨습니다. 성부 하나님에 대한 절대 순종이요 우리를 향한 끝없는 사랑입니다. 우리는 그 사랑에 어떻게 반응해야겠습니까? 우리 모습에서 예수님의 모습을 보여주는 것, 그분의 향기가 천리향처럼 풍기게 함으로 그분을 증거하는 것, 이것이 그분의 사랑에 반응하는 것이라고 믿습니다. 오늘 말씀과 묵상을 통해 하나님의 스피릿이 우리 안에 충만히 임하여서, 작은 예수의 삶을 살아가는 저와 여러분 되시기를 예수님의 이름으로 축복합니다.

★ 적용질문_

1. 선악과나무의 의미와 하나님의 축복을 생각하며 삶 가운데 어떻게 적용하시겠습니까?
2. 오늘 내 앞에 있는 선악과를 보고 어떤 선택을 하시겠습니까?

★ 말씀으로 기도하기

"하나님 아버지! 헤롯의 죄를 통해 나를 들여다보는 지혜가 있기를 소망합니다. 내 안에 있는 죄를 먼저 발견하고 그 죄를 내어쫓아내는 청결 작업을 매일 함으로 우리 몸이 주님의 거룩을 회복해 나가는 거룩한 성전의 모습이 되도록 인도해 주옵소서. 매일 우리 앞에 다가오는 선악과를 바라보면서 하나님의 주권을 인정하고 구별하는 지혜를 허락하여 주옵소서. 예수님의 이름으로 기도합니다. 아멘."

주제: 예수님의 시청각 교육

말씀요약 및 묵상_

오늘 말씀은 예수님이 제자들에게 자신의 고난과 십자가, 부활에 대해 말씀하신 후 팔 일쯤 지나 제자들 중에 베드로, 요한, 야고보를 데리고 기도하러 산으로 가셨을 때 벌어진 현상입니다. 예수님이 기도하실 때에 용모가 변화되고 그 옷이 희어져 광채가 났다고 성경은 증언합니다. 그리고 모세와 엘리야가 예수님과 함께 말씀을 나눌 때 주제가 장차 예수님의 죽음에 대한 얘기였습니다.

본문 말씀에서 우리는 예수님이 이 땅에 오신 목적을 묵상해야 합니다. 오늘 이미 죽은 모세와 엘리야가 예수님과 대화를 나누는 모습을 제자들에게 보이심은 주님의 특별한 제자교육의 하나라는 생각이 들었습니다. 장차 예수님이 십자가의 고난과 부활, 승천하심으로 이 땅의 사역을 제자들에게 위임할 때 제자들이 잘 감당할 수 있도록 '보다 확실한 시청각 교육'을 시키시는 것입니다. 주연은 예수님이고 조연은 모세와 엘리야, 관객은 베드로, 요한, 야고보입니다. 모세는 시내산에서 십계명을 받아 이스라엘 백성들에게 율법을 가르친 율법의 대표자이고 엘리야는 많은 능력과 권능을 행사한 선지자의 대표적 인물입니다. 이 두 사람이 조연으로 나온 이유가 무엇입니까? 그것은 예수님께서 율법과 선지자를 완성하실 분임을 증거하고 있는 것입니다. 이를 위해서 곧 십자가의 고난으로 별세하신다는 것입니다. 별세를 헬라어로는 엑소돈-엑소더스 라고 하는데 '탈출하다'라는 뜻이 있습니다. 이스라엘 백성들을 430년 애굽 종살이에서 출애굽 시키신 것처럼 우리를 모든 죄로부터 탈출시켜 하나님 자녀로서 살게 하는 것입니다. 이것이 예수님이 십자가의 고난을 감당하시는 이유이고 이 땅에 오신 목적입니다.

이러한 시청각 교육을 예수님으로부터 직접 받은 제자들은 훌륭히 그 사역을 감당하게 됩니다. 콜링할 때에는 별 볼일 없던 사람들이었지만 훈련과 양육을 통해 제자의 사명을 훌륭히 감당하는 모습을 보게 됩니다. 베드로는 결정적 순간에 예수님을 부인했던 배신의 대표자였지만 예수님의 부활 후에 베드로 전.후서의 저자가 되었고 예수님과 같이 십자가에 달릴 수 없다고 '거꾸로 달려 순교한 수제자'가 되었습니다. 요한은 예수님의 사랑을 듬뿍 받은 제자로서 요한복음, 요한계시록의 저자가 되었으며 후에 밧모섬에 유배되어 삶을 마감합니다. 야고보는 베드로보다도 더 열심이었고 초대교회에서 순교했습니다. 오늘 특별히 70명이 넘는 제자들 가운데 이들 세 사람을 선택해서 이런 시청각 교육을 시키심은 예수님 사역의 위임자로서 제자의 삶을 살아가게 하시기 위함입니다. 우리도 예수님의 제자라면 어떻게 제자의 삶을 살아가야 하는지 자신을 돌아봐야 합니다.

예수님 나라에서 한자리하는 것이 제자가 아니라 예수님의 삶을 이 땅에서 살아감으로 예수님이 오신 목적을 이루는 것이 진정한 제자의 삶일 것입니다.

적용 질문1_
오늘 우리는 예수님의 제자로서 제자다운 삶을 살아가고 있습니까?

모세와 엘리야가 예수님과 말씀을 나누다가 떠나가는 모습을 본 베드로가 예수님께 여쭈어 말합니다. "우리가 여기 있는 것이 좋사오니 우리가 초막 셋을 짓되 하나는 주를 위하여, 하나는 모세를 위하여, 하나는 엘리야를 위하여 하사이다." 합니다. 그런데 이렇게 말하는 자기 자신도 무슨 말인지 모르고 했다고 성경은 말합니다.

본문 말씀에서 우리는 베드로의 어리석은 모습에서 우리의 모습을 묵상해야 합니다. 베드로는 로마 바티칸에 웅장한 베드로 성당이 있을 만큼 후대에 큰 영향력을 미친 수제자였습니다. 카톨릭에서는 그를 초대 교황이라고 합니다. 그것의 옳고 그름을 떠나 그의 믿음과 행적이 후대에까지 영향을 미친다는 점에서 우리는 베드로를 주목해야 합니다. 그런 그가 예수님이 왜 이 땅에 성육신하셨는지 그 정체성을 모르고 있는 것입니다. 그래서 환상적으로 보이는 지금이 좋아 여기에 초막을 짓겠다는 것입니다. 이런 모습이 오늘날 신앙생활 하는 우리의 모습은 아닌지 살펴봐야 합니다. 교회 나오고 은혜받고

62

친교하고, 이런 상황에 매료되어 베드로처럼 "여기가 좋사오니"로 끝날 수 있기 때문입니다. 우리가 예수님의 제자라는 신분을 잊는 것입니다. 우리가 제자라면 마땅히 제자 삼는 삶을 살아야 합니다. 예수님께서는 "가서 모든 민족을 제자로 삼아 아버지와 아들과 성령의 이름으로 세례를 베풀라"고 말씀하셨습니다. 이것이 우리가 마땅히 감당해야 할 제자의 사명인 것입니다. 저 또한 그런 초막을 열심히 짓던 사람입니다. 하나님과의 깊은 인격적 만남이 이루어지기 전까지는 말씀에 은혜도 받고 그 기쁨에 일평생 헌신과 충성을 결단하기도 했지만, 여전히 내가 짓고 싶은 초가집을 짓고 있었습니다. 그것이 우리의 한계입니다. 예수 안으로 들어가지 못하면 여전히 그런 삶을 살 수밖에 없다는 것을 깨닫고 매일 말씀의 삶이 되어야 합니다.

적용 질문2_
제자다운 삶을 살기 위해 오늘 내가 해야 할 일은 무엇입니까?

베드로가 초막 짓는 얘기를 할 즈음에 구름이 와서 예수님과 모세와 엘리야를 덮고 하나님의 음성이 들립니다. "이는 나의 아들 곧 택함을 받은 자니 너희는 그의 말을 들으라." 이 말씀 후에 오직 예수님만 보이고 제자들은 잠잠했습니다.

본문 말씀에서 우리는 예수님이 택함을 받으셨듯이 우리도 택함

받은 하나님의 자녀임을 묵상해야 합니다. 성부 하나님께서 직접 음성으로 예수님이 누구신가에 대해 말씀하시고 하나님 나라를 위해 택함을 받은 자니 너희는 그의 말에 순종하라는 것입니다. 우리는 이 말씀에 어떻게 순종하고 있습니까? 우리는 택함을 받아 하나님의 자녀가 되었고 이제 자녀 된 삶을 요구받고 있습니다. 자녀 된 삶은 예수님의 삶이 되어야 합니다. 그 삶은 자기 십자가를 지고 골고다 언덕을 오르는 삶입니다. 그리고 그곳에서 못 박히는 삶입니다. 오늘 내 삶에서 나의 십자가를 지고 골고다 언덕을 오르고 있는지 점검해 봐야 합니다. 자녀의 삶은 모델이신 예수님처럼 고난을 순종으로 감당하는 삶입니다. 어떤 고난입니까? 의를 위해 핍박을 받고 복음을 위해 자기를 헌신하는 삶입니다. 세상의 헛된 욕심 내려놓고 복음의 십자가를 지는 것입니다. 이것이 이 땅에서는 고난이지만 하늘에서는 영광이 되는 것입니다. 그런데 교회 생활을 들여다보면 명예를 얻기 위해 헛된 수고하는 분들도 있습니다. 그러다가 원하는 직분을 받지 못하면 시험 들었다고 교회를 떠납니다. 때론 시기하고 끊임없이 정죄도 합니다. 섬김과 헌신이 되지 않고 자기 의를 드러내는 일이 되기도 합니다. 이것은 예수님의 삶이 아닙니다. 우리도 매일 자기 십자가를 기꺼이 져야 합니다. 그렇게, 복음이 복음 되게 해야 합니다.

적용 질문3_
오늘 내가 지지 못하는 나의 십자가는 무엇입니까?

제자의 삶을 살기는 결코 쉽지 않습니다. 우리는 영접함으로 하나님의 자녀가 되었습니다. 신분적으로는 하나님의 자녀이므로 예수님의 삶이 오늘 나의 삶이 되어야 합니다. 그런데 이 삶을 감당하려면 반드시 십자가를 경험해야만 합니다. 구원의 문이 무한대로 넓다고 생각할 수 없습니다. 교회 나온다고 다 그리스도인이겠습니까? 베드로와 요한, 야고보도 있지만 가롯 유다도 있습니다. 그럼 어떻게 해야 합니까? 그 길은 십자가를 경험하는 것입니다. 그럴 때 담대히 위임된 사명을 감당하게 될 것입니다.

이 말씀이 우리 모두에게 동일한 은혜로 임하시길 예수님의 이름으로 축복합니다.

주제:제자의 길

말씀 요약 및 묵상_

　말씀 전반부는 이제 예수께서 공생애 3년의 사역을 마무리하는 단계로 예루살렘으로 향하시는 길에 사마리아 땅을 경유하셔야 하므로 먼저 제자들을 그곳으로 보내 준비케 하시는 내용입니다. 그런데 사마리아 사람들이 예수께서 예루살렘으로 가시기 때문에 받아들일 수 없다는 것입니다. 예수님이 예루살렘으로 가시는 길은 사역의 종착역인 십자가의 고난과 죽으심, 그리고 부활, 승천을 위한 길이었습니다. 그 고난은 뒤에 있을 영광이 아무리 크다 해도 피하고 싶은 그러한 고난이었습니다. 모진 매질과 수치를 다 겪으시고 십자가에서 죽으셔야 했기 때문입니다. 그러기에 예수님도 '굳게 결심' 하셔야만 했습니다. 사마리아인들은 구원받을 수 있는 길을 외면하고 예수님을 거절했습니다.

　우리는 먼저 역사적 배경을 알아야 사마리아인들의 이런 태도를 이해할 수 있습니다. 이스라엘이 북이스라엘과 남유다로 분단되었을 때 북이스라엘의 오므리 왕조시대 수도였던 곳이 사마리아였습니다. 그런데 앗수르에 의해 멸망당하고 그곳은 이방 민족이 대량으로 들어와 피가 섞이게 된 지역입니다. 왜냐하면 앗수르는 혼혈정책으로 그곳을 통치했고 그로 인해 사마리아는 유대인의 순수 혈통을 지킬 수 없게 되었기 때문입니다.

이로 인해 유대인은 이 지역을 피하고 거리가 멀어도 돌아서 다녔던 것입니다. 상종 못 할 더러운 사람들이란 뜻이지요. 그래서 사마리아 사람들은 예루살렘까지 가는 대신에 그리심 산에 자기들을 위한 성전을 세웠습니다. 그런데 예수님이 자기들의 성전이 있는 그리심이 아니라 예루살렘으로 가신다 하니 거절한 것입니다. 예수님이 예루살렘에 가셔서 대제사장들과 서기관들에 의해 배척을 받으시고 십자가의 형벌을 지게 된다는 구속사적 사실을 모르기 때문입니다.

왜 예수님은 예루살렘으로 올라가시기로 굳게 결심하셨을까요?

예수님의 굳은 결심에 담긴 의미를 통해 나를 돌아보는 묵상이 필요합니다. 예수님은 십자가의 길을 피하고 싶으셨습니다. 겟세마네 동산에서 기도하실 때 "내 아버지여 만일 할 만하시거든 이 잔을 내게서 지나가게 하옵소서." 하시며 그 고난의 괴로움을 토로하셨습니다. 십자가의 길은 이렇듯 굳은 결심이 필요한 길입니다. 예수님의 십자가 길을 위한 사역에는 늘 유혹이 따라다녔습니다. 세례 받으신 후 광야로 이끌리어 받으신 마귀의 세 가지 시험도 결국은 하나님의 아들이라면 십자가의 길을 가지 말라는 것이었습니다. 우리는 어떻습니까? 예수님의 제자가 되는 길이 만사형통입니까? 만약 예수 믿기 전에 십자가의 길이 제자의 길이라고 알았다면 과연 예수님을 따를 수 있었을까 생각하게 됩니다. 우리 역시 굳은 결심이 필요한 길입니다. 대부분 예수를 믿게 된 동기가 예수 믿고 가정도 잘 번영하고 자식들도 잘 되고 사업도 잘 되는, 지극히 세상적인 욕심을 이루려는 것은 아니었을까 생각해 봅니다. 물론 하나님은 우리를 사랑하시고 긍휼을 베푸셔서 자녀로서 평안의 복된 삶을 살기를 바라십니다. 그러나 그전에 먼저 감당해야 할 우리의 몫이 있습니다. 그것은 십자가를 지는 길입니다. 십자가를 경험하지 않고는 결코 예수님의 제자가 될 수 없습니다. 그렇다면 십자가를 지는 길이 무엇입니까?

그것은 십자가 외에 자랑할 것이 없다는 절대 가치를 인정하고 자신을 비우고 내려놓는 것입니다. 나의 모든 죄 된 모습을 십자가에 못 박는 것입니다. 나의 탐욕과 욕망, 내 안에 있는 육체의 소욕을 굳은 결심으로 십자가에 못 박는 것입니다. 우리는 예루살렘으로 갈 것인가 그리심으로 갈 것인가 선택해야 합니다. 예수님의 십자가가 나의 십자가가 되어야 하는 이유입니다.

적용 질문1_
내가 지고 가는 십자가를 유혹하고 방해하는 것은 무엇입니까?

본문 중반부에는, 사마리아 사람들이 예수님이 그곳 지나감을 거절한 것을 보고 특별히 열심인 제자 야고보와 요한이 예수님께 제안을 하는 장면이 드러납니다. "우리가 불을 명하여 하늘로부터 내려 저들을 멸하라 하기를 원하시나이까." 즉 혈기를 드러냅니다. 이에 예수께서 꾸짖고 다른 길을 선택하십니다. 사실 사마리아 땅은 꼭 거쳐야 할 지역이었습니다. 예루살렘으로 가는 지름길이기 때문입니다. 그러나 예수님은 그들의 거절에 달리 반응하지 않으시고 다른 길로 돌아가시는 선택을 하십니다.

왜 야고보와 요한은 사마리아인들을 심판하려 했을까요?

야고보와 요한 같은 마음이 우리 안에 있음을 묵상해야 합니다. 사마리아를 멸하자고 하는 이들은 자기들도 그런 능력이 있을 것으로 착각한 것입니다. 그러나 예수님이 제자들에게 권세를 주심은 복음을 전파하고 구원을 위한 사역의 도구였습니다. 그러니 이들의 말은 믿음 있는 말이 아닌 것입니다. 이들을 '우뢰의 아들'이라고 하는데 영어로는 "suns of thunder"라고 합니다. 이들의 성품이 거칠고 투박하며 싸움도 마다않는 공격적이고 저돌적인 성품이란 의미입니다. 마가복음 10장에서는 주께서 영광을 받으실 때에 하나는 예수님 오른쪽에, 하나는 예수님 왼쪽에 앉게 해달라고 합니다. 무슨 뜻입니까? 이제 예루살렘 가서서 심판을 하시고 예수님 나라가 서면 자기들을 영의정, 우의정에 앉혀 달라는 것입니다. 예수님이 가시는 길을 모르기 때문에 이런 육의 생각을 말하는 것입니다. 우리는 어떻습니까? 우리도 은사 받기를 원하고 특히 예언의 은사나 병 고치는 은사 받기를 원하는 모습을 발견하게 됩니다. 그 권세를 멋지게 사용하고 싶은 욕망이 있기 때문입니다. 하나님의 은사는 구원 사역의 도구가 되어야 합니다. 나를 드러내는 도구가 아닙니다. 예수님을 따라가는 길은 겸손의 순종이 있어야만 합니다. 그렇지 않을 때 야고보와 요한을 꾸짖으신 것처럼 우리를 꾸짖으실 것입니다.

적용 질문2_
나를 거부하고 배척하는 사람을 나는 어떻게 대하고 있습니까?

본문 하반부에는 예수께서 계속 길을 가실 때 세 부류의 사람들이 나타납니다. 첫째 사람은 예수님이 어디로 가시든지 따르겠다는 것입니다. 아마 그는 예수님의 행적을 본 사람인 것 같습니다. 그러므로 예수님을 따르면 뭔가 좋은 일이 있을 것으로 생각하고 따르겠다는 것입니다. 그런데 예수님은 동문서답을 하십니다. 여우도 굴이 있고 새도 집이 있는데 예수님은 머리 둘 곳이 없다는 것입니다. 무슨 뜻입니까? 예수님을 따르는 길은 호의호식하는 길이 아니라 나그네 길이니 기대하지 말라는 것입니다.

둘째 사람은 예수님이 나를 따르라 하심에 따르기는 따르겠는데 먼저 아버지의 장사를 치르고 따르겠다고 합니다. 이에 예수님은 죽은 자들로 죽은 자를 장사하게 하고 너는 나를 따르라고 하십니다. 얼핏 들으면 예수님이 근본을 모른다고 오해할 수 있고 이런 말을 하는 그리스도인들을 근본이 없다고 비난할지도 모릅니다. 그러나 여기서 말씀하심은, 하나님을 모르는 사람들은 영적으로 죽은 자들이고 하나님의 일이 더 급하다는 우선순위에 대한 말씀인 것입니다. 그것을 바꾸지 않으면 제자의 길을 갈 수 없다는 것입니다.

셋째 사람은 동일한 부르심에 가족과 작별할 시간을 달라고 합니다. 이에 예수님은 손에 쟁기를 잡고 뒤를 돌아보는 자는 하나님의 나라에 합당하지 않다고 말씀하십니다. 예수님의 답변이 냉정하고 이해할 수 없는 것 같지만 이 말씀 속에는 주님을 따를 때 가장 방해가 되는 요소가 가족일 수 있다는 것입니다. 우리가 예수 믿기로 했다가도 가족의 반대로 가정의 평화라는 이름 하에 교회 나가기를 포기하는 사람들이 많지 않습니까? 가족 우상이 있기 때문입니다. 세상적으로는 그럴듯하지만 하나님 나라에 합당한 생각은 아닙니다.

왜 예수님은 나를 따르라고 하셨을까요?

나를 따르라는 예수님의 말씀에 어떻게 반응할 것인지 묵상해야 합니다. 오늘 본문에 세 부류의 사람들을 보았습니다. 우리도 그들 세 사람 중에 하나는 아닌지 되돌아봐야 합니다. 우리는 교회에 나오면서 다른 목적을 갖고 나오는 사람들도 종종 봅니다. 장사에 큰 도움이 될 것 같아서, 필요한 돈을 쉽게 빌리기 위해서, 또는 교회에 나오면 모든 일이 잘 풀릴 것 같아서 등 다양한 목적을 갖고 오시는 분들이 있습니다. 사실 이런 분들이 문제를 일으키는 경우도 있습니다.

심지어 직분도 속여서 장로였다, 권사였다 하면서 그런 직분으로 신뢰를 얻어 자기 목적을 이루려는 사람들도 있습니다. 전에 섬기던 교회에서는 어떤 분이 남편은 장로이고 자기는 권사라고 하면서 헌신을 위장하고 나중에 엄청난 큰돈을 지체에게 빌려 피해를 입힌 사례도 있었습니다. 이런 것은 기복적 가치관에서 오는 기형적 행태인 것입니다. 예수님을 따르려면 하나님 나라의 가치관이 있어야 합니다. 쟁기를 잡고 뒤를 돌아보면 잡초가 무성히 자라는 것입니다. 그러므로 앞을 보고 부르심에 순종으로 따라야 합니다.

적용 질문3_

예수님의 부르심에 전적으로 따르지 못하는 나의 분주한 삶은 무엇입니까?

오늘 말씀의 주제는 제자의 길입니다. 제자의 길은 세상적인 욕심과 풍요를 추구하는 가치관으로는 그 길을 걸을 수 없습니다. 힘들고 어려운 길이기에 예수님도 굳은 결심이 필요했듯이 우리도 자기를 부인하고 내려놓는 굳은 결심이 필요합니다. 그리고 우선순위가 분명해야 합니다. 세상 즐거움 다 누리고 늙어서 죽기 전에 믿겠다는 분도 있는데, 그 영혼을 오늘 밤 데려가시면 어떻게 하겠습니까? 그러므로 때를 아껴 하나님 나라에 우선순위를 둬야 합니다. 저도 가장 친한 친구 그룹에서 교회 적당히 나가고 자기들과 골프도 치고 술도 마시고 인생 즐겁게 살자는 유혹을 수없이 받습니다. 우리는 결단해야 합니다. 길이 아닌 길에서 멈칫거리거나 적당히 타협해서는 안 됩니다. 구원의 길은 운동장만한 넓은 문이 아니라 좁은 문임을 상기해야 합니다. 때문에 때론 고독하고 외로울 수 있습니다. 그러나 영광의 그날이 우리를 기다리고 있습니다.

그날의 소망을 갖고 오늘도 굳은 결심으로 십자가의 길을 넉넉히 감당하는 저와 여러분 되시기를 예수님의 이름으로 축복합니다.

주제:바리새인에 대한 책망

말씀 요약 및 묵상_

오늘 말씀은 바리새인들에 대한 예수님의 책망하심을 단원별로 나눈 말씀입니다. 전반부는 전통에 대하여, 중반부는 겉과 속이 다름에 대하여, 하반부는 공의와 사랑을 버림에 대한 말씀입니다.

본문 전반부 말씀(37-38)입니다. 예수님이 한 바리새인으로부터 점심 식사 초청을 받았습니다. 그런데 식사하기 전에 손을 씻을 줄 알았던 바리새인이 예수님이 손을 씻지 않는 모습을 이상히 여겼다고 했습니다. 당시 유대인들은 식사 전에 손을 씻는 것이 전통으로 내려오고 있었습니다. 특히 손으로 직접 식사를 하는 유대인들을 생각하면 손을 씻는 것은 위생적으로 당연한 것으로 생각할 수 있습니다. 그러나 예수님은 고의로 손을 씻지 않으셨습니다.

왜 예수님은 식사 전에 손을 씻지 않으셨을까요?

율법과 전통을 더 중요하게 여기는 바리새인의 모습을 묵상해야 합니다. 바리새인이란 말에 분리된 자, 구별되다 라는 뜻이 있듯이 그들은 유대인의 율법과 전통을 엄격히 지키는 사람들입니다. 그래서 백성들을 가르치는 서기관 제도에 바리새인들이 쓰임 받았고 그들은 613가지 율법을 줄줄 외우며 엄격하게 지키는 삶을 살았습니다. 이런 모습이 유대인들의 존경과 신뢰를 받았고 그들은 백성들의 정신적 지도자가 되었습니다. 그런데 시간이 지나면서 율법교사로서의 절대적인 권세를 행사하게 되었고 율법으로 백성들을 얽매어 힘들게 했습니다. 율법과 전통이 어느덧 절대가치가 되었고 그 안에 말씀이 설 곳은 없어졌습니다. 그들은 스스로 율법과 전통으로 바벨탑을 쌓고 있었던 것입니다. 때문에 그들은 고정관념에 갇혀 예수님의 복음을 알아듣지 못했습니다. 이에 율법의 마침이신 예수님께서 그들이 틀렸다는 것을 가르치기 위해서 일부러 손을 씻지 않으셨던 것입니다. 비본질에 올인하는 그들에게 예수님께서 본질을 깨우쳐 주시기 위한 행동이셨습니다.

우리는 어떻습니까? 우리도 습관적 종교생활이 어느덧 전통이 되어 버리지는 않았는지 되돌아봐야 합니다. 또한 종교생활에 유교적 사고를 덧입혀 그것이 삶의 가치 기준이 되어 전통으로 자리잡고 있지는 않은지 살펴보아야 합니다. 전통으로는 복음으로 들어갈 수 없습니다. 고정관념은 깨어도 아프지 않다는 말이 있듯이 율법이 되어 버린 전통은 깨야 합니다. 우리의 옛사람으로 율법이 된 것도 깨야 합니다. 율법과 전통이 깨질 때 복음이 복음 될 것입니다. 마가복음 7장에서 '고르반'에 대한 예수님의 책망하시는 말씀이 나옵니다. 고르반이 무엇입니까? 고르반은 하나님께 바쳐진 선물이란 뜻이 있습니다. 그러므로 하나님을 향한 용도 외에 절대 사용할 수 없었습니다. 그런데 유대인들은 이것을 악용했습니다. 자기의 재산에 대해 고르반을 선포하고 재산의 일부만 성전에 드린 후 나머지는 몰래 감춰두고 자신만을 위해 사용했습니다. 심지어 부모를 공경하라는 계명까지도 지키지 않고 고르반 그 자체에 갇혀버려 악용했던 것입니다. 이것이 그들의 전통인 것입니다. 하나님의 계명보다도 사람의 전통이 우선인 바리새인들의 고정관념을 깨기 위해 오늘 예수님은 그들의 전통을 따르지 않은 것입니다.

적용 질문1_

내 안에 복음을 가로막고 있는 율법과 전통은 무엇입니까?

본문 중반부 말씀(39-41절)은 예수께서 손을 씻지 않는 것을 이상히 여기는 바리새인에게 그들의 겉과 속이 다름을 지적하고 계십니다. 바리새인은 지금 잔과 대접의 겉은 깨끗이 하나 속은 탐욕과 악독이 가득하다고 말씀하시며 구제를 통해 너희 모든 것을 깨끗이 하라는 것입니다.

왜 예수님은 바리새인들에게 속에는 탐욕이 가득하다고 책망하셨을까요?

겉과 속이 다른 바리새인의 모습을 묵상해야 합니다. 예수님은 바리새인들의 겉이 깨끗함을 인정하셨습니다. 그들은 613가지 율법을 엄격히 지키는 자들이었고 경건과 겸손의 모습까지도 갖추었습니다. 그러니 잔과 대접이 깨끗한 것 같이 그들의 겉모습은 깨끗한 그리스도인의 모습이었습니다. 이에 이제 "너희 속도 깨끗하게 하라"는 것입니다. 그런데 왜 속이 깨끗하지 않다고 지적하셨습니까? 그들은 겉으로는 가장 모범적인 신앙인이었지만 속은 예수님께서 지적하셨듯이 탐욕과 악독이 가득했기 때문입니다. 고르반으로 모든 것을 다했다 생각하고 마땅히 감당해야 할 일을 외면하는 그들의 이중적 태도를 말씀하시는 것입니다. 예수님은 속을 깨끗하게 하기 위해 어떻게 하라고 하십니까? 있는 것으로 구제를 하라고 합니다. 구제는 가난한 자들을 도와주라는 것입니다. 예수님도 산상수훈 팔복에서 심령이 가난한 자가 복을 받는다고 첫 번째로 말씀하고 있습니다. 가난한 자가 누굽니까? 레위인, 고아, 과부들입니다. 혼자서는 살기 어려운 이들을 예수님은 가난한 자라고 하셨습니다. 우리도 죄의 빚이 너무 무거워서 스스로는 도저히 갚을 수 없었던 사람들이었습니다. 이 가난을 해결해 주시기 위해 예수님은 무거운 십자가를 지시고 골고다 언덕을 오르셨고 모진 고통을 다 감당하시며 기꺼이 십자가에 매달리셨습니다. 그러므로 이젠 복음에 빚진 자로서 그 사명을 감당해 나가야 합니다. 예수님은 오늘 바리새인들에게 속을 깨끗하게 하기 위해 구제를 하라고 합니다. 그런데 구제를 말로만 할 수 없습니다. 우리의 희생을 전제로 하며 어떤 부분을 포기해야 합니다. 그것도 아까워하는 마음이 아닌 기꺼이 감당하는 자세가 필요합니다. 사랑의 헌신이 있어야 한다는 말입니다. 우리의 겉과 속은 어떻습니까? 남에게 보이기 위해 옷을 잘 입고, 화장을 하고 한껏 모양을 내는 데는 지갑을 흔쾌히 열면서 가난한 자를 돕는 데 인색하지는 않습니까? 오늘 주님은 말씀하십니다. 겉과 속을 깨끗하게 하라고 말입니다.

적용 질문2_
나는 속사람을 청결하게 하기 위해 어떤 노력을 하고 있습니까?

본문 마지막 단원 말씀(42-44절)입니다. 예수님은 율법과 전통을 더 우선하며 겉과 속이 다른 바리새인들을 향해 저주의 말씀을 선포하십니다. 공의와 사랑을 저버린 그들에게 "화 있을진저"를 세 번이나 말씀하시며 그들의 외식함을 책망하십니다. 예수님은 바리새인들이 채소의 일종인 박하와 운향까지 십일조 할 정도로 열심과 특심이 있었지만 공의와 하나님께 대한 사랑은 버렸다고 말씀하십니다. 그러시면서 이것도 행하고 저것도 버리지 말라고 하십니다. 또한 회당의 높은 자리와 시장에서 문안받는 것을 기뻐한다고 지적하십니다. 그런 너희는 봉분 없는 무덤 같아서 그 위를 밟는 사람이 알지 못한다고 말씀 하십니다.

왜 예수님은 바리새인들에게 화가 있을 것이라고 책망하셨을까요?

공의와 사랑을 버린 바리새인의 모습을 묵상해야 합니다. 마태복음 23장에서는 "화 있을진저." 이 말씀을 일곱 번씩이나 강조하시면서 바리새인들을 꾸짖으셨습니다. 그들은 천국 문을 사람들 앞에서 닫는 자, 정의와 믿음을 버린 자라고 책망하시며 심지어 "맹인들이여"라고 말씀하셨습니다. 왜 그렇습니까? 그들은 십일조는 정확히 했지만 더 중요한 계명을 지키지 않았기 때문입니다. 십일조로 신앙생활 다 했다고 퉁 치려 했기 때문입니다. 그런데 예수님은 둘 다 하라는 것입니다. 나의 모든 것의 주인이 하나님임을 고백하는 십일조도 하고 공의와 하나님의 사랑을 행하라는 것입니다. 또한 예수님은 그들이 모세의 자리에 앉았다고 그들의 교만을 책망하셨습니다(마 23:1). 회당의 높은 자리에 앉고 인사받기에 바쁘니 가난한 자가 눈에 들어오겠습니까? 예수님은 세리와 창기의 친구가 되어 주셨습니다. 왜 그렇습니까? 그들은 자기의 죄를 알고 회개했기 때문입니다. 오늘날 우리의 모습은 어떻습니까? 나도 모르는 사이에 바리새인의 모습을 닮아가고 있진 않은지 자신을 되돌아봐야 합니다. 신앙생활이 습관적 종교생활이 되어버린 채 긍휼과 자비가 아닌 체면과 겉치레로 사역을 하고 있지는 않은지 나를 들여다봐야 합니다. 평가는 우리가 하는 것이 아니라 예수님이 하십니다. 오늘 바리새인들이 봉분 없는 무덤으로 예수님께 평가받은 것을 반면교사 삼아야 할 것입니다. 공의와 사랑이 무엇이겠습니까? 그것은 십계명을 함축한 하나님 사랑과 이웃 사랑입니다. 곧 영혼 구원입니다. 이것이 우리 삶에 적용되어야 합니다.

적용 질문3_

바리새인들의 모습에서 내가 깨닫고 회개하며 사랑과 공의를 지켜 행할 것은 무엇입니까?

오늘 말씀을 묵상하면서 큰 찔림과 깨달음이 가슴으로 밀려왔습니다. 오늘 바리새인들의 모습이 나의 모습임을 부인할 수 없기 때문입니다. 우리는 복음을 말하지만 매우 복음적이지 못하고 세상의 지식과 경험, 자기 가치 기준에 의한 판단과 정죄를 늘 하고 있음을 발견하게 됩니다. 고정관념은 어느덧 고집이 되어 남의 말을 수용하거나 타협하지 않으려는 모습도 있습니다. 교회의 직분과 사역이 머리가 되어 사회의 수직적 개념으로 '헌신이 아닌 일'을 하려고 합니다. 바리새인이 되지 않으려면 철저한 회개와 자기 부인이 있어야 합니다. 사울이 큰 자에서 바울로, 작은 자의 이름으로, 바뀌었듯이 작은 자의 겸비함이 있어야 합니다. 사도 바울처럼 매일 나를 십자가에 못 박으며 "내가 매일 죽노라" 이 고백을 할 수 있어야 합니다. 이 말씀이 우리 삶 가운데 적용되어 예수님의 사랑과 공의를 이뤄 나가는 저와 여러분 되시기를 예수님의 이름으로 축복합니다.

주제: 엿보는 자

말씀 요약 및 묵상_

　　오늘 말씀의 전반부(1-6절)는 안식일에 어떤 것이 합당한가를 바리새인들에게 가르치시는 예수님의 사역 내용입니다. 또한 이 사역을 통해서 진정한 안식일의 주인은 예수님 자신이심을 말씀하고 계십니다. 안식일에 예수님께서 한 바리새인 지도자의 집에 떡을 잡수시러 들어가시는 모습을 다른 바리새인들이 '엿보는' 장면부터 오늘 말씀이 시작됩니다. 그곳에 수종병 든 한 사람이 있는 것을 보고 예수님이 율법 교사들과 바리새인들에게 질문을 합니다. 안식일에 병 고쳐주는 것이 합당한가 합당하지 않은가를 묻는 것입니다. 그러나 그들이 반응이 없자 수종병 든 자를 불러 병을 고쳐주시고 그들에게 설명을 해주십니다. 만일 너희 중에 아들이나 소가 우물에 빠졌으면 바로 건져 내지 않겠느냐는 것입니다. 이에 그들은 대답하지 못했다고 성경은 증언합니다.

　　왜 예수님은 율법교사들과 바리새인들에게 안식일에 병 고치는 것에 대해 물으셨을까요?

　　예수님을 '엿보는' 바리새인들을 묵상해야 합니다. 그들은 처음부터 '예수님이 안식일에 병자를 고치는가 보려는 마음'과 '흠을 잡아 고발하려는 생각'을 갖고 있었습니다. 수종병은 그 당시 불치병이었고 병든 자를 보신 예수님은 긍휼의 마음이 드셨습니다. 그러나 예수님을 엿보는 자들의 마음을 아셨기에 율법 교사들과 바리새인들에게 질문을 한 것입니다. 떡을 잡수시러 들어가신 집은 바리새인들의 지도자 집이었고 질문은 율법 교사들과 바리새인들에게 하셨습니다. 이들은 그 시대 종교 지도자들이었고 율법의 전문가였습니다. 그런 그들에게 전직이 목수인 예수님이 질문을 한 것입니다. 아마도 그들은 황당해서 답변을 안 했을 수도 있습니다. 아니 율법의 전문가인 우리에게 그런 질문을 하다니 하고 말입니다. 예수님은 병자를 고쳐 주셨습니다. 그리고 그들에게 너희들의 아들이나 소가 물에 빠졌을 때 건져내는 것이 당연하지 않느냐는 비유로 말씀을 하신 것입니다. 그런데 말씀을 들은 그들은 아무런 대답도 못했다고 했습니다. 당연한 논리였기 때문이고 자기들은 실제 그런 삶을 살고 있었기 때문입니다. 그러함에도 그들은 예수님이 어쩌나 보려고 엿본 것입니다. 비슷한 내용이 누가복음 6장에 나오는데 이때도 예수님은 안식일에 선을 행하는 것과 생명을 살리는 것이 당연하다고 말씀하시며 병든 자를 고침으로 안식일의 주인이 예수님이심을 나타내셨습니다. 우리는 오늘 바리새인의 엿보는 태도에서 우리를 돌아봐야 합니다. 바리새인들은 '선지자라고 하는 예수님이 안식일도 안 지키는가' 하는 인지 오류를 범함으로, 그것이 율법이 되어 예수님을 정죄하고 있습니다.

우리도 주일 예배드리러 와서 이런 엿보는 자가 되지는 않았는지 살펴보아야 합니다. 엿보는 데는 두 부류의 사람이 있습니다. 예배에 집중하고 열심히 기도하는 사람을 보고 도전을 받으며 나도 저렇게 되어야지 하는 사람과 저 사람은 왜 저렇게 앉아 있어? 옷차림은 왜 저래? 인도하는 부교역자는 왜 저래? 찬양대 지휘자는 왜 지휘봉도 없이 하지 등 예배 외적인 비 본질에 관심을 갖고 엿보는 사람들이 있습니다. 저도 그런 경험이 있습니다. 다행히 대부분은 전자에 해당되었습니다. 말씀에 은혜를 받고 반응하는 분들을 통해 나의 성숙을 재촉했고 대표기도 은혜롭게 잘 하시는 분들 보면 나도 저렇게 해야 되는데 하고 도전을 받았습니다. 그러나 언젠가는 어느 부교역자가 대예배 때 두 손을 짝 벌리고 경망스럽게 찬양하는 모습을 보며 인내의 성숙함에 이르지 못하고 교회 홈피에 글을 올려 지적한 적도 있었습니다. 그분의 준비되지 못한 설교도 정죄하곤 했습니다. 우리는 후자처럼 엿보는 자가 되어서는 안 됩니다. 그런 나의 모습이 비춰질 때 바로 회개의 자리로 나가야 합니다. 예배는 하나님께만 집중되어야 하기 때문입니다. 안식일뿐만 아니라 일상의 삶에서도 긍정의 관점에서 보고 그리스도인으로서의 삶을 살아가야 합니다. 모든 삶과 시간의 주인은 하나님이시기 때문입니다.

적용 질문1_

교회 공동체에서 엿보고 정죄한 일은 없었습니까?

본문 중반부(7-11)는 청함을 받았을 때 어느 자리에 앉는 것이 지혜 있는 자인가 하는 것을 말씀해 주십니다. 주님은 청함을 받았을 때 높은 자리에 앉지 말라고 하십니다. 먼저 높은 자리에 앉으면 후에 더 높은 사람이 왔을 때 주인이 자리를 비켜 달라고 할 텐데 그러면 부끄러움을 안고 끝자리로 간다는 것입니다. 처음부터 끝자리에 앉으면 주인이 와서 높은 자리로 올라앉으라, 할 텐데 그러면 모든 사람 앞에서 영광이 된다는 것입니다. 그러시면서 주님은 말씀하십니다. "무릇 자기를 높이는 자는 낮아지고 자기를 낮추는 자는 높아지리라" 하고 말입니다.

왜 예수님은 청함을 받았을 때 끝자리에 앉으라고 하셨을까요?

끝자리에 앉는 지혜를 묵상해야 합니다. 사람들은 대부분 높은 자리를 좋아하고 앉으려고 합니다. 어쩌면 이를 위해 평생 살아가는지도 모르겠습니다. 회사에서도 더 높은 자리에 오르려고 밤을 새워 일을 합니다. 윗사람에게 인정받으려고 많은 수고와 애를 씁니다. 결국은 높은 자리를 향해 가는 과정입니다. 그렇게 살아온 삶의 관성 때문에 그런 공동체를 떠나서 낮아지기 어려운 경우가 많이 있습니다. 예를 들면 대기업 임원을 하던 분은 사회에 나와서 그에 걸맞은 사업을 하겠다는 선입감 때문에 실패하는 경우를 쉽게 볼 수 있습니다. 주님은 오늘 우리에게 겸손함과 겸비한 마음을 가지라는 것입니다. 낮아지지 않고는 섬기는 자가 될 수 없기 때문입니다. 섬기는 척은 할 수 있어도 섬기는 자는 될 수 없습니다. 교회 공동체에서도 마찬가지입니다. 낮아진 사람이 작은 예수가 되어 지체의 발을 씻기는 섬김을 할 수 있는 것입니다. 그렇지 않았을 때 자기 의가 강하게 드러나고 명령과 지시형 일을 하려고 합니다. 그리고 자기 뜻대로 안 되면 혈기를 드러내고 공동체에 파열음을 내게 됩니다. 어디 교회 공동체뿐이겠습니까? 교회 밖 사회에서도 마찬가지입니다. 우리가 낮아지고 낮은 자리에 앉았을 때 우리 주님이 우리를 찾아오셔서 우리를 높여 주십니다. 그것이 진정 높임을 받는 길입니다.

적용 질문2_
낮아짐으로 더 큰 은혜를 경험하신 일이 있으십니까?

본문 하반부(12-14절)는 베푸는 자의 자세에 대한 말씀입니다. 예수님은 점심이나 저녁을 베풀려거든 벗이나 형제나 부한 이웃을 청하지 말라 하십니다. 그 사람들은 도로 청하여 갚을 것이기 때문이라고 말씀하시면서 오히려 가난한 자들과 몸 불편한 자들과 맹인을 청하라고 하셨습니다. 그들은 도로 갚을 능력이 없으므로 이것이 복이 된다는 것입니다. 그리고 "이는 의인들이 부활 시에 네게 갚음을 받게 된다"고 하셨습니다.

왜 예수님은 베풀 때 부한 이웃을 청하지 말라 하셨을까요?

베푸는 마음에 대해 묵상해야 합니다. 우리는 베풀고 싶은 마음이 들 때 상대를 찾고 구별하려는 속성이 있습니다. 가치관이 같다든가, 특별히 친분을 유지하고 싶은 사람이든가, 또는 자기 기준이나 수준에 맞는 사람이든가, 사귐을 통해 어떤 유익이 기대된다든가 대부분 이런 범주에서 대상을 선택하는 경우가 많을 것입니다. 그런데 오늘 주님은 가난한 자나 맹인에게 베풀라고 하십니다. 전자의 사람들은 대부분 베풀면 상대도 베풀 능력도 있고 실제 베풂을 서로 교환하기도 합니다. 이런 베풂은 하늘의 상급이 없다는 것입니다. 베풂의 그 마음에 자비와 긍휼 그리고 심령이 가난한 자의 마음이 없기 때문입니다. 목적이 있는 베풂은 비즈니스일 뿐, 베풂이라고 볼 수 없는 것입니다. 우리는 깊이 우리를 살펴보아야 합니다. 교회 공동체 안에서도 이런 우리의 모습이 없는지 말입니다. 우리보다 어려운 지체를 섬기고 또한 힘들고 환란 가운데 있는 지체를 위로하고 섬기는 것이 진정한 베풂입니다. 그것은 예수님의 마음을 품었을 때 나의 삶이 되어 실천적 행동으로 나타날 것입니다. 예수님은 말씀하셨습니다. 내 말을 듣고 행하는 자가 내 어머니이고 형제라고 말입니다. 천국 가족이 되는 것은 주님의 말씀대로 반응하며 행하는 것입니다. 머리로 생각하고 입으로 표현하며 가슴으로 느끼고 몸으로 실천하는 삶이 바로 예수님과 형제가 되는 삶입니다.

적용 질문3_

1. 내가 초청하고 식사 한 끼라도 살 때 어떤 대상을 선택하려고 합니까?
2. 나를 드러내고 인정받고 싶어 베풂을 한 경우는 없습니까?

"하나님 아버지! 오늘 묵상의 말씀들이 나의 삶에 행함으로 나타나게 인도해 주시길 원합니다. 주일을 온전하게 드릴 수 있는 거룩한 마음을 주시고 결코 엿보는 자가 되지 않고 주님에게만 집중할 수 있게 심령을 주관하여 주옵소서. 또한 어떤 자리에서든지 가장 낮은 자리를 기쁨으로 찾는 겸비한 마음에 기름 부어 주셔서 섬기는 자의 직분을 넉넉히 감당하게 하옵소서. 저의 마음에 베풀고 싶은 마음이 들 때 정말 위로가 필요하고 사랑이 필요한 지체에게 주님의 마음을 품고 다가가서 나눔을 가질 수 있도록, 저의 삶 가운데 충만함으로 인도해 주옵소서. 가장 낮은 자리로 오셔서 우리를 섬겨 주신 예수님의 삶이 우리의 삶이 되기를 소망하며 예수님의 이름으로 기도드립니다. 아멘."

주제:재물 사용의 지혜

말씀 요약 및 묵상

오늘 말씀은 누가복음 15장의 잃은 양과 탕자의 비유를 생각하면서 묵상해야 말씀의 의도와 뜻을 알 수 있습니다. 예수님은 말씀을 비유로 제자들에게 이르시며 청지기의 삶에 대해 가르치고 계십니다. 어떤 부자에게 청지기가 있는데 주인의 소유를 낭비하는 것을 알고 해고를 예고합니다. 그런데 해고될 것을 안 청지기가 주인에게 빚진 자들을 불러 임의로 빚을 줄여 줍니다. 이를 알게 된 주인이 청지기를 배임으로 고소할 것 같은데 오히려 지혜 있는 청지기라고 칭찬을 합니다. 그리고 "이 세대의 아들들이 자기 시대에 있어서는 빛의 아들들보다 더 지혜로움이니라." 말씀하시며 불의의 재물로 친구를 사귀라 하십니다. 또 지극히 작은 것에 충성된 자는 큰 것에도 충성됨을 말씀하시며 하나님과 재물을 겸하여 섬길 수 없다고 하십니다.

왜 예수님은 옳지 않은 청지기를 지혜 있는 자라고 칭찬했을까요?

첫째는 청지기의 지혜에 대해 묵상해야 합니다. 본문에 등장하는 청지기는 주인의 재물을 횡령해서 임의로 사용하다가 주인에게 발각되자 자기 미래를 위해 주인의 채무자들에게 선심성 호의를 베풀었습니다. 그것은 빚을 줄여 주는 것입니다. 이런 행위는 횡령죄와 더불어 배임죄에 해당하는 것입니다. 본문을 보면서 탕자의 얘기가 연상되었습니다. 그도 아버지의 재산을 받아 임의로 탕진하지 않았습니까? 탕자나 청지기나 주인의 재물을 잘못 사용한 공통점이 있습니다. 주인의 재물에 대해 바른 사용 목적을 깨닫지 못했기 때문입니다. 그런데 주인의 빚진 자에게 빚을 줄여 줌으로 후일 그들에게 영접받으려 한 청지기가 지혜 있는 자로 칭찬을 받습니다. 이유가 무엇입니까? 우리는 두 가지 측면에서 볼 수 있습니다.

첫째는 빚을 탕감 받은 자들이 주인을 만날 때마다 허리를 굽혀 감사했을 것입니다. 처음에는 왜 그러는가 의문이 생겼지만 청지기가 한 일을 알았을 것입니다. 사실 주인의 재산도 바르게 모은 재산이 아니었습니다. 당시 유대인은 동족에게 돈을 빌려주고 이자를 받지 말라는 율법을 지키고 있었습니다. 그러나 인간의 죄성은 교묘한 꾀를 내어 물품을 빌려주고 몇 배의 이득을 취하는 죄를 짓게 했습니다. 결국 주인의 재물도 불의한 재물인 것입니다. 그러니 종의 행위를 보고 함부로 내칠 수가 없었을 것입니다. 같이 망하는 것이 되기 때문입니다. 그런 의미에서 종의 꾀를 지혜 있다고 칭찬한 것입니다. 그러나 이 칭찬은 기분 좋아서 하는 칭찬이라기보다는 허탈한 칭찬으로 여겨집니다. 칭찬받은 두 번째 이유는 물질의 주인이 하나님이라는 관점에서 보았을 때 청지기가 빚을 탕감해 준 것은 비록 자기가 살기 위한 방편이었지만 그럼에도 물질의 사용이 하나님의 뜻에 부합되었다는 사실입니다. 왜냐하면 사람을 살리는 일에 사용했기 때문입니다. 본문 9절에서도 불의의 재물로 친구를 사귀라고 말씀하셨습니다. 본문 전체적 관점으로 보면 물질의 주인인 하나님의 가치 기준으로 보는 것이 더 설득력이 있습니다. 본문 8절에서는 주인이 청지기를 칭찬한 이유를 설명하며 이 세대의 아들들이 빛의 아들들보다 더 지혜롭다고 이야기합니다. 이 세대의 아들들은 청지기와 죄인과 세리를 의미하며 빛의 아들들은 주인과 바리새인, 서기관 같은 종교 지도자들을 의미하는데 이는 빛의 아들이라고 스스로 자부하며 속은 악독과 탐욕으로 가득 찬 종교 지도자들을 빗대어 비유로 책망하신 것입니다. 왜냐하면 그들은 돈을 좋아하고 돈을 좇아 살았기 때문입니다. 그러나 한편으로는 빛의 아들은 하나님의 아들인데 하나님의 아들인 너희는 이 세대 아들들보다 더 지혜로워야 되지 않겠느냐는 강조 화법을 사용하신 것으로 봐야 합니다. 오늘 청지기는 비록 의도는 달랐지만 재물을 하나님의 뜻에 합당하게 사용함으로 칭찬을 받았습니다.

이를 통해 우리를 돌아봐야 합니다. 우리는 소유한 재물을 어떻게 사용하고 있습니까? 탕자와 같이 사용하고 있지는 않습니까? 우리가 소유한 재물도 본문의 주인과 같이 불의한 재물이거나 부분적으로 불의한 것일 수도 있을 것입니다. 그렇다면 청지기와 같이 지혜 있게 사용해야 하지 않을까요? 지혜 있는 사용은 생명을 살리는 일에 사용하는 것입니다. 사귐과 구제를 위해 사용하는 것은 하나님을 기쁘시게 하는 것입니다. 저의 소유를 생각해 보니 열심히 땀 흘려 건강하게 모은 것이라고 자부했지만 말씀을 비춰보니 불의함이 드러남을 깨닫게 됩니다. 무역을 하면서 under value를 한동안 함으로 절세가 아닌 탈세를 했고 더 많이 이익을 보기 위해 생산 공장을 압박해서 그들을 힘들게 했습니다. 세상적 기준으로는 별일 아니지만 하나님 기준으로는 불의한 것임을 깨닫습니다. 또한 엄청난 불량이 났음에도 T화장품에 납품하고 그 사실을 사실대로 인정하지 않았습니다. 이것은 내 양심을 속인 나의 죄입니다. 우리는 오늘 청지기의 지혜 있는 재물 사용에 대해 지혜를 얻고 깨달아야 합니다. 재물의 주인인 하나님 관점에서 어떻게 사용해야 되는지, 청지기처럼 변화를 결단해야 합니다.

적용 질문1_

1. 나는 청지기와 같은 지혜가 있습니까?
2. 하나님이 모든 물질의 주인 됨을 인정한다면 나의 소유를 어떻게 사용하겠습니까?

　　둘째는 주인의 칭찬하는 마음을 묵상해야 합니다. 주인은 주인의 채무자들에게 임의로 빚을 탕감해 준 청지기를 칭찬했습니다. 만약 우리라면 바로 배임죄로 고발하지 않았을까요? 청지기의 행위는 결과적으로 주인을 의롭게 했습니다. 많은 사람들의 칭송을 들었고 빚진 자들로부터 감사의 인사를 받았습니다. 예상하지 않았던 일이었습니다. 그러므로 결과에 대한 평가를 주인의 입장에서 칭찬으로 했던 것입니다. 이 일에 대해 하나님은 우리에게 분명한 메시지를 주십니다. 재물은 주인 되신 하나님 사역의 도구가 되어야 한다는 것입니다. 그리할 때 생명을 살릴 수 있기 때문입니다. 내가 물질의 주인이 되었을 때는 사람을 살리는 데 사용하기가 어렵습니다. 인간은 소유욕의 본성이 있기 때문입니다. 고린도후서 8장에서는 "이제 너희의 넉넉한 것으로 그들의 부족한 것을 보충함은 후에 그들의 넉넉한 것으로 너희의 부족한 것을 보충하여 균등하게 하려 함이라" 말씀하십니다. 이 말씀이 율법의 정신이기도 합니다. 공동체의 헌금도 마찬가지입니다. 좀 더 있는 자가 더 헌금하는 것이 맞는 것입니다. 후일에 적은 자가 많은 자 되었을 때 그들이 마찬가지로 더 할 것입니다. 이것이 균등한 것이고 율법의 정신입니다. 그러므로 조금 더 소유했다고 자랑할 것이 없는 것입니다. 10절에서는 지극히 작은 것에 충성된 자는 큰 것에도 충성되고 지극히 작은 것에 불의한 자는 큰 것에도 불의하다고 하셨습니다. 우주 만물의 주인인 하나님 편에서 재물은 아주 작은 것에 불과합니다. 그러나 세상은 재물을 아주 중요한 가치로 봅니다. 인간의 관점으로 보기 때문입니다. 하나님 통장의 돈을 마음껏 뽑아 쓸 수 있는 방법은 9절 말씀처럼 불의의 재물로 친구를 사귀는 것입니다. 재물은 언젠가는 다 없어집니다. 이 땅에 살 동안만 필요합니다. 그러므로 하나님의 가치 기준에 따라 사용해야 합니다. 그것이 하나님 통장의 돈을 적극적으로 사용하는 것입니다.

하나님이 돈을 만드신 목적은 영혼 사랑과 구제에 있습니다. 하나님 편에서 봤을 때 재물은 가장 작은 것이기 때문에 돈은 은사 중 가장 작은 것으로 볼 수 있습니다. 이 작은 것에 충성된 자는 큰 것에도 충성된다고 하셨습니다. <우리들교회> 김양재 목사님은 100

억을 주시면 남을 위해 얼마든지 살겠다고 하는 것보다 현재 만 원을 어떻게 사용하느냐에 구원이 있다는 말씀을 하셨습니다. 지극히 작은 돈에도 충성되게 하지 못하면 더 큰 은사도 감당할 수 없다는 것입니다. 말씀을 묵상하면서 저도 회개와 깨달음이 왔습니다. 그것은 만 원의 인색함이 나에게도 있다는 사실입니다. 만 원에 인색해하며 기도하겠다고 말합니다. 기도는 생각을 행동으로 옮기는 동기가 되어야 함에도 기도에 머물러 있는 자신을 보게 됩니다. 물질을 하나님의 가치 기준으로 봐야 합니다. 주님은 물질과 하나님을 두 주인으로 섬길 수 없다고 분명히 말씀하십니다. 주인은 한 분 뿐입니다.

적용 질문2_

나는 두 주인을 섬기고 있지는 않습니까? 그렇다면 어떻게 변화를 결단하겠습니까?

★ 말씀으로 기도하기_

"하나님 아버지! 오늘 묵상을 통해 나의 모습을 발견하고 말씀 앞에 드러내기를 원합니다. 지금까지 물질을 우상으로 섬겼던 나를 드러내어 회개하고 지극히 작은 것에 충성함으로 큰 것에도 충성되게 쓰임 받는 지혜 있는 청지기의 사명을 감당하길 소망합니다. 항상 주인 되신 하나님의 마음을 묵상함으로 하나님의 뜻에 합당한 지출을 하도록 주께서 주관하여 주옵소서. 예수님의 이름으로 기도합니다. 아멘."

주제: 열 므나 비유

말씀 요약 및 묵상_

　예수님은 무리들을 향해 열 므나 비유를 통해 충성된 종과 악한 종에 대한 말씀을 하십니다. 어떤 귀인이 왕위를 받기 위해 먼 나라로 갈 때에 그 종 열을 불러 은화 열 므나를 각각 나누어 주며 귀인이 돌아올 때까지 장사를 하라고 합니다. 그리고 귀인이 왕위를 받아 가지고 돌아와서 은화를 준 종들이 각각 어떻게 장사를 하였는지 확인을 합니다. 첫 번째 종이 나아와 한 므나를 장사해서 열 므나로 만들었음을 보고하자 주인은 칭찬하면서 네가 지극히 작은 것에 충성하였으니 열 고을 권세를 차지하라고 합니다. 두 번째 종이 나아와 한 므나를 장사해서 다섯 므나를 만들었음을 보고합니다. 이에 주인은 첫째 종과 마찬가지로 칭찬을 하면서 다섯 고을 다스릴 권세를 줍니다. 이번엔 또 한 종이 와서 한 므나를 받았으나 "주인이 엄한 사람인 줄 알고 두려워하여 한 므나를 수건에 싸 두었다"고 보고합니다. 이를 본 주인은 그 종에게 악하고 게으른 종이라고 책망하며 그 한 므나를 열 므나 만든 종에게 주게 하고 또한 주인이 왕위를 받는 것을 반대한 자들을 끌어내 죽이라고 명령을 합니다.

　왜 예수님은 열 므나 비유를 말씀하셨을까요?

첫째는 같은 말씀을 들어도 오해하는 자가 있음을 묵상해야 합니다. 오늘 본문은 예수님이 예루살렘에 가까이 오셔서 비유를 들어 무리들에게 말씀하신 것입니다. 그런데 예루살렘에 가까이 오자 사람들은 예수님이 세상을 뒤엎고 새로운 왕국을 이 땅에 세울 것에 기대를 걸고 있었습니다. 누누이 예수님이 가야 할 길에 대해 말씀을 하셨고 십자가와 부활에 대해서도 말씀하셨음에도 그들은 자기들의 생각 속에 빠져 있는 것입니다. 그것이 오해입니다. 예수님의 뜻과는 전혀 다른 그들만의 생각과 그들만의 나라를 생각하고 있는 그들의 태도는 예수님과 아무런 상관이 없는 것입니다. 또한 한 므나를 맡긴 주인의 뜻을 왜곡해서 장사하지 않고 그대로 수건에 싸 보관만 한 어리석은 종도 주인을 오해하기는 마찬가지입니다. 결과는 악하고 게으른 종으로 책망을 받지 않았습니까? 이 모습을 보면서 우리도 그런 오해를 하는 그리스도인이라는 생각을 했습니다. 말씀을 묵상하면서 하나님의 뜻을 헤아리려는 노력은 하지 않고 내 생각이 하나님 뜻인 것으로 오해하고 자기 복음에 자기를 고정시키고 왜곡된 신앙생활을 하는 우리의 모습, 아니 나의 모습이 클로즈업 되었습니다.

저도 한때는 성공을 해서 멋지게 섬기겠다는 생각에 사로잡힌 적이 있었습니다. 그 성공이 무엇입니까? 경제적 부요와 명예를 얻는 것이 성공이라는 오해를 한 것입니다. 우주 만물이 다 창조주 하나님의 것인데 그중에 얼마를 내 것으로 만들어 그것으로 하나님을 섬기겠다는 그 생각이 바로 오해의 근원인 것입니다. 그리고 그 오해의 목표를 세워 놓고 하나님이 이를 응답해 주시고 반드시 축복해 주시리라 생각하는 인지 오류적 믿음을 갖고 있었습니다. 그러나 그것은 하나님의 영광이 아닌 나 스스로의 영광을 위한 것임을 뒤늦게 깨달았습니다. 우리가 하나님의 마음을 오해하지 않고 아버지의 뜻에 합당한 삶을 산다는 것은 결코 쉬운 일이 아닙니다. 왜냐하면 하나님이 우리를 창조하실 때 주신 자유의지가 자칫 자기 생각에 옳다고 생각하는 것에 집중될 수 있기 때문입니다. 그러므로 깨어 있어야 합니다. 또 항상 말씀을 묵상하면서 하나님의 마음을 헤아려야 합니다.

적용 질문 1_
1. 나의 생각을 주님의 뜻으로 오해한 일은 없었습니까?
2. 오해한 것을 믿음으로 알고 신앙생활 하여 지체에게 상처를 준 일은 없습니까?

둘째는 충성된 종이 어떤 종인지 묵상해야 합니다. 본문 속 주인은 한 므나를 열 므나로, 또 한 므나를 다섯 므나로 장사하여 이익을 남긴 좋을 착하고 충성된 종이라고 칭찬을 합니다. 그리고 각각 열 고을과 다섯 고을을 다스릴 권세를 상으로 주었습니다. 충성된 종에게 주는 주인의 상입니다. 그러나 한 므나를 그대로 갖고 있던 종에게는 악하고 게으른 종이라고 책망하며 그 가진 한 므나까지 빼앗아 가장 장사를 잘 한 종에게 주었습니다. 그리고 무릇 있는 자는 받겠고 없는 자는 그 있는 것도 빼앗기리라 이야기합니다. 하나님은 우리에게 균등한 기회를 주시고 기다리십니다. 오늘 은화를 각각 종들에게 나눠 주신 것처럼 우리에게도 동일한 기회를 주신 것입니다. 그러나 우리는 어떻습니까? 맡겨 주신 한 므나를 장사를 잘 해서 이익을 많이 남기는 자도 있고 적게 남기는 자도 있고 그대로 갖고 있거나 없애 버리는 자도 있습니다. 하나님은 우리에게 기대하십니다. 우리가 장사를 잘해서 하나님의 나라의 이윤과 열매를 많이 맺기를 말입니다. 하나님은 우리에게 똑같은 달란트를 주시고 하나님 나라를 위해 생명을 살리는 사역을 맡기셨음에도 우리는 얼마나 열매를 맺고 있는지 자신을 돌아봐야 합니다. 충성된 종은 하나님 나라의 열매를 많이 맺는 자들입니다. 그러나 악한 종은 열매가 없거나 오히려 방해가 되는 자들입니다. 본문은 악한 자와 반대한 자가 똑같다는 것을 의미합니다. 하나님은 우리에게 맡겨 주신 한 므나를 반드시 결산하러 오십니다. 그 결산 때 우리는 무엇이라고 대답할 것인지 오늘 묵상하며 준비하는 그리스도인이 되어야 합니다.

적용 질문2_

1. 하나님이 나에게 주신 재능과 시간을 어떻게 사용하고 계십니까?
2. 나는 충성된 종입니까? 악한 종입니까?

★ 말씀으로 기도하기_

"하나님 아버지! 오늘 말씀을 통해 아버지의 뜻을 헤아리는 자녀가 되기를 소망합니다. 오해로 인해 아버지의 뜻을 왜곡하는 어리석음을 버리게 하옵시고, 언제나 아버지의 뜻 가운데 있기를 소망합니다. 그러므로 맡겨주신 한 므나를 하나님 나라를 위한 장사에 잘 사용함으로 풍성한 열매를 통해 아버지를 기쁘시게 하는 저희 모두가 되기를 기도합니다. 충성된 종을 위한 오늘의 애씀과 땀이 헌신으로 나타나기를 바라오며 예수님의 이름으로 기도합니다. 아멘."

참고 사항
 1) 한 므나는 100드라크마에 해당됨
 2) 한 드라크마는 당시 노동자의 하루 품삯

주제:섬기는 자와 준비하는 자

말씀 요약 및 묵상_

    예수님께서 이제 곧 십자가의 고난을 감당하시며 죽으심으로 마지막 사역을 마무리해야 할 이때에 제자들은 누가 크냐 하는 문제로 다툼이 일어납니다. 이에 주님은 이방인의 임금들은 큰 자로 여김을 받겠으나 너희는 그렇지 않다 하시며 너희 중에 큰 자는 젊은 자와 같고 다스리는 자는 섬기는 자와 같을 것이라고 말씀하십니다. 그러나 주님은 섬기는 자로 너희 중에 있다고 말씀하십니다. 그리고 제자들에게 너희는 나의 모든 시험 중에 항상 나와 함께한 자들이니 하나님의 나라를 맡길 것이라고 하십니다. 또한 죽는 데에도 가기를 각오했다고 자기 확신에 찬 베드로에게 "세 번 주님을 부인할 것"이라고 말씀해 주시고 돌이킨 후에 형제를 굳게 하라고 일러 주십니다. 그리고 말씀이 이루어지기 위해 전대와 배낭과 검을 준비하라고 하십니다.

    왜 예수님은 섬기는 자로 너희 중에 있다 하셨을까요?

    첫째는 예수님의 섬김을 본받는 삶에 대해 묵상해야 합니다. 오늘 제자들은 주님께서 기회 있을 때마다 주님의 구속사에 대해 말씀하시며 십자가의 고난과 죽음, 부활에 대해 말씀하셨음에도 깨닫지 못한 채, 예수님이 예루살렘에 입성하시고 새로운 왕국이 건설되면 한 자리 할 것과 그때 누가 더 큰 자의 자리에 앉는가에 대해 다투고 있습니다. 이런 제자들을 보시고 주님은 나는 섬기는 자로 너희 중에 있다고 분명하게 말씀하셨습니다. 예수님이 공생애 사역을 하시면서 먼저 제자들의 발을 씻기셨던 것은 섬김의 본을 보여 준 것이었습니다. 요즘은 발 씻기는 것이 별로 어렵거나 불쾌하지 않지만 예수님 당시 사람들은 맨발에 슬리퍼 같은 것을 신고 먼지가 풀풀 나며 진흙이 땀과 범벅이 된 발이었습니다. 그러니 발을 씻긴다는 것은 애정과 사랑, 헌신의 섬김이 없으면 어려운 일이었습니다. 예수님은 그 발을 씻기며 섬김이 이런 것이다 하고 가르쳐 주신 것입니다.

제자들이 다투는 이유는 무엇입니까? 누가 더 큰 자인가 하는 것입니다. 이 문제는 태초부터 우리를 괴롭힌 문제이기도 합니다. 대통령 선거가 끝난 후 사람들은 누가 더 큰 자인가 하는 문제로 갈등을 빚는 것을 우리는 종종 보게 됩니다. 선거 캠프에서 누가 더 승리에 기여했는가 하는 것입니다. 그리고 저마다 자기라고 주장하며 그러니 더 큰 자리를 차지해야겠다는 마음이 밑바탕에 깔려 있는 것입니다. 사람들은 큰 자가 되기를 너무 좋아합니다. 큰 자가 되면 부와 명예를 얻게 되고 다스리는 자가 되기 때문입니다. 평생 살아가는 삶이 어찌 보면 큰 자가 되기 위한 경쟁과 싸움인지도 모르겠습니다. 직장에서도 승진하고 더 높은 지위를 얻기 위해 얼마나 애를 쓰고 있습니까? 그런데 큰 자가 되기 위한 이면에는 교만한 마음이 도사리고 있습니다. 상대를 인정하지 않고 비교 우월주의로 앞에 서려는 교만이 있습니다. 성경은 "교만을 패망의 선봉"이라고 했습니다. 칭찬은 고래도 춤추게 한다고 해서 블레싱으로 상대를 격려해 주는 것이 요즈음 사역의 한 부분이기도 하지만 칭찬받고 싶어 하는 그 마음에는 교만이 함축되어 있는 것입니다. 교만은 제자가 제자 되지 못하게 하고 섬김이 섬김 되지 못하게 하며 사역이 사역 되지 못하게 합니다.

교회 공동체 안에도 여전히 큰 자가 되고 싶어 하는 우리의 모습을 보게 됩니다. 직분에 집착하고 언어에도 겸손함이 없이 연륜이나 직분으로 윗사람이 아랫사람 대하듯 하려고 합니다. 이것은 큰 자로 대접받고자 하는 교만이 있기 때문입니다. 그러나 주님은 진짜 큰 자는 섬기는 자라고 하십니다. 그 길은 좁은 길입니다. 누구나 하기 싫어하는 작은 자의 자리이며 섬김의 사역을 하는 길이기 때문입니다. 주님께서 그 길을 가셨습니다. 조롱과 멸시를 받으시면서 그 길을 가셨습니다. 우리는 조금이라도 칭찬을 받아서 가려고 발버둥을 칩니다. 그런데 이 좁은 길을 통과한 자에게 하나님의 나라를 맡기신다고 주님은 말씀하십니다. 하나님의 나라는 좁은 길을 기꺼이 간 자에게 주님께서 주시는 은혜의 특권인 것입니다. 좁은 길을 잘 감당한 제자들은 천국에서 열두 지파를 다스린다고 하십니다. 예수님도 만왕의 왕이 되셨습니다.

오늘 말씀을 묵상하면서 제 안에도 여전히 교만이 남아 있음을 발견하게 됩니다. 별로 내세울 것도 없는데 겸손함으로 다가가기가 그리 쉽지가 않습니다. 칭찬받으면 기분 좋고 다른 사람 보다 생각이 빠르고 세상적 판단력이 있는 것을 총명하다고 여기게 됩니다. 그리곤 비교 우월주의가 꿈틀대기도 합니다. 하나님께서는 이런 저를 얼마나 사랑하셨는지 고난이라는 용광로에 넣으셔서 활활 태워 버리게 하셨습니다. 그러나 가끔 그 잔재가 있기에 기도의 자리에 나가 몸부림치며 겸비한 자가 되려고 합니다. 예수 그리스도가 내 삶의 목표가 되길 소망합니다. 그분의 삶을 알고 닮아가며 본받는 삶으로 이 땅의 삶을 살아가길 간절히 소망합니다.

적용 질문1_
1. 나는 내가 서 있는 위치와 속한 공동체에서 섬기는 좁은 길을 걸어 가고 있습니까?
2. 왜 예수님은 베드로에게 네 믿음이 떨어지지 않기를 기도하라 하셨 을까요?

둘째로, 베드로의 모습에서 우리의 모습을 묵상해야 합니다. 베드로는 열심이 특별했던 제자였습니다. 오늘날 그를 수제자라고 사람들이 칭합니다. 그런 그의 성품처럼 죽음의 자리에라도 가겠다고 확신에 찬 말을 했지만 주님은 닭 울기 전에 세 번 모른다고 부인할 것임을 말씀하십니다. 상황적으로 보면 이런 말을 들은 베드로가 참 난처했을 것 같습니다. 자신은 예수님을 열심히 따랐던 제자라고 생각했는데 다른 제자들 앞에서 이런 말을 들으니 곤혹스러웠을 것입니다. 그러나 이것이 우리의 모습임을 깨닫게 됩니다. 우리 속담에 '작심삼일'이란 말이 있습니다. 주일 예배 은혜받고 마음속으로 결단합니다. 새벽 기도와 예배에 빠지지 않겠다, 봉사와 섬김은 이렇게 하겠다, 생명을 구원하는 일에 더 헌신하겠다 등 반복해서 결단하지만 얼마나 지켜지고 있습니까? 현실 상황에 묻히고 잊어버리게 됩니다. 이것이 우리의 연약함입니다.

오늘 베드로의 난처함이 오히려 위로가 됨은 우리의 모습도 그렇기 때문입니다. 우리도 수없이 주님을 배반하며 주님을 또다시 십자가에 못 박지 않습니까? 그러나 주님은 베드로가 배반할 것을 아심에도 그를 사랑하셨듯이 오늘 우리의 연약함까지도 다 품고 사랑하십니다. 그것이 피와 물을 다 쏟으시고 목숨까지 주신 십자가 사랑입니다. 주님의 그 사랑을 깨닫게 될 베드로에게 "너는 돌이킨 후에 네 형제를 굳게 하라" 명령하셨습니다. 우리가 돌이킨 자입니까? 그렇다면 주님의 명령인 형제를 굳게 세우는 일에 우리의 삶으로 헌신해야 할 것입니다.

저는 말씀을 묵상하면서 1990년경 일이 생각나서 부끄러움을 느꼈습니다. 그 당시 말씀에 은혜를 받고 더 열심히 섬기기로 결단하며 주일이 기다려졌습니다. 그런데 주일날 아이스박스를 아내와 들고 피크닉을 가는 일이 발생했습니다. 주일을 외면한 채 즐거운 마음으로 지인과의 만남과 시간을 즐기기 위해 아이스박스를 들고 집을 나섰던 것입니다. 그런데 그때 집 근처 아시는 성도님을 만났습니다. 순간 얼마나 당황하고 부끄러웠는지 모릅니다. 아무리 우리가 결단해도 베드로처럼 무너질 수밖에 없는 것이 우리의 존재입니다. 하나님께서 우리를 만드신 material이 진흙인 것을 알고 언제나 넘어질 수 있는 연약한 존재임을 고백하며 매일 주님 앞으로 나가는 겸비한 자가 되어야 합니다. 그리할 때 주님께서는 그 모든 것을 다 품어 주시고 무한한 사랑으로 안아 주실 것입니다.

적용 질문2_

1. 나의 의지적 확신으로 겸손을 잃을 때는 언제입니까?
2. 연약함을 스스로 인정하고 주님의 무한한 사랑 앞으로 나아가고 있습니까?

★ **말씀으로 기도하기_**

"하나님 아버지! 오늘 말씀의 묵상을 통해 제자들의 다툼이 나의 모습인 것을 고백합니다. 또한 베드로의 연약함이 나의 연약함임도 고백합니다. 그러함에도 불구하고 십자가의 사랑으로 안아 주시고 끝까지 사랑해 주시는 주님 앞에 이 시간 나가오니 저희를 인도해 주옵소서. 오늘 주님의 섬김이 우리의 섬김이 되게 하시고 섬김의 좁은 문을 기꺼이 감당하며 은혜의 보좌 앞으로 담대히 나가는 저희 모두가 되게 인도해 주옵소서. 예수님의 이름으로 기도합니다. 아멘."

주제:십자가의 중보기도

말씀 요약 및 묵상_

오늘은 예수님께서 십자가에 못 박히신 슬픈 날이기도 하지만 한편 우리가 죄에서 속량 받은 구원의 기쁜 날이기도 합니다. 예수님이 십자가를 지시고 계속 넘어지자 구레네 사람 시몬에게 십자가를 대신 지게 합니다. 예수님은 가슴을 치며 슬피 우는 여자의 큰 무리에게 나를 위하여 울지 말고 너희와 너희 자녀를 위하여 울라 하시며 장차 예루살렘이 당할 고난에 대해 예언하십니다. 이제 드디어 예수님이 해골이라는 곳에 이르러 십자가에 못 박히시고 또 다른 두 행악자도 함께 십자가에 못 박혀 세워졌습니다. 두 행악자 중 하나는 예수님을 비방하지만 다른 한 명은 마지막 순간에 예수님을 영접함으로 천국을 약속받습니다.

왜 예수님은 나를 위하여 울지 말고 너희와 너희 자녀를 위해 울라고 하셨을까요?

이 말씀은 예수님이 찢기고 상하신 몸으로 십자가를 지고 골고다 언덕을 오르시면서 계속 넘어지는 것을 바라보는, '많은 가난한 자들과 여인들이 가슴을 치며 슬피 우는 모습'을 보고 예수님이 하신 말씀입니다. 예수님 자신은 견딜 수 없는 고통과 아픔 속에서도 슬피

우는 소외되고 약한 자들을 향해 긍휼의 심령으로 말씀하십니다. 이 제 곧 심판의 환난이 다가오는데 그때를 위해 너희 자신과 너희 자녀를 위해 울라는 것입니다. 이 말씀의 예언은 주후 70년이 되어서 실제로 이뤄졌습니다. 예루살렘은 로마에 의해 점령되어 성전은 파괴되고 백성들은 살육 당함과 노예로 끌려가는 수치를 당했습니다. 그때의 고통을 성경은 이렇게 표현하고 있습니다. 그날은 "잉태하지 못하는 이와 해산하지 못한 배와 먹이지 못한 젖이 복이 있다 하리라"고 말입니다. 그날은 지금 이 시대에 도래하고 있습니다. 마지막 심판의 때에는 이 정도의 환난으로 끝나는 것이 아닙니다. 요한계시록에 계시된 그 모든 재앙을 우리가 겪어야 하는 것입니다. 오늘 예수님의 말씀은 바로 우리에게 하신 말씀입니다. 우리가 우리와 우리 자녀를 위해 눈물로 기도할 때가 바로 오늘인 것입니다. 나와 내 자녀가 구원받지 못했다면 심판의 환난을 생각하고 돌이켜야 합니다. 내 부모, 자녀, 형제, 친척, 이웃의 구원을 위해 눈물로 기도할 때가 오늘입니다. 그날이 이르기 전에 말입니다.

말씀을 묵상하면서 예수님의 음성이 가슴으로 전해졌습니다. 예수를 믿는다 하지만 말씀 안으로 들어가지 못하고 자기 복음으로 스스로 올무에 갇혀 형제를 미워하고 분을 내며 구원에 이르지 못하는 혈육이 있기 때문입니다. 또한 자식의 믿음에서 아직 예수님의 모습을 볼 수 없는 안타까움도 있습니다. 이를 위해 부모 된 사명으로 계속 말씀을 전하고 권면하지만 부모의 말씀이 가슴으로 다가가지는 못하는 것 같아 많이 안타깝습니다. 그런 의미에서 교회 청년부의 멘토 제도는 매우 귀하고 효과적인 사역으로 평가됩니다. 저도 제가 멘토의 사역을 하고 있는 듀라셀에 가서 청년들과 대화를 나눠 보면 참 많은 것을 알게 되고 깨닫게 됩니다. 제 아들도 멘토로부터 훌륭한 조언과 삶을 전수받고 있을 것입니다. 애끓는 눈물의 기도가 저를 변화시키고 무너진 삶을 회복시켰듯이 우리 자녀도, 저의 아들도 이런 눈물의 기도와 눈물이 동반된 변화된 삶을 통해 하나님의 사람으로 만들어져 갈 것입니다.

적용 질문1_
1. 나와 내 자녀의 구원을 위해 눈물로 기도하고 있습니까?
2. 왜 예수님은 저들의 죄를 사하여 달라고 기도하셨을까요?

우리는 무한한 용서의 주님을 묵상해야 합니다. 오늘 예수님이 당하신 고난과 고통뿐 아니라 멸시와 조롱, 갖은 수모는 인간이 발휘할 수 있는 인내의 한계를 뛰어넘는 것이었습니다. 메시아로 오셨음에도 세상 사람들로부터 배척당하고 마지막 십자가를 지시는 순간에도 예수님의 옷을 제비 뽑아 나누며 하나님의 아들이면 너 자신을 구원하라는 이 조롱을 우리 주님은 다 감당하셨습니다. 그리고 "아버지 저들을 사하여 주옵소서. 자기들이 하는 것을 알지 못함이니이다." 하고 십자가의 중보기도를 하셨습니다. 이 기도가 무엇입니까? 이 기도는 "아버지 저들을 위해 내가 죽겠습니다." 하는 통렬한 중보기도 인 것입니다. 로마서 5장 8절에서는 "우리가 아직 죄인 되었을 때 그리스도께서 우리를 위하여 죽으심으로 하나님께서 우리에 대한 자기의 사랑을 확증하셨느니라." 하셨습니다. 오늘 예수님의 죽으심은 바로 우리를 위한 하나님의 사랑의 확증인 것입니다. 또한 두 강도 중 한 사람이 "예수여 당신의 나라에 임하실 때에 나를 기억하소서." 이 간구에 "오늘 네가 나와 함께 낙원에 있으리라" 하심으로 천국을 약속해 주셨습니다. 그는 많은 죄를 진 살인자였음에도 주님은 그를 용서해 주신 것입니다. 한 편 강도는 예수님을 부인하고 비방함으로 구원을 이루지 못했지만 다른 한 편 강도는 자기 죄를 고백하고 예수님을 영접함으로 구원을 이뤘습니다. 내 죄가 어떠하든지 주님은 주님 앞에 나오는 모든 죄인을 용서하시고 천국의 열쇠를 주십니다. 우리가 할 일은 죄를 자복하는 회개와 주님을 영접하는 것뿐입니다. 그리할 때 모든 죄를 사하여 주십니다. 오늘 새벽 기도회에서 말씀을 전한 전도사님께서는 이런 말씀을 하셨습니다. 세상에서 제일 어려운 것 두 가지가 있는데 그것은 죄를 안 짓는 것과 상처 준 사람을 용서하는 것이라고 말입니다. 참 마음에 와닿는 말씀입니다.

저는 삼성에서 입사 초기에 중동 건설 현장에 경리로 파견되어 6년여 기간을 근무했습니다. 신혼의 단꿈도 가슴에 묻고 경제적 자립과 독립을 위해 50도를 오르내리고 차량 본네트에 계란을 깨면 금방 에그 후라이가 된다는 그 나라에서 열심히 근무했습니다. 당시는 국내 급여의 약 3배 되는 급여를 받았기 때문에 저축한 급여가 불어나는 보람이 컸습니다. 급여의 90%를 재형저축에 들고 아내는 초긴축으로 생활을 하며 미래를 꿈꿔 갔습니다. 그 후 삼성을 떠나 중견기업 관리 책임자로 가면서 퇴직금과 모았던 모든 자금을 고교동창 한 명을 믿고 주얼리 사업에 투자했습니다. 당시 월 10만 불 수출을 하고 있다고 해서 믿고 제 자금과 형님 같이 여기는 선배님의 자금까지 약 5천만 원을 투자했는데 6개월 만에 다 잃고 말았습니다.

그런데 망한 이유가 황당하고 기가 막힙니다. 그 친구 형이라는 사람이 현금을 빼서 도박과 주색잡기에 다 쓰고 물품대만 남는 기현상이었습니다. 자기 자금은 한 푼도 없이 친구 자금으로 운영하는 사람이 어떻게 그렇게 관리를 할까 하는 믿지 못할 사건이 일어난 것입니다. 그 배신감은 지금도 상처와 상흔으로 고스란히 간직되어 있습니다. 열사의 나라에서 그토록 땀 흘린 보람도 없이 말입니다. 87년도 얘기니까 지금 화폐 가치로는 아파트 2채가 되는 자금입니다. 그런데 우리 죄는 이 정도 죄와는 비교할 수 없는 진홍같이 진한 죄입니다. 우리 주님께서는 이 죄를 양 털 같이 희게 해주셨습니다. 그 무한한 사랑이 가슴으로 밀려와서 눈물이 흘렀습니다. 주님의 그 사랑 앞에 우리는 어떻게 반응하시겠습니까? 십자가의 그 중보기도 앞에 용서 못할 이웃은 없다는 깨달음이 왔습니다.

적용 질문2_

1. 주님의 무한한 사랑이 가슴으로 느껴지십니까?
2. 주님의 그 사랑 앞에 나의 죄가 보이고 고백할 수 있습니까?

"하나님 아버지! 찢기고 상하신 몸으로 십자가를 메고 골고다 언덕을 오르시는 주님을 체휼하는 저희가 되기를 소망합니다. 우리의 모든 죄를 대신 짊어지고 용서의 주님으로 오신 주님 앞에 순전한 마음으로 나아가기를 소망합니다. 주님의 사랑과 용서를 우리 삶 가운데 적용하며 상처가 별이 되는 빛나는 삶이 되게 인도해 주옵소서. 예수님의 이름으로 기도합니다. 아멘."

주제: 십일조의 축복

말씀 요약 및 묵상_

오늘 말씀의 전반부는 하나님께서 이스라엘 백성들에게 "내게로 돌아오라 그리하면 나도 너희에게 돌아가리라" 말씀하십니다. 그리고 중반부와 하반부는 십일조의 축복에 대한 말씀입니다. 하나님은 이스라엘 백성들이 십일조와 봉헌물을 도둑질했다고 책망하시면서 온전한 십일조를 통해 하나님을 시험해 보라고까지 말씀하십니다. 그리고 온전한 십일조에 대해 하늘 문을 열고 복을 쌓을 곳이 없도록 축복하시겠다고 하십니다.

왜 하나님은 내게로 돌아오라고 말씀하셨을까요?

하나님은 계속되는 이스라엘 백성들의 죄에 대해 "이제는 내게 돌아오라"고 그 애끓는 심정을 말씀하십니다. 아버지가 자녀의 이탈에 대해 너무도 안타까운 마음으로 깊은 사랑을 담아 권면하듯이 말입니다. 악은 한 세대에 국한되지 않습니다. 그들의 악은 조상 때부터 지속되어 온 것입니다. 악은 연속성이 있고 끊기가 쉽지 않습니다. 내게로 돌아오라는 말씀 속에는 회개의 자리로 돌이키라는 아버지의 마음이 깃들어 있습니다. 바로 긍휼하심입니다. 회개하는 자에게 하나님은 돌아가시겠다고 약속을 하셨습니다. 우리가 하나님께 돌아가는 길은 회개를 통해 삶을 돌이킬 때입니다. 오늘 말씀을 통해 하나님께서 나에게 어서 돌아오라고 부르시는 음성이 들리는 것 같습니다. 옛사람의 습관에 따라 육체의 소욕을 따라가는 우리에게 지금도 하나님은 부르십니다. 어서 돌아오라고 말입니다.

적용 질문1_
오늘 내게로 돌아오라는 하나님의 음성이 들리십니까?

둘째, 십일조에 대해 묵상을 해야 합니다. 십일조에 대해서는 성경 여러 곳에 나오지만 말라기에서 말씀하신 것과 같이 분명하게 약속을 언급하신 적은 없습니다. 오늘 본문에는 온전한 십일조를 드려서 하나님을 시험하여 보라는 매우 이례적인 말씀이 등장합니다. 온전한 십일조가 무엇일까요? 이것은 숫자적 의미도 있겠지만, 그것에 더하여 '마음의 중심'을 뜻하는 게 아닌가 싶습니다. 많은 사람들이 십일조에 대해 의문도 갖고 있고 어떻게 하는 것이 온전한 십일조인가 질문하는 경우가 많습니다. 분명한 것은 십일조는 헌금에 앞서 나의 신앙고백이란 사실입니다. 하나님의 주권과 돌보심 안에 내가 있다는 것을 인정하는 신앙적 행위가 십일조로 고백되는 것입니다. 성경적으로는 아브라함이 멜기세덱에게 소유의 십분의 일을 바친 것이 십일조의 기원이 되었지만 예수님은 십일조에 대하여 "물질뿐 아니라 시간, 마음까지 전인격을 드리라"고 말씀하셨습니다. 그러므로 숫자 + 마음의 중심인 것입니다.

저는 군생활 할 때부터 십일조를 드렸습니다. 그 당시는 군인 급여가 1,250원이고 보너스를 받을 땐 2,500원 되었기 때문에 십일조를 넉넉히 해도 전혀 부담이 없었고 기쁨으로 드렸습니다. 그런데 80년대 초에 급여가 100만 원이 되면서 십일조를 10만 원을 하게 되자 잠깐 멈칫했습니다. 해외 급여를 받아서 그렇지 당시 국내 급여는 30만 원대였기 때문입니다. 그러나 십일조를 드린 후 그 기쁨과 상쾌함은 뭐라 말할 수 없는 은혜였습니다. 그 후 사업을 하면서 십일조가 늘어나는 것이 기쁨이고 은혜였습니다. 그렇다면 어려울 땐 어떻게 해야 할까요? 수입은 없고 지출만 있을 때, 이때가 십일조에 대해 시험 드는 시기임을 깨닫습니다. 오늘 하나님은 십일조로 하나님 자신을 시험해 보라 하십니다. 이 말씀은 십일조에 대한 하나님의 축복의 약속인 것입니다. 저도 IMF 당시 가진 모든 것을 다 잃고 절망감에 빠져 있을 때 십일조를 한동안 못했습니다. 어느 날 담임 목사님이 아내를 보고 왜 십일조를 안 하느냐고 물으셨습니다. 당시는 이 말씀이 얼마나 서운하고 상처가 되었는지 모릅니다. 그러나 시간이 지난 다음에 깨달았습니다. 그 말씀이 축복의 말씀임을 말입니다. 그러나 드릴 돈이 현실적으로 없었습니다. 쌀도 떨어지고 큰 애 고등학교 등록금도 못 내고 있었기 때문입니다.

어느 날 아내가 상의도 없이 우리가 갖고 있는 모든 금을 새벽 기도회에 나가서 드렸습니다. 그것은 삼성 10년 근속 상으로 받은 10돈짜리 금메달과 아내에게 사 준 금목걸이, 팔찌, 아이들 돌 반지 등 우리가 갖고 있는 마지막 현물이었습니다. 과부의 두렙돈과 같은 가진 전부였습니다. 그런데 하나님은 이 헌금을 기쁘게 받으셨습니다. 그 후 생각지도 않던 곳에서 오더를 받게 되고 사람을 보내 주셔서 큰 오더들이 소낙비같이 쏟아지기 시작했습니다. 물품 대를 지급할 돈이 없던 저희에게 한 번도 거래하거나 만난 적이 없던 중국 업체가 신용으로 4개월의 유예 기간을 줬습니다. 무역 용어로는 D/A라고 하고 우리 용어로는 외상 거래입니다. 이렇게 해서 저희는 완전한 회복을 이뤄냈습니다. 사람마다 처한 환경이 다르고 믿음의 분량이 다르기 때문에 모범답안을 제시할 수는 없지만 참고는 될 것으로 믿습니다.

셀에서 나눔을 할 때 급여에서 세금을 공제한 실수령액으로 해야 하는지 아니면 급여 전체를 기준으로 해야 하는지, 이에 대한 질문도 있었습니다. 저는 믿음의 분량대로 하면 된다고 말씀드렸습니다. 하나님께 드리는 헌금은 아까운 마음으로 드려서는 안 됩니다. 왜냐하면 우주 만물을 창조하시고 주인이신 하나님이시기 때문입니다. 그래서 헌금을 '신앙고백'이라고 하는 것입니다. 참고로 십일조를 숫자로만 계산하며 생각하는 것은 큰 오해를 불러올 수 있습니다. 하나님의 축복은 물질로 단순화할 수 없습니다. 우리 삶 전체를 하나님의 뜻 가운데 인도하시는 그 모든 부분이 하나님의 축복이기 때문입니다. 왜냐하면, 우리 중심을 보시는 하나님이시기 때문입니다.

적용 질문2_

나는 온전한 십일조를 드리고 있습니까?

★ 말씀으로 기도하기_

"하나님 아버지! 죄의 길에서 내게로 돌아오라는 하나님의 음성이 귀에 들리는 은혜를 허락하여 주시기를 소망합니다. 또한 온전한 십일조에 대한 하나님의 말씀에 순종함으로 우리의 신앙고백이 하나님의 기쁨이 되게 인도해 주옵소서. 예수님의 이름으로 기도합니다. 아멘."

주제:I'm who I'm

말씀 요약 및 묵상_

　하나님께서 모세를 콜링하셔서 애굽의 바로에게 가라고 하심에 모세는 애굽의 이스라엘 백성에게 가서 너희의 조상 하나님이 나를 보내셨다 하면 그들이 "그의 이름이 무엇이냐" 할 텐데 그럼 어떻게 대답해야 하는지 묻습니다. 이에 하나님은 "나는 스스로 있는 자다" 라고 말씀하십니다. 그리고 이스라엘 백성에게 가서 너희 조상의 하나님이 너희를 언약의 땅으로 인도할 것임을 말하라 하십니다. 또한 그들의 장로들과 함께 애굽 왕 바로에게 가서 여호와께 제사드리러 광야로 사흘 길쯤 가겠다고 허락을 받으라고 하시며, 그러나 애굽을 여러 가지 이적으로 친 후에야 바로 왕이 이스라엘 백성을 보낼 것임을 말씀하십니다. 또한 애굽을 떠날 때 애굽 사람들의 물품을 취하여 떠나게 될 것도 말씀해 주십니다.

　왜 하나님은 스스로 있는 자라고 하셨을까요?

　모세는 하나님의 부르심에 순종함으로 하나님의 구원 경영에 참여합니다. 그러나 자기의 부족함을 알고 나는 아무것도 할 수 없는 80세의 노인임을 고백했을 때 하나님은 내가 반드시 너와 함께 있으리라 약속하심으로 "네가 하는 것이 아니라 하나님인 내가 하는 것"

임을 말씀하셨습니다. 그럼에도 모세는 이스라엘 백성을 만나 하나님의 계시의 말씀을 말할 때 그들이 듣지 않을 것에 대한 염려가 있었습니다. 그래서 하나님께 다시 질문을 합니다. 한마디로 당신을 누구라고 하면 되겠습니까? 하는 질문입니다 이에 하나님은 "나는 스스로 있는 자다"라고 하나님의 정체성을 말씀하십니다. 영어로는 "I'm who I'm", 나는 나다, 라는 것입니다. 좀 더 구체적으로는 나는 너희를 위해 있다, 나는 늘 너희와 함께 있다, 나는 내가 있어야 할 때 있다, 나는 내가 일할 때에 일한다, 라는 의미를 지닌 말입니다. 하나님께서 스스로 있다 하심은 피조물이 아니란 말씀입니다. 하나님은 창세 전에 홀로 존재하셨던, 스스로 존재하신 분이십니다.

이 말씀은 매우 중요합니다. 왜냐하면 이 세상에는 우주의 자연 세계가 우연히 만들어졌다며 신화적 사고를 갖고 있는 진화론자들이 많기 때문입니다. 그들은 사람을 비롯한 동, 식물의 모든 자연 세계가 수없는 돌연변이의 연속에 의해 만들어졌다고 여깁니다. 본문은, 하나님은 피조물의 창조주시며 주관자이심을 분명히 말씀하고 있습니다. 그리고 하나님은 인간을 하나님의 계획에 의해 하나님의 형상을 따라 창조하셨습니다. 그러므로 하나님을 경배하고 하나님께 순종하기를 원하시는 것입니다. 오늘 스스로 있는 자라고 하나님 자신을 소개하심은 이런 내가 너희와 함께 있겠다는 것이며 콜링하신 모세에게도 너와 함께 할 것임을 강한 메시지로 전하시는 것입니다. 그리고 백성들이 학대와 억압받는 애굽을 떠날 수 있도록 함께

하시겠다는 것입니다. 다시 말씀드리면 과거 너희 조상 아브라함과, 이삭과, 야곱과 함께 하시고 역사하셨던 그 하나님이 이제 때가 되어 모세를 콜링하셨고 너희와 함께하여 새로운 역사, 하나님의 구원 경영을 이뤄 가시겠다는 것입니다.

저는 어제 사랑하는 친구와 오랜만에 반가운 통화를 했습니다. 그리고 한편 가슴이 아팠습니다. 그 친구는 교회에서 구역장까지 한 신앙인이었습니다. 그런데 말씀은 인정하고 받아들이면서도 교회를 나가지 않고 있었습니다. 그 이유를 듣는 제 마음이 아려 왔습니다. 그것은 이 땅의 교회와 제사장들의 타락상에 환멸을 느껴서 신앙에서 멀어진 것입니다. 세습과, 교회를 교인 수에 따라 매각 가격을 정해 파는 것과 부정부패, 이 모습들은 각종 타락한 이 시대 우리들의 자화상입니다. 저는 통화를 끝내고 많은 생각을 하게 되었습니다. 그리고 말라기 1장에서 더러운 떡으로, 저는 것, 눈먼 것, 병든 것으로 제사를 드리는 제사장들에게 너희가 내 이름을 더럽혔다 하시며 강력한 경고를 하신 말씀을 갖고 큐티를 한 것을 친구에게 보내 주었습니다. 오늘 아침에는 부패한 제사장들 때문에 천국을 포기할 것이냐며 다시 문자를 보냈습니다. 친구의 책망을 들으며 나 역시 타락한 제사장이란 사실에 가슴으로 눈물이 흘렀습니다. 난 그 친구에게 매일 큐티를 보낼 것입니다. 그리고 그 친구가 타락한 제사장들 뒤에 서서 애타는 눈으로 어서 돌아오기를 기다리는 주님과 만나기를 기대하며 기도할 것입니다. 오늘 하나님은 스스로 있는 자로 창조주이시며 우주 만물의 주관자이심을 선포하셨습니다. 이 말씀이 듣는 모든 사람에게 생명의 불꽃이 되기를 간절히 소망합니다.

적용 질문1_

1. 나는 타락한 교회, 목회자들, 중직들로 인해 상처받고 하나님을 떠난 적은 없었습니까?
2. 왜 하나님은 내가 애굽을 친 후에야 그가 너희를 보낼 것이라고 말씀하셨을까요?

　　하나님께서는 모세와 이스라엘 장로들이 바로에게 가서 하나님의 말씀을 전해도 그가 떠나보내지 않을 것임을 아셨습니다. 그래서 곧 밀려올 하나님의 진노의 재앙을 말씀하신 것입니다. 바로의 입장에서는 이스라엘 백성을 노예로 사용하고 있었는데 보내 줄 마음이 없는 것이 당연하기도 합니다. 그들의 재산이기 때문입니다. 그러나 하나님께서는 하나님이 택한 백성들의 고통과 신음 소리를 보고, 듣고, 아셨습니다. 이에 모세를 특별히 택해 하나님의 대행자로 사용하십니다. 애굽은 당시 문화, 경제, 군사 모든 면에서 최강이었습니다. 그런 제국의 왕인 바로는 교만하고 완악해서 이스라엘을 학대하며 노역으로 힘들게 했습니다. 이제 이 백성들이 애굽을 떠나야 하는데 말로는 되지 않고 하나님이 친 후에야 보낼 것이라는 겁니다. 이에 곧 하나님의 열 가지 재앙이 시작됩니다.

　　말씀을 묵상하면서 우리 역시 바로의 교만과 완악함을 갖고 있다는 깨달음이 왔습니다. 이를 돌이키기 위한 하나님의 경고에도 무감각하다가 하나님의 회초리를 맞고서야 굴복하고 회개의 자리로 가는 우리의 모습을 봅니다. 저도 바로였습니다. 교만과 자만심으로 하나님이 앉으셔야 할 왕좌에 내가 앉고도 그것을 깨닫지 못했습니다. 거룩한 제사장으로 살아가야 할 사명이 있음에도 세상 가치관으로 살았습니다. 이를 보다 못한 하나님께서 회초리를 드셨고 그 회초리 앞에 나를 자복하며 돌이켰습니다. 이를 통해 오늘 회복된 모습으로 기름부음을 받은 장로의 직분을 은혜로 감당하고 있습니다.

적용 질문2_
돌이킴이 늦어 하나님의 사랑의 회초리를 경험하신 적이 있으십니까?

★ 말씀으로 기도하기_
"하나님 아버지! 주님은 우주 만물을 창조하시고 역사의 주관자이심을 믿습니다. 늘 우리와 함께 하시고 우리의 삶 가운데 인도하심도 믿습니다. 이 땅에 죄악이 만연하고 있지만 그 뒤에 서서 돌이키기를 애타게 기다리시는 주님과의 만남을 통해 거룩한 백성이 되기를 간절히 소망합니다. 예수님의 이름으로 기도합니다. 아멘."

주제: 족보의 의미

말씀 요약 및 묵상_

오늘 말씀은 모세와 아론의 족보부터 시작됩니다. 그리고 이스라엘 자손을 애굽 땅에서 인도하라 명령을 받은 자가 아론과 모세임을 말씀하시며 입이 둔한 자라고 나서기를 주저하는 모세를 위해 그의 형 아론을 대언자로 세우셨습니다. 그리고 바로에게 가서 할 말과 이에 대한 바로의 반응까지 말씀해 주셨습니다.

왜 하나님은 모세와 아론의 족보에 대해 말씀하셨을까요?

첫째는 족보에 대한 의미를 묵상해야 합니다. '족보'가 무엇입니까? 족보는 그 가문의 계통과 혈통 관계를 적어 기록한 책입니다. 씨족으로부터, 족보를 기록한 현재까지 자손의 모든 계보를 기록한 씨족의 역사이기도 합니다. 오늘 하나님께서 모세와 아론의 조상과 족보를 말씀하신 이유가 무엇입니까? 그것은 모세와 아론이 이스라엘과 한 핏줄임을 인식시키시는 것입니다. 야곱에서 시작된 족보가 모세와 아론으로 이어지고 있음을 알 수 있습니다. 또한 족보를 통해 가문의 수치가 담겨 있음도 말씀하고 있습니다. 야곱의 장자 르우벤은 아버지의 첩과 동침함으로 아버지의 침상을 더럽혔으며 이로 인해 장자권을 잃었습니다. 시므온은 이방 여인과 결혼하였고 레위는 여동생 디나가 세겜에 강간당한 보복으로 세겜 사람들을 죽이는 살인죄를 저질렀습니다.

그렇다면 예수님의 족보는 어떻습니까? 예수님의 족보에도 네 명의 여자들이 나옵니다. 그들 역시 가문의 수치를 드러내고 있습니다. 다말은 시아버지와 관계를 가짐으로 대를 잇는 며느리가 되었으며, 라합은 가나안의 기생이었고 룻은 이방 여인이었으며 밧세바는 우리아의 아내로 다윗과 간통한 여인이었습니다. 이렇게 족보에 가문의 수치를 미친 사람들이 기록된 이유가 무엇입니까? 그것은 죄를 가진 사람의 역사로는 결코 의로워질 수 없다는 사실입니다. 그럼에도 하나님은 이러한 육신의 조상을 통해 인류의 구원자로 예수 그리스도를 보내 주셨습니다. 이것이 하나님의 은혜입니다. 예수 그리스도를 영접함으로 하나님의 자녀가 된 우리는 예수 그리스도로 인해 새롭게 태어난 하나님의 사람들입니다. 그러므로 육신의 족보가 아닌 신앙의 족보를 갖게 되었으며 이 족보는 생명책에 기록된 구원의 족보입니다. 그렇기 때문에 신앙 안에서 우리는 형제요 자매가 되는 것입니다. 모세와 아론도 그런 족보를 통해 하나님의 사명자로 부르심을 받았습니다. 그리고 이스라엘 민족을 애굽에서 이끌어 내는 구원자의 사명을 감당하게 됩니다.

저희 집안도 문화 유(柳)씨 족보가 있습니다. 아버님 생전에 족보를 펼쳐 보여 주시며 가계의 혈통을 설명해 주신 일이 있습니다. 예전에는 족보가 있는 것과 없는 것으로 양반과 천민을 구분하기도 했습니다. 그러나 이제 하나님을 믿는 우리는 영적 계보가 있습니다. 그것이 신앙 족보입니다. 이 족보는 너무도 중요합니다. 이 족보에 기록된 자손인가 아닌가에 따라 천국에 들어가는 것이 결정되기 때문입니다. 우리가 기억해야 할 것은 예수 그리스도를 믿는 믿음으로 혈통을 이어 간다는 것입니다. 그러므로 믿음을 떠나 외인이 되면 족보에서 바로 삭제됩니다. 이것을 잊지 말아야 합니다.

적용 질문1_
1. 나의 신앙 족보는 평안하십니까?
2. 왜 하나님은 아론을 모세의 대언자라고 하셨을까요?

　　하나님은 모세가 입이 둔한 자라고 사명 받기를 머뭇거리는 모습을 보고 그를 위해 말 잘하는 아론을 대언자로 예비하셨습니다. 모세가 입이 둔하다는 말에는 40년 미디안 광야 생활하면서 애굽의 언어를 잊었다는 설과 원래 말이 어눌했다는 등 여러 얘기들이 있지만 논리적으로 표현하는 데는 자신감이 부족했던 것 같습니다. 이런 그를 위해 하나님은 아론을 준비시키셨습니다. 그러나 아론은 모세의 입 역할을 하는 대언자일 뿐 대행자는 아닙니다. 대행자는 오직 모세로 하나님은 지명하셨습니다. 그러므로 아론 앞에서 모세를 하나님 같이 되리라고 약속해 주셨습니다. 아론은 대언자로 부름을 받아 그 사명을 감당했고 그 가문은 제사장의 가문이 되었습니다. 영광스러운 가문이 된 것입니다. 비록 모세가 말씀을 받으러 시내 산을 올라가서 생긴 공백의 기간에 금송아지를 만드는 죄를 지었지만 하나님은 부름받은 그를 죽이지 않으시고 고치시어 사용하셨습니다. 이런 아론의 모습을 묵상하면서 우리도 이 시대 대언자의 사명으로 부름받는 하나님의 사람들이란 깨달음이 왔습니다. 대언자에게 있어서 중요한 덕목이 무엇일까요? 그것은 대언을 시키는 자에 대한 절대적인 신뢰입니다. 그런 신뢰가 없다면 성실한 대언자가 될 수 없습니다. 그리고 그분에 대해 교감하고 공감하며 그분의 스피릿을 공유해야만 합니다. 그래야만 그분의 뜻을 대언할 수 있고 이룰 수 있습니다. 또한 대언자는 입을 경계해야 합니다. 그 입이 자기 생각이나 주관, 가치관을 말하게 해서는 안됩니다. 오직 겸손함으로 순종하고 진리만을 대언해야만 합니다. 그것이 대언하는 자에게 부여된 사명입니다.

저를 돌아봅니다. 저는 대언자로서 그 사명을 잘 감당하고 있는가 생각하니 부끄럽기 그지없습니다. 아직도 내 의가 드러나고 내가 옳다고 하는 것을 정의롭게 생각하고 주장하곤 합니다. 어제 저녁부터 오늘 오전까지도, 교회 의사결정 기관인 당회에서 처리할 일에 대해 내가 옳다는 주장을 굽히지 않았습니다. 대언자로 사명을 감당하고 이 땅을 살아간다는 것이 결코 쉽지 않음을 고백하게 됩니다. 잠시 예수 그리스도의 모습이 내 마음에서 희미해지면 나도 아론처럼 금송아지를 만들 수 있다는 사실에 동의하며 그렇기 때문에 깨어 있어야 함을 다시 한번 깨닫게 됩니다. 하나님은 오늘도 우리에게 말씀하시며 하나님의 마음과 뜻을 전하실 것입니다. 그것을 성실함으로 감당해야 할 책임이 우리에게 있습니다. 우리를 통해 하나님의 말씀과 뜻이 왜곡될 수도 있고 진실되게 전해질 수도 있습니다. 이 사명을 두려운 마음으로 받아야 하며, 또한 담대한 믿음으로 전해야 합니다. 그것이 대언자가 가야 할 길입니다.

적용 질문2_
나는 대언자의 삶을 성실함으로 잘 감당하고 있습니까?

★ 말씀으로 기도하기_
"하나님 아버지! 오늘 하나님을 믿는 우리가 신앙의 족보에 기록된 하나님의 자손인 것을 영광으로 받아들이고 이제 하나님의 자손으로서의 부여된 사명을 거룩함과 성실함으로 잘 감당해 나가도록 인도해 주옵소서. 예수님의 이름으로 기도합니다. 아멘."

주제:마지막 재앙과 유월절

말씀 요약 및 묵상_

모세가 이스라엘 장로들을 불러서 유월절 양을 잡고 그 피로 문 인방과 좌우 문설주에 뿌리고 아침까지 한 사람도 밖으로 나가지 말라 명령하며, 이로 인해 여호와께서 애굽에 재앙을 내릴 때 피를 보시면 넘어가신다고 말합니다. 그리고 이 규례를 너희 자손이 영원히 지켜야 함을 말합니다. 이제 밤중에 하나님께서 애굽 땅의 처음 난 장자와 가축을 다 치시자 바로가 비로소 이스라엘 백성을 급히 내보냅니다. 이스라엘 백성들이 떠날 때 애굽 사람들에게 은금 패물을 취합니다.

왜 하나님은 어린양의 피를 문 인방과 좌우 설주에 뿌리라고 하셨을까요?

유월절 어린 양의 피에 대해 묵상해야 합니다. 유월절을 영어로는 PASSOVER라고 합니다. 이는 '넘어가다' '뛰어넘다'는 뜻입니다. 무슨 말입니까? 이제 여호와께서 애굽에 마지막 열 번째 재앙을 내릴 때 이스라엘 백성들 집만은 피해 넘어간다는 뜻입니다. 그런데 재앙이 넘어가기 위한 전제가 있습니다. 그것은 가족대로 어린 양을 잡고 그 피를 문 인방과 좌우 설주에 바르며 한 사람도 아침까지 밖으

126

로 나가지 않아야 된다는 것입니다. 드디어 열 번째 재앙이 시작되었습니다. 여호와께서 예고하신 대로 애굽의 모든 장자와 가축을 치셨고 그 밤에 애굽에는 큰 부르짖음이 있었습니다. 그러나 여호와의 말씀대로 피를 바른 이스라엘 백성들은 이 죽음이 피해 갔습니다. 노예였고 종살이하던 이스라엘 백성들은 이 재앙으로 애굽을 떠나 자유인이 되었습니다. 노예에서 해방이 된 것입니다. 어린 양의 피에 의해서 말입니다. 그러므로 이 규례를 대대로 영원히 지키라고 말씀하십니다. 아무 공로 없으나 어린 양의 피에 의해 값없이 구원을 베풀어 주신 여호와 하나님을 기억하라는 말입니다. 이 어린 양은 예수 그리스도를 표징합니다. 사망 권세 아래 있고 죄로 말미암아 죽을 수밖에 없는 우리가 이를 끊고 생명으로 가기 위해서는 어린 양의 피가 필요했습니다. 그래서 하나님께서는 독생자 예수 그리스도를 어린 양의 속죄 제물로 우리를 위해 보내 주셨습니다. 그분의 십자가의 피가 우리를 새 생명으로 거듭나게 하셨습니다. 예수님은 우리를 위해 유월절의 어린 양으로 오신 것입니다 .

  이제 유월절을 경험한 이스라엘 백성들은 신분이 회복되었습니다. 첫째는 여호와의 장자로 신분이 변화된 것입니다. 장자에게는 특권이 있습니다. 그것은 왕권, 제사장, 기업의 두 배를 취하는 특권입니다. 그리고 여호와의 군대로 신분이 거듭난 것입니다. 우리의 신분도 예수 그리스도로 말미암아 같은 신분으로 거듭났습니다. 그러므로 신분에 걸맞은 삶을 살아야 합니다. 그것은 신령한 하늘의 것을 바라며 세상과 짝하던 삶에서 구별된 삶으로 사는 것입니다. 이 구원과 감격은 우리의 어떤 노력으로 얻은 것이 아닙니다. 전적으로 하나님이 거저 주신 선물입니다. 오직 예수 그리스도의 피에 의해서 말입니다. 이제 예수 그리스도를 영접하기만 하면 하나님의 자녀가 되는 권세를 주십니다.

얼마나 놀라운 은혜입니까? 이 은혜를 안다면 우리가 다시 세상으로 나아가 육체의 소욕에 매여 살 수는 없습니다. 거룩한 백성으로 우리를 통해 하나님 나라를 이루고 확장해 나가는 구원의 통로가 되어야 합니다. 점점 더 패역하고 죄가 만연되어 가는 이 시대, 이 땅에서 하나님의 나라가 구현되도록 우리가 일꾼이 되어야 합니다. 이를 위해 영적 토목 공사도 해야 하고 타워 크레인을 세워 건축 시공도 해야 하며 배수가 잘되고 전기가 잘 통하도록 설비 공사도 해야합니다. 이를 위해 각 분야에 달란트를 가진 일꾼들이 적극 참여하고 수고의 땀을 흘리며 연합하는 하나님 나라 건설의 대역사를 이뤄 나가야 합니다. 그렇지만 말과 마음만으로는 이룰 수가 없습니다. 우리의 희생이 전제되어야 합니다. 어떤 희생입니까? 세상의 타락한 문화와 단절하는 결단과 세상이 주는 즐거움 때문에 버리지 못하는 육체의 소욕을 끊고 옛사람을 십자가에 못 박는 자기 부인의 결단이 있어야 합니다. 그리고 헌신의 땀과 말씀 앞에 순종하는 작은 예수가 되어 그리스도의 향기를 우리의 발길 닿는 곳마다 풍겨야 합니다. 그리할 때 유월절 어린 양의 피로 새롭게 태어난 우리로 인해 하나님 나라가 건설될 것입니다.

애굽의 노예로 살던 이스라엘을 구원하신 유월절을 자손에게 대대로 영원히 지키고 가르치라고 하신 이 말씀을 우리는 결코 잊어서는 안 될 것입니다. 하나님이 우리에게 성경을 주신 이유가 무엇입니까? 성경은 라틴어로 캐논이라고 합니다. 이는 측량하는 자를 의미합니다. 말씀을 통해 하나님은 우리를 측량하실 것입니다. 이 측량의 자는 어제나 오늘이나 내일이나 변하지 않는 영원성이 있습니다. 그러므로 매일 말씀을 양식으로 먹으며 묵상으로 하나님의 마음을 분별해야 합니다.

저도 말씀을 통해 유월절을 돌아보는 계기가 되었습니다. 주님을 인격적으로 만났을 때 그 감격과 기쁨은 지금도 가슴에 전율로 다가옵니다. 그 감격으로 중동 건설 현장에 파견 근무할 때 숙소의 첫 동을 교회로 달라고 상사에게 부탁드려서 삼성교회를 세웠습니다. 그리고 하나님의 성전을 아름답게 단장하기 위해 여러 지체들과 땀을 흘리며 시설을 만들고 기구를 들여놓았던 일들이 회고됩니다. 비록 작은 공간이지만 열정들이 대단했고 기도의 불이 붙어서 예배 가운데 생명력이 넘쳤습니다. 어찌 보면 유월절을 경험한 그 은혜로 지금을 살고있는 것 같습니다. 삶의 세파와 굴곡 속에서도 자신을 굳건히 지킬 수 있었던 것은 유월절을 허락하신 그 감격을 잊지 않고 지켜낸 여호와 하나님에 대한 신뢰였다고 믿습니다.

오늘 주목해야 할 단어가 있습니다. 그것은 "기억하라" "지키라" "가르치라"입니다. 이 유월절의 은혜와 감격을, 예수 그리스도로 인한 구원의 은혜와 감격을, 우리는 예수님 다시 오시는 그 날까지 영원히 가슴 속에 간직해야 할 것입니다. 그리고 실제 삶으로 살아내야 할 것입니다.

★ 적용 질문_

1. 나의 유월절은 언제였습니까?
2. 유월절을 경험한 사람으로 변화된 신분의 삶을 살고 있습니까?
3. 하나님 나라 건설을 위해 내가 감당해야 할 일은 무엇입니까?

★ 말씀으로 기도하기_

"하나님 아버지! 오늘 마지막 재앙을 통해 비로소 항복하는 바로의 완악함에서 우리 안에 있는 바로를 발견하길 원합니다. 또한 유월절 어린 양의 피로 인해 구원을 이뤄 가시는 하나님의 그 광대한 사랑을 체휼하는 시간 되기를 원합니다. 그러므로 그 구원의 감격이 하나님 나라를 건설해 나가고, 자녀에게 믿음을 전승해 나가는 믿음의 가문으로 굳건하게 서도록 인도해 주옵소서. 예수님의 이름으로 기도합니다. 아멘."

주제: 광야의 양식 만나의 의미

말씀 요약 및 묵상_

　　여호와께서 이스라엘 백성들에게 매일 아침 만나를 공급해 주시면서 각 사람이 먹을 만큼만 거두고 남기지 말 것을 명령합니다. 그러나 여섯째 날에는 갑절을 거두고 안식일을 거룩히 지키라 하셨습니다. 그리고 만나 한 오멜을 항아리에 담아 후손을 위해 간수하라 말씀하십니다.

　　왜 하나님은 일용할 양식으로 만나를 공급하셨을까요?

　　광야의 양식 만나에 대해 묵상해야 합니다. 이스라엘 백성들이 신 광야에서 양식이 떨어짐으로 하나님을 원망할 때 하나님은 백성들에게 하늘에서 양식을 비같이 내려 주시겠다고 하신 그 양식이 만나입니다. 그런데 하나님은 만나를 매일 각자 먹을 만큼만 거두도록 했습니다. 그리고 여섯째 날에만 갑절을 거두도록 했습니다. 그 이유가 무엇입니까? 첫째는 이스라엘 백성들에게 안식일에 대한 훈련을 시키고자 하는 하나님의 뜻이 포함되어 있기 때문입니다. 만나는 광야 생활에서 특별한 식량입니다. 애굽에서 나와 가나안으로 들어가는 40년간 공급해 주신 양식입니다. 우리가 살아가는 이 땅은 영적 애굽 땅입니다. 영적 가나안 천국에 가기까지 믿음의 광야 길이 있습니다. 이 여정에서 우리가 지켜야 할 것은 안식일입니다. 그러므로 만나는 안식일 교육의 도구인 것입니다. 하나님은 안식일을 거룩히 지키는 백성이 가나안에 들어가서 안식 얻기를 원하셨습니다.

그렇다면 신약시대 약속의 땅인 천국에 들어가는 사람은 어떤 모습이어야 할까요? 하나님께서 광야 생활 내내 안식일을 교육하신 구약의 역사를 보면 안식일을 거룩히 지키는 사람이 되어야 함은 분명합니다. 그러므로 천국 가는 그날까지 새 언약의 안식일을 거룩하게 지켜야 합니다. 둘째는 일용할 양식으로 만나를 주셨다는 사실입니다. 일용할 양식은 하루의 필요한 양식입니다. 이를 매일 구하게 한 것은 철저한 자기훈련입니다. 인간의 본성은 탐심과 욕심이 자리잡고 있습니다. 그렇기 때문에 일용할 양식에 족한 삶을 훈련시키시는 것입니다. 그래서 욕심을 내어 하루 거둘 만큼을 넘어서 다음 날 먹을 것까지 거두면 썩어서 냄새가 나게 하셨습니다. 일용할 양식으로 만족하게 하심과 내 욕심을 다 내려놓고 여호와만 의지하게 하시는 하나님의 교육과정입니다. 이렇게 철저히 훈련시키신 후에야 시내산에서 말씀을 주셨습니다. 그러므로 만나는 말씀을 의미합니다. 결국 하나님은 이스라엘 백성이 원하는 삶 즉 떡으로만 사는 삶이 행복한 삶이 아니라 하나님의 말씀으로 사는 삶이 진정한 행복인 것을 가르치는 훈련의 장으로 '고난이 따르는 광야'를 사용하신 것입니다. 만나는 참된 인생의 목적이 육체를 만족시키는 외적 환경이 아니라 하나님 말씀에 따라 사는 것이라는 것과 문제는 환경이 아니라 그들의 부패한 마음속에 있다는 것을 깨닫게 하는 훈련의 목적으로 주어지는 것입니다.

우리는 어떻습니까? 먹고 살기 바빠서 말씀대로 신앙생활 할 수 없다고 불평과 핑계거리를 댑니다. 그러나 성경은 그것이 외적 환경 때문이 아니라고 합니다. 우리 내면 깊숙이 있는 죄성, 즉 이기적 탐욕과 교만함이 순종을 거부한다고 지적합니다 하나님의 목적은 외적 환경이 아니라 내적으로 변화되어 신적 성품에 참여하는 순종의 그리스도인으로 서는 것입니다.

오늘 말씀을 묵상하면서 우리(나)는 너무 염려가 많다는 것을 깨닫게 됩니다. 하나님은 아무것도 염려하지 말라고 말씀하셨지만, 자녀문제, 건강문제, 노후문제 등 내일 것에 너무 염려를 많이 합니다. 만나 훈련이 제대로 되었다면 하루 일용할 양식에 족함을 고백해야 하는데 실상은 그렇지 못합니다. 끝없이 남과 비교하고 더 쌓고 더 누리려고 욕심을 가중시킵니다. 성경은 욕심이 잉태하여 죄를 낳고 죄가 장성하여 사망을 낳는다고 말씀합니다. 욕심은 죄인 것입니다. 그러므로 일용할 양식에 족함을 감사하고 하나님 나라와 의를 구하는 데 우리의 삶을 투자해야 합니다. 저 역시 그 욕심 때문에 스스로 광야 길을 자초했고 7년여 기간 동안 호된 훈련을 받아야 했습니다. 영적 귀가 막히고 영적 장님이 되어 하나님의 메시지를 들었음에도 깨닫지 못하고 내가 주인 된 삶을 살았습니다. 또한 거룩한 안식일을 지키지 못했습니다. 준비된 마음이 부족했고 온전히 구별되거나 구별하지 못했으며 때론 예배시간에 지각을 했으면서도 죄의식을 느끼지 못했습니다. 이런 저의 모습도 주님의 은혜 가운데 거듭나서 부족함도 있지만 쓰임 받고 있습니다. 주일에 안내를 서다 보면 정말 많은 사람들이 지각을 합니다. 10분 이상 지각하는 사람, 성경도 안 갖고 오는 사람, 여름철 반바지 슬리퍼 차림으로 오는 사람, 축도가 끝나기 전에 일어나 먼저 빠져 나가는 사람 등 참으로 다양합니다. 물론 각 사람이 저마다의 이유가 있을 것입니다. 그렇지만 그 어떤 이유일지라도 거룩한 안식일을 제대로 지키지 못한 사실은 분명한 것입니다. 하나님은 흠 있는 제사를 받지 않으십니다. 오죽했으면 제물과 분향 드리는 것을 가증하다고 하셨을까 생각해 봅니다. 안식일은 온전히 주님의 날입니다. 그러므로 구별되어 하나님께만 드려져야 합니다.

★ 적용 질문_

1. 만나가 안식일의 훈련이란 사실이 가슴으로 다가옵니까?
2. 일용할 양식으로 만나를 통해 훈련시키신 하나님의 마음을 느낄 수 있습니까?

★ 말씀으로 기도하기

"하나님 아버지! 만나를 통해 저희들을 안식일과 일용할 양식 훈련을 시키신 주님의 마음을 체휼할 수 있도록 인도해 주시길 소망합니다. 그러므로 거룩한 안식일의 신앙생활을 하게 하시고 내 안의 욕심을 내려놓음으로 하나님이 주인 된 삶을 살아가는 데 부족함이 없도록 인도해 주옵소서. 예수님의 이름으로 기도합니다. 아멘."

주제: 반석을 치라

말씀 요약 및 묵상_

이스라엘 백성들이 다시 노정대로 행하여 르비딤에 왔으나 당장 마실 물이 없으니 모세와 다툽니다. 모세의 부르짖는 기도를 들으신 하나님은 이번에도 반석에서 물을 허락해 주십니다. 그때에 아말렉이 쳐들어와 이스라엘과 싸우는데 모세는 여호수아를 세워 싸우게 하고 본인은 아론과 훌을 데리고 하나님께 기도합니다. 이후 전쟁은 이스라엘의 승리로 끝이 납니다. 한편 이스라엘 백성들을 하나님이 구원하셨다는 소문을 들은 장인 이드로가 모세의 아내 십보라와 두 아들을 데리고 찾아옵니다. 모세는 그동안 하나님이 애굽에 재앙을 내리시고 백성들을 여기까지 인도해 내신 모든 일들을 고백합니다. 이드로는 여호와를 찬양하며 신앙고백을 합니다.

왜 하나님은 반석에 서서 이 반석을 치라고 하셨을까요?

신 광야를 떠난 이스라엘 백성들이 다시 르비딤에 도착하여 장막을 쳤으나 마실 물이 없었습니다. 이에 다시 백성들이 모세와 다투고 하나님이 함께하시는지 시험을 합니다. 백성들의 원망은 한결같습니다. 어찌하여 애굽에서 인도해 내어 우리와 자식들을 목말라 죽게 하느냐 하는 것입니다. 그들의 기세는 모세를 돌로 치려고 할 정도로

험악한 상황입니다. 부르짖어 기도하는 모세에게 하나님은 "내가 호렙산에 그 반석 위 거기서 네 앞에 서리니 너는 지팡이로 그 반석을 치라" 명령 하십니다. 백성의 장로들 목전에서 명령대로 행할 때 반석에서 물이 터졌습니다.

저는 이 말씀을 묵상할 때면 가슴이 뭉클해지며 몇 번이나 눈물을 흘린 적이 있습니다. 백성은 원망하는데 하나님은 언제나 긍휼의 은혜를 베푸십니다. 특히 오늘은 하나님께서 반석 위에 서시고 모세에게 반석을 치라고 하십니다. 결과적으로 나를 치라는 것입니다. 백성을 위해 반석 위에 서신 하나님, 그리고 생수의 구원을 베풀기 위해 나를 치라고 하신 하나님, 그 하나님이 가슴으로 다가오면서 죄로 말미암아 죽을 수밖에 없는 우리를 위해 십자가의 고난과 죽음까지 기꺼이 감당하신 예수 그리스도를 느낄 수 있었습니다. 오늘 우리 인생에 목마름이 있다면 생수의 근원 되시는 예수 그리스도 앞에 무릎 꿇고 기도해야 합니다. 제 인생도 되돌아보니 많은 홍해가 있었고 목마름이 있었습니다. 그러나 해결점은 기도였습니다. 모세가 부르짖어 기도할 때 응답해 주신 하나님께서 오늘도 우리의 부르짖는 기도를 결코 외면하지 않으십니다. 그분은 누구보다도 우리를 사랑하시는 우리 아버지십니다.

적용 질문1_

1. 내 삶에 목마름이 있었을 때 나는 생수를 얻기 위해 어떻게 했습니까?
2. 왜 모세는 하나님의 지팡이를 갖고 산 꼭대기에 섰을까요?

아멜렉과의 전쟁을 묵상해야 합니다. 이스라엘 백성들이 목마름으로 고통받고 한바탕 소동이 끝나갈 때에 아멜렉이 쳐들어옵니다. 위기 상황입니다. 모세는 처음으로 치루는 전쟁에서 군대를 지휘할 지도자로 여호수아를 지명하고 나가 싸우게 합니다. 그리고 자신은 아론과 훌을 데리고 산에 올라 진영을 바라보며 여호와께 기도합니다. 그러나 힘이 부친 모세의 두 손이 내려오면 이스라엘이 밀리고 손이 올라가면 이스라엘이 이깁니다. 이에 아론과 훌은 돌을 가져다가 모세를 앉게 하고 둘이 양쪽에서 모세의 팔을 붙들어 줌으로 전쟁은 이스라엘의 승리로 끝이 납니다. 모세는 이것을 책에 기록하게 하며 제단을 쌓고 그 이름을 여호와 닛시 라고 합니다.

이 말씀은 우리 인생 여정에도 늘 존재하는 일입니다. 목마름도 있지만 그것이 해결되었다고 다 끝난 것은 아닙니다. 오늘 이스라엘 백성에게 아멜렉이 싸움을 걸어 왔듯이 우리 삶에도 아멜렉은 늘 존재 합니다. 그것이 내 가족일 수도 있고 내가 속한 조직이나 공동체 안에 있을 수도 있습니다. 제게도 이런 아멜렉이 있습니다. 홍해를 건너고 목마름이 해결되어 잠시 평안이 오는듯 했지만 가장 가깝다고 호적에 기록된 가족들이 아멜렉이 되어 전쟁을 일으킵니다. 또한 교회 공동체에서도 크고 작은 아멜렉이 있습니다. 사역을 열심히 하는데도 사역을 힘들게 하는 아멜렉이 있고 관계적 측면에서 계속 영적 부딪침을 갖는 아멜렉이 있습니다. 이 큐티가 여러 사람들에게 오픈되기 때문에 인명을 쓸 수는 없지만 벌써 2년째 시기와 질투심으로 냉담하는 지체가 있습니다. 난 아무리 나를 점검해 봐도 그들에게 무엇을 잘못하거나 실수한 일이 없는데 마주쳐도 인사도 안하고 냉랭한 바람을 일으키며 외면합니다. 어찌 보면 레위기에서 교훈으로 배운 소제를 드리는 고운가루가 되지 못함의 결과이기도 합니다. 내가 고운 가루가 되지 못할 때 언젠가는 하나님께서 맷돌을 준비하실 것입니다. 그리고 고운가루가 되도록 잘게 부수게 될 것입니다. 아멜렉이 쳐들어 왔을 때 모세의 기도와 아론과 훌의 동역으로 이스라엘이 승리한 것처럼 우리도 기도의 동역자와 기도의 수고가 있어야 합니다. 그 기도는 아멜렉을 물리치고 승리할 때까지 멈추지 않아야 합니다. 기도가 멈춰졌을 때 다시 아멜렉이 힘을 얻게 됩니다. 그러므로 우리 삶의 아멜렉이 있을 때 기도의 줄을 결코 놓지 않고 물리치는 그 날까지 기도해야 합니다.

적용 질문2_

1. 내 삶의 여정 가운데 아멜렉을 만나 물리친 경험이 있으십니까?
2. 왜 모세는 광야 여정의 모든 일들을 장인 이드로에게 말했을까요?

이는 모세의 간증입니다. 모세가 이스라엘 백성을 이끌고 애굽에서 나와 광야 길로 간 모든 일들이 그의 장인 이드로에게 들림으로 장인이 모세의 아내와 두 아들을 데리고 모세를 찾아 왔습니다. 모세는 장인에게 그동안 여호와께서 어떻게 이스라엘 백성들을 구원하셨는지 그 모든 과정을 이야기합니다. 실제로 체험한 생생한 간증입니다. 애굽의 재앙과 유월절, 홍해, 광야에서의 일들까지 전 과정의 얘기를 들은 이드로는 여호와를 찬양하고 송축합니다. 그가 이방신의 제사장임에도 불구하고 여호와께 번제물과 희생제물도 드리며 여호와가 모든 신 중에 크심을 신앙으로 고백합니다. 오늘 모세의 간증은 그의 두 아들의 이름에서 잘 나타나고 있습니다. 게르솜과 엘리에셀입니다. 이는 떠돌이 나그네에서 하나님의 도우심을 받았다는 의미입니다. 이름의 의미가 그의 인생 여정인 것입니다. 그리고 이것은 모세의 인생이 나그네에서 하나님과 함께하는 삶으로 변화된 것처럼 백성들의 삶도 애굽의 노예에서 하나님의 백성으로 하나님의 보호를 받는다는 인식과 사고의 변화를 가져온 것입니다. 이는 모세의 기쁨 뿐만 아니라 백성들의 기쁨이 되는 것입니다

　간증은 자신이 체험한 하나님의 은혜를 전하는 통로이고 또한 다른 사람과 나누는 좋은 방법입니다. 이를 통해 믿음을 더욱 견고하게 하며 믿지 않은 사람들에게도 하나님이 어떤 분인지 알게 하며 신앙을 가질 수 있는 동기를 부여해 줍니다. 우리는 예수 그리스도를 믿는 하나님의 사람들입니다. 그러므로 하나님의 증인 됨을 간증으로 증거할 필요가 있고 진실한 증거는 또 다른 증인을 낳게 하는 복음의 선한 영향력이 됩니다. 저도 60년 삶의 여정에서 출애굽한 나의 출애굽 여정과 홍해, 광야에서 어떻게 기도했으며 하나님께서 어떻게 인도하셨는가를 기회 있을 때마다 간증하며 은혜를 나눕니다. 그것이 믿음을 견고하게 하고 출애굽과 광야를 건너고자 하는 사람들

에게 선한 영향력이 되어 하나님의 영광이 되기를 기도하는 마음으로 말입니다. 모세의 간증은 이방신의 제사장을 변화시켜 그가 여호와를 찬양하고 송축하게 했습니다. 간증의 또 다른 능력입니다.

적용 질문3_
내가 만난 하나님, 나의 출애굽과 구원 경영을 베푸신 하나님을 간증하고 계십니까?

★ 말씀으로 기도하기_
"하나님 아버지! 반석 위에 서서 나를 치라는 주님의 음성을 듣고 기도의 자리로 돌아가는 저희가 되기를 소망합니다. 기도가 주님께 상달 되어 반석에서 생수가 터짐으로 우리 목마름을 해결되는 은혜를 경험하게 하옵소서. 또한 삶의 여정에서 오는 아멜렉과의 전투에서 기도로 승리하는 저희들이 되고 저희 삶을 간섭하셔서 출애굽과 광야 길을 인도하시는 하나님을 간증하는 저희 모두가 되도록 인도해 주옵소서. 그러므로 믿는 사람에게는 믿음의 견고함과, 믿지 않는 사람에게는 복음이 되는 동기가 될 수 있도록 인도해 주옵소서. 예수님의 이름으로 기도합니다. 아멘."

주제: 종에 관한 규례

말씀 요약_

하나님께서 백성 앞에 세울 법규를 정해 주십니다. 그것은 히브리 종을 사면 일곱째 해에는 자유인이 되어야 하고 만일 주인이 맺어 준 아내로 인해 구성된 가족과 함께 있기를 원하면 귀를 뚫어 증표로 삼고 평생 종으로 산다는 것입니다. 그리고 여종이 팔려 왔으나 주인이 기뻐하지 않으면 속량하게 하고 주인의 아들에게 줄 경우에는 딸처럼 대우해야 합니다. 또한 고의적으로 사람을 죽이면 반드시 죽일 것이나 고의적이지 않으면 하나님이 정하신 곳으로 피할 수 있습니다. 그리고 상해를 입히고 그가 지팡이를 짚고 일어설 정도면 배상을 하며, 종을 쳐서 금방 죽으면 주인도 형벌을 받지만 며칠 있다가 죽으면 벌을 받지 않습니다. 그 밖에 해를 가한 상대에게는 당한 그대로 갚아 줍니다.

묵상하기_

첫째는, 세심한 삶까지 살피시는 하나님을 묵상해야 합니다.

하나님은 이스라엘 백성을 애굽에서 시내산에 이르기까지 많은 기적과 이적으로 인도하셨습니다. 그러나 이젠 그런 기적과 환상만으로는 살아갈 수 없기에 말씀을 주셔서 그 말씀을 지킴으로 순종의 삶을 살도록 하셨습니다. 시내산에서 십계명을 주신 하나님은 모세를 통해 실생활에 필요한 법들을 주십니다. 그것은 이제 애굽의 자기 법에서 새로운 하나님의 법 안으로 들어와 살라는 것입니다. 하나님은 세심하게 직접 말씀해 주셨습니다. 오늘 종에 대한 규례는 십계명 이후 첫 번째 주시는 법입니다. 광야를 거쳐 시내산까지 왔고 앞으로 가나안으로 가야할 백성들에게 우리가 생각하기엔 통치에 필요한 왕의 법이나 국가법을 우선으로 주실 것 같은데 하나님은 종의 법을 먼저 주셨습니다. 왜 그렇습니까? 그것은 애굽의 종 되었던 너희를 구원해 낸 여호와를 기억하라는 하나님의 메시지이고 왕은 하나님 한 분뿐이라는 것입니다. 하나님은 선택할 수 있는 경우도 세심하게 말씀해 주셨습니다. 어떤 사람이 빚으로 인해 갚을 능력이 없을 때, 도둑질로 인해 변제할 능력이 없을 때, 도박으로 인해 큰 빚을 지고 갚을 능력이 없을 때 등 종이 될 수밖에 없는 상황에서 신분과 관계없이 자원해서 종이 될 수 있게 하셨습니다. 그리고 안식년에는 자유인이 되는 길을 허락하셨지만 예외적 조항도 주셨습니다. 그것은 주인이 맺어준 아내로 인해 가족이 구성되고 종이 가족을 사랑하고 주인을 사랑해서 계속 종으로 남기를 원한다면 재판장과 증인들 앞에서 귀를 뚫어 증표를 삼음으로 평생 주인을 섬길 수 있도록 한 것입니다.

언뜻 보기에는 가혹해 보이지만 고대 사회 생활상을 이해하면 하나님의 배려의 손길을 느낄 수 있습니다. 주인의 입장에서는 인력이 바로 자산입니다. 높은 지위에 있는 사람일수록 많은 소유를 갖고 있었고 그러기에 인력이 필요했습니다. 종의 입장에서는 땅 한 조각, 집도 없이 주인을 떠나 당장 살 길이 막막했습니다. 더구나 가족까지 동반해서 어디로 가겠습니까? 그러므로 상전의 권리와 종의 권리를 보호해 주시기 위한 하나님의 세심한 손길인 것입니다. 말씀을 묵상하면서 오늘 종이 된 것은 내 삶의 결과이며, 그것은 내가 감당해야 할 몫이라는 깨달음이 왔습니다. 그렇기 때문에 끝까지 인내해야 하지만 내 힘만으로는 쉽지 않습니다. 그래서 공동체가 필요하고 하나님의 때가 이를 때까지 기도해야 합니다. 사도 바울이 고난은 유익이라고 말한 것처럼 고난은 우리에게 귀중한 약 재료가 됩니다. 그 약 재료는 7년째 자유인의 축복을 받았을 때 증인 된 삶의 소중한 재료로 쓰임 받게 될 것입니다. 저 역시 고난의 광야를 거친 그 과정이 사역을 감당하면서 소중한 재료가 되고 있습니다. 출애굽부터 5대 광야, 그리고 시내산, 가나안의 전 과정을 경험한 제 삶의 생생한 경험들은 제겐 큰 유익이며 또 큐티의 귀한 재료가 됩니다. 본문에서 종이 가정을 지키기 위해 귀를 뚫어 평생 종이 되는 자기희생을 자원한 것을 보면서 나는 가정을 위해 어떤 희생을 했으며 어떤 것을 포기했는가 성찰하는 계기가 되었습니다. 열심히 그리고 성실히 삶을 살았으나 특별히 무엇을 포기하고 희생했는가 하는 것은 많이 미약했음을 발견하게 됩니다. 우리가 갈망하는 세상의 유익과 즐거움들, 여행, 취미, 각종 모임, 기타 내가 추구하는 것들의 희생과 양보, 포기가 없다면 온전한 사랑은 불가능합니다. 희생과 포기가 없다면 가정에서 왕의 삶을 살고있는 것입니다. 아내를 생각해 봤습니다. 오리처럼 나를 믿고 따라 주는 아내가 나무젓가락 같이 연약한 존재인 나를 묵묵히 믿어 주고 기다려 줌으로 오늘의 내가 존재하고 있음을 깨닫게 됩니다. 그것을 안다면 내가 결단할 일이 무엇인지 스스로 정할 수 있습니다. 종의 자기희생과 포기 정신이 오늘 나의 삶에서 나타나야 합니다.

적용 질문1_

1. 지금 내가 당한 고난 중에도 일하시는 하나님의 세심한 손길을 느끼고 계십니까?
2. 하나님을 섬기고 아내와 자녀를 위해 내가 희생하고 포기해야 할 것은 무엇입니까?

둘째는 부지중 일어난 살인죄와 상해죄까지 배려하시는 하나님을 묵상해야 합니다.

하나님은 백성들이 삶의 현장에서 일어나는 살인죄와 상해죄에 대해서도 어떻게 행할 것인지를 말씀하셨습니다. 그것은 사람을 고의적으로 살인한 사람은 죽일 것이지만 고의가 아닌 실수로 죽게 했다면 피할 곳을 허락하셨습니다. 그리고 도피한 곳의 장로에게 자기 상황을 얘기하고 그 장로의 생전까지 머무를 수 있게 했습니다. 그리고 그 제사장이 죽으면 죄가 사해져서 고향으로 갈 수 있었습니다. 제사장의 죽음으로 죄의 대가를 치르게 하신 것입니다. 그러나 고의에 의한 것은 제단에서라도 잡아내어 죽이라고 강력한 처벌을 명령하셨습니다. 또한 싸우다가 상해를 입혔을 때와 일반적 상해에 대해서는 손해를 배상하는 배상법을 주셨습니다. 이렇듯 재판장의 판결에 의해 다른 해가 없으면 배상으로 끝나지만 다른 해가 있으면 흔히 이에는 이, 눈에는 눈으로 표현되는 동일한 보복 법으로 처리하도록 하셨습니다. 보복 법은 엄한 법을 통해 내 몸이 소중하면 다른 사람의 신체도 소중함을 알게 하기 위함입니다.

저는 초등학교 시절 고향에서 칡 뿌리를 캐러 친구들과 같이 산에 간 적이 있습니다. 한참 땅을 곡괭이로 파고 있는데 얼마나 팠는지 보기 위해 고개를 내미는 순간 눈에서 불이 번쩍 났습니다. 그리고 머리부터 얼굴, 온몸이 피로 범벅이 되는 사고를 경험했습니다. 가해자는 한 해 선배였고 그는 겁에 질려 자기 집이 도피성이 되어 숨었습니다. 그러나 큰 상해를 가했지만 그는 고의가 아닌 실수였기에 용서를 받을 수 있었습니다. 그렇다면 이 시대 우리의 도피성은 어디일까요? 우리는 수많은 사람을 죽이고 있으며 상해를 입히고 있습니다. 내 혈기로 인한 분노와 미움은 매일 살인을 범하고 있습니다. 또 입술에 숯불을 대지 않음으로 절제되지 못한 수많은 말들이 상처가 되어 상해를 입히고 있습니다. 이런 살인죄와 상해죄를 안고 살아가는 우리가 피할 곳은 어디입니까?

하나님은 스스로 해결할 수 없는 우리를 위해 예수 그리스도를 보내 주셨습니다. 그분이 우리의 도피성입니다. 그분에게 가서 죄를 고백하고 그분을 영접하면 그분은 우리를 죄 없다 하시며 긍휼의 은혜로 품어 주실 뿐만 아니라 자녀의 특권까지 주십니다. 얼마나 감사한 일입니까? 그러므로 우리는 지체할 이유가 없습니다. 매일 나의 죄를 고백하며 그분께로 나아가야 합니다. 그것이 그분의 피를 마시는 것이며 그분의 피를 바르는 것입니다. 그리고 새로운 사람으로 거듭남의 삶을 살아가는 것입니다.

적용 질문2_

내가 내려놓지 못하는 분노와 혈기, 미움과 상처 입히는 말들은 무엇입니까?

★ 말씀으로 기도하기_

"하나님 아버지! 오늘 종에 관한 규례와 살인 및 상해죄에 대한 주님의 세심한 손길을 경험할 수 있도록 하심을 감사합니다. 매일 우리의 성품으로 살인을 하고 언어로 상해를 입히는 죄를 범하지만 우리가 피할 곳은 예수 그리스도임을 고백합니다. 그러므로 매일 예수 그리스도의 피로 우리를 정결케 하심으로, 새로운 삶과 거듭남의 삶으로, 주님을 미소 짓게 하는 저희가 되도록 인도해 주옵소서. 예수님의 이름으로 기도합니다. 아멘."

주제: 거룩한 옷

말씀 요약

하나님은 모세에게 그의 형 아론과 아론의 아들들을 나아오게 하여 하나님을 섬기는 제사장 직분을 행하게 하라고 하십니다. 그리고 하나님이 지혜로운 영으로 채운 자들을 불러, "아론을 위해 거룩한 옷을 지어 그를 영화롭고 아름답게 하라"고 하시면서 옷을 만드는 방법을 자세히 가르쳐 주십니다.

묵상하기

제사장 직분에 맞는 거룩한 옷에 대해 묵상해야 합니다.

성막을 짓도록 하신 하나님은 성막에서 하나님을 섬기는 직분으로 제사장 직분을 말씀하시면서 아론과 그의 아들 나답과 아비후와 엘르아살과 이다말을 지명하셨습니다. 그리고 제사장들이 입어야 할 옷을 지으라고 말씀하십니다. 특별히 아론을 위해서는 거룩한 옷을 지어 영화롭게 하라고 합니다. 당시 대제사장의 옷은 화려했고 아름다웠으며 제사장들 옷과 구별하였습니다. 이는 대제사장이 지성소에서 하나님과 만나고 하나님의 계시를 받는 특별한 직분이기 때문에 영적 권위를 세워 주시는 하나님의 깊은 배려이기도 합니다.

제사장의 의복은 일곱 가지 복장으로 구성되었는데 각각 의미가 있습니다. 첫째, 속옷은 세마포로 만들었으며 일반적으로 안쪽에 입는 옷입니다. 흰색으로 된 속옷은 예수 그리스도의 순결한 인성을 상징합니다. 둘째, 띠는 허리에 두르는 것으로 옷이 흐르지 않게 하는 역할을 하며 우리가 예수 그리스도의 종으로 겸손과 사랑을 실천하라는 의미입니다. 셋째는 겉옷인데 청색으로 만들어졌으며 에봇을 받칩니다. 그리고 이는 그리스도의 신성을 상징합니다. 넷째는 에봇입니다. 에봇은 금실, 청색, 자색, 홍색, 가늘게 꼰 베실로 만들어졌으며 제사장이 제일 겉에 입는 옷입니다. 금색은 하나님이신 예수 그리스도의 영광을, 청색은 생명 되신 예수님의 사랑을, 자색은 왕이신 예수님의 권위를, 홍색은 고난당하신 예수님의 희생을, 흰색 베실은 순결하신 예수님의 의를 나타냅니다. 이렇듯 에봇은 예수 그리스도의 영광과 아름다움을 상징합니다. 그리고 다섯째는 흉패인데 에봇 가슴에 열두 지파 이름을 새긴 상징 보석이며, 택한 백성을 기억하고 품어 주시는 하나님의 사랑을 의미합니다. 여섯째는 관입니다. 관은 하얀 베실로 만든 원추 모양의 모자이며 하나님 앞에 머리를 흐트러뜨리지 않고 감추는 것입니다. 이는 하나님의 권위에 순종하는 그리스도를 상징합니다. 일곱 번째는 금패입니다. 금패는 머리에 쓰는 관에 붙이는 것으로 여호와의 성결이란 글자를 썼습니다. 이는 하나님께서 제사장의 성결을 보증하는 의미가 있으며, 예수 그리스도가 순결한 분으로 하나님께 받아들여짐을 상징하기도 합니다. 이렇듯 제사장의 옷을 일곱 가지로 구별하는 것은 거룩성을 보이기 위함입니다.

말씀을 묵상하면서 이 시대 제사장으로 사는 우리의 모습은 어떤가 되돌아보는 시간이 되었습니다. 하나님은 제사장을 구별하기 위해 거룩한 옷까지 지어 입도록 하셨습니다. 영화롭고 아름답게 말입니다. 그런데 우리는 그 영화롭고 아름다운 것을 세상의 욕심과 탐심, 세상의 부와 명예로 옷을 만들어 입으려 매일 분주한 삶을 살고 있습니다. 그 분주함 속에서 하나님의 음성을 들을 귀조차 닫혀있습니다. 하나님이 입으라고 하신 거룩한 옷은 어디 가고 세상 때가 잔뜩 묻은 얼룩진 옷을 입고 있는 우리의 모습을 봅니다. 야곱의 딸 디나가 세겜에서 강간당한 일로 야곱의 아들들이 피의 보복을 하고 위기의 순간에 빠져있을 때 하나님은 야곱에게 벧엘로 올라가서 제단을 쌓으라고 하셨습니다. 하나님의 음성을 들은 야곱이 정신이 번쩍 들어 자기 집안사람과 자기와 함께한 모든 사람들에게 명령을 합니다. 그것은 이방 신상들을 버리고 자신을 정결하게 하고 의복을 바꾸어 입으라는 것입니다. 바로 이것이 거룩한 옷으로 바꿔 입는 것입니다. 우리의 삶의 모습에서 정결함을 위해 내면을 청소하고 하나님보다 더 의지하고 우선순위에 두었던 세상 문화를 다 버리고 삶의 라이프 스타일을 바꾸는 것, 이것이 우리의 거룩한 옷이어야 합니다. 그런데 실제적 삶에서는 결코 쉽지 않음을 깨닫게 됩니다. 내 안에 깊이 똬리를 틀고 있는 죄의 본성이 남아 있고 세상 문화가 주는 달콤함이 언제나 우리를 거절하지 못하는 환경으로 끌어당기고 있기 때문입니다. 그러므로 우리는 한시도 말씀을 떠나서는 안 됩니다. 쉬지 말고 기도해야 합니다. 기도는 특정한 장소에서만 하는 것이 아니라 삶의 현장 어느 곳에서든지 할 수 있어야 합니다. 말씀과 기도가 살아 있다면 돌이킬 수 있고 거룩한 삶으로 나아 갈 수 있습니다.

저는 요즈음 큐티를 통해 거룩한 옷을 덧입혀 나가고 있습니다. 묵상을 통해 매일 말씀을 접하고 그 말씀 속에서 나를 발견하며 기도로 회개하고 돌아서는 훈련을 매일 할 수 있다는 것은 축복이 아닐 수 없습니다. 우리의 삶의 모습이 거룩한 옷이 될 때 하나님의 영광은 드러나고 그분의 빛이 우리를 통해 반사되어 빛의 사명을 감당하는 진짜 그리스도인이 될 것입니다. 저는 개인적으로 되도록이면 세상 모임에 나가지 않으려 하지만 가더라도 1차 식사를 하면서 교제를 나누곤 바로 들어오는 것을 원칙으로 정했습니다. 왜냐하면 2차, 3차는 대체로 거룩한 시간이 되지 않기 때문입니다. 삶에도 결단이 필요함을 깨닫습니다. 그런 도전과 결단으로 거룩한 옷을 재단하여 우리 몸에 맞춰 입을 때 거룩한 옷이 되어 그리스도인의 향기가 나고, 왕 같은 제사장으로 선한 영향력을 미치는 복 있는 삶이 될 것입니다. 거룩은 하나님의 성품이기 때문에 하나님께서는 거룩을 결코 포기하지 않으십니다.

★ 적용 질문

1. 에봇의 다섯 가지 색상 중에 내게 부족한 것이 있다면 무엇입니까?
2. 거룩한 옷을 만들고 재단하는 데 방해가 되는 것은 무엇입니까?
3. 내 삶이 거룩한 옷으로 인정되십니까?

★ 말씀으로 기도하기

"하나님 아버지! 하나님의 말씀을 받고 그 말씀이 삶이 되어 거룩한 옷이 되어야 하는데 너무도 부족하고 부끄러운 모습을 고백합니다. 오늘 묵상을 통해 다시 한 번 결단하게 하시고 새로운 삶의 터닝 포인트가 되어 말씀이 삶이 되고 삶이 예배가 되는 거룩한 제사장의 사명을 넉넉히 감당하게 하옵소서. 예수님의 이름으로 기도합니다. 아멘."

주제: 하나님의 Calling

말씀 요약

　여호와께서 브살렐을 지명하여 부르시고 그에게 하나님의 영을 충만하게 하여 지혜와 여러 가지 재주로 성막 기구를 만들게 하시며, 오홀리합과 지혜로운 마음이 있는 자들을 세워 그를 돕게 하겠다고 말씀하십니다. 또한 이스라엘 자손은 안식일을 지켜 그것으로 영원한 언약을 삼으라고 하시며 모세에게 하나님이 손으로 친히 쓰신 증거판 둘을 주십니다.

묵상하기

　첫째는 하나님의 콜링에 대해 묵상해야 합니다.

　이스라엘 백성들이 애굽을 떠나 홍해를 건너 광야를 지나 하나님의 산 호렙 산 아래서 머물고 있을 때 하나님은 모세에게 회막, 증거궤, 속죄소, 상, 등잔, 분향단, 번제단, 물두멍 등 제사 기구들을 비롯하여 제사장 아론과 그의 아들들이 입는 의복까지 규격과 양식, 사용하는 재료와 치수까지 세심히 지정하여 만들라고 하셨습니다. 또한 관유와 성소의 향기로운 향까지 만들라고 하시면서 이 모든 작업을 할 사람으로 두 사람을 지명하여 불렀습니다. 유다 지파의 브살렐과 단 지파의 오홀리압입니다. 하나님은 이들 두 사람을 지명하시고 그들에게 하나님의 영을 충만하게 하고 지혜를 주어 하나님이 명령한 모든 것을 만들도록 하셨습니다.

여기서 우리는 하나님의 calling이 무엇인지 살펴보아야 합니다. 하나님은 하나님의 구상과 설계하신 모든 것들을 사람을 통해서 행하십니다. 그래서 하나님의 필요를 채워 줄 사람을 지명하여 부르고 하나님의 영과 지혜를 충만히 부어 주십니다. 오늘 하나님은 두 사람을 콜링하셨습니다. 넌 내 사람이다 그러니 넌 내 영광을 위해 살아야 한다, 이렇게 하나님의 사람으로 부르는 것을 "calling-소명"이라고 합니다. 그리고 그 소명 받은 사람에게 구체적으로 하나님의 계획을 보여 주셔서 그것을 이해하고 그것을 하도록 일을 넘겨받은 것을 우리는 "사명"이라고 합니다. 그리고 이 사명에 따라 구체적으로 현실 속에서 그 맡은 일을 하는 것을 "사역"이라고 합니다. 오늘 하나님의 설계 도면을 잘 이해하고 이행할 사람으로 하나님은 이들 두 사람을 지명하신 것입니다.

그렇다면 왜 하나님은 이들 두 사람을 콜링하셨을까요? 브살렐은 '훌'의 손자이며 '우리'의 아들입니다. 훌이 누구입니까? 훌은 모세의 누나 미리암의 남편입니다. 그는 이스라엘이 르비딤 광야에서 아멜렉과 전쟁을 할 때 아론과 더불어 모세의 팔을 붙잡고 있던 사람이며 모세가 시내산에 올라가서 하나님의 계명을 받는 동안 아론과 함께 백성들을 다스린 사람입니다. 그의 손자가 브살렐입니다. 혈통적으로 손색이 없는 사람입니다. 또한 그는 연금술사로 금과 은과 놋을 잘 다루는 재주 있는 사람입니다. 하나님은 이런 재능 있는 그에게 하나님의 영을 충만히 부어 주시고 지혜를 주심으로 하나님의 일을 감당하게 하셨습니다. 그러나 오홀리압은 특별한 집안은 아니지만 정교한 기구를 만드는 재주가 있는 사람입니다. 하나님은 이들을 책임자와 부책임자로 세우셔서 하나님의 설계도를 완성해 가십니다. 협력과 연합으로 하나님의 일을 하게 하신 것입니다.

그렇다면 하나님의 사명을 감당하는 사람은 어떤 사람이어야 하는지 살펴봐야 합니다. 첫째, 사명자는 하나님이 세우셔야 합니다. 임명권자는 하나님이십니다. 둘째는 하나님의 설계도를 이해하고 순종으로 계획을 실행에 옮기는 사람입니다. 이를 위해서는 깊은 기도와 하나님의 뜻을 이해하는 지혜가 있어야 합니다. 셋째는 하나님의 설계도를 이해하고 행할 수 있는 능력을 가진 사람입니다. 주여 믿습니다, 하는 믿음만 갖고는 부족합니다. 그러므로 재능을 잘 개발해야만 합니다. 훌륭한 사명자는 믿음도 좋아야 하고, 또 그 사명을 감당할 수 있는 능력도 겸비되어야 합니다. 넷째는 하나님의 능력을 힘입어야 합니다. 하나님은 이들 두 사람에게 성령을 충만히 부어 주셨습니다. 그러므로 그들의 능력에 하나님의 능력이 더해진 것입니다. 아무리 개인의 능력이 뛰어나도 하나님의 일은 하나님의 능력이 있어야 하고 그 능력으로 하나님의 일을 감당하는 것입니다.

오늘 하나님의 부르심을 받은 두 사람을 묵상하면서 우리를 살펴보는 계기가 되었습니다. 우리 또한 하나님의 지명으로 세워진 사명자들입니다. 그런데 우리는 어떻게 그 사명을 감당하고 있습니까? 임명권자인 하나님의 콜링에 의해 세워졌다면 무엇보다 겸손하여야 하고 하나님의 음성에 귀를 기울여야 하며 순종으로 사명자의 자리에 서야 할 것입니다 그런데 그런 겸손함은 어디 가고 내가 서고 싶은 자리에 내 삶의 우선순위에 따라 서 있는 모습을 봅니다. 그렇다면 우리는 아직 홍해를 건넌 것이 아니지 않습니까? 내가 내 삶의 주인이라면 하나님이 설 자리는 없는 것입니다. 이번에 리더 수양회를 교회가 기도 가운데 진행했습니다. 교회로서는 매우 중요한 행사입니다. 특별히 일반 성도들이 아니라 중직과 국, 부장, 팀장, 순장, 지파장 등 교회를 세워나가는 일꾼들만 모여서 내년 목회 방향과 사역에 대한 발표 및 조별 토론을 거쳐 교회의 방향성에 대한 공감대를 형성하는 중요한 행사입니다. 안타깝게도 있어야 할 많은 리더들이 보이지 않았습니다. 결혼식과 개인 선약이 있어서, 바빠서 등 모두 개인이 우선인 일들 때문에 사명자의 자리를 외면한 것입니다. 이런 우리의 모습을 보면서 안타까워하실 우리 주님이 생각되었습니다. 또한 우리는 사역을 하면서 하나님의 설계도는 생각지 않고 내 마음대로 하는 경향이 있습니다. 내 생각보다 더 중요한 것은 하나님의 뜻입니다. 그러므로 절대적인 순종이 있어야 합니다. 순종이 불편하고 거부하고 싶을 때가 있습니다. 그럼에도 환경과 생각을 뛰어넘어 순종해야 합니다. 그것이 우리 그리스도인이 행해야 할 덕목이기 때문입니다. 때론 내 의가 너무 강해서 다른 지체들의 마음을 상하게 하고 불편하게 할 때가 있습니다. 그러므로 나를 돌아보고 나를 점검하는 것이 습관화되어야 합니다. 저 역시 그럴 것입니다 그래서 매일 기도와 큐티를 통해 나를 돌아보고 회개하는 것을 습관화하려고 합니다. 그렇지 않으면 언제 내 의가 하나님의 의를 앞설지 모르기 때문입니다.

적용 질문1_

1. 나는 하나님의 부르심에 사명자로서 순종을 다하고 있습니까?
2. 나는 하나님의 설계도면을 잘 이해하고 재능 개발에 노력하며 설계도의 완성도를 높여나가고 있습니까?

둘째는 거룩한 안식일에 대해 묵상해야 합니다.

하나님은 "안식일을 지키라"고 분명하게 명령하셨습니다. 그리고 이것이 하나님과 우리 사이에서 우리가 대대로 지킬 표징이라고 말씀하셨습니다. 또한 그날을 더럽히지 말라 하시며 영원한 언약으로 삼으시겠다고 말씀하십니다. 이렇듯 안식일에 대해 말씀하시는 하나님의 깊은 마음을 우리는 헤아려야 합니다. 육 일간 일하고 하루를 쉬는 것은 우리 몸을 보호하는 것도 있지만 무엇보다 하나님과 교제 시간을 갖으라는 하나님의 뜻이 있습니다. 경배와 예배를 통해 하나님과 만나고 교통하며 하나님의 선한 뜻을 이뤄 나갈 묵상의 시간이 안식일입니다. 이 날은 온전히 주님만의 날이 되어야 합니다. 이를 위해 세상일은 잠시 내려놓아야 합니다. 안식일은 형식이 아니라 구별되게 지켜야 합니다. 그러나 현실은 그렇지 않습니다. 세상의 분주함이 안식일을 거룩히 지키는 데 큰 방해가 되고 있습니다. 안식일을 하나님께 올려 드리는 온전한 제사, 예배가 되어야 함에도 흠 있는 제사가 되는 안타까움이 있습니다. 예물 없이 드리기도 하고 10분 지각에 별로 죄송한 마음도 갖지 않고 세상일로 빼 먹기도 합니다. 다시 한 번 주님의 음성을 듣고 돌이켜서 거룩한 안식일을 회복해야 합니다.

적용 질문2_

나는 온전한 주일을 지키고 있습니까?

셋째는 모세에게 주신 증거판을 묵상해야 합니다.

하나님은 모세에게 두 돌 판에 친히 손으로 쓰신 증거판을 주셨습니다. 증거판은 문자적으로 '법'이라고 합니다. 이는 백성들이 지켜야 할 법이란 뜻입니다. 바로 십계명입니다. 이를 하나님은 친히 손으로 쓰셨습니다. 그것은 우리의 삶의 영구적 규범으로 하나님의 뜻을 지키라는 하나님의 메시지입니다. 성경 66권을 짜면 십계명이 되며 이를 다시 함축하면 하나님 사랑과 이웃 사랑이 되고 다시 짜면 예수님의 피라고 합니다. 성경은 예수님 그 자체입니다. 십계명을 지킴은 율법의 완성으로 오신 예수님의 말씀에 순종하는 것입니다. 그러나 내 힘으로 지키기는 쉽지 않습니다. 그러므로 하나님의 의에 의지하고 힘입어야 합니다. 그리고 성화를 이끌어 주는 절제의 믿음과 의지가 있어야 합니다. 이제 성령을 받은 우리의 마음 판이 두 돌비가 되어 거기에 하나님의 계명을 새겨 넣어야 합니다. 우리 주님 만나는 그날까지 우리 심령 안에서 언제나 만나고 기억하며 지켜나가야 할 영원한 언약입니다.

적용 질문3_

하나님이 친히 써 주신 계명을 순종함으로 지켜 나가고 있습니까?

★ 말씀으로 기도하기_

"하나님 아버지! 오늘 하나님의 설계 도면을 실행할 사명자가 우리임을 깨닫고 순종함으로 그 사명 감당하기를 소망합니다. 또한 안식일에 대한 하나님의 경계의 말씀을 묵상하며 온전한 예배의 자리로 나가며, 하나님이 주신 계명이 우리의 심령 안에 각인됨으로 거룩한 하나님의 자녀가 되도록 인도하여 주옵소서. 예수님의 이름으로 기도합니다. 아멘."

주제: 다시 세우신 언약

말씀 요약_

　여호와께서 모세에게 돌판 둘을 만들어 시내산에 오르라고 하시며 그러면 처음과 같이 친히 계명을 써 주시겠다고 합니다. 하나님은 구름 가운데 임하셔서 여호와의 이름을 선포하시며 모세는 땅에 엎드려 경배합니다. 또한 하나님은 이스라엘을 위하여 이적을 행할 것을 말씀하시며 가나안의 여섯 종족을 쫓아내면 그들과 언약을 세우지 말 것을 요구합니다.

묵상하기_

　왜 하나님은 이스라엘 백성들과 언약을 다시 세우셨을까요?

　이스라엘 백성들이 금송아지 우상을 만들고 거기에 번제와 화목제를 드리며 춤추고 뛰노는 것을 목격한 모세가 하나님이 직접 써 주신 돌 판을 산 아래로 던져 깨뜨립니다. 이스라엘 백성들의 죄로 인해 하나님과의 언약이 파기되었습니다. 그러나 모세는 하나님 앞에 백성의 죄를 용서받기 위해 두 번의 '생명을 건 중보기도'를 함으로 하나님의 진노를 돌이키게 하였습니다. 모세의 중보 기도에 응답하신 하나님께서 이제 모세에게 새로 두 돌 판을 다듬어 만들고 하나님의 산으로 올라오라 하시며 아무도 가까이하지 못하게 할 뿐만 아니라 가축도 산에서 풀을 뜯지 못하게 엄한 구별을 하셨습니다. 드디어 여호와께서 강림하시며 여호와의 이름을 선포하십니다. 자비롭고 은혜롭고 노하기를 더디하고 인자와 진실이 많은 하나님으로 자신을 소개하시면서 인자를 천대까지 베풀며 악과 과실과 죄를 용서하시되, 그러나 벌을 면제하지는 아니하고 아버지의 악행을 자손 삼사 대까지 보응하시겠다고 하십니다. 또한 하나님은 언약을 세우시겠다고 말씀하시며 이스라엘 앞에서 이적을 행하시며 가나안 종족을 쫓아내실 것을 약속하십니다. 그러나 백성들에게 가나안 주민과 언약을 세우지 말 것을 강하게 요구하시며 만약 언약을 세우면 그것이 이스라엘에 올무가 될 것임을 경계하셨습니다. 그리고 가나안 종족의 제단을 헐고 주상을 깨뜨리고 여신상인 아세라 상을 찍어버리라고 명령하셨습니다.

오늘 말씀을 묵상하면서 하나님의 무한한 자비하심과 긍휼의 은혜가 가슴으로 느껴졌습니다. 사실 이스라엘의 죄는 진멸 받아야 마땅한 죄입니다. 그들은 애굽의 종살이에서 구원하여 시내산까지 인도하신 하나님을 배반하고 스스로 우상을 만들어 그 우상이 그들을 애굽에서 인도해냈다고 먹고 춤추며 제사를 드렸던 사람들입니다. 우리는 사람들과의 관계에 있어서 조금만 서운한 감정이 있어도 용납하지 못하고 심하게 정죄하려고 합니다. 또한 어떤 일에 배신을 당하면 어떻게 하든 그 이상의 아픔을 주려고 애를 쓰고 평생 상처를 안고 삽니다. 저도 큐티를 하기 전에는 한 친구를 용서하지 못하고 있다가 예수님의 십자가 중보기도가 가슴으로 체휼되면서 28년 만에 비로소 용서를 하고 마음에서 털어냈습니다. 큐티의 은혜이고 능력입니다. 우리도 이런데 하나님은 오죽하셨을까 생각됩니다. 구원의 주체이신 하나님을 외면할 뿐만 아니라 완전 배신하며 다른 신을 섬기는 저들을 한순간에 진멸하고 싶으시지 않았을까 생각해 봅니다.

그러나 하나님은 민족의 죄를 자기의 죄로 자복하며 용서를 구하는 모세의 기도 앞에 어쩔 수 없는 아버지의 사랑을 나타내셨습니다. 그리고 함께 동행해 달라는 요청에도 응답하셨고 주의 길을 자신에게 보여 달라는 것과 이 백성을 주의 백성으로 인정해 달라는 요청에도 모두 응답하셨습니다. 그리고 깨진 언약을 다시 세우셨습니다. 놀라운 아버지 사랑입니다. 우리는 오늘 하루도 크고 작은 죄들로 인해 언약을 깨지만 하나님은 자비와 인애와 긍휼의 은혜로 다시 언약을 세우시고 하나님의 백성으로 삼으셔서 젖과 꿀이 흐르는 가나안 땅으로 인도하십니다.

저 역시 지나온 삶과 큐티를 하는 이 순간까지 참으로 많은 죄로 아버지의 마음을 애태우며 힘들게 했구나 하는 자기 성찰의 시간을 가졌습니다. 얼마나 안타까우시면 아버지의 아픈 마음을 끌어안고 광야 학교에 입학시키셨을까 하는 아버지의 마음이 이제야 체휼되니 이것이 나의 굳은 마음이고 완악함임을 깨닫습니다. 다행히 아버지의 극진하신 보살핌으로 광야 학교를 비교적 좋은 성적으로 졸업했으니 그 사랑과 그 은혜를 어찌 말로 표현할 수 있으며 어떻게 효를 다할까 생각합니다. 하늘나라 가기까지 충성을 다하며 아버지의 기쁨이 되도록 이 땅의 삶으로 효도를 하고자 다짐합니다. 그러므로 아버지의 마음을 헤아리고자 매일 말씀을 읽고 묵상하며 큐티를 통해 나를 다듬어 갑니다.

이제 우리가 아버지 사랑에 반응할 때입니다. 그것은 언약 백성으로 정결한 신부의 삶으로 아버지의 거룩성을 드러내는 것입니다. 세상 문화의 제단들을 헐고 세상의 음란하고 타락한 아세라 상을 찍어 버리며 나와 내 집은 여호와만을 섬기겠노라 선포하는 것입니다. 그 고백과 행함을 아버지는 제일 기뻐하실 것입니다. 아침이면 잠시 묵상하며 아버지께서 인도해 주실 하루를 기대하고 무엇을 행하든 아버지는 어떻게 하실까 하는 아버지 우선 신앙으로 매일의 삶을 살아간다면 아버지의 선한 뜻을 이루고 이 땅에 아버지의 나라를 건설

★ 적용 질문_

1. 하나님을 만나는 시간(예배, 다락방, 큐티 등)에 방해되는 버려
   야 할 습관들은 무엇입니까?
2. 이스라엘 백성들에게 가나안 제단을 헐라고 하신 것처럼 내가
   헐어야 할 세상 제단은 무엇입니까?

★ 말씀으로 기도하기_

"하나님 아버지! 오늘 말씀 묵상을 통해 용서받지 못할 모든 죄를
용서하시며 언약을 다시 세우시는 하나님의 그 크신 자비와 사랑
을 깨닫고 가슴으로 느꼈습니다. 받은 사랑과 은혜에 우리가 이제
응답함으로 하나님의 나라를 이뤄 나가는 거룩한 여호와의 군대
가 되도록 인도해 주옵소서. 예수님의 이름으로 기도합니다. 아
멘."

성경 본문: 출애굽기 38:1-20

주제:번제단과 물두멍의 영적 의미

말씀 요약_

등잔대와 부속 기구 그리고 분향단을 만들도록 하신 하나님은 이제 번제단과 물두멍을 만들라고 하십니다. 브살렐을 통해 조각목으로 성막 뜰에 놓을 번제단을 만들고 놋으로 싼 후 제단의 모든 기구도 놋으로 만듭니다. 또 회막에 수종드는 여인들의 놋 거울로 물두멍을 만들었습니다. 그리고 서쪽은 열 개, 동쪽은 여섯 개, 남쪽과 북쪽은 스무 개의 기둥을 세워 갈고리와 가름대로 연결하며 문을 만들고 세마포로 성막의 뜰을 포장합니다.

질문하기_

1. 번제단의 영적 의미는 무엇일까요?
2. 물두멍의 영적 의미는 무엇일까요?

묵상하기_

1. 번제단의 영적 의미는 무엇일까요?

번제단의 번제는 히브리어 "오라"는 말로 올라간다는 말입니다. 그리고 단은 히브리어 '미쯔바하'로 동물을 학살시키다, 죽이다, 라는 뜻입니다. 다시 말씀드리면 번제단은 동물을 죽여 연기를 피워 올리는 제단이라는 말입니다. 인간의 죄를 대신하는 짐승을 죽여 각을 뜨고 토막을 내어 태우는 곳이 번제단입니다. 이를 통해 죄인이 그 피로 사면받을 수 있는 길이 만들어진 것입니다. 이 번제단은 예수 그리스도를 상징하기도 합니다. 우리의 모든 죄를 짊어지고 십자가의 피 흘림으로 속죄양이 되신 예수님이 번제단의 참된 의미라는 말입니다. 그러므로 우리는 예수 그리스도의 생명 보자기에 싸여 있을 때, 사망이 아닌 생명의 구원에 이르는 것입니다.

번제단의 재료인 조각목은 싯딤 나무로 만들었으며 여기에 놋으로 입혔습니다. 이 싯딤 나무는 버림받은 인간을 의미하고 우리 죄 때문에 버림받아야 했던 예수 그리스도를 상징합니다. 조각목에 입힌 놋은 십자가를 상징합니다. 죄에서 구원받을 수 있는 유일한 길이 십자가뿐임을 말씀하는 것입니다. 자랑할 만한 그 어떤 공로도 없는 우리가 싯딤 나무 상자를 놋으로 밀봉하는 순간 수백도, 수천도의 높은 고열에서 견딜 수 있게 됨을 우리는 알아야 합니다. 바로 예수 그리스도의 십자가 보혈의 피를 마시고 바르고 뿌렸을 때 그 어떤 고난도 견딜 수 있고 감당할 수 있다는 의미입니다. 번제단 규격의 숫자에도 큰 의미가 있습니다. 길이와 너비가 각 다섯 규빗이라고 했는데 이 5라는 숫자는 고통을 상징한다고 볼 수도 있습니다. 온갖 불구자들이 모여 있는 솔로몬 행각도 5개의 기둥으로 되어 있고 수가성의 여인에게는 5명의 남편이 있었습니다. 이와 같이 5라는 숫자로 번제단이 만들어짐은 죄와 이혼하기 위해서는 그만큼 고통을 감수해야 한다는 것을 상징하는 것입니다. 물론 숫자에 지나치게 의미를 부여해서 해석할 필요는 없습니다. 죄는 짐승을 죽여 불태우는 것 이상으로 고통스런 것입니다. 바로 예수님의 십자가 고통이 우리 죄를 위한 고통입니다. 또한 번제단 높이가 세 규빗이라고 했을 때 3의 숫자는 하나님의 숫자로 볼 수 있습니다. 하나님은 성삼위일체 하나님입니다. 그러므로 이 3의 숫자는 인간이 죄로 인해 고통당하는 그 현장에서 하나님도 함께 고통당하신다는 의미입니다. 바로 우리를 향한 하나님의 애틋한 사랑입니다.

세상은 죄인을 멸시하고 멀리하지만 하나님은 그런 죄인을 찾아오시고 함께 고통을 당하십니다. 그러므로 번제단은 죄를 버리는 쓰레기장이요, 죄의 소각장이며 마귀와 이혼하는 가정법정입니다. 이곳을 통과하지 않고는 물두멍을 경유할 수 없으며 지성소로 들어갈 수 없습니다. 또한 번제단의 네 모퉁이에 4개의 뿔이 있습니다. 이 뿔은 생명 구원을 상징합니다. 왜냐하면 우리 죄가 전가되어 짐승이 대신 죽음을 당하기 때문입니다. 그로 인해 우리가 구원을 얻습니다. 열왕기상 1장에서 솔로몬의 형 아도니야가 반역에 실패하고 성전으로 도피하여 제단 뿔을 잡고 생명을 구했을 때, 솔로몬은 그의 생명을 약속해 준 기록이 있습니다. 뿔이 4개인 것은 복음이 동서남북으로 뻗어 나가야 한다는 의미입니다. 예루살렘뿐만 아니라 사마리아와 땅 끝까지 예수님의 피가 필요하고 전파되어야 합니다. 복음을 영어로 'good news'라고 합니다. 이 좋은 소식의 선결 소식은 나쁜 소식에 절망해야 한다는 것입니다. 그렇다면 나쁜 소식은 무엇입니까?

그것은 내가 죄인이라는 것입니다. 그것을 알 때 예수 그리스도의 십자가를 은혜로 바라볼 수 있고 감사의 고백을 할 수 있습니다. 좋은 소식과 나쁜 소식의 접착점이 바로 예수 그리스도입니다.(숫자의 의미는 그렇게 볼 수도 있다는 상징성을 표현한 것입니다)

오늘 말씀은 내게 묵상 중에 많은 찔림으로 다가왔습니다. 왜냐하면 최고의 번제단이 예수 그리스도임이 가슴으로 느껴졌기 때문입니다. 예수 그리스도의 십자가를 생각할 때 그 어떤 죄라도 단절해야 하고 거룩함으로 나가야 하는데 스스로 돌아봐도 그런 고통과 아픔으로 죄와 단절하지 못하는 나의 연약함, 내면 깊이 박혀 있는 죄성이 있습니다. 육체의 소욕을 따라가려고 하고 물질이 우상이 될 때도 있으며 명예를 앞세울 때도 참 많았던 것 같습니다. 많이 내려놓은 것 같지만 어느 순간 나타나는 나의 속사람은 때론 나를 실망시키고 주님 앞에 한없는 민망함과 부끄러움을 느끼게 합니다. 번제단이 나의 죄가 파괴됨을 직시하는 곳이 되어서 용서와 은혜가 회복으로 고백되는 곳이 되어야 합니다. 이를 위해 매일 십자가 앞에 서야 합니다. 그것이 첫사랑을 회복하는 장소이기 때문입니다.

적용 질문1_

나는 번제단에서 매일 나의 죄를 태우고 있습니까?

2. 물두멍의 영적 의미는 무엇일까요?

오늘 본문은 물두멍에 대해 간단하게 기록되어 있습니다. 그런데 물두멍은 어떤 규격에 대한 치수가 없으며 덮개 또한 없습니다. 물두멍은 세상을 살아가면서 오염된 것을 씻는 곳입니다. 물두멍의 재료는 놋으로만 사용하게 했으며 그 출처는 회막 문에서 수종드는 여인들의 놋 거울이었습니다. 왜 여인들의 놋 거울로 만들게 하셨을까요? 그것은 소중한 것을 자원하여 기쁨으로 드리는 헌물로 만들고자 하시는 하나님의 뜻이 담겨 있습니다. 당시 놋 거울은 여인들이 하루에도 수십 번씩 보는 소중한 소장품이었습니다. 그것을 은혜로 기꺼이 드림으로 물두멍을 만들었습니다. 또한 놋으로 만든 이유는 자신을 비춰볼 수 있는 기회를 제공하고 끊임없이 회개하라는 의미입니다. 물두멍은 지성소로 들어가기 위해서는 반드시 거쳐야 하는 정결한 곳입니다. 그리고 제사장만 사용하도록 구별되었습니다. 성막과 번제단 중간에 있는 것은 번제단에서 묻은 피와 오물들을 깨끗이 씻고 성소로 들어가라는 의미입니다. 제사장은 여기서 손과 발을 깨끗이 씻도록 했습니다. 이것은 예수 그리스도를 믿고 기본적 구원을 얻었다 하더라도 물두멍에서 자신의 죄를 씻은 후 하나님을 섬겨야 한다는 것입니다.

이 말씀을 묵상하면서 나는 어떤 마음으로 섬기고 있는가, 돌아보는 계기가 되었습니다. 주일 온종일 교회에 있으면서 섬긴다 하지만 이런 정결한 마음으로 섬기고 있는가 되돌아보게 됩니다. '물두멍에서 나를 씻지 않고 더러워진 손과 발 그대로 성전에 들어갔구나'

싶어 회개가 됩니다. 준비된 마음이 부족했고 회개하지 않은 죄를 갖고 성전 문에 들어선 자신을 보게 됩니다. 구약 시대였다면 즉사했을 터인데 예수 그리스도의 피의 공로로 기회를 주시는 하나님 앞에 더없는 감사가 다가왔습니다. 회막 문에서 수종드는 여인들의 소중한 헌물을 드렸던 것처럼 나는 무엇을 드렸나 생각하니 이 또한 부끄럽기 그지없습니다. 예전에 은혜 충만한 젊은 시절, 목사님의 방송용 음향기기 헌금 요청을 받았을 때 주일을 기다리지 않고 수요 예배에 기쁨으로 드린 적이 있었고 정말 가진 것이 없었을 때 드리고 싶은 마음으로 마지막 남은 재물, 10년 근속 상으로 받은 금메달, 혼수로 해준 아내가 갖고 있는 금목걸이, 아이들 돌 반지 등을 기꺼이 드렸을 때 하나님께서 기쁘게 받으심을 경험했습니다. 그런데 요즈음 그런 헌신이 없었다는 깨달음이 옵니다. 나의 가장 소중한 것을 기꺼이 드릴 수 있는 그 믿음과 은혜를 회복해야 할 때가 바로 지금임을 깨닫습니다. 그것이 첫사랑을 회복하는 길이라고 믿습니다. 얼마 전 교회 사무실에 있는 복사기 옆에서 깨끗한 복사 용지 20여장이 복사된 다른 것과 함께 버려진 것을 발견하고 교역자에게 조심스럽게 얘기한 적이 있었습니다. 교회 용품을 사용하면서 낭비가 심하고 절약 정신이 없다면 이것도 우리는 회개해야 합니다. 또한 전등 하나라도 난방 스위치 하나라도 잘 관리하는 마음이 우리 안에 기본적으로 있어야 합니다. 이 또한 소중한 헌물을 드리는 정신이기 때문입니다.

적용 질문2_

1. 나는 가장 소중한 것을 헌물로 드릴 믿음의 용기가 있습니까?
2. 나는 매일 물두멍에서 죄를 씻고 있습니까?

★ 말씀으로 기도하기_

"하나님 아버지, 번제단에서 죄를 태우는 모습을 통해 그것이 예수 그리스도의 십자가로 나에게 다가 올 수 있기를 소망합니다. 또한 물두멍에서 매일 손과 발을 깨끗이 씻듯이 나의 죄를 씻고 가장 소중한 헌물로 하나님을 기쁘시게 하는 저희가 되도록 인도해 주옵소서. 예수님의 이름으로 기도합니다. 아멘."

주제:자족의 비밀

말씀 요약_

바울은 빌립보 교인들의 선물을 받고 크게 기뻐합니다. 풍부와 궁핍에도 처할 줄 알며 자족하기를 배운 바울은 그들이 보낸 선물이 하나님을 기쁘시게 하는 향기로운 제물이라고 말합니다. 바울은 빌립보 성도들의 모든 쓸 것을 하나님이 채워주실 것이라 말하면서 끝 인사를 합니다.

묵상하기_

첫째는 바울의 자족함을 배운 일체의 비밀이 무엇인지 묵상해야 합니다.

본문을 보면 빌립보 교회와 바울은 잠시 교제가 중단되어 있었던 듯합니다. 그런 가운데 다시 교제가 시작됨을 싹이 난 것으로 표현하며 상대를 깊이 헤아리는 바울의 마음을 엿볼 수 있습니다. 오히려 그들이 바울을 늘 생각했지만, '기회가 없었던 것'으로 배려의 말을 합니다. 그러면서 자신이 궁핍으로 말하는 것이 아니라 어떠한 형편에든지 자족하는 일체의 비밀을 배웠다고 말합니다. 그렇다면 바울이 환경에 구애받지 않고 만족할 수 있는 일체의 비밀을 배웠다는 말은 무엇입니까? 그것은 바울 자신이 환경이나 물질에 의존된 삶을 살지 않았다는 뜻입니다. 그는 하나님의 뜻과 목적, 의미를 더 깊이 생각했으며 인간적, 물질적 가치관이 아니라 영적인 가치관을 가지며 현재보다는 미래를 더 깊이 생각하는 삶을 살았다는 의미입니다. 그러므로 자신의 현재 수고와 애씀이 힘들다 할지라도 이로 말미암아 가져오게 될 다른 사람의 유익과 하나님의 영광을 생각함으로 스스로 만족하며 기뻐하는 법을 배웠다는 것입니다. 그래서 빌립보 교인들이 로마 감옥에 갇혀있는 바울을 많이 걱정하며 근심하고 있겠지만, 바울 자신은 기뻐하며 만족하고, 평안하며 감사하는 삶을 살고 있는 것입니다. 이것이 바울이 말하는, 환경에 영향을 받지 않고 스스로 자족하는 비밀인 것입니다.

우리 그리스도인의 삶도 바울의 삶과 같아야 합니다. 현재의 삶이 어렵고 힘들며 낙망할 상황이라 하더라도 그 삶을 통해 말씀하시는 하나님의 음성을 듣고 삶 속에 담겨진 의미와 뜻을 생각하며 신령한 가치를 찾고 땅의 것이 아닌 하늘의 것을 찾아야 합니다. 그러므로 현재의 상황보다 장차 다가올 영원한 영광을 바라보며 믿음으로 승리할 때 우리는 상황에 얽매이지 않고 만족하며 살아갈 수 있는 것입니다. 그렇다면 그렇게 자족할 수 있는 일체의 비밀이 어디에 있을까요? 그것은 나로 하여금 그렇게 날마다 매순간 살아가게 하시는 우리 주님께 있습니다. 결코 내게 있는 것이 아닙니다. 그래서 바울은 이렇게 고백합니다. "내게 능력 주시는 자 안에서 내가 모든 것을 할 수 있느니라." 라고 말입니다 어떠한 환경에서라도 기뻐하고 만족할 수 있으며 평안과 감사의 삶을 살 수 있는 것은 능력 주시는 주님 안에서 할 수 있다는 것입니다. 비록 감옥에 갇힌 신세이지만 바울은 능력 주시는 주님 안에 있기에 자족할 수 있는 것입니다.

거산 김영삼 전 대통령의 장례 기간을 거치면서 그분의 삶을 방송하는 가운데 3김 중의 한 사람인 김종필 씨는 그분을 '신념을 가진 지도자'라고 했습니다. 그래서 많은 명언들을 쏟아내며 민주화를 이룬 영웅으로 표현했습니다. 그러나 그분이 이사야 40장 31절을 좋아하셨다는 기사를 보면서 여호와를 앙망하는 자라면 능력 주시는 주님 안에 있는 자라는 생각이 들었습니다. 그런 믿음이 감옥이나 가택연금, 체류탄 가스가 난무하는 거리를 행진을 하는 등 그 어떤 상황에서도 그분을 자유케 한 것이 아닌가 싶습니다.

말씀을 묵상하면서 나에게도 그런 자족함과 자유함이 있는가, 반문해 봅니다. 말씀에 집중하고 기도의 삶을 살 때는 상황이나 환경에 마음이 흔들리거나 요동치지 않다가 세상일에 더 많은 시간을 보내며 기도에 게을리할 땐 작은 상황에도 감정이 요동치는 나 자신을 봅니다. 그럴 땐 가진 것에 충분히 자족할 수 있음에도 좀 더 가졌으면 하는 욕심이 생기고 안 하던 주변 다른 사람과의 비교도 하며 자신을 정죄하기도 합니다. 뿐만 아니라 그리스도의 사랑으로 품고 덮을 수 있었던 일도 새록새록 생각나고 서운함과 화가 올라오기도 합니다. 이럴 땐 내 모습이 내가 아닌 것 같아 그것이 화가 날 때도 있습니다. 어쩌면 은혜 가운데 잠시 가려졌던 나의 민낯인지도 모르겠습니다. 오늘 나타나는 바울의 어떠한 형편에서든지 자족하기를 배웠다는 그 당당함과 능력 주시는 주님 안에서 모든 것을 할 수 있다는 믿음의 고백이 나의 도전이 되기를 간구하며 소망해 봅니다.

적용 질문1_

나는 나의 현재 형편과 상황에 자족하고 있습니까?

둘째는 하나님이 받으실만한 향기로운 제물에 대해 묵상해야 합니다.

바울은 본문에서 빌립보 교회가 바울의 선교사역에 동참하고 물질로 함께한 것을 하나님이 받으실만한 향기로운 제물이라고 했습니다. 빌립보 교회는 바울이 어려움에 처할 때 외면하지 않았습니다. 기도로, 물질로 후원을 했습니다. 그것이 결과적으로 바울의 고난에 참여한 것입니다. 바울이 마게도니아에 선교할 때도 빌립보 교회가 유일한 후원을 했으며 데살로니가에서 선교할 때도 빌립보 교회가 두 번씩이나 선교비를 보내 주었습니다. 이렇듯 빌립보 교회의 선교 헌금은 바울의 선교사역을 풍족하게 하였을 뿐만 아니라 하나님을 기쁘시게 하는 향기로는 제물이 되었으며 이는 그리스도 안에서 풍성한 하나님의 공급하심의 영광을 경험하는 선순환 고리가 되었습니다. 하나님 나라를 확장하는 선교헌금이 하나님이 기뻐하시는 향기로운 제물이기도 하지만 다른 사람을 향한 우리의 긍휼의 삶 또한 하나님이 기뻐하시는 향기로운 제물이 됩니다. 우리는 궁핍에 처한 이들을 도와주려 할 때 그것은 당연히 우리가 해야 할 일이라고 생각합니다. 그리고 작은 예수가 되어 선한 손길을 사용하려고 합니다. 그런데 바울은 다른 사람의 필요를 채우기 위해 베푸는 우리의 이런 의도적인 행위는 실제로 하나님의 왕좌가 있는 방을 하나님이 기뻐하시는 향기로 가득 채우는 것이라고 합니다. 우리는 우리가 다른 사람의 축복이 되어줄 때 나오는 향기로 인해 하나님을 기쁘시게 할 수 있습니다. 그러므로 성경이 말하는 과부나 고아나 어려운 이웃을 외면하지 말고 그들을 위해 기도하며 내가 갖고 있는 것을 나눠야 합니다. 그것이 하나님께 향기 있는 제물이 될 것입니다.

저는 TV에서 어려운 이웃을 돕기 위한 나눔 방송을 할 때 보면서 전화기를 든 적이 여러 번 있습니다. 한 통화에 2,000원씩 후원하게 되는 사랑의 전화입니다 그렇게 모인 후원금으로 어려운 이웃의 수술비와 생활비를 후원해 주는 것을 보면서 작은 것이지만 많은 사람이 동참할 때 큰 힘이 모이는 것을 경험합니다. 많은 국민들이 동참한다면 더 많은 이웃이 큰 힘을 얻고 새로운 삶의 원동력이 될 것입니다. 또한 개인적으로는 뜻 있는 몇 가정과 함께 선교사 후원을 10년이 넘도록 하고 있습니다. 저희가 후원하는 선교사는 딱히 큰 교회에서 파송되지 않아서 많은 어려움도 있지만 풍성한 사역의 열매로 하나님을 기쁘시게 하는 귀한 하나님의 종입니다. 열심히 땀 흘려

일한 거룩한 재물이 이런 선교 현장에 흘러 들어가 하나님의 나라를 건설하는 건축 자재로 쓰인다면 이것이 하나님이 기쁘게 받으실만한 향기로운 제물이 될 것입니다. 소망하기는 좀 더 이런 귀한 일에 쓰임 받는 남은 삶이 되기를 기도합니다. 이를 위해 기도하고 있으며 산업의 부흥을 위한 기도의 목적도 거기에 있습니다. 그리고 우리가 세상 사람들과 구별되어 거룩한 삶으로 그리스도의 선한 영향력을 미친다면 이것이 곧 하나님이 기뻐하시는 향기 있는 제물이 될 것입니다. 얼마 남지 않은 이 땅에서의 여정이 향기 있는 제물로 하나님을 기쁘시게 하는 삶이 진정 되기를 간구합니다.

적용 질문2_

나는 하나님이 기뻐하시는 향기 있는 제물을 드리기 위해 무엇을 하고 있습니까?

★ 말씀으로 기도하기_

"하나님 아버지! 오늘 말씀을 통해 사도 바울의 자족하는 비결의 은혜가 저희의 삶이 되기를 소망합니다. 그러므로 능력 주시는 주님 안에서 모든 것을 다 하는 저희가 되게 인도해 주옵소서. 또한 나의 헌신과 섬김, 어려운 이웃에 대한 나눔과 선교사역 현장에 흘러가는 거룩한 물질이 하나님을 기쁘시게 하는 제물이 되도록 저희의 삶을 온전히 인도해 주옵소서. 예수님의 이름으로 기도합니다. 아멘."

주제:예루살렘의 죄악과 심판

말씀 요약_

하나님께서 패역하고 더러운 곳, 포학한 성읍 예루살렘에 대한 심판을 선포하십니다. 예루살렘은 하나님의 명령을 듣지 않았고 지도자들은 백성을 착취하며 율법을 범하였다고 하십니다. 이에 자기의 공의를 비추시는 여호와의 말씀을 듣고도 돌이키지 않는 예루살렘에게 하나님은 여러 왕국들을 모아 모든 진노를 쏟으시겠다고 말씀하십니다.

묵상하기_

첫째는 예루살렘의 죄악에 대해 묵상해야 합니다.

예루살렘 성은 이스라엘의 상징입니다. 하나님의 성전이 있는 거룩한 곳, 성스러운 곳이며 하나님의 임재가 있는 곳입니다 그런데 그곳이 패역하고 더러운 곳, 포학한 곳이 되었다고 합니다. 한마디로 죄가 만연하여 썩은 냄새가 진동한다는 것입니다. 그 죄악이 무엇입니까? 그것은, 방백들은 부르짖는 사자 같이 행동하며 재판장들은 돈을 받고 재판을 굽게 하는 저녁 이리 같은 자들이며 선지자들은 지도자들의 입맛에 맞는 말만 하는 간사한 자들이며 제사장들은 거룩함을 잃어버리고 성소를 더럽히며 율법을 범하였다는 것입니다.

그렇다면 이들이 왜 이렇게 타락했습니까? 그것은 그들이 하나님의 명령을 듣지 않았으며 교훈을 받지 않았으며 여호와를 신뢰함으로 여호와께 의뢰하지 않았으며 하나님께 가까이 나아가지 않았기 때문이었습니다. 이것이 예루살렘 성읍이 패역한 죄를 짓게 된 배경입니다.

오늘날 이 시대는 어떻습니까? 오늘 말씀을 묵상하면서 예루살렘에게 하신 말씀은 곧 우리에게 하시는 하나님의 음성으로 들렸습니다. 지도자들은 부패하여 국민의 공분을 사면서도 무엇이 그리 당당한지 얼굴을 꼿꼿이 들며 부끄러움조차 없는 듯합니다. 수없이 뇌물을 받아먹고도 "아니다"라고 부인하다가 검찰이 증거를 대면 관행이라고 둘러대며 오히려 정치 탄압이라고 합니다. 총리까지 지낸 분들도 거액의 뇌물을 받고도 무엇이 그리 당당한지 부인하고 감옥에 가면서도 정치 보복이라고 황당한 변명을 늘어놓습니다. 어디 그뿐입니까? 모범이 되어야 할 재벌 오너들도 도박과 부정부패로 감옥을 제 집 다니듯 하면서도 특사를 바라고 실제 경제 활동을 해야 한다며 특사로 버젓이 나옵니다. 일반 서민에겐 생각지도 못할 특혜가 그들만의 전유물처럼 남용되고 있습니다. 어제는 어느 재벌 그룹의 회장이 자신의 불륜과 혼외 자식이 있음을 언론에 공개하며 이혼을 하겠다고 했습니다. 그는 고생을 모르고 자란 금수저 세대로서 삶의 진정한 가치를 모르고 도박성 투기로 천문학적 자금을 회사에 손실로 입혔으며 온갖 부정부패에 연루되어 옥살이를 하다 얼마 전 특사로 나온 사람입니다. 그가 감옥에서 나올 때 성경책을 끼고 나오는 모습을 보며 이제 새로운 사람이 되었나 하는 기대감을 갖게 했습니다. 그런데 그는 10년 전부터 미국 시민권자인 이혼녀와 불륜의 관계를 지속해 왔으며 한남동에 거주지를 마련하고 동거하였으며 딸까지 낳았다고 인터넷 뉴스에 나왔습니다. 실로 가증하기 이를 데 없습니다. 그의 배우자는 특별한 죄를 진 것도 없고 그럼에도 불구하고 가정을 지키겠다는 모습을 보이고 있습니다. 자신의 불륜을 공개적으로 발표하고 이혼을 요구하는 이런 뻔뻔스런 패역한 자가 재벌의 오너라는 사실에 실망을 넘어 분노를 일으키게 합니다. 젊은 세대가 무엇을 보고 배울 수 있을까 하는 허탈감이 듭니다.

교계 지도자는 어떻습니까? 대형교회 목회자가 자식에게 세습을 함으로 하나님의 교회가 분열되는 아픔과 또한 불륜의 일들과 헌금 횡령 문제로 타락의 길로 가는 모습을 우리는 자주 목격하게 됩니다. 그 피해는 고스란히 성도들의 몫이며 이로 인해 복음의 걸림돌이 되어 기독교 인구가 급격히 감소하는 현상을 보게 됩니다. 이들이 성소를 더럽히는 자들이요 율법을 범하는 자들입니다. 그렇다면 이 시대 제사장으로 살아가는 우리는 어떻습니까? 우리 역시 앞에서 언급한 사람들과 조금도 다를 바 없는 패역하고 죄가 만연한 삶을 살아가고 있는 사람들입니다. 그러기에 누구를 욕하고 정죄할 자격이 우리에게 없습니다. 우리가 할 일은 말씀 앞에 자복하고 통회하며 회개함으로 만연한 죄의 길에서 돌아서는 것입니다. 연약한 인간이 실수하고 넘어질 수는 있습니다. 그러나 중요한 것은 말씀을 듣고 돌이키는 것입니다.

오늘 말씀을 묵상하면서 나 역시 이런 삶을 살았음을 고백하며 눈물의 기도를 드렸습니다. 한때 젊은 시절 왕의 보좌를 하나님께 드리지 않고 내가 앉아 내 옳은 생각대로 삶을 살았던 일들이 주마등이 되어 지나갔습니다. 내 옳은 생각대로의 삶은 육체의 소욕을 쫓는 육의 삶임을 뒤늦게 깨달았습니다. 왜냐하면 말씀의 은혜는 있었어도 성숙함이 부족했기 때문입니다. 때문에 피해야 할 곳과 가지 말아야 하는 곳을 분명하게 선을 긋지 못하는 연약함이 있었습니다. 밤을 새워 카드도 했고, 선천적으로 술을 못하지만 자리를 피하지 못하고 같이 어울리며 분위기를 즐겼고 주일날 피크닉 가방을 들고 가족 나들이도 간 적이 있습니다. 이 모든 것은 성소를 더럽히고 율법을 범한 행동이었습니다. 이로 인해 하나님의 회초리를 맞고 돌이켜 눈물로 자복하며 통회하고 회개의 자리로 나갈 때 하나님은 탕자 아들을 버선발로 나와 맞이하는 아버지의 심정으로 품어 주셨습니다. 뿐만 아니라 오늘 기름부음을 받은 종으로 세워 사용하심을 생각할 때 그 은혜가 얼마나 크고 놀랍던지, 저는 주일이 기다려지고 사역을 감당할 땐 기쁨과 은혜가 넘침을 고백하게 됩니다. "그 크신 하나님의 은혜" 찬양이 입에서 저절로 나옵니다. 오늘 말씀의 키워드는 말씀을 듣고 돌이키는 것입니다. 돌이킴은 곧 여호와의 장자 신분의 회복입니다.

나의 삶의 환경에서 패역하고 포학한 것은 무엇이며 성소를 더럽히고 율법을 범한 것은 무엇입니까?

둘째는 수치를 모르는 불의한 자의 심판을 묵상해야 합니다.

하나님께서는 패역하고 포학하며 성소를 더럽히고 율법을 범하는 백성들에게 떠나지 않으시며 그 가운데 매일 아침 자기의 공의를 비추십니다. 하나님의 공의는 말씀을 통해 우리에게 전달되며 말씀을 비추심은 말씀을 듣고 반응하며 돌아오라는 하나님의 Sign입니다. 그런데 불의한 자는 이 음성을 듣지 못하고 평소 범한 불의한 삶에 더 젖어 듦으로 자신의 수치를 알지 못합니다. 이스라엘 지도자들과 백성들이 그랬습니다. 그러므로 예루살렘 성벽과 성전은 무너지고 멸망의 길을 걷게 되었습니다. 여호와 하나님은 오직 나를 경외하고 교훈을 받으라고 하시며 그리하면 벌은 내리시겠지만, 거처를 끊지는 아니하시겠다고 하셨습니다. 그러나 그들은 오히려 부지런히 그들의 삶의 행위를 더럽게 함으로 하나님의 분노와 진노의 잔을 피할 수 없게 되었습니다.

우리 하나님은 질투의 하나님이십니다. 우리를 자녀 삼아 주셔서 그 사랑을 나누고 싶어 하시는데 우리가 죄의 길에서 더 불의한 길로 들어서면 하나님은 질투의 노하심으로 채찍을 드십니다. 그 채찍은 참으로 견디기 힘들고 아픕니다. 그러기에 하나님이 진노의 채찍을 들기 전에 돌이켜야 합니다. 저도 여러 번 말씀드렸지만 하나님의 채찍을 맞고 돌이킨 사람입니다. 패역하고 만연한 죄, 더럽혀진 성소를 씻는 데 7개월의 시간이 소요되었습니다. 하루 3시간씩 눈물로 통회하며 회개의 기도를 드렸을 때 하나님은 용서와 긍휼의 은혜를 베푸셨습니다. 하나님의 자비하심을 히브리어로 토비라고 합니다. 그 은혜로 망가지고 잃어버린 삶을 회복시키시며 하나님의 사람으로 만드셨습니다. 눈물로 부르짖는 기도에 응답하셔서 소나비 같은 축복으로 모든 것을 다 잃은 알거지 신세에서 회복의 역사를 허락하셨습니다. 눈물의 기도는 나를 내려놓는 기도이며 육에서 영의 삶으로 나아가는 기도이며 왕의 보좌를 하나님께 돌려드리는 기도입니다. 진정한 세례의 삶이 이뤄지는 기도입니다. 내 삶의 주인이 내가 아니라 하나님임을 인정하고 하나님을 주인으로 모시며 그분과 동행하고 그분께 내 삶을 맡기는 삶입니다. 이런 삶은 평안이요 기쁨이며 은혜가 넘치는 삶이 됩니다.

적용 질문2_

하나님이 비추시는 공의에 수치를 느끼십니까? 그렇다면 어떻게 돌이키시겠습니까?

"하나님 아버지! 스바냐 선지자를 통해 예루살렘에 하신 말씀이 오늘 우리에게 하신 말씀임을 깨닫습니다. 그러므로 하나님이 비추시는 공의 앞에 나의 죄를 드러내고 수치와 부끄러움을 느끼며 패역하고 포학한 길에서 돌이키는 저희가 되기를 소망합니다. 특별히 이 시대 제사장의 삶을 살아가는 저희가 성소를 더럽히고 율법을 범하는 일에서 돌아서며 거룩하고 순결한 신부의 삶이 되도록 인도해 주옵소서. 예수님의 이름으로 기도합니다. 아멘."

2016년 큐티
아침마다 별을 찾다

주제: 끝까지 견고히 붙잡으라.

말씀 요약_

　오늘 말씀을 통해 히브리서 저자는 시편 95편 말씀을 인용, 출애굽한 이스라엘 백성들이 광야에서 완고한 마음을 품고 하나님을 신뢰하지 않음으로 인해 기업으로 준 가나안 땅에 들어가지 못했음을 경고합니다. 그리스도와 함께 참여한 자가 되기 위해서는 시작할 때에 확신한 믿음을 끝까지 붙잡아야 함을 말씀하고 있습니다.

묵상하기_

　완고한 마음이 무엇인지에 대해 묵상해야 합니다.

　오늘 본문에서 저자는 "너희 마음을 완고하게 하지 말라" 하고 명령형으로 말하고 있습니다. 완고함의 사전적 의미는 융통성이 없고 고집이 세다는 뜻입니다. 다시 말해 "너희 마음을 굳어지게 하지 말라" 즉, "Do not harden your hearts"입니다. 이 말씀을 반복적으로 말씀하심은 마음을 굳어지지 않게 하고 부드럽게 하는 것이 얼마나 중요한가 하는 것을 강조한 것입니다. 시편 95:8은 "너희 마음을 완악하게 하지 말라"(Don't be stubborn)고 했습니다. 결론적으로 마음이 완고하다는 것은 마음이 완악하다는 것이 되기 때문에 경계를 삼아야 된다는 말입니다.

그렇다면 이렇게 경계를 삼는, 완고한 마음을 품지 말라는 원어적인 뜻은 무엇일까요? 그것은 하나님을 시험하지 말고 신뢰하라는 것입니다(7). 이스라엘 백성들은, 하나님의 대행자 모세를 통해 애굽에 열 가지 재앙을 내리시며 백성들을 노예에서 해방시키신 하나님을 경험했고 홍해의 기적과 광야에서 하나님의 임재와 인도하심을 다 경험했음에도 끊임없이 하나님을 시험하고 하나님을 거역했습니다. 그것은 그들의 마음이 완고하게 굳어지고 완악하게 병들었기 때문이었습니다. 시편 95편에서 이스라엘 백성들이 하나님을 시험하고 불신한 대표적인 사건으로 맛사 또는 므리바에서의 사건을 예로 들며 "너희 마음을 완악하게 하지 말라"고 했습니다. 맛사는 '시험하다', 라는 뜻이고, 므리바는 '다툼'이라는 뜻입니다. 이는 이스라엘 백성들이 물이 없어 목이 마를 때 모세와 다투고 원망하였으며, 하나님이 그들 중에 계신지 시험했기 때문에 모세가 그곳을 맛사 또는 므리바라 불렀던 것입니다.(출17:7) 모세는 백성들에게 "너희가 어찌하여 나와 다투느냐, 어찌하여 여호와를 시험하느냐" 하며 그들의 완악함을 질책했습니다. 만약 그들이 마음이 완악하지 않았다면 모세와 다투지도·않았고 하나님을 시험하지도 않았을 것입니다. 또한 그들의 광야 생활이 40년까지 가지 않았을 것입니다. 그리고 축복의 땅 가나안에 모두 들어가게 되었을 것입니다. 완고한 마음은 하나님을 시험하고 거역합니다. 때문에 그러한 마음은 하나님을 근심시키고 그런 자들은 광야가 끝나지 않습니다. 그러므로 우리는 하나님을 전적으로 신뢰해야 합니다. 믿음은 곧 신뢰입니다.

완고한 마음을 품지 말라는 두 번째 의미는 하나님의 길을 알고 하나님의 안식에 들어가라는 것입니다.(10-11) 기자는 시편 95:10-11 말씀을 인용, 하나님께서 40년 동안 그 세대로 말미암아 근심하셨다고 했습니다. 왜 하나님을 근심시켰습니까? 그것은 그들의 마음이 미혹되어 하나님의 길을 알지 못했기 때문입니다. 결과는 하나님을 노하게 하고 "하나님의 안식에 들어오지 못하도록 하라"는 하나님의 맹세가 있게 한 것입니다. 미혹이 무슨 뜻입니까? 그것은 어리석은 생각이 무엇에 홀려 정신을 차리지 못했다는 뜻입니다. 다시 말해 마음이 불충실해졌다(Disloyal)는 것입니다. 그리고 내 길을 알지 못한다는 것은 하나님의 명령을 순종하지 않는다는 뜻입니다. 히브리 기자는 이를 더 강조해서 항상 미혹되어 하나님의 길을 알지 못한다고 했습니다. 므리바에서 모세가 백성과 다툴 때 하나님의 길을 분별하지 못하고 혈기를 못 이겨 반석을 지팡이로 두 번 쳤습니다. 하나님은 반석에 명하여 물을 내라고 했는데 모세는 지팡이로 쾅쾅 두 번 친 것입니다. 불순종입니다. 이 불순종으로 인해 훗날 가나안을 들어가지 못하고 목전에서 눈을 감아야 했습니다. 불순종은 완고한 마음의 결론입니다. 하나님은 완고한 마음을 기뻐하시지 않습니다. 하나님의 안식에 들어가는 길은 완고한 마음을 버리고 새 영을 받아 마음을 부드럽게 하는 것입니다.

그렇다면 어떻게 해야될까요? 히브리서 기자는 매일 서로 권면하여 죄의 유혹에서 벗어나는 경건의 훈련이 있어야 함을 말하고 있습니다.(13-14) 그리고 시작할 때에 확신한 것을 끝까지 잡고 있으면 그리스도와 함께 참여한 자가 된다고 말씀합니다. 본문은 믿지 않는 것을 악한 마음이라고 말하며 이런 자는 하나님에게서 떨어질까 조심하라고 합니다. 무슨 말입니까? 완고한 자가 완악한 자가 되고 완악한 자가 믿지 않는 자가 되어 하나님을 떠나게 됨을 경고하고 있는 것입니다. 유혹이 무슨 뜻입니까? 그것은 꾀어서 정신을 혼미하게 하거나 좋지 아니한 길로 이끈다는 말입니다. 그러므로 믿음의 확신을 갖고 끝까지 견고히 붙잡으라는 의미입니다. 여기에는 하나님에 대한 전폭적 신뢰와, '어떤 환경, 상황일지라도' 끝까지 믿음을 지키는 인내의 결실이 필요합니다. 그것이 믿음을 견고히 붙잡는 것입니다.

오늘 말씀을 묵상하면서 내가 하나님의 은혜를 경험하고 뜨거운 가슴으로 주님께 달려갔던 적이 언제였는지 생각하는 계기가 되었습니다. 출애굽한 이스라엘 공동체는 엄청난 하나님의 임재와 역사를 경험하고도 하나님을 거역하고 범죄했습니다. 확실한 증거가 있는 경험과 간증을 갖고도 완고한 백성이 되었으며 하나님을 격노케 했습니다. 이는 오늘 이 시대를 살아가는 우리들의 얘기가 아니겠습니까? 예수 믿고 성령을 체험하며 그 큰 은혜 가운데 얼마나 기뻐했던가, 그럼에도 점차 완고한 사람으로 변해 가는 우리의 모습을 봅니다. 어느덧 예배는 습관적 형식으로 흘러가고 한편으로 예배를 등한히 여기기까지 합니다. 준비되지 않은 예배는 흠 있는 제사이며 그

제사는 하나님께서 흠향하시지 않습니다. 우리 삶도 마찬가지입니다. 예배가 삶이 되어야 하는데 완고한 마음은 미혹과 유혹에 쉽게 넘어가 흐트러진 삶의 모습으로 나타납니다. 저는 1982년도에 하나님을 인격적으로 만났습니다. 그리고 그 은혜가 얼마나 컸던지 말씀은 꿀 송이요, 온 삶이 기쁨과 은혜의 삶이었으며 사경을 헤매던 아들이 회복되는 강력한 영적 체험도 했습니다. 그렇지만 시간이 지나며 완고한 마음이 교만이 되고 내가 주인이 되어 내 옳은 소견대로 살다가 하나님의 격노하심을 직면하게 되었습니다. 다시 눈물로 자복하고 회개의 자리로 돌아왔을 때 긍휼하신 하나님의 사랑을 다시 한번 경험하였습니다. 회복된 삶 속에 이제 하나님의 사람으로 세워 주심을 감사하며 기름부음을 받은 종으로써 사역의 열매를 위해 섬김에 최선을 다하고 있습니다. 돌이켜 보면 비록 완고한 마음 때문에 하나님의 진노를 받게 되었지만 그럼에도 믿음을 굳건히 지키며 회개와 기도의 자리로 돌아왔기에 하나님의 손에 붙잡힌 것이 아닌가 싶습니다. 포도나무이신 예수 그리스도에 우리는 가지로 붙어 있어야 합니다. 그리하면 사계절의 어떤 환경도 다 견딜 수 있고 승리할 수 있습니다. 그것이 우리 주님의 사랑이고 은혜입니다.

★ 적용 질문_

1. 나는 완고한 마음으로 하나님을 거역한 적이 있습니까?
2. 믿음의 확신을 갖고 끝까지 견고히 붙잡으려면 어떻게 해야 하겠습니까?

★ 말씀으로 기도하기_

"하나님 아버지! 우리에게 새 영을 부어 주셔서 완고한 마음도 부드러운 마음이 되어 순종의 믿음으로 굳게 서서 영적 가나안에 들어가는 은혜를 허락하여 주옵소서. 이를 위해 말씀 위에 굳게 서서 기도하게 하시고 믿음의 인내로 견고히 붙잡고 승리하는 저희 모두가 되게 인도해 주옵소서. 예수님의 이름으로 기도합니다. 아멘."

주제:참된 안식

말씀 요약_

　이스라엘 백성들 중 애굽에서 출애굽한 1세대는 광야에서 안식을 누리지 못했습니다. 그리고 여호수아와 함께 가나안 땅에 들어간 출애굽 2세대도 참된 안식을 누린 것은 아닙니다. 히브리서 저자는 다윗의 글을 통해 참된 안식이 임하게 될 것을 미리 말하며 그 안식에 들어가기를 힘쓰라고 합니다.

묵상하기_

　하나님이 말씀하신 안식의 정의에 대해 묵상해야 합니다.

　오늘 본문에서 그들과 우리라는 단어가 있습니다.(2절) 여기서 그들은 출애굽 당시의 이스라엘 백성들을 지칭하며 우리는 이 시대 영적 이스라엘 백성인 성도를 가리킵니다. 그런데 그들이 하나님이 허락하신 안식에 들어가지 못했다고 말합니다. 하나님은 백성들을 애굽에서 해방시켜 인도해 내시면서 그들에게 안식의 땅 가나안을 주셨습니다. 그러나 그들은 마음이 완고해서 끝없는 불순종과 범죄로 말미암아 가나안 땅에 들어가지 못했습니다. 그리고 2세대가 여호수아와 함께 가나안에 들어가서 집을 짓고 터를 닦았지만 그것도 참된 안식은 아니라고 성경은 말씀하고 있습니다.

가나안에 들어갔다고 끝입니까? 그렇지 않습니다. 가나안에 들어가서도 물리쳐야 할 일곱 족속이 있습니다. 이제 앞으로 펼쳐질 가나안 정복 전쟁을 생각한다면 편히 쉴을 가질 안식은 아직 먼 듯합니다. 그렇다면 하나님이 말씀하시는 참된 안식은 무엇입니까? 그것은 다윗의 글을 통해 말씀하신 그 오늘에 하나님의 음성을 듣는 것입니다. 그리고 그 음성에 순종해서 하나님 뜻 안에 거하는 것입니다. 이것이 안식의 진정한 가치이며 정의입니다. 하나님의 음성을 듣는다는 것은 '종말론적 안식'을 의미합니다. 그 음성을 듣고 그리스도를 힘입어 그리스도를 경험하며 함께 동고동락하며 동행의 삶을 누리고 살아갈 때 주님 주시는 참된 평안이 있습니다. 그것이 진정한 안식입니다. 그런데 본문은 안식의 조건을 두 가지로 요약해서 말씀하고 있습니다. 그것은 들음과 믿음입니다. 하나님 음성을 들어도 그것을 믿음으로 결부시키지 못하면 믿음 안에 거할 수 없고 안식 또한 누릴 수 없습니다. 그 당시만 해도 예수님을 그리스도로 인정하고 믿음으로 받아들이는 것이 쉽지 않았습니다. 옛적 선지자들과 모세도 하나님의 말씀을 선포했으며 때론 기적도 행했기 때문입니다. 그러므로 예수님도 그들 중에 한 분으로 보는 무리들이 있었습니다. 그러나 예수님의 신성을 인정하고 그분의 말씀을 믿음으로 받아들이는 사람은 영원한 안식, 하늘나라에 들어갈 수 있는 것입니다.

안식의 가치는 천지창조에서 드러납니다. 하나님께서 6일 동안 일하시고 일곱째 날에 쉬시면서 그날에 복을 주셨습니다. 마태복음

11:28 에서는 "수고하고 무거운 짐 진 자들아 다 내게로 오라 내가 너희를 쉬게 하리라" 하셨습니다. 수고가 무엇입니까? 수고는 많은 일 때문에 피곤에 지친 상태를 말합니다. 그리고 무거운 짐 진 자는 자신에게 맡겨진 책임을 감당하느라 지친 상태를 말합니다. 예수님 은 이런 사람을 부르시고 휴식, 안식을 주시겠다고 하십니다. 그렇습 니다. 진정한 안식은 예수 그리스도의 콜링에 순종으로 응답해서 예 수 그리스도께로 나아가는 것입니다. 그리할 때 주님 주시는 놀라운 안식, 평안을 누리게 될 것입니다. 부르심에 순종으로 나아간다는 것 은 전적인 신뢰를 바탕으로 합니다. 베드로가 예수님 말씀에 순종함 으로 물 위를 걸었던 것처럼 예수님께 내 삶을 내어 맡기는 것입니 다. 그리할 때 그분의 임재와 인도하심과 역사를 경험할 수 있으며 그분 안에서 그분으로부터 오는 말할 수 없는 평안을 누리고 안식 에 거할 수 있을 것입니다. 복음은 구약시대, 신약시대, 우리가 모르 는 미래시대에도 동일하게 전해질 것입니다. 그러나 듣는 자가 믿음 으로 결부시키느냐 하는 것은 전적으로 듣는 자의 몫입니다. 성경은 결산의 날이 반드시 있음을 말씀하고 있습니다. 그러기에 우리는 믿 음으로 가는 순례의 여정을 멈출 수가 없습니다. 그 여정이 때론 고 통과 고난이 있을지라도 대장 되신 예수 그리스도 한 분만 바라보고 끝까지 견디며 가야 합니다. 그리고 그분과 동행하기를 힘쓰며 동행 의 기쁨과 안식의 은혜를 누려야 합니다.

오늘, 안식에 대한 말씀을 묵상하면서 지난 세월 삼성에서 근무했던 때가 생각났습니다. 그 당시엔 출근 시간은 있어도 퇴근 시간은 없던 시대였습니다. 설령 할 일을 다 마쳤다 해도 임원실 전등이 꺼지는 순서에 따라 퇴근들을 했기 때문에 저의 입장에서는 먼저 퇴근할 수 없는 상황이었습니다. 그런데 그 당시에는 일이 참 많았습니다. 저는 당시 자금부에서 외주업체와 각 사업부, 현장에 자금을 집행하는 업무를 맡았습니다. 이른바 직불제도를 도입함으로 본사가 직접 자금을 집행하는 것입니다. 오늘 자금을 집행할 수 있도록 모든 심사를 다 해서 다음날 결제를 올려야 오후부터 자금을 집행할 수 있는 것입니다. 반대로 오늘 일을 마무리 못하면 내일 자금 집행이 안 되고 대혼란이 초래됩니다. 그러기에 퇴근 시간은 일을 다 마치는 시간이 될 수밖에 없습니다. 거의 매일 새벽 2시는 되어야 퇴근했고 빨라야 밤 12시였습니다. 출근을 위해 아침 7시 30분까지는 나왔고 늦어도 8시를 넘기지 않았습니다. 해외 근무를 마치고 귀국 후 몸이 회복되기도 전에 이런 과중한 업무를 몸이 버텨주지 못했습니다. 1986년 추석 하루 전 날 급기야 쓰러지고 말았습니다. 출근했는데 얼굴이 백지장처럼 하얗고 진땀이 났으며 메스꺼움을 느꼈습니다. 이를 본 부장께서 오늘 들어가 쉬라고 하셨습니다. 몸이 그런지라 사양치 않고 신길동 삼성 아파트 집까지 택시를 타고 오는데, 오는 택시 안에서 결국 참지 못하고 토하고 말았습니다. 그리곤 병원 실려 갔는데 계속 신경 안정제 주사와 약만 주고 잠을 자게 했습니다. 그렇게 일주일이 지나서야 정신을 차릴 수가 있었습니다. 육체도 안식이 필요합니다. 그러나 영적 안식도 동일하게 중요합니다. 안식은 새롭게 시작할 수 있는 재충전의 시간이 되고 충전소의 역할을 하게 됩니다. 영과 육이 세상 것으로 너무 채워지게 되면 쓰러질 수밖에 없습니다. 성경은 다시 안식할 새날이 있다고 했습니다. 그날이 오늘이고 주님의 음성을 듣는 것이며 들은 것을 믿음으로 결부시켜야 합니다.

그리할 때 참된 안식이 우리를 맞이할 것입니다.

★ 적용 질문_

내가 지금 누리고 있는 안식은 가나안 안식입니까, 아니면 하나님 주시는 참된 안식입니까?

★ 말씀으로 기도하기_

"하나님 아버지! 복음 전함을 먼저 받은 자들이 순종하지 않음으로 안식에 들어가지 못한 것을 경계 삼아 오늘 들려주시는 하나님의 음성에 귀 기울이고 들은 것을 믿음으로 결부시키는 저희가 되도록 인도해 주옵소서. 그러므로 천국의 소망을 갖고 참된 안식을 경험하게 성령님 인도하여 주옵소서. 예수님의 이름으로 기도합니다. 아멘."

주제: 네 마음을 내게 주며

말씀 요약_

하나님께서는 네 마음을 내게 주며 네 눈으로 내 길을 즐거워하라 하십니다.

묵상하기_

하나님께서는 먼저 마음을 달라고 하십니다. 마음을 드리는 것이 생각보다 쉽지가 않습니다. 왜냐하면 우리의 마음을 빼앗는 세상 것들이 너무 많기 때문입니다. 그리고 마음을 하나님께 온전히 드린다는 것은 순결한 신부의 모습으로 단장되어 있어야 하기 때문에 말과 같이 쉽게 드릴 수 있는 것도 아닙니다. 그러므로 마음을 드리는 데도 준비의 시간이 필요합니다. 예배도 마찬가지입니다. 예배를 드리는 형식적 예배는 쉽지만 중심있는 마음의 예배는 그리 쉽지가 않습니다. 때문에 하나님이 받으시는 예배와 받지 않으시는 예배가 있는 것입니다. 마음을 드린다는 것은 먼저 사랑하는 마음이 전제되어야 가능하고 예배 또한 하나님에 대한 사랑이 우리 안에 가득 차 있을 때 그 예배가 하나님이 받으시기에 합당한 예배가 되는 것입니다.

우리 삶에서도 마찬가지입니다. 누군가를 사랑한다면 마음으로 다가가고 마음의 대화를 나눌 수 있어야 합니다. 오늘 장로회 기도회에서 어느 장로님께서는 우리가 버려야 할 것의 첫 번째가 "당연시 여기는 마음"이라고 하셨습니다. 그리고 이런 마음을 쫓아버려야 된다고 하셨습니다. 참으로 가슴에 닿는 말씀입니다. 당연시 여기는 마음에는 감사가 없습니다. 당연히 감사해야 함에도 당연시 여기는 마음 때문에 진심에서 우러나오는 감사가 없는 것입니다. give & take 가 아닌, 상대적 마인드가 아닌, 섬김과 베풂 자체에 감사할 줄 아는 것이 중요합니다. 감사와 찬양은 하나님도 기뻐하십니다. 그렇기 때문에 기도의 마음이 감사와 찬양으로 나타납니다. 그렇다면 마음을 나타내는 방법으로 무엇이 있습니까? 그것은 바로 칭찬하는 것입니다. 그런데 칭찬도 잘하는 방법이 있습니다. 무엇입니까?

첫째, 두루뭉실 보다는 구체적으로 칭찬해야 합니다. 두루뭉실 칭찬을 하게 되면 립서비스가 되고 진실된 마음이 결여됨으로 오히려 상대의 마음을 불쾌하게 할 수 있습니다. 그러므로 칭찬할 내용에 마음을 담아 구체적으로 칭찬할 때 상대의 마음도 기쁘게 하고 친밀함을 나눌 수 있습니다.

둘째는 그냥 잘했다 보다는 노력의 과정을 인정해 주고 칭찬해야 합니다. 성공한 사람의 성공 과정에는 눈물과 진한 땀 흘림이 담겨 있습니다. 그런 것을 공감하고 인정하며 격려의 칭찬을 할 때 진실한 마음이 전달되는 것입니다.

셋째는 감탄사를 넣는 대화법과 칭찬이 중요합니다. 그냥 무표정하게 듣는 것보다는 감탄사와 함께 공감을 표시하면 보다 효과적인 마음의 표현이 됩니다.

넷째, 공개적으로 칭찬해야 합니다. 가능한 공개된 장소에서 상대의 장점을 칭찬하게 되면 상대를 세워주는 것도 되며 다른 사람들의 공감도 이끌 수 있습니다. 그러나 더 좋은 것은 상대가 없을 때 그 사람을 칭찬하는 것입니다. 그럴 때 진정한 칭찬이 되고 칭찬의 진가를 발휘하게 됩니다.

다섯째, 상대의 기쁨은 나의 기쁨으로 생각하고 칭찬해야 합니다. 상대를 칭찬할 때 서로 누리는 친밀함의 교제는 나의 기쁨도 됩니다. 그러므로 칭찬은 서로의 기쁨이 됩니다.

여섯째는 칭찬을 자신에게도 해야 합니다. 자신을 칭찬 못하는 사람은 남을 칭찬하기가 어렵습니다. 그러므로 자신을 존귀히 여기고 자신을 인정하며 칭찬으로 표현할 때 칭찬의 공감대가 형성됩니다.

일곱째, 칭찬을 취미로 해야 합니다. 이는 취향적 말이 아니라 좋은 습관으로 자리 잡혀야 함을 강조하는 것입니다. 그러나 의무적 칭찬은 지양해야 합니다. 그런 것은 가식적 칭찬이 되기 때문에 그리스도인은 칭찬이 거룩한 습관이 되어야 합니다. 우리가 이 땅의 삶을 살아가면서 '칭찬' 한 가지만 갖고도 보다 기쁨과 사랑 넘치는 삶을 살아갈 수 있습니다. 칭찬의 삶을 통해 더욱 풍요하고 부요한 삶이 될 수 있으며 이는 하나님이 우리 각자에게 주신 축복이기도 합니다.

저는 성격상 정적인 마음을 갖고 있고 천성적으로 거짓말을 잘 못합니다. 그렇기 때문에 속에 없는 말로 립서비스를 잘하지 못하는데 이것은 단점인 동시에 장점이기도 합니다. 교회 공동체에서도 20년을 함께 신앙생활을 하면서도 마음을 나누는 지체가 있는가 하면 마음을 나누지 못하고 의례적 인사만 하는 지체도 있습니다. 주님은 서로 사랑하라고 그토록 사랑을 강조하셨지만 현실의 삶에서는 성격과 취향이 또는 가치관이 맞는 유형별로 만남과 교제가 이뤄지고 있는 것이 현실입니다. 그런데 참 어려운 것은 아무런 조건 없이 마음을 주고 성실함과 정성으로 섬겼는데도 불구하고 스스로의 잣대로 판단하여 오해하고 관계가 불편해지는 경우입니다. 무엇을 실수하거나 잘못한 일이 있나 아무리 자기 성찰과 점검을 해봐도 찾을 수가 없을 때 참으로 난감하고 때론 상처가 되기도 합니다.

언젠가 어려운 지체 한 분이 찾아와서 남편을 위해 기도를 부탁하며 상담을 한 적이 있습니다. 그리고 그분은 생명보험사에서 모집인으로 영업을 하며 생계를 위해 일하고 있었습니다. 한때 큰 어려움을 겪은 저희는 그분의 마음을 공감하면서 작은 도움이라도 줄려고 2건의 장기 보험을 가입했습니다. 물론 보험은 우리 질병 등 위험에 대한 보장성이기에 필요한 것이지만 설계사가 보험 한 건 유치하기가 참 어려운 것도 사실입니다. 그만큼 경쟁이 심하기 때문입니다. 그럼 그분 입장에서는 감사한 일일 텐데 언젠가부터 우리를 멀리하고 친밀함 없는 차가운 분위기가 느껴지게 행동하는 것을 보며 마음이 참 아팠습니다. 이럴 때 그리스도인으로서 우리는 어떻게 해야 할까요? 저희는 끝까지 인내하며 마음이 전달되도록 하는 것이 최선이라고 생각을 하며 섬김의 기회를 희망하고 있습니다. 하나님은 "네 마음을 내게 달라" 하십니다. 이 말씀은 단지 명령형같이 보이지만 사실 간절함과 애절함이 깃들여 있습니다. 하나님께서는 변덕쟁이 같은 우리들을 너무 잘 아시기 때문일 것입니다.

앞서 말씀드린 설계사분의 모습이 바로 우리의 모습 아닙니까? 하나님은 아가페적 사랑으로 무한히 주시기만 하는데 우리는 우리 마음대로 속단하고 오해하고 조급해하며 하나님 마음을 아프게 합니다. 언제나 변함없이 아가페 사랑으로 우리를 바라보시는 하나님 앞에 내 마음을 드림으로 사랑의 결합과 하모니를 이뤄 나가는 우리 모두가 되기를 예수님의 이름으로 축복합니다.

★ 적용 질문_

1. 하나님께 내 마음을 드리기 위해 준비해야 할 것은 무엇입니까?
2. 공동체 안에서 마음을 주고 상처받았을 때 어떻게 반응합니까?

★ 말씀으로 기도하기_

"하나님 아버지! 오늘 말씀을 통해 먼저 주님께 내 마음을 드림이 우리의 거룩한 습관이 되게 하옵소서. 모든 삶의 여정 가운데 가장 우선순위가 되어 하나님의 놀라운 사랑에 참여하는 자 되고 그 사랑 안에 거하며 동행하는 기쁨을 누리게 하옵소서. 예수님의 이름으로 기도합니다. 아멘."

주제:신부의 조건

말씀 요약_

모세를 대적하다 하나님의 진노로 죽임을 당한 고라 자손들이 왕의 은혜와 위엄과 공평하심을 노래합니다. 또한 왕의 말을 주목하여 귀 기울이며 경배하는 자는 왕궁으로 인도되어 영화를 누릴 것이며, 왕의 자손들은 조상들을 계승하고 왕의 이름이 만세에 기억되고 찬송하게 될 것이라고 합니다.

질문하기_

1. 왜 고라 자손은 용사의 칼을 허리에 찬 왕의 영화와 위엄을 노래했을까요?

2. 왜 고라 자손은 신부의 조건에 대해 노래했을까요?

묵상하기_

1. 왜 고라 자손은 용사의 칼을 허리에 찬 왕의 영화와 위엄을 노래했을까요?

오늘 본문은 고라 자손이 왕의 은혜와 영광과 위엄을 노래한 내용입니다. 먼저 고라 자손에 대해 살펴보면, 그는 레위의 증손 고핫의 손자 이스할의 아들이라고 민수기 16장에 나옵니다. 그가 르우벤의 자손 엘리압의 아들 다단과 아비람과 벨렛의 아들 온과 당을 지어 모세를 대적함으로 하나님의 진노를 받아 땅이 입을 벌려 그들의 온 집과 속한 모든 사람과 재물을 삼켜 버렸습니다. 그러나 하나님께서는 긍휼을 베푸시어 고라의 세 아들을 살려 주심으로 이후 그들이 성전 문지기와 요리사와 노래하는 자가 되어 하나님의 위엄과 공의와 은혜를 노래합니다. 이들이 이렇게 왕을 높여 노래한 이유가 무엇입니까? 그것은 그들 조상의 반역으로 말미암아 반역에 함께한 250명의 지휘관과 속한 모든 자들이 멸망을 받을 때에 하나님의 긍휼하심과 은혜로 살아난 것에 대한 감격이 있었기 때문입니다. 모세를 대적함은 곧 여호와 하나님을 대적한 것임을 깨닫고 그 수치와 부끄러움이 이젠 은혜와 감격이 되어 왕이신 하나님을 찬양한 것입니다.

왕이신 하나님은 악을 제거하고 징벌하시기 위해 때론 용사가 되시기도 합니다. 다윗도 왕이 되기 전에 용사였던 것처럼 말입니다. 용사와 같은 강한 힘이 아니고는 악을 징벌할 수 없기 때문에 한없이 사랑이 크시고 긍휼하신 하나님도 용사가 되시는 것입니다. 악은 뿌리가 너무 견고하고 깊이 박혀 있습니다. 그렇기 때문에 나의 의지나 힘으로는 그것을 뽑아 낼 수가 없습니다. 그러기에 용사이신 하나님께 의뢰하여 그분의 말씀 가운데 제거해야 합니다. 반역한 무리들도 출애굽을 경험한 세대들이고 홍해를 가르신 하나님, 만나와 메추라기로 양식을 공급해 주신 하나님, 구름기둥과 불기둥으로 광야 길을 인도하신 하나님을 실제 몸으로 체험한 세대들입니다. 그럼에도 작은 일에 분노하고 하나님을 대적했습니다. 그것이 뽑아야 할 그들의 악이고 죄이며, 또한 이 세대를 살아가는 우리의 죄악입니다. 우리 역시 얼마나 많이 하나님을 거역하고 죄악을 저지르고 있습니까? 입술로는 하나님을 사랑한다고 하면서도 또 죄를 가까이 하는 우리의 완악함을 보게 됩니다. 그러므로 용사의 칼을 찬 하나님의 위엄 앞에 무릎을 꿇어야 합니다. 그리고 항복해야 합니다. 우리의 죄가 비록 수치스럽고 민망하며 부끄러울지라도 하나님 앞에 자복하며 무릎을 꿇을 때 하나님은 자비로운 손길로 우리를 붙들어 주시고 일으켜 세워 주십니다.

오늘 말씀 전체를 '왕의 결혼식 축가'라고 합니다. 마치 서정시 같은 음률로 읊조리는 노래입니다. 일반 노래가 아닌 결혼식을 위해 특별히 작사, 작곡된 노래입니다. 노래는 4부분으로 되어 있는데 서론(1절), 신랑이 왕의 외모를 소개(2-8절), 신부에 대한 노래(9-15절), 왕의 후손들에 대한 노래(16-17절) 이렇게 전체적인 단락을 나눠 볼 수 있습니다. 그런데 오늘 왕의 결혼식 주인공 신랑을 솔로몬으로 보는 견해도 있습니다. 만약 솔로몬이라면 그는 모세 오경의 율법을 거역한 사람으로 이방신을 받아들였을 뿐만 아니라 부인 700명, 첩 300명을 두고 온갖 향락과 부귀영화를 다 누린 사람입니다. 그렇다면 왜 이런 사람의 축가가 성경에 실려야 하는가 하는 의문점이 남습니다. 여기서 우리는 두가지를 유추해 볼 수 있습니다. 첫째는 솔로몬의 죄악이 비록 부끄럽고 수치스런 것이지만 그 가운데서도 역사하시는 하나님을 바라봐야 하며 하나님께 힘써 나가야 한다는 것입니다. 왜냐하면 솔로몬의 죄와 수치는 바로 우리들의 모습이기 때문입니다. 그렇기 때문에 더욱 하나님 앞으로 다가가고 하나님을 찬양할 때 우리가 죄로부터 돌이킬 수 있는 것입니다. 둘째는 구속사적인 관점에서 신랑으로 오신 예수 그리스도로 보는 것입니다. 예수님은 왕이시며 또한 우리의 신랑으로 오셨습니다. 그렇다면 그분을 신랑으로 맞이하려면 어떤 모습으로 맞이할까 깊이 묵상하게 됩니다. 그것이 유익이고 회복입니다. 왜냐하면 그분 한분만으로 만족할 수 있는 우리의 삶이 되어야 하기 때문입니다. 왜 그렇습니까? 그분은 우리를 구원하시기 위해 하나님의 독생자로 오셔서 십자가의 고난으로 우리의 죄를 다 담당하셨기 때문입니다.

2. 왜 고라 자손은 신부의 조건에 대해 노래했을까요?

본문은 정의를 사랑하고 악을 미워하는 왕에게 하나님이 즐거움의 기름을 왕에게 붓는다고 했습니다. 그리고 왕의 모든 옷은 몰약과 침향과 육계의 향기가 있으며 상아궁에서 나오는 현악으로 왕을 즐겁게 한다고 했습니다. 이런 모든 영광과 위엄이 있는 왕에게 맞는 왕후의 조건에 대해 "듣고, 보고, 귀를 기울이라"고 합니다. 그리고 "네 백성과 아버지의 집을 잊어버리라"고 합니다. 무슨 뜻입니까? 왕의 어여쁜 신부가 되기 위해서는 말씀을 듣고 보며 귀를 기울이라는 것입니다. 다시 말씀드리면 말씀에 항상 주목하라는 것입니다. 그리고 옛 삶을 깨끗이 청산하고 거룩한 세마포로 웨딩드레스를 입으라는 것입니다. 예수 그리스도를 만나기 전 어떻게 살았든 그 죄가 어떠하든 이젠 그것에서 떠나 새로운 예수 그리스도의 옷을 입어야 합니다. 옛사람을 그대로 두고 신랑을 맞이하는 것은 마치 옛 애인을 두고 새로운 신랑을 맞이하겠다는 것과 다를 바 없습니다. 신부의 거룩함은 그분과의 연합을 의미합니다. 신랑만을 주인으로 섬기며 내가 스스로 왕이 되어 살았던 가치관 그리고 자신의 소유를 내려놓아야 합니다. 또한 사랑이란 이름으로 집착하던 가족까지도 내려놓는 것이 백성과 아비 집을 떠나는 것입니다. 이것이 하나님을 경배하며 찬양하는 삶이 됩니다. 그리할 때 왕과 함께 왕후가 누리는 축복이 뒤따르게 됩니다.

이 시대 우리가 그리스도의 신부입니까? 그렇다면 결단하고 옛사람을 내려놓아야 합니다. 애굽 전차부대의 추격을 받은 이스라엘 백성들이 홍해 앞에 섰을 때 앞으로 나갈 수도, 뒤로 물러설 수도 없는 절체절명(絕體絕命)의 순간에 나의 생각과 의지를 다 내려놓고 하나님만 바라보고 의지하여 부르짖음으로 홍해가 갈라진 것과 같이 나의 지식, 경험, 가치관을 내려놓아야 합니다. 그리고 하나님의 가치관으로 채워야 합니다. 그것이 신부된 우리가 할 일입니다. 그리고 그리스도의 새 옷을 입음으로 새 영을 받는 것, 그것이 거듭남입니다. 이런 신부를 신랑은 어여쁘고 어여쁘다 하십니다. 이 땅에 사는 우리는 세상 환경의 영향을 많이 받을 수밖에 없는 삶의 위치에 있습니다. 저 역시 그렇습니다. 그렇기 때문에 매일 내 자아를 십자가에 못 박습니다. 이것을 잠시만 소홀히 해도 나의 못난 자아가 잘난 나를 드러내고 내 의로 정죄하고 판단하며 내 옳은 생각이 강함이 되어 내 삶을 좌지우지하고 그리스도의 사역을 하려고 합니다. 위험한 일입니다. 그런 사역은 안 하는 것이 더 유익입니다. 왜냐하면 그리스도를 거역하게 되기 때문입니다. 저도 그런 나 자신을 경계함으로 매일 말씀과 묵상의 삶을 살고자 애쓰고 있습니다. 오늘 본문에서 신부의 요건이 충족되었을 때 신랑의 영광에 함께 참여하는 축복을 받음과 같이 이런 신부의 축복을 우리 모두 누리게 되시기를 예수님의 이름으로 축복합니다.

★ 적용 질문_
1. 나의 부끄러움과 수치가 교훈이 되어 하나님의 은혜와 영광을 찬양하고 있습니까?
2. 나는 신부의 요건을 충족시키기 위해 어떤 결단을 합니까?

★ 말씀으로 기도하기_
"하나님 아버지! 신랑이신 예수 그리스도의 신부가 되기 위해 오늘 나의 삶을 점검하고 더욱 말씀을 주목하며 주님 앞으로 달려가기를 소망합니다. 나의 옛사람을 매일 십자가에 못 박음으로 끊고, 거룩한 세마포로 단장함으로 어여쁜 신부가 되기에 부족함이 없도록 성령님 인도하여 주옵소서. 예수님의 이름으로 기도합니다. 아멘."

성경 본문: 시편 46:1-11

주제:피난처이신 하나님

말씀 요약_

　하나님의 자녀는 대적의 침략으로 왕국이 흔들리고 땅과 바다가 요동하는 위기에서도 하나님의 도우심을 믿고 신뢰하며 두려워하지 않습니다. 또한 고난과 환란 가운데서도 함께하신 여호와의 행적을 돌아보고 야곱의 하나님을 기억하며 영원한 피난처 되신 하나님을 의지합니다.

질문하기_

왜 하나님은 환란 중에 만날 큰 도움이시라고 했을까요?

묵상하기_

왜 하나님은 환란 중에 만날 큰 도움이시라고 했을까요?

　오늘 본문은 하나님이 우리의 피난처시며, 힘이시며 도움이시라고 결론적 말씀을 하며 이런 하나님께 와서 그 행적을 보라고 합니다. 그 하나님은 그의 백성이 환란을 당할 때에 "너희는 가만히 있어 내가 하나님 됨을 알라"고 하시며 스스로 피난처가 되어주십니다. 오늘 말씀의 배경은 유다 왕 히스기야가 앗수르 왕 산헤립의 침략을 받고 위기 가운데 여호와 하나님 앞에 엎드려 간절히 기도할 때 당시의 상황을 담고 있습니다. 그리고 하나님께서 여호와의 사자를 보내 앗수르 군사 185,000명을 쳐서 죽이시고 백성들을 구원한 것과 또 여호사밧 왕이 모압과 암몬의 침략을 받고 위기에 처했을 때, 여호사밧이 여호와께 낯을 향하여 간구하며 온 백성들에게 금식을 공포하며 하나님께 부르짖어 의뢰함으로 하나님이 전쟁의 주인공이 되어 승리한 내용이라는 견해가 있습니다. 그러나 어느 쪽이든 큰 환란과 위기 가운데 하나님은 왕과 백성들이 부르짖어 간구하는 그 기도를 들으시고 응답해 주심으로 하나님이 피난처 되심을 증거하셨습니다. 뿐만 아니라 이스라엘 백성들을 430년 애굽 노예살이에서 해방시키시기 위해 열 가지 재앙으로 애굽을 치셨으며 출애굽한 이스라엘 백성들이 애굽의 추격으로 홍해 앞에서 어쩔 줄 모르고 있을 때 홍해를 가르심으로 백성들이 지나가게 하시고 애굽 모든 군대를 수장시키셨습니다. 또한 광야에서 쓴 물을 만났을 때 단물로 만드셨으며 양식이 떨어졌을 때 만나와 메추라기로 백성들을 먹이셨습니다. 그리고 갈 길을 모르는 백성들을 구름기둥과 불기둥으로 인도하심으로 백성들이 약속의 땅 가나안에 이르게 하셨습니다. 어디 그뿐입니까? 거짓말 잘하고 이기주의자인 야곱을 축복하셔서 아브라함과 이삭과 야곱으로 이어지는 믿음의 조상이 되게 하셨습니다. 이렇듯 여호와의 행적은 성경에 수도 없이 많습니다. 오늘 시편 기자는 이런 여호와의 행적을 와서 보라고 합니다. 그리고 만군의 여호와 하나님께서 우리와 함께 계시고 피난처이심을 노래하라고 합니다.

오늘 시편 46편은 종교 개혁자 루터의 시라고도 합니다. 그가 곤고한 가운데 본문을 읽고 묵상하면서 큰 힘을 얻었기 때문입니다. 그리고 그는 본문에서 영감을 받아 찬송가 585장 <내 주는 강한 성이요>를 작사, 작곡했습니다. 그는 이 찬양에서 주님이 우리의 강한 성과 방패가 되심과 환란에서 우리를 구원하심을 노래하고 있습니다. 그리고 내 힘만 의지할 때는 패할 수밖에 없지만 나를 대신해서 싸우시는 용사이신 주님, 예수 그리스도를 의지하면 승리할 수 있음을 노래하고 있습니다. 그는 결론적으로 이 땅에 마귀들이 들끓어 우리를 위협하고 삼키려 하겠지만 겁내지 말고 하나님 말씀의 무기 진리로 승리하라고 권면합니다.

오늘 말씀을 묵상하면서 지금까지 함께하시고 여기까지 인도하신 임마누엘의 하나님, 에벤에셀의 하나님 앞에 감사와 찬양 영광을 올려드릴 뿐만 아니라 감격의 노래라도 부르고 싶은 끓어오르는 마음을 주체할 수 없음을 고백합니다. 저는 버려질 수밖에 없는 죄인이었습니다. 나의 못난 자아가 나의 잘난 자아를 드러내고 내 옳은 소견대로 내가 주인 되고 왕이 되어 내 삶을 종횡무진으로 살았습니다. 마치 나의 피난처와 산성이 물질의 부와 위치적 명예에 있는 것으로 착각하여 꿀 송이 같이 달고 꿈같은 신혼도 포기하고 중동 근무를 나가 6년여 시간을 보냈습니다. 또한 귀국해서도 성공이라는 목표에 따라 근무하던 삼성을 떠나 중소기업에 스카웃 되어 초고속 승진을 소망하며 밤낮 없이 일도 했습니다. 그것도 내 욕망을 채울 수 없어 스스로 왕이 되고자 사업의 길을 나섰습니다.

처음에는 무엇이 되는 것 같기도 했습니다. 그러나 보암직스럽고 먹음직스런 세상의 허상이 깨지는 데는 그리 오래 걸리지 않았습니다. 진실로 믿었던 가까운 친구의 배신으로 32평 서울의 아파트 두 채에 해당하는 물질을 순식간에 날리고 계속 시도한 사업마다 큰 손실을 보며 빚만 떠안게 될 때 IMF라는 강한 펀치를 맞고 쓰러지고 말았습니다. 그야말로 알거지가 되어 죽음을 생각한 저에게 하나님은 애처로운 아내의 모습을 보여 주시고 어린 아들들을 생각하게 하심으로 다시 회심하도록 하셨습니다. 그리고 루터의 찬양처럼 강한 성이요 방패이신 주님만을 의지하며 히스기야와 여호사밧처럼 눈물로 부르짖어 기도하기 시작했습니다. 그 눈물의 기도를 들으시고 앗수르 군대를 치시고 모압과 암몬 군대를 치신 것처럼 저의 전쟁을 승리로 이끌어 주셨습니다.

외적으로는 당장 물질로 겪는 고통과 고난의 전쟁이요 내적으로는 그동안 쌓여 있던 죄를 털어내고 주님의 보혈로 정결케 하는 영적 전쟁이었습니다. 이 두 전쟁에서 용사이신 우리 주님은 대적들을 단숨에 물리쳐 주시며 저로 하여금 승리의 노래를 부르게 하셨습니다. 오늘 시편 찬양처럼 말입니다. 저는 종종 간증으로 얘기합니다만 하나님 앞에 항복하고 엎드릴 때는 철저히 자기를 버려야 합니다. 항복하기 전 내가 갖고, 또 안고 살던 세상적 가치관의 모든 것을 단호히 내려놓아야 합니다. 그리고 그것이 구별된 삶으로 나타나야 합니다. 더불어 야곱이 얍복 강변에서 하나님과 씨름하던 그런 간절한 마음과 모습으로 기도해야 합니다. 여기에 합당한 말씀이 예레미아 33:3 말씀입니다 "너는 내게 부르짖으라, 내가 네게 응답하겠고 네가 알지 못하는 크고 은밀한 일을 네게 보이리라" 그러나 부르짖으라는 말씀이 목소리만 크게 내라는 것은 아닙니다. 나를 버리고 내려놓는 애씀의 간절함과 죄를 끊는 단호한 결단, 그리고 자복과 통회의 기도 가운데 눈물로 간구하며 무릎으로 더 가까이 주님께 나아가는 기도가 되어야 합니다.

그리고 주요한 것이 하나 있습니다. 향유 옥합을 깨는 결단과 헌신입니다. 그것은 내가 가장 아끼고 소중하게 여기는 것을 신앙고백으로 드리는 것입니다. 하나님은 이런 기도를 결코 외면하지 않으십니다. 제가 산 증인입니다. 체력이나 힘이 없어 노동으로도 살 수 없는 저를 너무도 잘 아시는 주님께서는 내가 갖고 있는 미약한 그루터기를 통해 싹이 남과 동시에 크게 자라게 하시는 은혜의 축복을 허락하셨습니다. 무에서 유를 창조하신 것입니다. 아무것도 없는 빈 털터리에서 아굴의 기도가 응답된 것입니다. 그러므로 남의 손가락질 받고 무시 받으며 살아갈 저를 회복시키시어 작지만 선한 영향력을 끼치며 살아갈 수 있는 존재로 터닝 포인트해 주셨습니다. 또한 기름부음을 받은 장로로서 교회와 성도를 섬기는 직분도 허락해 주셔서 그 은혜에 매일 감사하고 감격하며 사역과 섬기는 일에 최선을 다하고자 노력하고 있습니다.

저는 이런 하나님의 역사를 경험한 사람으로서 주변 가까운 지체들의 고난을 바라보는 마음이 안타깝습니다. 왜냐하면 하나님을 의지하고 기도한다 하지만 앞에서 말씀드린 그런 기도의 모습을 발견하지 못했기 때문입니다. 기도하다가 중단하고 하나님께서 응답하시지 않는다고 푸념을 합니다. 하나님이 그런 하나님이십니까? 하나님은 식언치 않으시는 하나님이시고 약속은 반드시 지키시는 분이십니다. 그 약속이 성경에 수없이 많이 기록되어 있습니다. 문제는 그 약속의 말씀들을 묵상으로 발견해야 하는데 발견하지 못하는 것이며 또 기도하지 않는 것입니다. 문제가 하나님께 있는 것이 아니라 나에게 있는 것입니다. 어느 분은 마중물이 없어 힘들다고 합니다. 마중물이 없어 회복을 이루시지 않는 하나님이십니까? 결코 그렇지 않습니다. 그야말로 빈손에서, 물품대를 지급하고 물품을 수입해 들여올 수 없는 극한 상황에서도 하나님은 기도에 응답하셔서 제가 부끄러움과 수치를 당하지 않게 하나님의 손길에 의해 길을 열어 주셨습니다. 단 한 번도 거래해 보거나 친분이 없던 중국 업체가 10년간이나 외상으로 물품을 공급해 주고 4개월의 결제 유예를 해주었습니다. 이것은 기적입니다. 그러나 그 기적을 이룬 분은 여호와 하나님이십니다. 마중물이 없어도 하나님은 이렇게 일하십니다. 그 하나님을 일하게 하는 것은 눈물의 간절한 기도입니다.

그 기도가 하나님의 피난처이며 도피성입니다.

★ 적용 질문_

나는 땅과 산과 바다가 요동치는 삶의 고난 가운데 어떻게 반응했습니까? 그리고 강한 성이신 주님의 피난처를 경험하셨습니까?

★ 말씀으로 기도하기_

"하나님 아버지! 저희의 삶 가운데 언제나 임마누엘의 하나님이 되어주시고 에벤에셀의 하나님이 되어 주셔서 감사합니다. 현재 나의 삶의 환경이 어떠하든지 생수의 근원이신 하나님만을 바라보고 나를 내려놓고 결단하여 주님께 기도로 나아감으로 피난처이신 주님을 경험하는 저희 모두가 되도록 인도해 주옵소서. 예수님의 이름으로 기도합니다. 아멘."

주제:죄를 사하는 권세

말씀 요약_

　가버나움의 한 집에 들어가 계신 예수님의 소문으로 많은 사람들이 몰려와 들어갈 틈이 없는 상황에 예수님은 무리에게 도를 말씀하십니다. 그런데 들어갈 수 없는 고로 네 명의 사람들이 한 중풍병자를 지붕을 뚫고 예수님께로 달아 내립니다. 이에 예수님이 "네 죄 사함을 받았느니라" 선포하심을 보고 서기관들이 신성모독이라고 생각하지만 그것을 아시는 예수님이 죄 사함의 권세가 자신에게 있음을 말씀하십니다.

질문하기_

왜 예수님은 중풍병자에게 네 죄 사함을 받았느니라 하셨을까요?

묵상하기_

왜 예수님은 중풍병자에게 네 죄 사함을 받았느니라 하셨을까요?

　갈릴리에 다니시며 여러 회당에서 말씀도 선포하시고 전도와 치유 사역을 하신 예수님이 오늘은 가버나움으로 이동을 하셔서 한 집에 들어가셨습니다. 이 소문이 주변에 알려짐으로 많은 사람들이 몰려오고 그 집은 발 디딜 틈도 없게 되었습니다. 이 무리들을 향해 예수님은 하늘의 도를 말씀하시고 한편 네 명의 친구들이 한 중풍병자를 도저히 문 안으로 들여보낼 수 없음을 알고 지붕을 뜯어 예수님께로 달아 내립니다. 이를 보신 예수님이 하신 말씀이 "작은 자야 네 죄 사함을 받았느니라" 하신 것입니다. 그런데 이를 본 서기관들은 생각이 달랐습니다. 죄를 사할 수 있는 분은 하나님 한 분이신데 목수의 아들 예수님이 네 죄 사함을 받았다 하는 것은 신성모독이라는 것입니다. 그러나 이런 그들의 생각을 아신 예수님은 인자가 땅에서 죄를 사하는 권세가 있는 줄을 너희로 알게 하려 한다 하시며 자신의 정체성을 밝히십니다. 그리곤 중풍병자를 치유하심으로 모든 이들을 놀라게 하셨습니다.

오늘 본문 말씀을 통해 우리는 예수님의 3대 사역에 대해 다시 한번 생각해 봐야 합니다. 예수님이 이 땅에 오신 후 공생애 3년 대부분을 이 사역으로 보내셨기 때문입니다 첫째는 Teaching Ministry-가르치는 사역입니다 예수님은 가시는 곳마다 복음을 말씀하셨고 오늘도 몰려온 수많은 사람들에게 천국 복음을 가르치셨습니다. 둘째는 Healing Ministry-치유사역입니다. 예수님은 각종 불치병과 귀신들린 자를 보시면 긍휼의 마음으로 마음 아파하시며 고쳐 주셨습니다. 오늘 가버나움에 오시기 전에도 갈릴리 지역에서 한 나병 환자를 고치셨습니다. 그리고 오늘 지붕을 뚫고 내려보낸 한 중풍병자를 고쳐 그가 걸어 나가게 하셨습니다. 셋째는 Preching Ministry-전도사역입니다. 예수님은 어느 곳에 가시든지 말씀과 치유와 전도 사역을 하셨고 이것은 예수님 사역의 핵심입니다.

오늘 예수님의 사역을 묵상하면서 우리는 그 사역의 본질이 무엇인가 생각해 봐야 합니다. 중풍병자를 고치시기 전에 먼저 네 죄 사함을 받았다고 하신 이 말씀이 예수님 사역의 본질입니다. 왜 그렇습니까? 예수님이 말씀도 선포하고 병자도 치유하시는 것은 영혼을 치유하시기 위한 것이고 그것은 죄의 문제를 해결하는 것이며 영혼구원, 바로 생명을 살리는 것이기 때문입니다. 이 생명을 살리는 일을 위해 예수님은 기꺼이 십자가의 고난을 감당하셨습니다. 십자가 위에서의 6시간은 인간의 한계를 뛰어넘는 극한의 고통이었으며 감내하기 어려운 길임에도 불구하고 우리의 죄를 해결하기 위해 한 마리 어린양이 되어 피와 물을 다 흘리셨습니다. 그 공로로 우리가 구원받을 수 있는 길이 열린 것입니다. 그것도 예수님을 영접하기만 하면 아무 조건 없이 구원을 주실 뿐만 아니라 자녀가 되는 권세까지도 주셨습니다. 이 얼마나 놀라운 은혜입니까? 오늘 본문은 이 구원의 권세가 예수님께 있음을 분명히 말씀하고 있습니다.

오늘날 우리는 어떻습니까? 우리의 죄를 위해 십자가를 지신 예수님의 그 사랑을 알면서도 그 구원의 감격을 잊은 채 본질보다 비본질에 집중해서 불나방처럼 세상으로 향하고 있지는 않습니까? 어디 그뿐입니까, 죄를 멀리해야 함에도 불구하고 죄를 향해 달려가는 자신을 발견하고 깜짝 놀랄 때가 있습니다. 이것이 우리의 옛 본성입니다. 옛 본성은 바리새인과 서기관 같은 것이고 육신에 속해 육신의 정욕대로 살려는 육체의 생각입니다. 그리고 쉽게 변하지 않는 우리의 완고함입니다. 이것을 버리지 못하면 하나님 나라를 볼 수 없습니다. 그러나 우리의 힘으로는 벗어날 수 없기에 예수 그리스도의 보혈의 능력을 덧입어야 합니다. 그것은 예수님께 집중할 때 가능합니다. 이것이 신앙의 본질입니다. 오늘 조영환 목사님은 "교회만 다니지 말고 교회가 되라"는 책을 소개해 주었습니다. 그렇습니다. 우리가 교회가 되는 것, 그것이 작은 예수가 되는 삶이며 우리 자신이 성전 되는 것입니다. 본질에 충실한 사람은 성전이 될 수 있으며 비본질에 집중하는 사람은 교인은 될 수 있어도 그리스도인은 될 수 없습니다.

말씀을 묵상하면서 지난 젊은 시절의 제 모습이 클로즈업 되었습니다. 피난처가 오직 예수 그리스도임에도 그것을 깨닫지 못하고 세상의 부와 명예를 얻는 것을 피난처로 인식하여 비본질에 무던히도 집중했습니다. 만약 본질인 예수 그리스도를 좀 더 일찍 깨닫고 말씀 앞에 섰다면, 또 말씀을 묵상하며 말씀 속에서 세미한 주님의 음성 듣기에 충실했다면 하나님은 놀랍게 축복하셨을 것입니다. 부와 명예도 부수적으로 따라왔을 것입니다. 그런데 그렇게 하지를 못하고 내가 왕이 되어 내 삶의 주인으로 살았습니다. 결과는 출애굽한 이스라엘 백성들을 바로 가나안으로 인도하시지 않고 광야학교에 입학시켜 광야 커리큘럼에 따라 5대 광야를 거치게 하신 것처럼 저 역시 광야의 고난을 감당해야 했습니다.

결국 아무것도 소유한 것이 없는 빈털털이 신세가 되고서야 눈물로 회개하며 부르짖어 기도하기 시작했으니 집 나간 탕자와 다를 바 없었던 것입니다. 그러나 우리 주님은 진실로 자복하고 통회하며 무릎으로 주님 앞에 나오는 자녀를 결코 외면하시지 않습니다. 왜냐하면 하나님의 긍휼이 일하시기 때문입니다. 이 긍휼은 생명 창조의 근원입니다. 그 긍휼의 은혜로 오늘 회복된 제가 있습니다. 예수님의 3대 사역의 본질이 생명구원이듯이 우리 삶의 본질은 예수 그리스도가 되어야 합니다. 예수 그리스도의 옷으로 입고 그 분의 발자취를 따라가는 그리스도의 삶이 제자도이며 믿음의 본질입니다. 또한 우리 주님은 죄를 사하실 권세가 있으신 유일하신 분이십니다. 그 분이 내 안에 계심으로 그 분이 우리의 아버지가 되십니다. 그 아버지와 오늘도 동행하는 하루가 되시기를 예수님의 이름으로 축복합니다.

★ 적용 질문_

1. 소문을 듣고 예수님께 사람들이 몰려오는 것처럼 나로 인해 예수님의 소문이 퍼지고 있습니까?
2. 본질 되시는 예수 그리스도께 집중하기 위해 버려야 할 것은 무엇입니까?

★ 말씀으로 기도하기_

"하나님 아버지! 주님의 3대 사역의 핵심이 생명구원에 있음을 깨닫고 저희 삶이 예수 그리스도께 집중됨으로 주님의 사역의 계승자로서 삶을 살아가기에 부족함이 없도록 성령님 인도해 주옵소서. 예수님의 이름으로 기도합니다. 아멘."

주제: 수로보니게 여인의 향기

말씀 요약_

두로 지방에 도착하신 예수님께 한 이방인 여자가 찾아와 더러운 귀신 들린 자기 딸에게서 귀신을 쫓아내 주시길 간청합니다. 예수님의 매정한 대답에도 불구하고 여인은 믿음으로 반응했고 여인의 딸은 고침을 받았습니다. 그 후 예수님은 데가볼리 지방의 귀 먹고 말 더듬는 자를 고쳐주십니다.

묵상하기_

첫째는, 믿음의 향기가 무엇인지 묵상해야 합니다.

예수님은 공생애 3년간 가르치고, 전도하며, 치유하는 3대 사역 중심으로 사역을 하셨습니다. 오늘 본문에 나오는 두로와 시돈 지역은 공생애 기간 중 단 한 번 가셨던 지역인데 여기서도 치유 사역을 하셨습니다. 그런데 오늘 예수님의 치유 방법은 좀 특이합니다. 그동안의 사역을 보면 말씀으로 귀신을 쫓아 내셨으며 앉은뱅이를 일으키셨고, 눈먼 자를 뜨게 하셨으며 열두 해 혈루병 앓던 여인도 예수님 옷깃을 만짐으로 고침을 받았습니다. 그러나 오늘 예수님을 찾아온 수로보니게 여인에게만은 예외적으로 매몰차게 여인의 간청을 거부하셨습니다. 27절에는 귀신 들린 딸을 고쳐 달라는 여인의 간청에 "자녀로 먼저 배불리 먹게 할지니 자녀의 떡을 취하여 개들에게 던짐이 마땅치 아니 하리라" 하셨습니다. 무슨 뜻입니까? 이 말씀을 현대인의 성경에는 "먼저 자녀들이 배불리 먹어야 한다. 자녀들의 빵을 빼앗아 개에게 던지는 것은 옳지 않다" 이렇게 기록하고 있습니다.

이 여인은 헬라인이요 수로보니게 족속으로 소개되고 있듯이 유대인의 입장에서 보면 이방 여인입니다. 그리고 이런 이방 여인을 개에 비유한 것입니다. 이 말씀을 곰곰 생각해 보면, 여인이 얼마나 모멸감을 느꼈을까 그 마음이 느껴집니다. 딸을 치유하기 위해 달려온 여인에게 이런 매정하고 비인격적인 언어로 모욕감을 주다니! 이렇게 생각할 수도 있습니다. 만약 우리가 그런 입장이라면 어떻게 반응했을까요? 아마도 더 심한 욕과 언어를 동원해서 상대를 공격하고 뛰쳐나왔을 것입니다. 아니면 큰 싸움이라도 걸었을 것입니다. "기분 나쁘면 천국도 가지 않는다"는 말이 있습니다. 조금만 자기 마음에 들지 않고 마음이 상하면 교회를 떠나거나 아예 하나님을 떠나는 사람들도 있습니다. 수십 년 예수를 믿었다는 중직들도 이런 경우가 흔히 있습니다. 왜 그렇습니까? 자기감정에만 충실하고 영적 눈을 뜨지 못했기 때문입니다. 이런 사람은 직분에 관계없이 영적 어린아이입니다.

그런데 오늘 이 여인의 대답은 우리의 예상을 뛰어넘습니다. 예수님의 그런 모욕적이고 비인격적인 말씀을 듣고도 이렇게 대답을 합니다. "주님 맞습니다. 그러나 상 아래 있는 개도 아이들이 떨어뜨린 부스러기를 먹습니다." 이 얼마나 놀라운 대답입니까? 여인의 이 믿음에 예수님의 즉각적인 응답이 나타났습니다. 네 말이 옳다. 이제 너는 돌아가라. 이미 귀신이 네 딸에게서 나갔다, 하십니다. 그렇다면 예수님은 왜 그토록 비인격적으로 느낄만한 모욕적인 말씀을 하셨을까요? 예수님이 그렇게 비인격적인 분이십니까? 절대 그렇지 않습니다. 주님은 한 번도 우리를 실망시키신 적이 없으신 분이고 식언치 않으신 분이며 약속은 반드시 성취하시는 분이십니다. 그리고 무한한 사랑과 자비와 긍휼로 가득하신 분입니다. 그럼에도 여인에게 그렇게 말씀하신 것은 여인의 믿음을 시험한 것입니다. 외면적으로는 모욕적 말로 거절하는 듯 보이지만 내면적으로는 여인의 간구가 옳다는 것을 나타내 보이라는 도전적 말씀인 것입니다.

우리는 여기서 잠시 여인의 믿음에 대해 묵상해 봐야 합니다. 그 여인은 수로보니게 족속의 여인이고 두로 지방에 살고 있는 이방 여인이었습니다. 당시 유대인의 문화 속에서 여인은 계수에도 들지 않는 무시 받는 존재였고 더욱이 이방 여인은 개 같은 취급을 받을 수 있는 상황이었습니다. 그런 여인의 입장에서 예수님 앞에 나온다는 것은 결코 쉽지 않은 결정이었을 것입니다. 그럼에도 수로보니게 여인은 믿음으로 주님 앞에 섰습니다. 그리고 자기의 모든 것을 내려놓고 주님만 의지하고 주님께 딸의 문제를 온전히 맡겼습니다. 주님만이 고칠 수 있다는 확고한 믿음을 갖고 용기 있는 행동으로 나아간 것입니다. 그러기에 담대히 예수님께 간청을 한 것입니다. 또한 자기 자신의 위치를 알고 그것을 인정하며 주님 앞에 엎드리는 자기부인의 겸손함이 있었습니다. 그 겸손함이 주님의 시험을 믿음으로 통과한 것입니다. 이것이 수로보니게 여인의 향기입니다. 겸손함과 순종, 그리고 오직 주님만 바라보고 주님만이 내 인생의 주인이며 의지할 분이라고 믿는 그 믿음의 고백과 반응이 여인의 향기가 된 것입니다.

우리는 어떻습니까? 우리에게도 이 여인과 같은 믿음의 향기가 있습니까? 교만과 강한 자아, 자기 의 때문에 믿음의 향기를 잃어 가는 우리의 모습을 봅니다. 작은 일에 조금의 양보도 없이 나의 논리적 사고에 취해 결과적으로 상대를 무시하게 되고 상처를 주며 분노를 일으키게 한다면, 아무리 옳은 내용이라 해도 그것은 교만이 될 것입니다. 왜냐하면 자기 의를 관철하기 위한 논리 속에 스스로 함몰되기 때문입니다. 이런 모습이 제게도 여전히 남아 있습니다. 그러기에 제 수첩에 항상 기록해 놓고 가슴에 담아 자기를 경계하는 말이 있습니다 "자기가 옳으면 조심해야 합니다. 자기가 옳다고 주장하거나 그것을 지키려고 하다가 결국 겸손을 잃고 말기 때문입니다. 자기가 참으로 옳으면 그 옳음도 기울 때가 되었음을 알고 스스로 삼가 해야 합니다." 저는 2008년부터 계속 이 글을 수첩에 기록해 두며 자기 절제와 경계로 삼고 있습니다. 사회적 명성, 학벌, 경륜, 경험, 총명함이 자기 옳음을 극대화하고 교만의 길로 들어서게 하는 것을 우리는 주변에서 흔히 볼 수 있습니다.

저는 어느 가까운 장로님 한 분에게서 많은 배움을 갖습니다. 그 분도 남 못지않은 경륜과 학벌을 갖고 있지만 자기의 옳음을 지나치게 주장하거나 강한 의로 자기의 논리를 관철하려 하지 않고 유연하며 탄력적인 사고로 주변을 조화롭게 코디네이션이 잘 될 수 있게 합니다. 그것은 겸손한 마음과 주님의 마음을 헤아리는 사람만이 가질 수 있는 덕목입니다. 수로보니게 여인의 향기는 학력이나 경륜이나 외모에서 나오는 것이 아니라 오직 믿음에서 나오는 그 여인만의 향기인 것입니다. 이를 성막에서 올려 드리는 소합향과 나감향, 풍자향과 유향에 비유하면 무리일까요?

둘째는 에바다의 의미를 묵상해야 합니다.

예수님은 다시 데가볼리 지방에서 귀먹고 말 더듬는 자를 고쳐주셨습니다. 그런데 고치시는 방법이 특이했습니다. 그 사람을 따로 데리고 무리를 떠나 손가락을 그의 양 귀에 넣고 침을 뱉어 그의 혀에 손을 대시고 하늘을 우러러 탄식하시며 그에게 "에바다" 하셨습니다. 얼마든지 말씀으로 고치실 수 있는 예수님이 왜 이런 행동을 하셨을까요? 거기에는 몇 가지 교훈이 있습니다. 첫째, 그를 따로 데리고 가신 것은 고침받는 자는 마음의 귀와 입이 세상과 따로 있어야 함을 깨닫게 하기 위함입니다. 우리 입은 마음에 넣은 것을 토해내게 됩니다. 그렇기 때문에 좋은 생각, 긍정적인 것으로 넣고 입술로 고백해야 함을 말씀하고 있는 것입니다. 또한 어떠한 경우든 파수꾼을 세워 덕이 되는 절제된 말을 내라는 것입니다. 결론적으로 우리의 본질이 하나님의 것이 되어야 함을 교훈으로 주시는 것입니다. 둘째, 손가락을 그의 양 귀에 넣은 것은 고침을 받기 위해서는 세상 소리를 듣지 말고 하나님 말씀만 들으라는 것입니다. 절대적 순종입니다. 셋째, 침을 뱉어 그의 혀에 손을 대신 것은 입술의 부정함을 알라는 것입니다. 넷째, 하늘을 우러러 탄식하심은 주님께서 애통의 심령으로 간구하심입니다. 이 과정을 거쳐 드디어 "에바다" 하심으로 귀가 열리고 입이 열렸습니다. 에바다는 열리다, 라는 뜻입니다. 주님의 명령에 닫힌 귀가 열리고 맺힌 혀가 풀렸습니다. 하나님 나라가 임한 것입니다. 그렇습니다. 하나님 나라는 들을 귀가 열리고 하나님을 주로 시인하며 영접하는 혀가 풀린 자만이 들어갈 수 있는 것입니다.

하나님을 "아바 아버지"로 시인하며 영접하는 자녀 된 믿음은 수로보니게 여인처럼 믿음의 향기로 주님을 기쁘시게 할 것입니다. 올한 해 말씀 대행진 기간으로 모두 말씀 읽기에 매진하고 있습니다. 많은 사람이 성경을 읽어도 들을 귀 있는 자가 하나님의 음성을 들을 것입니다. 우리의 귀가 세상을 향하면 세상 귀가 커지고 하나님 쪽으로 향하면 하나님 음성을 들을 것입니다. 이는 이미 에바다의 주님이 임하신 것이며 하늘나라를 경험한 것입니다.

★ 적용 질문_

1. 수로보니게 여인의 향기가 내게 있습니까? 없다면 어떻게 하시겠습니까?
2. 내 귀는 어디를 향하고 있습니까?

★ 말씀으로 기도하기_

"하나님 아버지! 천국은 침노하는 자의 것이라고 하셨는데 수로보니게 여인의 믿음이 오늘 우리의 믿음이 되기를 소망합니다. 그러므로 어떠한 환경에서도 흔들림 없는 견고한 믿음으로 향기를 발하는 저희가 되도록 인도해 주옵소서. 또한 에바다의 축복이 저희에게 임함으로 열린 귀가 주님의 음성을 듣도록 인도하여 주옵소서. 예수님의 이름으로 기도합니다. 아멘."

주제: 베드로의 항변

말씀 요약_

　　빌립보 가이사랴에서 예수님이 제자들에게 사람들이 나를 누구라 하느냐 하며 물으실 때 사람들이 세례 요한, 엘리야, 선지자 중 하나라 한다고 대답합니다. 그러면 "너희는 나를 누구라 하느냐"고 물으십니다. 그리스도라고 베드로가 대답하자 예수님은 자신의 수난과 부활을 비로소 예고하십니다. 이에 베드로가 항변하자 하나님의 일을 생각지 않고 사람의 일을 생각한다고 강하게 꾸짖으십니다. 그 후 무리와 제자들을 불러 나를 따라오려거든 자기를 부인하고 자기 십자가를 지고 따라야 한다고 말씀하십니다.

질문하기_

왜 예수님은 제자들에게 '너희는 나를 누구라 하느냐' 물으셨을까요?

묵상하기_

왜 예수님은 제자들에게 '너희는 나를 누구라 하느냐' 물으셨을까요?

　　예수님의 질문에 함축된 기대가 무엇인지 살펴봐야 합니다. 오늘 말씀은 예수님이 제자들과 주고받는 대화의 내용인데 너무도 중요한 메시지가 들어 있습니다. 예수님이 제자들에게 사람들이 나를 누구라 하느냐 하는 질문에 답을 들으신 후 그럼 너희는 나를 누구라 하느냐 재차 질문하십니다. 이에 베드로가 주는 그리스도이십니다. 라고 대답을 합니다. 같은 질문이 마태복음 16장에서도 나오는데 여기서 베드로는 "주는 그리스도시요 살아 계신 하나님의 아들이십니다." 하고 대답합니다. 이 대답을 들으신 예수님은 비로소 본인이 장차 받을 고난과 대제사장들과 서기관들에 버린 바 되어 죽음을 당하시고 사흘 만에 부활할 것을 가르치십니다. 그런데 뜻밖에 주님이 그리스도라고 고백한 베드로가 예수님을 붙들고 '항변'을 합니다. 그리고 그렇게 하지 말라고 하면서 결코 그런 일이 주께 미치지 아니하리라 하고 떼를 쓰듯 항변합니다.

우리는 여기서 항변의 헬라어 의미를 살펴볼 필요가 있습니다. 항변을 헬라어로 "에피티마오" 라고 하는데 '꾸짖다'라는 뜻입니다. 다시 말씀드리면 베드로가 예수님을 꾸짖는 상황이 된 것입니다. 베드로는 예수님의 제자이고 감히 스승을 꾸짖을 위치에 있지 않습니다. 그런데도 그런 모습으로 보일만큼 항변한 것은 그의 절박함과 기대의 무너짐이었습니다. 그렇다면 베드로를 비롯한 제자들의 기대는 무엇입니까? 또 제자들을 향한 질문을 통한 예수님의 기대는 무엇입니까? 저는 여기서 상대적 기대의 충돌을 봅니다. 예수님은 질문의 기대가 무너졌을 때 사탄아 물러가라고 강하게 꾸짖으셨고, 제자들도 기대가 무너졌을 때 스승을 붙들고 항변하는 모습을 봅니다. 그렇다면 먼저 예수님의 기대를 살펴보겠습니다. 예수님의 질문에 베드로가 대답한 "주는 그리스도요 살아 계신 하나님의 아들입니다"

이 고백이 베드로를 비롯한 제자들의 동일한 믿음의 고백이 되기를 예수님은 기대하셨습니다. 그러므로 이런 제자들과 함께 하나님 나라를 건설해 나가고자 하는 예수님의 기대가 있었던 것입니다. 그 기대는 마태복음 16:17-19에 잘 나타나 있습니다. 베드로의 고백을 들으신 예수님은 "네가 복이 있다, 이를 네게 알게 한 이는 혈육이 아니요 하늘에 계신 내 아버지시다. 그리고 너는 베드로다 내가 이 반석 위에 내 교회를 세우리니 음부의 권세가 이기지 못하리라, 내가 천국 열쇠를 네게 주리니 네가 땅에서 무엇이든지 매면 하늘에서도 매일 것이요 네가 땅에서 무엇이든지 풀면 하늘에서도 풀리리라" 이렇게 축복하셨습니다. 베드로는 반석이란 뜻입니다. 예수님은 베드로를 반석으로 보시고 그 위에 교회를 세우시겠다는 것입니다. 뿐만 아니라 천국의 열쇠를 주시겠다고 하십니다. 이 얼마나 놀라운 일입니까? 이것이 예수님의 기대입니다. 베드로를 비롯한 제자들에게 동고동락 하면서 가르친 결과가 반석 위에 세우는 교회로 나타나기를 바라시는 예수님의 기대말입니다. 그 기대는 오늘을 제자의 삶으로 살겠다고 결심하고 그리스도의 길을 걷는 우리 모두에 대한 기대입니다.

그런데 제자들의 기대는 어떻습니까? 그동안 예수님의 사역을 지켜본 제자들은 오병이어의 기적, 칠병이어의 기적, 수많은 불치병 환자를 치유하시는 이적을 보면서 모든 상황이 자기들의 기대대로 잘 나가고 있다고 생각했습니다. 조금 있으면 로마 권력을 무너뜨리고 새로운 세상, 새로운 왕국을 건설하게 될 것이고 그러면 한 자리씩 차지하고 천하를 호령하겠구나 베드로는 수제자니까 영의정 아니면 국무총리 정도는 하겠구나, 이런 기대로 가득 차 있었던 것입니다. 그런데 그런 기대의 주인공인 예수님이 고난을 받으시고 십자가에 죽으신다니 한순간 기대가 물거품이 되는 순간입니다. 그것이 용납이 안 되어 베드로가 예수님께 항변을 하게 된 것입니다. 그런데 예수님은 이런 베드로에게 "사탄아 내 뒤로 물러가라" 하시며 하나님의 구속사는 생각지 않고 사람의 욕심만 생각한다고 꾸짖으십니다. 언제나 하나님의 일을 막는 것은 사탄입니다. 그리고 육의 생각들입니다. 예수님을 대제사장들에게 판 가룟 유다도 주님의 십자가 길을 막은 사람입니다. 그 또한 이스라엘의 회복을 간절히 원했던 사람이었습니다. 다윗의 왕국과 같은 그 땅의 나라가 회복되기를 바란 사람입니다. 그런데 예수님이 죽으신다고 하니까 이를 받아들일 수 없었던 그가 예수님을 시험한 것입니다. 그가 바랐던 것은 십자가의 길이 아니었습니다. 예수님의 능력으로 로마와 결판을 내게 될 것을 기대하면서 예수님을 판 것입니다. 그 안에는 역시 새 나라에 대한 욕심이 자리 잡고 있습니다.

오늘 주님은 분명하게 말씀하십니다. 십자가의 길이 하나님의 일이고 예수님이 감당해야 할 일이며, 하나님께 영광을 올려 드리는 일이라고 말입니다. 십자가는 저주가 아니라 영광의 길이라는 것입니다. 예수님의 십자가 통과는 매우 중요합니다. 왜냐하면 온전한 기름부음을 받으셨던 주님이 십자가를 통과하여 인간의 몸을 벗으시고 우리에게도 그 기름을 부어 주시기를 원하시는 것입니다. 이제 제사장과 선지자와 왕들에게 선별되어 부어졌던 기름부음을 만민에게 부어 주시고자 하십니다. 그 사역은 예수님만이 하실 수 있습니다. 예수님은 제사장, 선지자, 왕의 3중 직분을 모두 소유하신 분이십니다. 그리고 이를 통해 우리를 구원하시는 메시야의 사명을 완수하시는 분이십니다. 이것이 예수님이 지신 십자가에 담겨진 뜻입니다. 따라서 십자가는 아픔, 멸시, 모멸을 다 당하신 그리스도의 몸이며 하나님 나라를 위한 총체적, 초월적 능력이 되는 것입니다.

이제 예수님은 무리와 제자들을 불러 말씀하십니다. 나를 따라오려거든 자기를 부인하고 자기 십자가를 지고 따르라고 말입니다. 이것은 예수님이 바라시는 제자도입니다. 예수님의 제자라면, 제자의 삶을 살겠다면, 그리고 제자의 길을 가겠다면 자기를 부인하고 자기 십자가를 져야 합니다. 자기를 부인하라는 말씀은 십자가 앞에 나의 생각과 사고를 다 내려놓고 오직 십자가만 바라봐야만 하는 것을 의미합니다. 그리고 주님의 십자가가 오늘 나의 십자가가 되어 주님의 기대에 부응하여 주님과 동역하는 삶으로 주님의 나라를 건설해 나가고 주님의 재림을 기다리는 삶을 의미합니다. 존 스토트는 그의 제자도에서 '여덟 가지 자질'을 언급했습니다 그것은 세상에 "순응하지 않고(불순응)" 예수 그리스도를 "닮아" 가는 삶, 말씀 속에 "성숙"함과 하나님 맡기신 "창조 세계를 돌보며" 검소함으로 이웃을 돌보는 "단순한 삶", 또한 예배자로서 "균형 잡힌 삶", 자만하지 않고 나약함을 인정하는 하나님 "의존", 끝으로 제자의 삶에서 "죽음"이 발견 되는 것. 이렇게 여덟 가지를 제자도라고 말하고 있습니다. 우리가 예수님의 제자라면 오늘 주신 말씀 속에서 그 답을 찾아야 할 것입니다.

★ 적용 질문_

1. 베드로의 항변하는 모습에서 나의 모습을 볼 수 있습니까?
2. 나의 삶에서 자기를 부인해야 할 것은 무엇입니까?
3. 내가 지고 가야 할 십자가는 무엇입니까?

★ 말씀으로 기도하기_

"하나님 아버지! 오늘 말씀에서 주님의 음성 듣기를 소망합니다. 너는 나를 누구라 하느냐 주님의 이 물음에 자신 있게 대답할 수 있는 제자가 되길 원합니다. 또한 마땅히 내가 져야 할 십자가를 은혜로 지고 갈 수 있는 제자이기를 원합니다. 성령님 인도해 주옵소서. 예수님의 이름으로 기도합니다. 아멘."

주제: 만민이 기도하는 집

말씀 요약_

　예수님은 시장하셔서서 혹 무화과나무에 열매가 있을까 하여 가서 보신 후 잎만 무성한 것을 보시고 저주하셨습니다. 그리고 예루살렘 성전에 들어가신 예수님은 그곳에서 장사하는 자들을 내쫓으며 "내 집은 만민이 기도하는 집"이라고 하십니다. 또한 아침에 그 곳을 지나갈 때 저주한 무화과나무가 마른 것을 보고 베드로가 말할 때, 예수님은 하나님을 믿으라 하시며 응답 받는 기도에 대해 말씀하십니다.

질문하기_

1. 왜 예수님은 무화과나무를 저주하셨을까요?
2. 왜 예수님은 성전을 강도의 소굴로 만들었다고 책망하셨을까요?

묵상하기_

1. 왜 예수님은 무화과나무를 저주하셨을까요?

　본문 말씀을 보면, 예수님이 시장하셔서 무화과나무에 열매가 있는가 하는 마음으로 가서 보셨는데 열매는 없고 잎만 무성함으로 무화과나무를 저주하셨습니다. 그런데 이 말씀이 쉽게 이해가 되지 않을 수 있습니다. 열매가 없다고 저주하실 예수님이 아니시기 때문입니다. 더욱이 저자 마가는 지금은 무화과 때가 아니라고 명확하게 기록하고 있습니다. 그렇다면 예수님이 무화과나무를 저주하신 이유가 무엇일까요? 이를 이해하기 위해서는 무화과나무와 이스라엘의 계절을 알아야 합니다. 무화과나무는 유월절이 있는 4월부터 초막절이 있는 10월까지 다섯 번의 열매를 맺는데 6개월의 우기를 거쳐 첫 번째 열리는 무화과를 "파게"(page)라고 하며 그 다음에 열리는 무화과를 "테에나"라고 합니다. 히브리어로 이렇게 다른데 성경은 무화과나무라고만 번역을 해놓았기 때문에 이해의 어려움을 겪게 됩니다. 즉 첫 열매인 "파게"를 맺지 못하는 무화과나무는 여름 내내 다른 열매 "테에나"도 맺지 못하는 것입니다. 이는 잎만 무성하고 열매 맺지 못하는 이스라엘의 영적 상태를 말씀하고 있습니다. 그 결과가 무엇입니까? 곧 나오게 될 예수님을 십자가에 못 박는 일입니다. 영적 소경이 되어 앞을 보지 못하니 잎만 무성하고 메시아를 십자가에 내주는 죄를 저지르고 맙니다.

오늘 말씀을 나에게 적용해봐야 예수님의 마음을 알 수 있습니다. 우리는 교회 공동체에서 여러 가지 많은 직분을 맡습니다. 순장, 지파장, 각 국의 국장, 부장, 팀장, 남여 선교회 회장, 총무, 부장, 안수집사회의 임원, 권사회의 임원, 집사, 권사, 장로 등 수많은 직분이 있고 또 여러 개의 직분을 맡아 사역을 합니다. 그런데 예수님이 열매를 보려고 와서 보시니 열매는 없고 소리만 요란하다면 오늘 잎만 무성한 무화과나무를 저주하신 주님께서 어떻게 하시겠습니까? 그

많은 직분들이 열매의 결과가 아니라 무성한 잎이라면 주님은 분명 책망하실 것입니다. 그것은 외형과 의식에 치우쳐 종교적 삶으로 경건의 능력을 상실한 우리의 모습을 경고하신 것입니다. 결과는 열매로 나타나야 합니다.

2. 왜 예수님은 성전을 강도의 소굴로 만들었다고 책망하셨을까요?

이제 예수님이 예루살렘 성전에 들어가셨습니다. 그런데 성전은 온통 장사하는 자들과 이를 거래하는 자들로 가득했습니다. 이를 가증히 여기신 예수님은 성전 안에서 매매하는 자들을 내쫓으시며 돈바꾸는 자들의 상과 의자를 둘러 엎으시고 성전을 강도의 소굴로 만들었다고 대노하십니다. 그리고 "내 집은 만민이 기도하는 집"이라고 선포하십니다. 이 말씀을 들은 대제사장과 서기관들은 오히려 어떻게 예수님을 죽일까 모의합니다.

예루살렘 성전은 전국 각지에서 제사를 드리러 오는 성전입니다. 초기에는 드릴 제물을 직접 갖고 오기도 했지만 그것이 힘들고 오는 길에 제물이 죽거나 병이 드는 문제가 생김으로 편의적 사고로 성전 가까운 곳에서 매매가 이뤄지게 된 것입니다. 그것이 대제사장 및 서기관들과 결탁하여 성전 안에서 매매가 허용되고 이익의 일부가 그들에게 감으로 성전이 장마당으로 변질된 것입니다. 예배와 기도의 장소가 장마당으로 변질되어 본질은 사라지고 비본질에 더 열을 내는, 그야말로 욕심과 탐심으로 가득 찬 강도의 소굴이 된 것을 주님은 내어 쫓으시며 성전의 본질을 회복하십니다.

　오늘 주님은 말씀하십니다 "내 집은 만민이 기도하는 집이다"라고 말입니다. 사순절 기간을 보내면서 이 말씀을 깊이 묵상해야 합니다. 만민이 기도하는 집에 기도가 끊어졌을 때, 강도의 소굴이 될 수 있기 때문입니다. 주님 말씀하시는 "내 집"은 두 가지 의미가 있습니다. 그것은 교회와 우리 심령입니다. 모두 주님의 집입니다. 교회 공동체가 기도하지 않았을 때 건강을 잃어가게 되며 우리가 기도하지 않았을 때 내 의만 장성하고 율법주의자가 되며 육체의 소욕에 충실히 이끌리는 삶을 살아가게 됩니다. 기도하지 않으면 육체의 소욕이 성령의 소욕을 거스르게 되고 결국은 사망에 이르게 됩니다. 그러므로 우리 주님은 우리가 그렇게 망가지게 두지 않으시고 오늘 장사하는 자들을 내어 쫓으시며 환전상의 상과 의자를 둘러 엎으신 것과 같이 우리의 죄를 둘러 엎으십니다. 어떻게 둘러 엎으십니까? 그것은 지극한 하나님 사랑의 학교에 우리를 입학시켜 재교육 시키시는 것입니다. 그 학교가 광야학교입니다. 거기엔 하나님이 손수 만드신 커리큘럼이 있고 우리는 그것을 고난의 쓴 잔이라고 합니다. 왜냐하면 광야학교를 졸업하려면 그 교육 과정을 잘 이수해야 하기 때문입니다. 많은 사람들이 예수를 믿는다 하면서 외식하는 자에 머무를 때가 있습니다. 저를 비롯해 다수가 바리새인과 서기관과 같은 외식하는 자에서 벗어나지 못할 때가 많습니다. 자기는 그렇지 않다고 하지만 자기만 모를 뿐 주님도 알고 주변 사람들도 다 압니다. 우리는 내 죄를 스스로 둘러엎어야 합니다. 자복하고 통회하는 진정한 회개로 말입니다. 예수님이 오늘 성전을 청결하게 하신 것과 같이 우리도 매일 우리 안의 성전을 깨끗하게 해야 합니다.

그리할 때 강도가 숨어들 수 없는 하나님의 거룩한 집, 성전이 될 것입니다.

★ 적용 질문_

1. 나의 주요 관심사가 무성한 잎에만 있지는 않습니까?
2. 내 안의 성전을 청결하게 하기 위해 둘러엎어야 할 것은 무엇입니까?
3. 나의 기도가 회개 없이 욕심을 채우려는 기도는 아닙니까?

★ 말씀으로 기도하기_

"하나님 아버지! 깊은 말씀의 묵상 없는 삶이 의식적 종교행위로 열매 없이 잎만 무성하게 됨을 깨닫습니다. 언제나 말씀 속에 자신을 비춰보며 주님의 뜻을 분별하여 주님의 기쁨이 되는 열매 맺는 무화과나무가 되기를 소망합니다. 공동체 안에서 주님의 나라를 만들어 가는 복 있는 삶이 되도록 인도해 주옵소서. 예수님의 이름으로 기도합니다. 아멘."

주제:복음의 전통 VS 나의 전통

말씀 요약_

하나님은 처음부터 우리를 택하셔서 성령의 거룩하게 하심과 진리를 믿음으로 구원을 받게 하셨습니다. 그러므로 하나님의 영광을 위해 부르심을 받았기에 가르침을 받은 전통을 지키라고 합니다. 끝으로 악한 사람들로부터 지켜 주시기를 중보 기도해야 함을 말씀하고 있습니다.

질문하기_

왜 예수님은 가르침을 받은 전통을 지키라고 하셨을까요?

묵상하기_

왜 예수님은 가르침을 받은 전통을 지키라고 하셨을까요?

하나님이 말씀하시는 전통의 의미가 무엇인지 살펴봐야 합니다. 오늘 말씀은 사도 바울이 데살로니가 성도들에게 쓴 편지입니다. 바울은 이 편지에서 '주께서 사랑하시는 형제들'이라고 칭하며 먼저 하나님께 감사했습니다. 그 감사는 하나님이 우리를 처음부터 택하시고 성령의 거룩하게 하심과 진리를 믿음으로 구원을 받게 하신 은혜에 대한 감사였습니다. 다시 말씀드리면 우리의 어떤 노력이나 공로가 있어서가 아니라 전적인 하나님의 은혜로 택함을 받아 성령의 인치심으로 진리를 믿어 구원에 이른 감사를 말씀하고 있는 것입니다. 그리고 이 택함은 창세 전에 이미 하나님께서 우리를 선택하신 경륜의 비밀임을 에베소서 3장에서 말씀하고 있습니다. 또한 이 구원을 위해 복음으로 우리를 부르셨고 이는 예수 그리스도의 영광을 얻게 하려 하심이라고 성경은 말씀하고 있습니다. 이것은 복음의 목적입니다. 그러므로 바울은 말과 편지로 가르침을 받은 전통을 지켜서 굳건하게 서야 함을 권면하고 있습니다. 그러나 전통을 지키는 것이 쉽지 않기에 서로 중보 기도에 힘쓸 것을 말씀하고 있습니다.

오늘 말씀을 묵상하면서 하나님께서 말씀하시는 전통이 무엇인가 생각해 보았습니다. 그것은 택한 백성에게 베푸시는 하나님의 구원 경영임을 깨닫게 됩니다. 왜냐하면 오늘 바울이 전한 복음은 예수 그리스도의 십자가와 부활에 관한 것이기 때문입니다. 또한 바울이 말로나 편지로 가르친 복음은 바로 주께로부터 받은 것이라고 고린도전서 11:23을 통해 말씀하고 있습니다. 가르침을 받은 복음의 기원이 예수 그리스도께 있는 것입니다. 그렇기 때문에 가르침을 받은 자들은 가르침을 받은 대로 그 전통을 지켜야 합니다. 우리의 생각이 있더라도, 배운대로 지키고 삶에 적용하는 것이 중요합니다.

그렇다면 나의 전통은 무엇일까요? 나의 지식, 경험, 가치관, 철학, 완고한 고집과 신념이며 여기에 일부 깨달은 말씀과 은혜가 덧입혀지고 포장되어 그것이 믿음의 인격이 되어 나의 신앙으로 나타날 때 그것을 나의 전통으로 볼 수 있을 것입니다. 그런데 이런 전통은 몽학 선생이 되어 나뿐만 아니라 다른 사람도 잘못 인도할 위험성이 있습니다. 또한 이런 전통은 가시가 되어 주변 사람을 찌르고 공동체에 아픔을 가져올 수 있습니다. 왜 그렇습니까? 그 전통 안에는 내가 옳다는 절대 가치가 자라잡고 있기 때문입니다. 그 전통은 자기 의로 가득 차 있으며 견고한 성이 되어 좀처럼 무너지지 않는 특성이 있습니다. 내가 옳다는 비약적 논리가 자신을 지배하고 그것을 지키기 위해 강한 성품을 뿜어내기도 합니다. 이것은 인지 오류이고 왜곡된 진리입니다. 2천 년 전 이스라엘 장로들과 지도자들이 그런 전통으로 예수 그리스도를 십자가에 못 박았습니다. 내 지식과 논리가 나를 지배할 때 영적 소경이 되어 진리를 볼 수 없기 때문입니다. 이와 같은 나의 전통은 결과적으로 나의 옛사람이며 율법이며 복음을 떠난 것입니다. 이것이 그리스도의 피로 새롭게 거듭나지 않으면 신념적 믿음의 범주를 벗어날 수 없고 나의 그런 전통이 왕노릇 하며 오늘도 예수 그리스도를 십자가에 못 박는 삶을 살아갈 수밖에 없습니다. 그러므로 우리는 말씀의 지배를 받아야 합니다. 그것은 하나님의 통치 안에 거하는 것이며 그것이 복음의 전통인 것입니다. 진리는 반드시 지켜져야 하고 나의 전통은 유연성을 가져야 합니다. 왜냐하면 나의 전통은 절대 가치가 될 수 없기 때문입니다.

말씀을 묵상하고 묵상한 말씀을 적용하려고 애쓰는 저도 나만이 갖고 있는 전통이 있습니다. 그 전통이 때론 고집으로 나타날 수 있고 내 의나 옳음으로 상대를 이기려 하는 어리석음으로 나타날 수 있습니다. 젊었을 땐 부부 싸움으로도 나타나서 아내의 마음을 아프게 한 적도 있고 내 옳음의 절대 가치로 인해 판단의 실수를 가져오고 극심한 광야를 걷기도 했습니다. 이런 광야를 거쳐 회복의 은혜를 경험한 저는 고난의 문제 핵심에는 자기 문제가 있음을 깨닫게 되었고 오늘 말씀을 묵상하면서 그것은 나의 전통이었구나, 깨닫는 계기가 되었습니다. 그러므로 나의 삶 가운데 기도해도 풀리지 않는 막힌 담이 있다면 잠시 뒤돌아 서서 자신을 점검할 필요가 있습니다.

자기 부인이 무엇입니까? 이런 왜곡되고 인지 오류 된 나의 전통을 십자가에 못 박는 것입니다. 그리고 그리스도의 옷으로 갈아입는 것입니다. 이것을 거듭남이라 합니다. 내가 본질보다 비본질에 더 생각이 몰입되고 완고함이 나타난다면 그것은 나의 전통이 일하는 것입니다. 우리는 그것을 항상 경계해야 합니다. 왜냐하면 사탄의 전략에 이용될 위험이 매우 크기 때문입니다. 저는 큐티를 하면서 나의 전통을 멀리하고 복음의 전통 안으로 들어가려고 애를 쓰지만 가끔 나의 전통이 나의 인격을 훼손하고 나의 겉 사람으로 나타날 때가 있어 민망할 때가 있습니다. 그러므로 나의 옳음이 지나쳐 교만이 되지 않으려 경계합니다. 잠들기 전, 하루를 돌아보며 자신을 살피기도 합니다. 나의 전통을 십자가에 못 박는 것은 말로는 알고 쉬울 것 같지만 결코 쉽게 이룰 수 없습니다. 거기에 눈물의 기도와 몸부림의 애씀이 지속되어야 합니다. 말씀 안에 나를 던지고 나를 맡기는 믿음만이 이를 가능케 합니다. 말씀은 부활이요 생명이신 예수 그리스도이기 때문입니다.

★ 적용 질문_

1. 나는 택함 받은 하나님의 자녀임을 확신하며 감사하고 있습니까?
2. 복음을 거스르고 왕 노릇하는 나의 전통은 무엇입니까?

★ 말씀으로 기도하기_

"하나님 아버지! 주님께서 부활의 첫 열매가 되어서 저희의 산소망이 되심을 감사합니다. 주님으로부터 온 복음의 전통을 지켜 굳게 서고 나를 주장하는 나의 전통을 단호히 십자가에 못 박을 수 있도록 성령님 역사하여 주옵소서. 그러므로 복음이 멀리 퍼져 나가며 주님의 영광이 되는 복된 삶이 되게 인도하여 주옵소서. 예수님의 이름으로 기도합니다. 아멘."

주제: 게으른 자에 대한 경고

말씀 요약_

  본문에서 바울은 게으르게 행하고 사도들의 가르침대로 행하지 않는 모든 지체들에게서 떠나라고 명령을 합니다. 그리고 게으른 자들에게 일하여 자기 양식을 먹으라고 권면합니다. 또한 열심히 선을 행하는 일에 낙심하지 말고, 그 사람이 사도의 가르침에 순종하지 아니하면 그로 하여금 부끄럽게 하되, 원수와 같이 생각하지 말고 형제 같이 권면하라 합니다.

질문하기_

왜 하나님은 일하기 싫거든 먹지도 말라 하셨을까요?

  오늘 말씀을 이해하려면 데살로니가 교회의 당시 상황을 살펴봐야 합니다. 데살로니가 교회는 믿음의 역사, 사랑의 수고, 소망의 인내가 있는 교회로 모든 믿는 자의 모범이 되는 교회였다고 바울은 데살로니가전서 1:3을 통해 칭찬하고 있습니다. 그러나 바울을 근심하게 하는 일이 있었는데 그것은 교회 공동체 안에 '예수님의 재림이 가까웠으니 세상일을 중요하게 여기지 않고 재림 주를 기다리는 신령한 생활만이 중요하다'는 생각이 퍼져 있는 것이었습니다. 그렇기 때문에 마땅히 해야 할 일을 하지 않고 곧 주님이 오시니 먹고 놀자는 왜곡된 종말론을 믿고 있는 것입니다. 이런 그들을 향해 바울은 신앙인의 일에 대한 바른 태도를 가르치면서 "일하기 싫거든 먹지도 말라"고 말하고 있습니다.

사실 바울은 섬김을 받을 위치에 있었고 권리도 있었습니다. 그러나 바울은 아무에게도 폐를 끼치지 않고자 애써 주야로 일했습니다. 이는 다른 성도들이 본받게 하고자 하는 바울의 뜻이 있기 때문입니다. 그런데 교회 공동체의 상황은 바울의 기대를 역행하는 것이었습니다. 여기서 '일하기 싫거든'의 "싫거든"에 담긴 원어적 의미는 '원치 않는다.' '기뻐하지 않는다.'라는 뜻으로 다른 말로는 일을 마음속으로 원해서 하는 태도, 기쁨으로 일을 하는 태도가 아니라는 말입니다. 따라서 바울이 하고자 하는 말은 일에 대하여 마음속에서 원해서 하는 태도로, 기쁨으로 일을 대하는 것이 일에 대한 그리스도인의 자세임을 말하고 있는 것입니다. 중세 베네딕토 수도원에서는 엄격한 수도 생활을 강조하고 관리하면서도 그들은 기도와 노동을 영성 생활의 중요한 두 개의 기둥으로 생각했습니다. 그러므로 수도원의 표어를 "Ora et Labora(오라 에뜨 라보라)"라고 만들었는데 이것은 '기도하라 그리고 일하라'는 말입니다. 이는 노동의 중요성을 영성 함양의 중요한 도구로 이해한 것입니다. 바울은 교회 공동체에 그리스도인의 노동에 대한 자세를 가르침으로 전통이 이어지길 기대했는데 그들은 잘못된 종말론에 미혹되어 게으른 삶을 살아감으로 바울을 크게 실망시켰습니다.

당시의 상황을 살펴보면서 이런 일들이 21세기를 살아가는 오늘

날에도 여전히 진행형임을 깨닫게 됩니다. 한동안 세상을 시끄럽게 했던 다미선교회를 비롯하여 여러 사이비 이단들이 성도들을 지금도 미혹하고 있습니다. 요즈음은 젊은 세대들을 향하여 '삼포'니 무슨 포니 하며 포기한 세대를 빗대어 하는 말들이 유행하고 있습니다. 또 캥거루족이란 말도 있습니다. 이런 말들은 희망을 잃고 포기한 삶과, 성인이 되었음에도 부모에게 얹혀사는 이 시대 젊은이들의 자화상을 대변해 주고 있습니다. 바울은 분명하게 말합니다. 일하기 싫거든 먹지도 말라고 말입니다.

저는 다니던 삼성에 사표를 쓰고 '광림'이라는 중소기업 관리 책임자로 입사하면서 가나안 농군학교에 입교하여 2주 교육을 받은 경험이 있습니다. '광림'은 창업주의 뜻에 의해 모든 입사하는 사람은 가나안 농군학교에 입교하여 교육을 받은 후에야 기수를 인정받게 했습니다. 가나안 농군학교를 처음 경험한 저로서는 모든 과정이 새롭고 신기했으며 잔잔한 감동이었습니다. 밥 한 그릇의 쌀 낱개를 세면서 농부의 땀을 생각하도록 했으며 실제 밭에서 땀 흘려 일을 하게 함으로 땀의 의미를 깨닫게 했습니다. 또한 치약도 손톱만큼만 짜서 사용하게 함으로 절약이 무엇인지 몸으로 느끼게 했습니다. 가나안 농군학교의 정신은 거룩한 땀, 바로 노동이었습니다. 이 과정을 통해 일을 맞이하는 자세가 달라졌습니다. 마음속에서 원해서 하는 자세로, 기쁨으로 하는 자세로 일에 대한 근본적 마인드가 바뀐 것입니다.

게으름에 대한 바울의 강한 경고의 메시지를 자식들에게도 삶으로 실천하도록 적용했습니다. 큰 아들이 중국 이우시에서 무역을 하겠다고 하여 그곳 사무실을 넘겨주었습니다. 그런데 게으르고 나태한 삶으로 부모를 크게 실망시켰습니다. 수입은 없고 지출만 쌓이게 되며 부모에게 손을 내미는 상황이 반복되었습니다. 열심히 하면서 그러면 괜찮은데 게으름의 결과이기에 그대로 둘 수 없었습니다. 그래서 어느 시점에 지원을 끊겠다고 통보하고 실제 그렇게 했습니다. 결국 본인의 발등에 불이 떨어지니까 집중적으로 바이어를 발굴하고 인터넷에 카페를 만들고 움직이기 시작했습니다. 그리곤 자기 앞가림을 해나가게 되었습니다. "일하기 싫거든 먹지도 말라" 이 정신은 오늘도 여전히 유효합니다. 왜냐하면 노동은 하나님이 인간을 창조하시며 주신 신성한 삶의 방법이기 때문입니다. 그러므로 노동의 땀은 거룩한 땀으로 인정받아 마땅합니다.

★ 적용 질문_

1. 나는 하나님이 주신 노동의 참 의미를 생각하고 기쁨으로 감당하고 있습니까?
2. 나의 자녀들에게 노동의 정의를 어떻게 가르치겠습니까?

★ 말씀으로 기도하기_

"하나님 아버지! 게으른 자들로 인해 우리가 낙심되지 않게 하시며 그리스도인의 본분을 다할 수 있도록 인도해 주옵소서. 다음 세대를 위해 오늘의 메시지를 전하게 하시며 바울과 같이 우리도 본이 되는 삶이 되게 하옵소서. 예수님의 이름으로 기도합니다. 아멘."

주제: 장자 명분의 가치

말씀 요약_

　이삭이 40세에 리브가를 맞이하여 아내로 삼습니다. 리브가가 임신을 못하므로 이삭이 그를 위하여 여호와께 간구하매 여호와께서 들으시고 리브가가 임신을 하였는데 "쌍태라 두 아들이 태속에서 서로 싸우는지라" 이에 다시 여호와께 묻자온대 하나님은 "큰 자가 어린 자를 섬기리라" 하십니다. 후에 장성하여 장자인 에서가 사냥을 나갔다가 피곤하여 돌아 와서 야곱이 끓인 팥죽을 달라 하매 야곱은 장자의 명분을 팔라고 하고 에서는 팥죽 한 그릇에 장자의 명분을 팔아버립니다.

질문하기_

왜 에서는 장자의 명분을 야곱에게 팔았을까요?

　본문을 이해하기 위해서는 당시의 시대상을 이해할 필요가 있습니다. 당시는 주로 목축업과 사냥으로 생계를 이어가는 형태의 삶을 살았다고 봅니다. 그러므로 사냥은 중요한 먹을거리 수단이었습니다. 그런데 에서는 남성답고 사냥을 잘해서 이삭으로부터 사랑을 받았습니다. 반면 야곱은 장막에 주로 거주하면서 목축과 어머니 리브가의 일을 도운 것 같습니다. 아버지가 사냥한 고기를 좋아하는 것을 안 에서가 여느 때와 마찬가지로 사냥을 나갔다가 늦게 집에 돌아오니 배가 고파 허기진 그런 상황이었습니다. 그런데 야곱이 팥죽을 끓이고 있었고 에서는 그것을 먹게 하라고 요청을 합니다. 그러나 야곱은 이 기회를 틈타 에서에게 장자의 명분을 팔 것을 요구하고 에서는 당장 배고파 죽겠는데 이 장자의 명분이 무엇이 유익한가 하면서 쉽게 팔아버립니다.

우리는 그 당시 장자의 명분이 갖는 의미를 알아야 합니다. 첫째 사회적인 면에서는 부모 재산을 상속받는 상속권을 갖습니다. 둘째 장자에게는 재판권이 주어집니다. 셋째 하나님의 기업을 이어받는 권리가 주어집니다. 넷째 축복권이 있습니다. 그리고 가문을 대표합니다. 다시 말해서 장자는 한 가문, 종족을 다스릴 수 있는 주도권을 갖는 상징성이 있는 것입니다. 에서와 야곱이 태중에서 서로 싸운 것은 어찌 보면 장자의 명분을 두고 싸운 것입니다. 그렇다면, 한 가문의 유업의 계승을 할 수 있는 장자권을 에서는 왜 쉽게 팔았을까요? 성경은 그가 심히 피곤했다고 했습니다.(30절) 여기서 피곤했다는 것은 지치다, 목마르다. 라는 뜻입니다. 또 32절을 보면 "내가 죽게 되었으니"라고 했듯이 죽을 만큼 목마르고 지쳤던 것입니다. 그리고 34절에 장자의 명분을 가볍게 여겼다고 했습니다. 이 말은 '업신여기다, 무가치하게 여겼다, 경멸했다'는 뜻입니다. 결과적으로 에서는 장자의 중요성을 망각한 채, 육신적 피곤함 속에 장자의 명분을 무가치하게 여기고 팥죽 한 그릇에 팔아버린 것입니다. 이것이 근본적 이유입니다.

하나님은 에서가 야곱을 섬길 것임을 말씀하셨습니다. 이는 에서의 성품이 장자의 명분을 중요하게 여기지 않고 가볍게 여길 것임을 아신 것입니다. 이런 자가 가문의 대표성을 가질 수 없습니다. 아무리 죽을 만큼 힘들어도 팔아서는 안 되는 것이 있습니다. 그런데 에서는 그것을 가볍게 여겼습니다. 이것은 교만이요 죄인 것입니다. 반면에 야곱은 비록 야비한 행동을 했지만 장자의 명분을 끊임없이 사모했습니다. 그리고 그것을 축복으로 받아들였습니다. 그래서 하나님의 계보는 야곱을 통해 계승되고 있는 것입니다.

오늘 장자의 명분은 우리에게 어떤 의미일까요? "영접하는 자 그 이름을 믿는 자에게는 하나님의 자녀가 되는 권세를 주셨다"고 요한복음 12장에서 말씀하고 있습니다. 우리가 지금 장자의 명분을 가진 자라는 것입니다. 즉 하나님의 자녀로서 하늘과 땅의 유업을 물려받을 장자의 명분을 가진 자가 곧 우리라는 것입니다. 그리고 장차 천국을 유업으로 물려받고 천국에서 영원한 안식을 누리며 살게 되는 것입니다. 장자 명분의 가치는 바로 예수 그리스도입니다.

오늘 말씀을 묵상하면서 옛날 왕정 시대에 양반이 가난과 금전적 압박에 못 견뎌 족보를 팔았던 역사가 생각났습니다. 족보는 그 가문을 대표하는 것이고 신분을 증명하는 것이었습니다. 오늘 장자의 명분과는 조금 성격이 다르지만 가문을 대표하는 족보를 팔았다는 것은 결과적으로 족보가 갖는 명분과 상징성을 포기한 것을 의미합니다. 저희 집에도 문화 류씨 족보가 대를 이어 내려오고 있습니다. 현재는 아들들까지 족보에 기록이 되어 있습니다. 시대가 바뀌어 족보에 과거처럼 의미를 두지는 않지만 뿌리라는 점에서는 상징성이 크다는 생각이 듭니다. 저 또한 한 가문의 장자입니다. 그런데 가문의 짐이 너무 무거워 한때는 벗어 버리고 싶은 충동을 느낀 적도 있습니다. 장자로서 당연히 받아야 할 유산은 받지 못하고 상처로 인한 아픔 속에 도리, 의무, 책임 등 이런 짐만이 바위처럼 양 어깨를 눌렀기 때문입니다. 그러나 오늘 말씀을 묵상하면서 그러함에도 그것은 지켜야 할 이유가 있음을 깨닫게 됩니다.

그렇다면 이 시대에 장자의 명분을 파는 것은 무엇입니까? 그것은 우리가 그리스도인이라는 명분을 가볍게 여기고 또는 우습게 여기고 죄의 길에 서는 것입니다. 또한 계명을 지키지 않고 스스럼없이 죄를 짓는 것입니다. 가룻 유다도 은 30에 예수님을 팔았습니다. 우리의 삶에서 예수님을 팔게 되는 것은 바로 우리의 죄 때문입니다. 그러므로 아무리 달콤한 인생의 팥죽이 눈앞에 있어도 주일 성수를 팔면 안됩니다. 신앙 고백인 십일조를 팔면 안 됩니다. 즐거움과 감흥을 자극하는 유혹이 밀려와도 거룩을 팔면 안 됩니다. 지켜야 할 것은 목숨을 걸고라도 지켜야 합니다. 이것이 장자의 명분을 가진 자로서 장자의 명분을 축복으로 누릴 수 있는 비결입니다. 히브리서 12장에서는 먹을 것을 위해 장자의 명분을 판 에서를 일컬어 망령된 자라고 했습니다. 우리가 이 땅을 살아가면서 우리의 욕심에 의해 장자의 명분을 파는 일은 결코 없어야 하겠습니다. 우리 역시 장자의 명분을 팔게 되면 어린 자를 섬기는 자가 될 것입니다. 야곱처럼 장자의 명분을 사모할 뿐만 아니라 장자의 명분을 축복으로 누려야 합니다. 그것이 우리에 대한 하나님의 기대일 것입니다. 우리가 장자의 명분을 잃게 되는 것은 하나님의 전통을 적용한 삶이 아니라 우리의 전통에 따른 삶을 살기 때문입니다. 그 전통은 옛사람이요 율법이요 우리가 십자가에 못 박아야 할 죄입니다.

묵상을 하면서 나 역시 순간, 순간 장자의 명분을 팔 때가 많다는 생각이 들었습니다. 일상적인 삶에서 혈과 육을 십자가에 못 박지 못하고 내 의지대로 살아가는 그 과정 가운데 '내가 왕이 되어 내 맘대로 살 때가 참 많구나' 하는 것을 생각할 때, 이 또한 장자의 명분을 파는 것과 다를 바 없다는 생각이 들었습니다. 매일 자기 십자가를 지고 자기를 부인하며 거룩한 그리스도인으로 거듭날 때, 그리스도의 기쁨이 됨을 깨닫습니다. 말 한마디, 행동 하나도 그리스도인답게 해야 함을 깨닫습니다. 그러나 참 쉽지 않습니다. 특히 나의 가치관과 충돌될 경우 잠잠히 잠자던 혈과 육이 기지개를 켜게 됨을 봅니다. 또 나의 옳음이 지나쳐 상대에게 아픔이 되고 상처, 분노를 줄 때도 있습니다. 이것이 내가 져야 할 십자가임을 깨닫습니다. 지난 월요일 출근길에 2차선 좁은 도로에서 갑자기 반대편 차선에 있던 오토바이가 튀어나와 제 차 앞을 가로질러 달려갔습니다. 순간의 찰나에 충돌 위기 순간, 가까스로 피할 수 있었습니다. 순간, 나도 모르게 거친 욕이 튀어 나왔습니다. 잠재되어 있던 혈과 육이 일어선 것입니다. 그리스도인으로 나를 지킨다는 것이 참 어려움을 새삼 느낀 하루였습니다.

★ 적용 질문_

1. 장자의 명분을 소홀히 여긴 경험이 있습니까?
2. 장자의 명분을 지키기 위해 어떤 노력을 하셨습니까?

★ 말씀으로 기도하기_

"하나님 아버지! 장자의 명분을 가볍게 여긴 에서를 교훈 삼아 하나님의 장자 된 신분을 힘써 지켜나갈 수 있는 큰 믿음으로 인도해 주시길 원합니다. 매일 내가 져야 할 십자가를 기꺼이 짐으로써 거룩한 그리스도인으로 거듭난 삶을 기쁨으로 감당해 나갈 수 있도록 인도해 주옵소서. 예수님의 이름으로 기도합니다. 아멘."

주제:사람의 소원 VS 하나님의 뜻

말씀 요약_

　라헬은 출산하지 못함으로 인해 언니 레아를 시기하여 여종 빌하를 통해 아들을 낳습니다. 이에 레아도 여종 실바를 통해 아들을 얻습니다. 레아의 아들 르우벤이 들에서 얻은 합환채를 놓고 라헬이 팔라고 요청을 하며 이에 대한 대가로 야곱을 산 레아가 그와 동침하여 자녀를 얻습니다. 하나님은 라헬도 생각하셔서 그의 소원을 들으시고 태를 열어 요셉을 낳게 하십니다.

질문하기_

1. 왜 레아와 라헬은 출산 경쟁을 했을까요?
2. 왜 하나님은 라헬의 소원을 들어 태를 열어 주셨을까요?

묵상하기_

1. 왜 레아와 라헬은 출산 경쟁을 했을까요?

　오늘 창세기 본문은 처음부터 끝까지 출산 경쟁을 하다가 마칩니다. 야곱의 사랑을 받지 못했던 레아를 하나님은 긍휼히 여기셔서 아들을 넷이나 연이어 낳게 하셨습니다. 그런데 이를 시기, 질투한 라헬은 하나님께 기도하기보단 남편에게 내게 자식을 낳게 하라고 떼를 씁니다. 그리곤 여종 빌하를 첩으로 주어 두 아들을 얻습니다. 이에 질세라 레아도 여종 실바를 야곱의 첩으로 주어 두 아들을 얻습니다. 이렇게 서로 출산 경쟁을 하는 이유가 무엇입니까? 그것은 자식을 낳지 못하면 여자로서 수치가 되고 인정을 받지 못하기 때문입니다. 그리고 남편의 사랑을 받는 길이 출산이라고 믿기 때문입니다. 급기야 이 출산 경쟁에 레아의 아들 르우벤까지 합세합니다. 르우벤이 어머니 레아에게 준 합환채를 라헬이 달라고 요청을 하면서 대가로 남편과 동침을 허락하겠다는 것입니다. 이 얼마나 교만이고 기고만장입니까? 아마 라헬이 언니 레아보다 예쁘고 매력적이었던 같습니다. 그래서 야곱은 처음부터 외삼촌 라반에게 라헬을 아내로 주기를 청했고 이를 위해 7년을 일했습니다. 야곱의 사랑을 독차지했던 라헬이 남녀 간 사랑을 촉진하게 하고 임신을 하게 한다는 합환채를 자식을 갖고 싶은 욕심에 레아에게 산 것입니다. 이 굴욕적인 제안에도 불구하고, 남편의 사랑을 목말라 했던 레아는 받아들였고 이를 불쌍히 보신 하나님은 레아의 태를 여셨습니다.

오늘 두 자매가 경쟁적으로 출산한 자녀들은 그들의 이름에서도 그들의 마음과 상황을 엿볼 수 있습니다. 레아가 낳은 르우벤은 "보라 아들이라"는 뜻입니다. 사랑을 받지 못한 그가 아들을 낳고 당당히 보라고 선언하는 모습으로 보입니다. 시므온은 "들으심"이란 뜻으로 자신이 사랑 받지 못함을 여호와께서 들으셨다는 뜻입니다. 레위는 남편과 "연합"했다는 뜻입니다. 셋째 아들까지 낳은 것은 남편과의 연합을 이룬 것으로 본 것입니다. 유다는 아들을 낳고 기뻐서 여호와를 찬송하는 "찬송함"의 뜻을 갖고 있습니다. 또 잇사갈은 여종을 남편에게 첩으로 준 대가로 얻었다 하여 "값"이란 뜻입니다. 스블론은 이제 남편이 나와 함께 살 것이란 "거함"의 뜻을 갖고 있습니다. 또한 여종 실바를 통해 얻은 갓은 "복됨"이란 뜻인데 동생 라헬에 이어 자신이 또 자식을 얻은 것에 대한 자기 고백입니다. 아셀은 비록 여종을 통해 얻게 된 아들이지만 이를 통해 모든 딸들이 자기를 기쁜 자로 여길 것이란 "기쁨"의 뜻을 갖고 있습니다. 라헬의 여종 빌하가 낳은 단은 자식을 낳지 못한 그 억울함을 하나님이 푸셨다는 뜻으로 "억울함"이며 납달리는 언니와 크게 경쟁하여 얻었다는 "경쟁함"을 뜻합니다. 그리고 라헬이 낳은 요셉은 요셉을 통해 그동안 자식 못 낳은 부끄러움을 하나님께서 씻으셨다 하고 다른 아들을 더 하기를 원한다는 "더함"의 뜻입니다. 마지막으로 베냐민은 라헬이 산고로 죽기 직전 "베노니"로 부르며 슬픔의 아들이라고 했으나 야곱이 베냐민으로 정정했으며 "오른손의 아들"이란 뜻을 갖고 있습니다. 이렇듯 자식들의 이름에서도 두 자매가 얼마나 치열한 출산 경쟁을 하였는지 알 수 있습니다.

오늘 야곱의 가정을 보면 막장 드라마를 보는 것 같습니다. 왜 그렇습니까? 하나님은 일부일처제를 명하셨음에도 고대 관습에 의해 일부다처제를 욕심으로 활용했으며 특히 자매를 다 아내로 맞는 기막힌 일이 일어난 것입니다. 일부일처제를 강조하신 성경 말씀은 마태복음19:6, 로마서 7:2, 고린도전서7:3, 말라기 2:15, 에스라9:1-

44에 자세히 나와 있습니다. 자매를 아내로 맞이함으로 시기, 질투, 경쟁하게 만들었고 자녀 출산으로 승부를 걸도록 했습니다. 그런데 더 기막힌 것은 여종을 첩으로 주면서까지 출산에 목을 매었다는 사실입니다. 여기에 최음제로 쓰이는 합환채까지 동원했다는 사실은 놀랐습니다. 이런 야곱의 가문의 흐르는 죄를 우리는 살펴볼 필요가 있습니다. 야곱의 조부 아브라함 때를 잠시 살펴보면 그의 아내 사라가 하나님의 약속을 기다리지 못하고 여종 하갈을 첩으로 주어 이스마엘을 얻는 것을 오늘 라헬과 레아가 똑같은 방법으로 했다는 것입니다. 이 죄의 결과가 오늘날 이스라엘과 중동의 끝없는 싸움 아닙니까? 그리고 야곱의 부모 이삭과 리브가의 지독한 편애를 살펴봐야 합니다. 이삭은 사냥 잘하고 남자다운 에서를 사랑했고 리브가는 조용하고 얌전하며 집에서 어머니 일을 잘 돕는 야곱을 더 사랑했습니다. 그리곤 이삭이 죽기 전에 에서를 축복하려는 것을 알고 야곱과 공모하여 이삭을 속여 야곱이 축복을 받게 했습니다. 이로 인해 형제는 원수가 되고 결국 밧단아람에 있는 외삼촌 라반의 집으로 도피하게 된 것입니다. 이런 죄의 결과는 야곱에게 그대로 전수되었고 야곱 또한 두 아내 중 라헬을 더 편애하여 두 자매가 시기, 질투, 경쟁하도록 하는 상처를 주었으며 열두 아들 중에서 유독 라헬이 낳은 요셉을 편애했습니다. 그 결과 요셉은 형제들에 의해 애굽의 노예로 팔려가는 신세가 되고 말았습니다. 모두가 죄의 결과입니다.

2. 왜 하나님은 라헬의 소원을 들어 태를 열어 주셨을까요?

소원을 들어주시는 하나님의 마음을 묵상해야 합니다. 하나님은 먼저 레아의 소원을 들어주셨습니다. 레아는 남편의 사랑을 받지 못했고 동생 라헬에 대한 열등감이 있었습니다. 그런 레아의 모습을 하나님이 보셨다는 것은 긍휼의 마음으로 살피셨음을 의미합니다. 이에 레아의 태를 열어 르우벤, 시므온, 레위, 유다를 연달아 생산하게 하셨습니다. 그런데 우리가 주목해야 할 것은 사랑받지 못한 레아의 자식들을 통해 하나님의 구속사를 이뤄 가셨다는 사실입니다. 성경은 여기에 대해 구체적 설명이 없어 추측할 뿐이지만 레아는 남편 사랑을 받지 못하는 가운데서도 하나님께 기도했을 것으로 여겨집니다. 라헬은 사랑을 독차지하면서도 자식을 생산하지 못함을 시기하고 억울하게 여겨 야곱에게 내게도 자식을 낳게 하라고 떼를 씁니다. 이런 라헬에 대해 야곱은 화를 내며 내가 하나님을 대신하겠느냐 하고 책망을 합니다. 이는 자식 생산의 주권이 하나님께 있다는 말입니다. 그러니 남편에게 떼를 쓸 것이 아니라 하나님께 기도해야 함을 말하고 있는 것입니다.

레아가 낳은 아들 중에 제사장 지파인 레위가 나왔고, 예수 그리스도의 계보인 유다가 나왔습니다. 하나님은 레아의 소원을 들어주셔서 자식을 다산하도록 하셨을 뿐만 아니라 레위와 유다 같은 지파도 허락하셨습니다. 또한 르우벤이 준 합환채를 라헬이 샀을 때도 하나님은 레아의 소원을 들어주셔서 잇사갈과 스블론을 생산하도록 하셨습니다. 하나님의 긍휼이 일하신 것입니다. 라헬은 어떻습니까?

라헬은 레아가 6남1녀를, 레아의 여종 실바를 통해 2남을 생산 하는 동안 자신의 여종 빌하를 통해 2남을 생산했을 뿐 태가 열리지 않았습니다. 그러니 얼마나 자식에 대한 간절함이 있었겠습니까? 그러나 우상인 합환채를 내려놓고 기도하니 하나님의 긍휼이 일하시고 태가 열렸습니다. 그리고 야곱 가문을 구원할 요셉이 태어나게 됩니다. 이렇듯 하나님은 간절한 기도의 소원을 응답하십니다. 하나님의 긍휼입니다. 그리고 이 긍휼로 하나님의 구속사를 이뤄 가십니다.

우리는 야곱의 역기능 가정을 통해서도 선을 이루시며 역사를 세워 가시는 하나님의 신비를 볼 수 있습니다. 하나님은 택하신 자의 삶을 통해 그분의 주권으로 믿음의 선한 역사를 이뤄 가십니다. 그러나 욕심으로 잉태된 죄의 폐해에 대해서는 그 주인공들이 감내하도록 하셨습니다. 그렇다면 이렇게 인간의 부끄러운 모습을 가감 없이 성경에 기록한 이유가 무엇입니까? 그것은 첫째 성화의 필요성입니다. 우리 인간은 끊임없이 성화되어 가야 할 존재임을 강조하기 위함입니다. 그렇지 않을 때 언제나 죄에 깊이 빠질 우려가 있기 때문입니다. 둘째는 하나님의 선한 뜻에 방향을 맞추라는 것입니다. 그것이 믿음이고 하나님의 기쁨이기 때문입니다. 셋째는 선한 모습으로 전진하며 그분의 선하신 열매를 현실의 삶에서 이뤄내는 삶입니다. 행함이 없는 믿음은 죽은 믿음이라고 했듯이 우리는 삶에서 하나님의 선하신 열매가 맺혀져야 합니다. 이를 위해 기도하고 노력해야 할 의무가 우리에게 있습니다. 넷째는 반사된 빛으로 나를 빛나게 하는 삶이 되게 하려는 것입니다. 예수 그리스도가 내 안에 들어와서 그분의 빛이 나를 반사되게 하는 삶을 의미합니다. 그 분의 빛과 향기가 우리 삶에서 나타나야 함을 말씀하고 있는 것입니다.

우리 가정에도 이런 역기능과 상처가 있을 것입니다. 저도 되돌아보니 조부께서 저를 편애하셨던 기억이 떠올랐습니다. 누가 야단도 못 치게 했고 하늘 같이 위하도록 하셨으며 무엇이든 우선순위에서 1순위였습니다. 농촌에서 일을 나가셔도 늘 등에 업고 다니셨습니다. 이런 편애성이 나도 모르는 사이에 자식들에게도 계승되지 않았을까 살피게 됩니다. 분명히 둘째를 더 사랑하는 제 모습을 봅니다. 물론 아들들의 성격도 반영되었겠지만, 야곱과 같은 둘째를 언제나 더 챙기고 사랑해 준 저희 모습을 볼 수 있었습니다. 성장기에 이런 부모의 모습이 큰 아들에게는 무던히 아픔이고 상처도 되었을 것을 생각하게 됩니다. 그러나 하나님께서 야곱의 가정을 통해 선하신 뜻을 이뤄가셨듯 저희 가정을 통해서도 하나님의 선한 역사를 이뤄가실 것을 믿고 더 말씀 앞으로 다가섭니다.

★ 적용 질문_

1. 편애로 인한 상처와 아픔을 경험한 일이 있으십니까?
2. 연약함 가운데서도 하나님의 선하신 계획을 우리를 통해 이뤄 가심을 신뢰하십니까?

★ 말씀으로 기도하기_

"하나님 아버지! 허락하신 가정을 육체의 욕망으로 뒤흔드는 어리석음이 없게 하시고 하나님의 선한 뜻에 방향을 맞추고 선한 역사를 이뤄가게 하옵소서. 예수님의 이름으로 기도합니다. 아멘."

주제:하나님과 겨뤄 이긴 야곱

말씀 요약_

야곱은 고향으로 돌아가는 길에 예물을 형에게 앞서 보내고 무리 가운데 밤을 지내다 가족과 소유로 하여금 얍복나루를 건너게 하고 홀로 남습니다. 어떤 사람이 찾아와 야곱과 씨름을 하다가 야곱의 허벅지 관절을 쳤지만 야곱은 축복하기 전에는 놓지 않겠다고 합니다. 이에 그 사람은 야곱의 이름을 묻고 이스라엘이라는 새 이름을 주며 떠납니다. 야곱은 하나님을 대면한 것을 깨닫고 그곳 이름을 브니엘이라 합니다.

적용질문_

1. 왜 하나님은 야곱을 홀로 남게 했을까요?

깊은 밤, 홀로 남은 야곱의 그 고독과 외로움이 묻어나는 본문입니다. 야곱은 외삼촌 라반의 집에서 20년의 세월을 보내고 이제 고향 땅으로 가는 길에 형, 에서를 생각하게 되었습니다. 그는 20년의 세월을 보내면서도 늘 에서의 생각이 머리에서 떠나지 않았을 것입니다. 왜냐하면 그가 형을 속여 장자권을 빼앗고 아버지 이삭을 속여 장자에게 주는 축복마저 빼앗았기 때문입니다. 이로 인한 에서의 분노를 피해 외가로 도피한 것이기에 늘 그의 머리에는 이에 대한 두려움과 부담이 있었을 것입니다. 그런데 이제 모든 소유와 가족을 데리고 고향으로 가는 길에 형, 에서를 생각하니 근심과 걱정이 태산 같았습니다. 그래서 에서를 위한 예물을 종들을 통해 먼저 앞서 보내며 형의 마음을 사려고 노력했습니다. 그런데 들려오는 소식에 따르면 형 에서가 군사 400명을 거느리고 달려오고 있다는 것입니다. 가슴이 철렁 내려앉았을 것입니다. 힘으로도 형을 이길 수 없는 야곱으로서 두려움이 가득 찼을 것입니다. 생각다 못해 그는 모든 소유와 가족으로 밤중에 얍복 강을 건너게 하여 안전을 도모하려 했습니다. 이런 야곱의 모습은 상황의 급박성과 긴장감을 잘 알려주고 있습니다. 에서가 공격할 경우 최소한 가족을 보호하려는 야곱의 절박한 마음이 읽혀지고 있습니다. 절체절명의 순간입니다. 이런 상황 가운데 홀로 있는 야곱에게 천사가 찾아와 씨름을 합니다. 그것도 밤이 새도록 씨름을 하고 날이 셀 무렵에 천사는 야곱의 허벅지 관절을 쳐서 위골되게 했습니다. 그러함에도 야곱은 천사를 붙들고 "당신이 내게 축복하지 아니하면 가게 하지 않겠나이다" 하며 천사를 놓아주지 않습니다.

이렇게 힘들고 고독과 외로움, 그리고 위기에 처한 야곱에게 왜 천사가 찾아와 씨름을 했을까를 생각해 봅니다. 저는 이것을 창세기 32:9의 야곱의 간절한 기도에 대한 하나님의 응답으로 봤습니다. 그가 간절함으로 기도하게 된 동기는 형 에서에 대한 두려움이었습니다. 종들을 먼저 보내 문안 인사를 하게 하는데 "내 주 에서에게 이렇게 말하라" "내 주께 은혜받기를 원하나이다." 하라고 시킵니다.

그는 형을 '주'로 자기를 '종'으로 낮추며 형의 노여움을 풀려고 노력하고 있습니다. 그런 가운데 자기 힘으로는 이 위기를 극복할 수 없다는 깨달음 속에 비로소 하나님께 간절히 기도합니다. 조부 아브라함의 하나님, 부모 이삭의 하나님을 찾고 언약의 말씀들을 내세우며 형, 에서의 손에서 구해주기를 간절히 기도합니다. 이 기도에 하나님께서 천사를 보내셔서 씨름을 하게 한 것입니다. 그렇다면 이 씨름을 통해 하나님은 무엇을 일러 주고 싶으셨을까요? 한 마디로 "야곱 너 정신 차리라"는 것입니다. 그동안 얕은 꾀로 형을 속이고, 아버지 이삭을 속이고, 외삼촌 라반에게서 많은 재물을 얻도록 해서 거부가 되어 금의환향 하는 것 같지만 그런 세상적 삶의 방식으로는 안 된다는 것입니다. 또한 형의 만남을 놓고 온갖 근심과 걱정, 복잡한 심정으로 인간적 방법만 간절히 구하는 야곱에게 그 마음을 깨고 이미 언약으로 약속의 계보를 이어 가실 하나님을 바라보고 그 하나님을 의지하라는 것입니다. 지금까지는 사람과 상황과 씨름하고 살았지만 이제는 하나님과 씨름하는 믿음으로 삶의 Turing Point를 전달하신 것입니다. 그러나 하나님은 이것만으로는 부족하셨던지 야곱의 환도 뼈를 쳐서 위골이 되게 하셨습니다. 이는 야곱이 갖고 있는 자아를 쳐서 무너뜨린 것입니다. 살아 있는 자아로는 위기를 극복할 수 없기 때문입니다. 야곱은 이 씨름을 통해서 변하게 되었습니다. 정말 자신에게 필요한 것이 무엇인가를 알았으며 그것은 갖고 있는 재물의 축복이 아니라 영적인 축복임을 깨달았던 것입니다. 또한 하나님이 삶의 주인이 되셔야 함을 깨닫고 그분과의 친밀함의 중요성을 알게 되었습니다. 그리고 연약한 자신을 발견하고 하나님을 붙잡게 되었습니다. 놀라운 일입니다. 그래서 결사적으로 하나님을 껴안았습니다. 그 결과 고통의 밤을 지나 새로운 아침이 밝아 오게 된 것입니다. 천사는 인간의 모습으로 오신 성자 하나님이십니다.

2. 왜 하나님은 야곱의 이름을 이스라엘로 바꿔 주셨을까요?

하나님은 오늘 야곱과 씨름에서 져 주셨습니다. 그리고 그의 이름을 야곱에서 이스라엘로 개명을 하셨습니다. 그렇다면 이스라엘이란 무슨 뜻입니까? 그것은 하나님과 겨루어 이겼다는 뜻입니다. 이 얼마나 놀라운 축복입니까? 전지전능하신 하나님, 우주 만물을 창조하시고 역사를 이뤄가시는 하나님께서 피조물인 한 인간에게 져주셨다는 의미입니다. 이 놀라운 축복은 오늘을 사는 우리에게도 동일하게 적용이 됩니다. 그러기에 이 말씀을 읽으면 가슴이 뜨거워지고 감격의 눈물이 납니다. 그런데 우리는 하나님께서 져주셨다는 이 말씀에서 '짐짓'이란 단어를 생각해 볼 필요가 있습니다. '짐짓'의 문자적 의미는 '일부러, 고의로' 이런 뜻입니다. 다시 말씀드리면 하나님께서 일부러, 고의적으로 져주셨다는 뜻입니다. 하나님께서 힘이 없으신 분도, 능력이 없으신 분도 아닌 전지전능하시고 무소불위하신 분이신데 피조물인 우리를 지극히 사랑하셔서 일부러 모른 채 져주신다는 의미입니다. 그런데 인간의 '짐짓'은 좀 다릅니다. 히브리서 10:26에서는 "우리가 진리를 아는 지식을 받은 후 '짐짓' 죄를 범한즉 다시 속죄하는 제사가 없고" 하셨습니다. 무슨 뜻입니까? 진리의 말씀을 받고 그 말씀을 알면서도 죄를 짓는다는 것입니다. 하나님의 고의적 짐짓은 우리에 대한 무한 사랑의 증거지만, 우리의 고의적 짐짓은 하나님을 외면하는 배교적 죄를 말함이고 이런 죄는 심판과 맹렬한 불만 있다고 말씀하셨습니다.

그렇다면 야곱을 이스라엘로 개명해 주신 의미는 무엇일까요? 그것은 야곱의 계보를 통해 하나님의 구속사를 이어가시겠다는 하나님의 의지의 표현이십니다. 또한 약속의 이행이십니다. 그 이스라엘은 오늘날까지 이어지고 있습니다. 하나님은 이제 속이는 자, 사기꾼, 인간의 잔꾀가 많은 야곱으로 살지 말고 하나님의 구속사를 이어갈 당당하고 믿음 위에 굳건하게 선 하나님의 사람 이스라엘로 살아가라고 말씀하시는 것입니다. 이를 위해 하나님은 그가 위기의 순간을 경험하며 홀로 있는 시간을 허락하셨습니다. 그 시간은 생과 사를 가늠하는 초긴장의 시간이며 하나님과 대면하는 시간이고 자기의 무가치함을 발견하며 바른 자아를 정립하는 시간이었습니다. 또한 인간적인 기질과 육체적인 수단을 완전히 꺾으심으로 더는 자신의 능력과 꾀에 의지하지 않고 오직 하나님만 바라보게 하는 시간이었습니다. 하나님은 야곱의 옛 본성과 기질을 철저히 파괴하신 후 그에게 새로운 인격과 이름을 허락하셨고 환도 뼈를 치심으로 그의 몸에 늘 하나님의 주권을 인정하고 은혜를 기억나게 하는 흔적을 남겨두셨습니다. 야곱은 이제 바울의 고백처럼 자기가 사는 것이 아니요, 오직 자기 안에 거하시는 분은 하나님이며 그분을 믿고 그 믿음으로 존재하는 자가 된 것입니다. 그는 이제 하나님의 얼굴 앞 브니엘에서 비로소 제대로 된 신앙고백을 하며 성숙한 인격으로 만들어져 갔다고 볼 수 있습니다. 이 과정을 통해 야곱이 이스라엘이 된 것입니다.

저 역시 어찌 보면 야곱과 같은 과정을 거쳐 여기까지 온 것 같습니다. 젊었을 땐 내 힘으로 무엇이든 다 할 수 있다는 자만심과 의욕으로 좌충우돌 하면서 겁 없이 세상을 살았습니다. 하나님이 주신 소박한 행복에 만족하지 못하고 더 큰 것을 이루겠다고 바벨탑을 쌓는 어리석음을 스스로 자초했습니다. 교회는 다녔지만, 말씀이 생명이 되어 내 안에 거하지를 못했습니다. 그러니 모든 것은 내 옳은 소견에 따라 살게 되었고 하나님은 스스로 왕이 되어 살고 있는 저를 그냥 두실 수 없어 만지시기 시작하셨습니다. 인간의 지혜로 하려는 모든 일마다 막으셨고 마지막 나의 자아를 꺾으신 것은 IMF를 통한 '소유의 ZERO BASE'였습니다. 가족의 생계를 심히 걱정할 그런 고독 가운데 나 홀로 있는 시간은 생과 사를 넘나드는 힘든 시간이었습니다. 그때 하나님이 저를 찾아 주셨습니다. 그리고 씨름을 걸으셨습니다. "내게 축복하지 아니하면 가게하지 않겠나이다"라고 기도한 야곱처럼 하나님과 격한 씨름을 했습니다. 그런데 그 하나님이 져 주셨습니다. 이 죄 많은 종에게 말입니다. 그리곤 하나님의 그 크신 긍휼이 일하심으로 회복된 제가 존재합니다. 이 과정을 통해서 저 또한 야곱처럼 내 자아를 십자가에 못 박고 나를 내려놓는 계기가 되었습니다. 하나님은 나를 세상 사람에서 하나님의 사람으로 만들어 주셨고 그 사랑의 증표로 IMF의 고통을 흔적으로 남겨 두셨습니다. 하나님과 기도의 씨름을 할 때는 언약의 말씀을 근거로, 끈기 있고 집중력 있는 기도로 해야 함을 이때 깨달았습니다. 그리 할 때 하나님은 짐짓 져 주십니다.

★ 적용 질문_

1. 야곱처럼 홀로 남아 외로움과 고독의 힘든 과정을 보낸 경험이 있으십니까?
2. 어떤 문제가 봉착했을 때 먼저 하나님의 음성에 귀 기울이는 훈련이 되셨습니까?
3. 나에게 하나님이 사랑의 증표를 남겨두신 흔적은 무엇입니까?

★ 말씀으로 기도하기_

"하나님 아버지! 때론 홀로 있는 시간을 통해 하나님과 은밀한 교제의 시간을 누리기를 소망합니다. 지극한 사랑으로 일부러 져 주시며 하나님의 사람으로 만들어 가시는 그 큰 사랑을 늘 기억하게 하셔서 이 시대 영적 이스라엘의 삶을 살아가게 하옵소서. 기도 가운데 응답하시는 하나님을 찬양하오며 예수님의 이름으로 기도합니다. 아멘."

주제: 부부 대화법

묵상하기_

왜 천국 언어를 통해 가정 천국을 이루지 못할까요?

오늘은 남선교회 조찬 기도회가 교회에서 있었습니다. '행복한 부부 대화의 열쇠'란 제목으로 특강이 있었는데 몇 가지만 소개하겠습니다. 어려서부터 사랑도 많이 받고 대화의 훈련이 된 사람은 그래도 괜찮지만 그렇지 못한 사람은 어떻게 대화해야 하는지도 몰라 감정적 대립만 하게 되는 경우가 많다고 합니다. 예를 들면 이런 것입니다. 아내가 한참 말을 하면 듣다가 "그래서 어쨌다고, 결론이 뭐야" 하는 식입니다. 잠언 18:13에는 "사연을 듣기 전에 대답하는 자는 미련하여 욕을 당하느니라" 하셨습니다. 그런데 우리는 상대의 말을 다 듣기 전에 허리를 잘라 말을 함으로 상대의 기분을 상하게 할 때가 참 많은 것 같습니다.

부부 대화법 3단계를 소개하겠습니다. 1단계는 경청입니다. 먼저 상대의 말을 잘 들어야 합니다. 그리고 나는 한번 말하고 상대는 두 번 말하며 세 번째 피드백을 해주는 것입니다. 피드백은 맞장구를 쳐주는 것입니다. 2단계는 공감입니다. 공감은 서로 마음을 나누는 것입니다. 3단계는 칭찬입니다. 칭찬은 귀로 듣는 보약입니다. 돈 하나 들지 않고 상대의 기분을 좋게 해주는 것입니다. 그리고 대화의 기술도 필요한데 첫째 샌드위치 대화법입니다. 이는 칭찬을 한 단계 깔고, 목적하는 말을 하고, 격려의 말을 깔아주는 것입니다. 둘째는 Yes 대화법입니다. 먼저 긍정으로 받아주고 "그런데 이런 것은 어떨까" 하는 것입니다. 셋째는 쿠션 대화법입니다. 말의 앞에 미안하지만, 실례가 안되신다면, 영어로는 플리즈에 해당됩니다. 예를 들어 "여보 미안하지만 신문 좀 갖다 줘요" 하는 방식입니다. 우리는 하나님을 믿는 천국 백성입니다. 그러므로 천국방언을 해야 합니다. 그것은 미안해요, 괜찮아요, 잘했어요, 고마워요, 사랑해요 라는 말을 자주 하는 것입니다. 또한 언어의 전달방식도 그렇겠구나, 겠지, 등으로 상대를 먼저 이해하는 말을 해야 합니다. 그리고 감사가 내포된 말을 할 때 아내는 감동을 받습니다. 다시 말씀드리면 i-message를 하는 것입니다. 그런데 상대를 탓하는 듯한 you-message를 하게 되면 상대는 방어적이 됩니다. 부부관계를 좋게 하는 대화 점검 체크리스트는 다음과 같습니다.

첫째, 아내와 매일 10분 이상 대화한다.

둘째, 아내가 스타일이 바뀌면 그것을 알아채고 말을 건넨다.

셋째, 남들에게 말못하는 속사정을 아내에게 말한다.

넷째, 아내와 함께 인생의 노년기에 대해 이야기를 나눈다.

다섯째 서로의 비전을 공유하며 나눈다.

여섯째, 아내의 생일에 선물을 하거나 사랑의 편지를 쓴다.

저 역시 이렇게 말씀을 나누면서 아내에게 소홀한 점이 많음을 깨닫습니다. 그러기에 오늘부터 바로 실천해 보려고 합니다. 가정이 밝아지고 행복해 질 것을 믿습니다. Just do it!

누구나 다 아는 것 같지만 실천은 그리 쉽지가 않습니다. 왜 그렇습니까? 습관이 있고 자란 환경과 지역적 문화가 있기 때문입니다. 언어도 인격이 있습니다. 그러므로 인격 있는 언어는 인격 있는 부부 관계를 만들고 인격적 가정을 만들어 갑니다. 그렇기 때문에 우리는 마음에서 나오는 언어 훈련을 해야 합니다. 가정이 평안하면 사회가 평안하고 공동체가 평안합니다. 저는 비교적 두뇌 회전이 빠른 사람입니다. 그렇다보니 상대의 얘기를 다 들어 보기 전에 이미 하고자 하는 얘기를 다 파악하고 말의 허리를 자를 때가 있습니다. 특히 밖에서는 안 그러는데 아내에게 그렇게 할 때가 있었습니다. 나쁜 습관입니다. 비록 말하는 내용을 다 안다고 해도 끝까지 경청하는 기다림의 미덕이 있어야 합니다. 그리고 공감하며 함께 의미 있는 대화를 나눌 때, 가정은 행복 그 자체가 될 것입니다. 아내가 웃으면 가정이 웃게 됩니다. 웃음꽃이 만발하는 가정, 바로 행복한 가정입니다.

★ 적용 질문_

1. 나의 대화법은 아내를 행복하게 합니까?
2. 나의 말로 아내가 상처 받은 것은 무엇입니까?
3. 나의 태도가 아내의 마음을 상하게 한 적은 없습니까?
4. 아내의 말과 태도에서 내가 상처 받은 것은 무엇입니까?
5. 부부가 서로 진솔한 마음의 나눔을 한 적이 있습니까?

★ 말씀으로 기도하기_

"하나님 아버지! 가정이 천국의 모형이 되어 하나님이 원하시는 가정을 이뤄 나가시기를 원하시는 하나님의 마음을 나의 완고함과 나의 옛 성품으로 가렸던 적이 많았음을 이 시간 고백합니다. 상호 존중과 배려, 그리고 용납함과 인내를 갖고 천국 가정을 만들어 가는 비결을 말씀을 통해 인도해 주시는 주님을 찬양합니다. 주님을 사랑함과 같이 아내를 사랑하고 천국 언어를 통해 천국 백성으로서의 삶의 태도를 보임으로 가정이 천국이 되는 은혜의 역사를 갈망합니다. 성령님 인도해 주옵소서. 예수님의 이름으로 기도합니다. 아멘."

주제: 그는 나보다 옳도다.

말씀 요약

　유다는 아내가 죽자 아둘람 사람 친구 히라와 함께 자기의 양털을 깎으려고 딤나로 올라갑니다. 이 소식을 들은 며느리 다말이 과부의 옷을 벗고 창녀로 변신하여 얼굴을 가리고 딤나 길 옆 에나임 문에 앉았는데 이를 알아보지 못한 유다가 다말에게로 들어갑니다. 석 달 후 다말의 임신 소식을 들은 유다가 그를 끌어내어 불사르라고 하자 다말은 유다가 맡긴 담보물을 보여주며 이 물건의 임자로 인해 임신이 되었다고 합니다. 이에 유다는 "그는 나보다 옳도다" 하며 깊이 회개하고 다말은 해산하여 베레스와 세라를 낳습니다.

질문하기

1. 왜 유다는 다말을 막내아들 셀라에게 주지 않았을까요?
2. 왜 하나님은 다말을 유다의 회심에 사용하셨을까요?

묵상하기

1. 왜 유다는 다말을 막내아들 셀라에게 주지 않았을까요?

　이스라엘 사람들은 계대결혼법이라는 것이 있었습니다. 이를 형사취수제도라고도 합니다. 이는 혈통과 족보를 이어가려는 고대 사회의 관습법이기도 합니다. 형이 후사가 없이 죽었을 때, 동생이 형

수에게 들어감으로 형의 혈통과 장자의 가문을 잇게 하려는 목적이 있습니다. 우리나라도 가문의 대를 잇기 위해 동생의 아들이나 친족의 아들을 양자로 들여 호적에 올리는 경우가 있었습니다. 유다 가문도 이 관습에 따라 장자 엘이 죽었을 때, 다말을 둘째 아들 오난에게 주었습니다. 그런데 오난은 그렇게 임신해서 자식을 낳을 경우 자기의 자식이 되지도 않고 장자 계승권이 다말 쪽으로 가는 것을 용납할 수 없어서 다말과 동침할 때 씨를 주지 않고 땅에 설정하고 말았습니다. 그것도 한 번이 아니라 동침할 때마다 이렇게 했습니다. 이를 악하게 보신 여호와께서 그도 죽이셨습니다. 엘과 오난을 여호와께서 치신 것을 두려워한 유다는 막내 셀라를 다말에게 들어가도록 하지 않고 다말을 친정으로 보내어 거기서 셀라가 장성할 때까지 기다리도록 했습니다. 당연히 셀라를 주어 대를 잇게 해야 하지만 또 셀라까지 화를 당할까봐 아직 어림을 핑계로 다말을 내보낸 것입니다. 다말을 내보낸 이면에는 그가 남편을 잡아먹은 여인, 팔자가 센 여인으로 생각했기 때문입니다. 그런데 이런 유다의 행동은 죄의 원인은 모르고 오히려 다말에게 죄를 덮어씌우려는 이기적 행동이 아닐 수 없습니다. 죄인의 특징이 무엇입니까? 죄인은 자신의 잘못은 인정하지 않고 남의 탓으로 돌리려 합니다. 남을 탓하는 죄는 자신의 죄를 인정하지 않는 것이며, 나의 죄를 무고한 사람에게 씌워 그를 실족케 한다는 점에서 매우 나쁜 죄라고 할 수 있습니다.

창세기 39:1을 보면 "그 후에 유다가"라는 말씀이 나옵니다. "그 후에"라는 것은 야곱이 가장 사랑하는 아들 요셉을 그 형제들이 시기하여 은 이십에 애굽의 노예로 판 이후를 말합니다. 이를 주도적으로 주장한 사람이 유다였습니다. 비록 생명을 살리고자 하는 마음으로 그렇게 했다 하더라도 혈육을 노예로 상인들에게 판 것은 양심의 가책을 느끼기에 충분했습니다. 그런 상황이 그를 영적 혼란과 어둠에 갇히게 했습니다. 영적 타락의 결과는 가족 공동체를 떠나 이방인과 어울리게 했으며 또한 이방 여인을 선택해 동침함으로 엘, 오난, 셀라를 낳게 했습니다. 그리고 장자 엘을 위해 이방 여인 다말을 데려왔습니다. 그런데 하나님께서 엘이 여호와 보시기에 악했다고 하셨습니다. 성경은 구체적으로 악한 행위가 무엇인지 말씀하고 있지는 않습니다. 그러나 유다의 삶의 행위를 보면 아들들도 유다의 삶을 답습하지 않았나 하고 유추해 볼 수 있습니다. 왜냐하면 고대 사회는 가족 공동체로 삶을 공유했기 때문에 가장의 가치관은 후손들에게 그대로 답습이 된다고 봐야 합니다.

그렇다면 유다의 죄는 무엇입니까? 유다가 영적 혼란과 어둠에 갇힌 삶에 빠지자 그는 형제를 떠나 아둘람 사람 히라와 어울렸습니다. 이방인과 동류가 된 것입니다. 이런 영적 추락으로 인해 이방 여인 수아의 딸을 보고 그만 반해버렸습니다. 그리고 데리고 가서 동침했다는 것은 유다가 하나님을 의식하지 않고 자기 눈에 이끌리는 대로 여인을 취했다는 것입니다. 그의 조상 아브라함, 이삭, 야곱 모두 친족 중에서 아내를 맞이했습니다. 그러나 그는 아무런 거리낌 없이 이방 여인을 취했습니다. 자기 눈에 이끌리는 대로 행동했다는 것은 자기의 성적 욕구에 따랐다는 것이고 안목의 정욕대로 행동했다는 것입니다. 하나님의 관점이 아니라 나의 욕망의 관점에서 볼 때 그것은 우리에게 죄를 일으키는 통로가 됩니다. 요즈음 날씨가 초여름 날씨이고 무척이나 덥습니다. 거리에 나가보면 여인들의 치마는 끝도 없이 짧아지고 희고 긴 다리를 마냥 내놓고 거리를 활보합니다. 그런데 창조주 하나님의 지으심에 대한 아름다움으로 감탄하는 사람이 있는가 하면, 여인의 다리로 보고 성적 호기심과 자극으로 받아들이는 사람도 있습니다. 유독 여름에 성범죄가 많이 발생하는 것도 노출과 무관하지는 않다는 생각이 듭니다. 아름다움을 찬양할 수 있는 영성-신앙의 성숙과 성화된 모습이 필요합니다. 여러분은 어떻습니까?

우리 또한 유다처럼 영적 혼란에 빠져 타락할 때 세상으로 나가게 되고 세상이 주는 즐거움을 좇는 죄를 범할 수 있습니다. 세상이 주는 즐거움이 다 그런 것은 아니지만, 대부분 사람들이 좇는 즐거움은 죄와 가깝거나 죄를 겸하고 있는 경우가 허다합니다. 영적으로 둔감해지고 어둠에 갇혀 있을 때는 하나님의 말씀이 귀에 들어오지 않습니다. 그러므로 절제의 끈을 놓게 되고 안목의 정욕에 이끌리는 삶을 살아가게 되는 것입니다. 따라서 항상 깨어 기도해야 하고 말씀이 내 곁에서 떠나게 해서는 안 됩니다. 오늘 유다는 다말을 탓할 것이 아니라 자기 죄를 돌아봐야 했습니다. 우리 역시 무시로 자기 자신을 돌아보는 거룩한 습관이 자리매김 되어야 합니다. 천주교에서

"내 탓이요" 하면서 가슴을 치며 기도하는 것이 있습니다. 하나님과 형제, 자매들 앞에 고백하고 말과 생각과 행위로 지은 죄를 회개하는 모습은 자기 신앙고백이라고 믿습니다. 우리가 알아야 할 것은 자기 잘못에 대한 인식이 없으면 예배에 나올 수 없고 하나님과 만날 수 없다는 겁니다. 바리새인처럼 나는 저 세리와 다르다고 한다면, 그 건 자신의 죄에 무감각한 것이고 이런 사람들은 결국 버림받게 될 것입니다.

유다가 안목의 정욕에 이끌려서 취한 가나안 사람 수아의 딸은 오늘 본문 12절에 유다의 아내로 표현되지만, 유다의 족보에 오르지 못한 것을 보면 정식 결혼이 아닌 동거한 유다의 여인 정도로 비운의 여인이 아닌가 싶습니다. 그리고 그 또한 일찍 죽었습니다. 두 아들과, 동거한 여인을 잃게 된 유다는 무척이나 힘들었을 것입니다. 시간이 지남에 다소 위로를 받았다고는 하지만 허전함과 상실감은 여전했다고 생각됩니다. 그런 그가 안목의 정욕에 이끌려서 매춘이라는 죄를 짓고 맙니다. 그것도 변장한 며느리에게 말입니다. 영적 어둠입니다.

2. 왜 하나님은 다말을 유다의 회심에 사용 하셨을까요?

다말은 시아버지 유다가 양털을 깎으러 딤나로 올라온다는 소식을 전해 들었습니다. 이 소식을 들은 다말은 과부의 옷을 벗고 얼굴을 가린 채 길목에 앉아 유다를 기다립니다. 다말을 알아보지 못한 유다는 그를 창녀로 여겨 "나로 네게 들어가게 하라" 하며 거래를 시도합니다. 결국 담보물로 도장과 끈, 지팡이를 맡기고 다말과 동침을 합니다. 이후 유다는 이방 친구 히라를 통해 양 한 마리를 보내 담보물을 찾아오려고 하지만, 이미 다말은 그 자리를 떠난 후였습니다. 그리고 그곳 사람들에게 들은 얘기는 그곳엔 창녀가 없다는 얘기였습니다. 그렇다면 다말의 이런 행동은 무엇 때문이었을까요? 유다는 다말을 친정으로 돌려보낼 때 막내아들 셀라가 장성할 때까지라고 그 기간을 한정했습니다. 그러나 셀라가 장성한 후에도 유다는 다말을 셀라에게 줄 생각을 하지 않았습니다. 왜냐하면 자기의 허물을 보기보단 다말의 탓으로 두 아들을 잃었다고 생각했기 때문입니다. 이에 다말은 더이상 기다릴 수 없다고 판단했고 좋은 방법은 아니지만 유다를 통해 계보를 잇게 하겠다는 결단을 내린 것입니다. 이는 불명예와 목숨을 건 자기희생적 결단입니다.

어느 날 유다는 며느리 다말이 임신했다는 소식을 전해 듣습니다. 소식을 들은 유다는 자신이 죽을 수밖에 없는 죄인임을 모른 채 다말을 끌어내 불사르라고 합니다. 그러나 다말이 끌려 나갈 때 그가 유다로부터 받은 담보물을 사람을 통해 보이며 이 물건 임자로 말미암아 임신했다고 합니다. 담보물이 자기 것임을 확인한 유다는 비로소 깨닫고 회개의 일성을 말합니다. 그 일성은 "그는 나보다 옳도다" 입니다. "옳도다"라는 말은 죄 없는 사람을 지칭하는 말입니다. 그러므로 나보다 옳다는 말은 "네가 옳다"의 강조화법입니다. 가부장적

278

인 고대사회의 이런 고백은 파격적인 것입니다. 이 고백은 두 아들의 죽음을 다말의 탓으로 돌렸고, 셀라를 주지 않고 과부로 두었으며 그럼에도 그녀를 탓했던 모든 것이 자기 죄임을 고백한 것입니다. 뿐만 아니라 창기로 변장하고 시아버지와 근친상간을 한 다말의 죄까지도 자신의 죄로 받아들이는 그 고백은 영적 눈 열림입니다. 영적 눈을 회복한 유다는 다시 육신의 정욕에 따라 살지 않았습니다. 그의 심령에서 놀라운 회심이 일어난 것입니다.

　오늘 본문의 이 사건을 묵상하면서 일반적으로 생각할 수 없는 허물과 죄로 어우러진 이 일들이 우연이 아닐 수 있다는 생각을 해 봅니다. 유다가 회개할 수밖에 없는 외길로 몰아넣는 하나님의 손길이 느껴졌기 때문입니다. 다말과 동침하기 위해 맡긴 담보물 도장과 끈, 지팡이는 오늘날 주민등록증 또는 신분증과 같은 것입니다. 그것을 맡겼으니 내가 아니라고 변명할 어떤 빈틈도 없게 된 것입니다. 그리고 오늘 본문 13절과 24절에 "어떤 사람이"라는 단어가 나옵니다. 다말에게 시아버지가 올라온 것을 알려주고 유다에게 다말의 임신 소식을 알려 줌으로 오늘 사건의 클라이맥스를 만들도록 한 이 사람이 누구일까 하는 것입니다. 왜냐하면 그렇게 함으로 결과적으로 유다가 회심할 수 있었기 때문입니다. 그 사람이 하나님께서 사용하신 종이 아닐까 생각해 봅니다. 그 사람을 통해 육신의 욕망과 남을 탓하는 죄로 허우적거리는 유다를 변화시켜 회개의 자리로 인도했기 때문입니다. 유다와 다말의 일은 오늘날로 말하면 근친상간이며 불륜인데 이를 통해 베레스와 세라가 태어납니다. 그리고 베레스는 훗날 다윗의 조상이 되고 예수 그리스도의 조상이 됩니다. 하나님은 유다와 그 아들들의 죄로 끊어질 위기에 처한 이스라엘의 족보를 하나님의 치밀하신 섭리와 계획으로, 이방 여인 다말을 통해 유다를 회개하게 하심으로 믿음의 족보가 이어지게 하신 것입니다. 우리가 깨달아야 할 것은 유다의 범죄에도 불구하고 야곱의 족보는 끊어지지 않는다는 것입니다. 하나님은 인간의 불의와 죄악에도 도덕적인 통념과 인간의 한계를 뛰어넘어서 자신의 뜻을 반드시 이루십니다. 이러한 하나님의 절대적인 은혜와 사랑만이 우리가 하나님의 백성이 될 수 있는 이유입니다. 구원은 예수 그리스도를 영접함으로 우리가 거저 받는 선물입니다. 우리의 공로가 아닌 하나님의 일방적 은혜로 말입니다. 그래서 선물입니다. 그 선물을 경하게 여기지 않고 값진 진주와 같이 관리하고 보관할 책임은 우리의 몫입니다.

저 역시 유다 같은 사람입니다. 말씀에 집중하고 기도의 삶을 살아가면서도 잠재되어 있는 옛사람이 언제나 꿈틀거림을 느끼게 됩니다. 조금만 말씀과 기도에서 멀어지면 내면의 또 다른 내가 본색을 드러내기 시작합니다. 그것은 내가 항상 옳다는 신념입니다. 내가 옳다는 것에서는 상대가 옳지 않아야 합니다. 그리고 내가 옳다는 생각에서는 상대를 판단하고 정죄하기 쉽습니다. 그러나 상대도 다 생각이 있고 판단을 합니다. 그러므로 '내가 옳다'에서 '그는 나보다 옳다'로 발상의 전환이 되어야 합니다. 내가 옳다에서는 갈등과 반목이

심화되지만 그가 나보다 옳다, 에서는 공동체가 살아나고 관계가 살아나고 연합의 하모니를 이룰 수 있습니다. 내가 옳다는 신념도, 내가 갖고 있는 가치도 말씀에 비춰봐야 합니다. 왜냐하면 절대 가치가 아니기 때문입니다. 그리할 때 하나님의 마음을 알 수 있고 말씀 앞에 나를 드러내며 자기 성찰과 돌아봄이 습관화 될 수 있습니다. 이런 사람은 항상 상대를 존중하고 배려합니다. 그렇기 때문에 더 관계가 굳건해지고 어디를 가나 환영받는 인물이 됩니다. 섬김을 위해 모여서 회의하는 자리에 두 사람이 자기가 옳다는 주장을 서로 논리를 펴가며 주고받고 있는 모습을 본 적이 있습니다. 말이 두 번, 세 번, 서로 반복되어 평행선을 달리면서 목소리도 한 옥타브씩 높아지는 것을 목격했습니다. 그리고 나중에는 얼굴을 붉히고 자리를 벌떡 일어서고야 말더군요. 우리가 대부분 경험하는 일들입니다. 그러나 그가 나보다 옳다라는 생각을 갖고 대화한다면 협력과 타협이 윤활유같이 잘 될 것입니다. "그는 나보다 옳도다" 이 말씀이 가슴에 깊이 각인되는 시간이길 기도합니다.

★ 적용 질문_

1. 유다가 범할 수 있는 죄를 나 역시 짓게 됨을 인식하고 돌아보기를 습관화하겠습니다.
2. 가정과 공동체에서 그가 나보다 옳다, 라는 마음가짐으로 관계를 만들어 나가겠습니다.

★ 말씀으로 기도하기_

"하나님 아버지! 유다의 죄가 우리의 일상의 죄임을 고백합니다. 언제나 말씀을 떠나지 않고 기도를 게을리하지 않음으로 자기를 돌아볼 수 있는 지혜를 허락하여 주옵소서. 또한 "그가 나보다 옳도다"라는 믿음의 용기와 고백을 통해 회심의 은혜를 허락하시고 믿음으로 승화하는 저희 모두가 되도록 인도하여 주옵소서. 예수님의 이름으로 기도합니다. 아멘.

주제: 참된 훈계

말씀 요약_

　솔로몬이 아들에게 자신의 훈계를 듣고 그 법을 떠나지 말 것을 명령합니다. 솔로몬은 이전에 자신도 어린 자녀로서 아버지에게 받았던 훈육을 기억합니다. 그리고 그 훈계를 받을 때 자신이 누렸던 유익과 그로 인해 얻게 된 지혜가 있었음을 이야기합니다. 그리고 지혜가 제일이니 네가 얻은 모든 것을 가지고 명철을 얻으라고 결론을 내립니다.

질문하기_

1. 왜 솔로몬은 선한 도리를 전하는 것이라고 말했을까요?

2. 왜 솔로몬은 얻은 모든 것을 가지고 지혜와 명철을 얻으라고 말했을까요?

묵상하기_

1. 왜 솔로몬은 선한 도리를 전하는 것이라고 말했을까요?

　선한 도리의 사전적 의미는 건전한 교훈을 뜻하고 있습니다. 다시 말씀 드리면 나에게 또는 공동체에 유익이 되는 도리를 말합니다. 도리가 무엇입니까? 도리는 "어떤 입장에서 마땅히 행하여야 할 바른 길"이라고 사전에는 명시되어 있습니다. 곧 우리에게 유익이 되는, 마땅히 행하여야 할 바른 길이 선한 도리인 것입니다. 그런데 저자 솔로몬은 3절에 특별한 얘기를 하고 있습니다. 그것은 "나도 내 아버지에게 아들이었으며 내 어머니 보기에 유약한 외아들이었다"는 것입니다. 유약하다는 것은 절대적 보호와 관심이 필요할 만큼 무력하다는 뜻입니다. 실제로 그렇게 약하다는 것보다는 어머니의 눈으로 자식을 보는 관점에서 그렇다는 것입니다.

그렇다면 우리는 솔로몬의 출생과 말씀의 배경을 살펴 볼 필요가 있습니다. 솔로몬의 뜻은 "솔로"-평화, "몬"-그의 라는 뜻을 갖고 있습니다. 그의 평화가 오기까지 배경이 있다는 뜻이 아닐까 생각해 봅니다. 솔로몬의 출생은 밧세바를 통해서입니다. 그런데 밧세바는 다윗의 장수 우리아의 아내였습니다. 그 여인이 목욕하는 것을 왕궁에서 바라보던 다윗이 안목의 정욕에 눈이 어두워 그녀를 불러 통정을 하고 말았습니다. 그 후 임신했다는 소식을 들은 다윗은 이것을 숨기기 위해 전쟁에 나가 있는 우리아를 불러 밧세바와 동침하게끔 시도합니다. 자신의 욕정으로 밧세바가 임신한 것을 우리아와의 동침으로 돌리려는 잔꾀입니다. 그러나 충성심이 강한 우리아가 전쟁에 있는 전우들을 생각해서 동침할 수 없다고 함으로 그 계획은 수포로 돌아갔습니다. 이에 다윗은 더 악한 방법으로 우리아를 전쟁의 최선봉에 서게 지시함으로 전사하게 만들었습니다. 그리고 밧세바를 아내로 불러 들였습니다.

그러나 나단 선지자를 통해 책망을 받은 다윗이 죄를 깨우치고 회개합니다. 하지만 하나님은 다윗의 죄를 악하게 여겨 임신한 아이가 출생 후 죽게 하셨습니까. 그리고 다시 태어난 아들이 솔로몬이었습니다. 그러니 이 아들이 얼마나 사랑스러웠겠습니까? 그리고 너무도 존귀한 자로 여겼을 것입니다. 이러한 아픔 후에 찾아온 평화라는 의미의 이름이 솔로몬입니다. 밧세바의 소생으로는 솔로몬 외에도 시므아(삼무아), 소밥, 나단 이렇게 세 아들이 더 있었습니다. 그러나 어머니의 눈에는 더 관심과 사랑이 필요한 유약한 아들로 보였고 어떤 아들보다도 특별한 사랑을 준 외아들과 같은 아들이 솔로몬입니다. 야곱이 요셉을 더 사랑했듯이 다윗도 솔로몬을 가장 사랑했습니다.

다윗은 그렇게 사랑하는 아들 솔로몬에게 4절에서 이렇게 교훈합니다. "내 말을 네 마음에 두라, 내 명령을 지키라, 그리하면 살리라." 무슨 말입니까? 선한 도리의 훈계를 가슴에 새기고 지키면 산다는 것입니다. 여기서 산다는 의미는 육적 생명의 삶에서도 유익이 있지만, 영혼의 구원적 측면을 더 조명했다고 봅니다. 왜냐하면 성경을 관통하는 중요한 말이 있는데 그것은 "쉐마" 즉 "들으라"는 말입니다. 말씀을 들을 때 명철을 얻을 수 있고 그래야 하나님의 음성을 들으며 신앙고백으로 구원의 문을 열 수 있기 때문입니다. 그리고 훈계를 듣는다는 것은 겸손한 마음이며 그런 사람에게 하나님의 말씀이 들리는 것입니다. 또한 1절에서 "주의하다"라는 말은 "귀를 곤두세우다" "주목하다"라는 말입니다. 다시 말씀드리면 귀를 곤두세우고 훈계의 말씀을 들으며 명철을 얻도록 힘쓰라는 의미입니다. 이 훈계가 선한 도리입니다.

2. 왜 솔로몬은 얻은 모든 것을 가지고 지혜와 명철을 얻으라고 했을까요?

솔로몬은 그의 아들 르호보암에게 지혜와 명철을 얻기 위해 '네가 가진 모든 것을 투자해서'라도 얻으라고 했습니다. 그렇다면 지혜는 무엇이며 명철은 무엇입니까? 그것이 무엇이기에 가진 모든 것을 투자해서 얻으라고 했을까요? 지혜는 '사물의 이치를 빨리 깨닫고 사물을 정확하게 처리하는 정신적 능력'이라고 사전에 나와 있습니다. 다시 말씀드리면 사물의 도리나 선악을 분별하는 마음의 작용이라는 뜻입니다. 히브리어 원문에서 지혜라는 말은 "레브 쉬메"입니다. 여기서 "레브"는 마음이라는 말이고, "쉬메"는 듣는다는 말입니다. 영어로는 "Hearing Heart"라고 번역을 합니다. 때문에 히브리어 원문에서도 지혜라는 말을 "마음의 작용"이란 뜻으로 보고 있는 것입니다. 따라서 성경적 지혜는 마음으로 듣는 것입니다. 그런데 지혜는 지식과 다릅니다. 물론 지식이 바탕적 역활을 할 때도 있지만 근본적으로는 다릅니다. 지식은 머리의 작용입니다. 머리로 생각하고, 머리로 이해하고, 머리로 인식해서 어떤 내용을 알게 되는 것, 이것이 지식입니다. 그러나 지혜는 마음의 작용이기 때문에 이해하고 아는 것이 아니고 깨닫는 것입니다. 전혀 못 보던 것을 보게 되고, 못

들던 것을 듣게 되어 손뼉을 치며 감탄하고 깨닫는 것입니다. 고대 그리스 낱말에서 유래한 "유레카(Eureka)"는 혼자 무엇을 발견하고 함성을 지르는 뜻인데 바로 그런 의미라고 봅니다. 예를 들면 무릎을 탁치며 "아~ 하 그렇구나" 하는 것입니다. 이것이 유레카입니다.

그렇다면 하나님 나라의 보화를 얻는 열쇠가 바로 지혜 아니겠습니까? 그래서 솔로몬은 아들 르호보암에게 네가 가진 모든 것을 다 가지고 지혜를 얻으라고 했던 것입니다. 우리 말에 "인사가 만사(人事가 萬事)"라는 말이 있습니다. 어떤 사람을 어느 자리에 앉히느냐에 따라 그 일이 성공할 수도 있고 실패할 수도 있기 때문입니다. 능력은 바로 지혜에서 나오는 것이기에 그렇습니다. 기업의 CEO가 그렇고 국가 지도자가 그렇습니다. 우리는 세계 여러 나라의 지도자들을 보면서 흥하고 망하는 나라들을 경험합니다. 앞서 말씀드린 선한 도리의 핵심이 지혜입니다. 그래서 솔로몬은 "내 법에서 떠나지 말라" 명령한 것입니다. 또한 천국은 지식으로는 갈 수 없습니다. 지혜를 소유한 자만이 갈 수 있는 자격이 주어집니다. 왜냐하면 마음으로 깨달을 수 있는 것이 지혜이기 때문입니다.

또한 명철은 무엇일까요? 명철은 총명하고 사리에 밝은 것, 이렇게 사전에 나와 있습니다. 또 '사리가 분명하고 투철하다'로 되어 있습니다. 사리는 사물의 이치를 말하는데 옳고 그름의 분별력입니다. 지혜는 앞에서도 말씀드렸듯이 사물의 이치를 빨리 깨닫고 사물을 정확하게 처리하는 정신적 능력입니다. 그렇다면 지혜와 명철은 동전의 양면과 같은 것이라고 생각됩니다. 왜냐하면 총명(聰明)의 한자 총(聰)에 보면 귀 이(耳) 자가 들어 가 있습니다. 그러므로 보거나 들은 것을 오래 기억하는 힘, 또한 영리하고 재주가 있는 것을 '총명'이라고 하기 때문에 지혜에 이것을 더하면 지혜의 능력을 더 할 수 있는 것입니다. 그래서 솔로몬은 사랑하는 아들 르호보암에게 지혜와 명철을 얻는 데 가진 모든 것을 투자하라고 한 것입니다. 패망한 나라도 지도자 한 사람에 의해 새롭게 부흥하고 다 망해 가는 기업도 CEO 한 사람에 의해 혁신되고 생명력 넘치는 기업으로 변신되는 것이며 쪼그라든 가문도 지혜와 명철 있는 자식으로 인해 새로운 가문으로 변화되는 것입니다. 그러므로 지혜와 명철은 우리 앞에 놓인 문제를 풀어가는 마음의 힘입니다.

오늘 말씀에서 우리가 깊이 깨달아야 할 것은 무엇입니까? 그것은 지혜와 명철의 주인공이 예수 그리스도 라는 사실입니다. 사도 바울은 고린도전서 1:24에서 "오직 부르심을 받은 자들에게는 유대인이나 헬라인이나 그리스도는 하나님의 능력이요 하나님의 지혜니라"라고 말씀하고 있습니다. 그분 자체가 지혜이고 명철입니다. 그분을 품고 그분을 높여 드려야 합니다. 그리하면 그분의 지혜가 나의 지혜가 되고 그분의 명철이 나의 명철이 됩니다. 또한 그리 할 때 6절 말씀처럼 그분이 나의 보호자가 되십니다. 그리고 그분을 높일 때 그분이 나를 영화롭게 하십니다. 그것이 지혜의 근본입니다. 다윗을 생각해 보면 훌륭한 장수였고 위대한 왕이 된 그가 사랑하는 아들 솔로몬에게 무엇을 가르쳤을까 의문을 갖게 됩니다. 전쟁에 필요한 병법 등 군사학이었을까, 아니면 정치를 가르쳤을까, 시인인 그가 문학을 가르쳤을까를 생각해 보면 그는 그 모든 것에 우선해서 하나님 말씀을 가르쳤다는 결론에 이릅니다. 그것이 최고의 가치이고 유산인 것을 알고 있는 다윗이기 때문입니다.

　말씀을 묵상하면서 저는 깊은 찔림과 뉘우침, 회개가 되었습니다. 말씀을 묵상하고 이렇게 큐티 나눔으로 정리를 하기 전까지는 지혜에 대한 깊은 깨달음이 적었습니다. 대략적이고 추상적으로는 이해하고 있었지만, 이렇듯 실제적이고 구체적이며 영적인 만남은 이번이 처음인 것 같습니다. 저 또한 지혜 있는 자라고 평소에 생각해 왔고 또 그렇게 믿었습니다. 그런데 약간 총명은 하지만, 결코 지혜 있는 자는 아니었습니다. 지금 생각해 보니 이 지혜를 깨닫는 데 그 많은 세월이 소요되었구나 하는 뒤늦은 후회가 되었습니다. 지혜 있는 자라면 그렇게 무모하게 분별력 없이 세상에 맞서 무엇을 내 힘으로 해보겠다고 덤비지는 않았을 것이기 때문입니다. 그런 면에서 저는 우매한 사람입니다. 많이 매를 맞고서야 지혜의 근본인 하나님 앞에 자복하고 무릎을 꿇었기 때문입니다. 내 앞에 어떤 문제가 놓여 있다면 그 문제와 씨름하지 말고 지혜의 근본이신 하나님 품에 안겨야 합니다. 그리고 그분을 품고 그분의 지혜에 나를 맡겨야 합니다. 그리하면 지혜의 근본이신 그분이 그분의 지혜로 모든 문제를 풀어 주실 것입니다. 이것이 영적 교감입니다. 하나님의 영과 나의 영이 만나고 영과 영이 교제하고 교통하는 것입니다. 그리하면 그분의 영이 나의 영, 혼, 육을 지배하게 됩니다. 그분의 지배에 나를 맡기는 것 그것은 자기 부인이며 그분의 통치에 순종하는 것입니다. 이런 우리에게 그분은 천국 열쇠를 맡기실 것입니다. 기쁨 가득한 모습으로 말입니다.

새벽 기도회에서 고승표 목사님으로부터 충격적인 이야기를 들었습니다. 그것은 그분의 신대원 시절 간증이기도 했습니다. 어느 권사님이 자기의 삐뚤어진 아들에게 성경 말씀 과외를 의뢰해서 한 주에 두 번씩 "말씀 과외"를 했다는 얘기였습니다. 그 가정은 남편의 외도 등 여러 가지 문제가 많은 가정이었고 그 아이는 마치 깡패 같이 행동하고 막 나가는 그런 아이였습니다. 이런 아이를 향한 말씀 과외를 통해 후일 크게 변한 그 아이의 모습을 볼 수 있었다는 것입니다. 지금은 아주 건강하게 자영업을 하고 있다고 했습니다. 하나님의 말씀은 핵폭탄보다 더 강한 능력입니다. 그 능력이 그 아이를 변화시킨 것입니다. 그냥 뒀더라면 깡패가 되었거나 불량한 사람이 되었을 그 아이가 하나님의 사람으로 변한 것입니다. 하나님의 말씀이 들어가면 믿음이 생기고, 가치관이 바뀌고 목적과 목표가 하나님의 뜻 가운데 세워지기 때문입니다. 더 충격적인 말씀은, '말씀이 없는 교육'이 똑똑한 악마를 키운다는 것입니다. 지능적이고 머리를 쓰는 악마는 교육을 먹고 더 똑똑해질 수 있다는 사실입니다. 때문에 자사고 타령, SKY 타령할 것이 아니라 우리의 자녀를 말씀 학교로 보내야 하고 필요하다면 말씀 과외를 가르쳐야 합니다. 그것이 자녀를 성공으로 이끄는 지름길입니다. 저도 '우리 아들에게 영어 성경 과외를 가르쳤어야 했는데' 하는 후회와 회개가 되었습니다. 둘째가 중국에서 들어와 부모 사업장에서 일을 하면서 처음에 얼마나 부딪침이 많았는지 모릅니다. 그것은 서로의 가치관의 차이에서 오는 것이었습니다. 7년 이상의 중국 생활을 마치고 들어온 아들과 부모의 가치가 충돌하는 것입니다. 1년이 지난 지금은 많이 때를 벗고 주일 예배와 셀 모임, 그리고 고승표 목사님과의 성경 공부를 좋아하니 부모로서 소망이 됩니다. 제가 충격받았다는 것은 '왜 아이들을 말씀 과외로 양육하지 못했을까?' '왜 교회에 보내는 것으로 만족했을까' 하는 것입니다. 좋은 신대원생 학생을 교사로 초빙해서 아이들을 말씀으로 양육했더라면 더 훌륭한 인격자로 성장했을 것이란 뒤늦은 후회입니다.

★ 적용하기_

1. 지혜에 대한 깊은 묵상과 근본이신 하나님의 품에 안기는 것
   을 최고로 여기겠습니다.
2. 나의 자녀에게 말씀 교육이 최우선임을 인지하고 삶에서 적극
   적용하겠습니다.

★ 말씀으로 기도하기_

"하나님 아버지! 오늘 말씀과 묵상을 통해 주님과 더 깊은 만남
을 허락하심을 감사합니다. 지혜의 근본이신 주님 품에 안김으
로 주님의 지혜가 나의 지혜가 되는 삶이 되어 이 땅의 삶을 소
망 가운데 주님의 꿈을 이루는 삶으로 살아가게 인도해 주옵소
서. 우리의 자녀를 말씀으로 훈계하는 것이 우선임을 깨닫고 매
일 말씀과 함께하는 삶이 되도록 인도하여 주옵소서. 예수님의
이름으로 기도합니다. 아멘."

주제: 집사의 직분

말씀 요약_

집사들은 깨끗한 양심에 믿음의 비밀을 가진 자라야 하고, 여자들도 정숙하고 남을 흉보지 않으며 모든 일에 충성된 자라야 합니다. 하나님의 집은 살아 계신 하나님의 교회요, 진리의 기둥과 터입니다. 이를 위해 예수님은 육신으로 나타나시고, 성령에 의해 의롭다고 인정받으셨으며, 온 세상이 그를 믿었고, 영광 중에 올라가셨습니다.

질문하기_

1. 왜 바울은 아름다운 지위와 믿음에 큰 담력을 얻는다고 말했을까요?
2. 왜 바울은 경건의 비밀이 크다고 말했을까요?

묵상하기_

1. 왜 바울은 아름다운 지위와 믿음에 큰 담력을 얻는다고 말했을까요?

지난번에는 감독의 직분에 대한 묵상을 말씀드렸는데 오늘은 집사의 직분에 대한 묵상입니다. 그런데 집사의 직분에 요구되는 요건들이 감독(목사, 장로)과 크게 다르지 않다는 것을 우리는 명심해야 합니다. 8절 첫 말씀이 "이와 같이"로 시작됨은 감독의 직분에 대한 덕목을 얘기한 것을 토대로 그와 같이 집사의 직분도 같은 의미를 갖고 있다는 뜻입니다. 우리가 흔히 말하는 '집사'라는 직분 속에는

'종'이라는 의미가 담겨있습니다. 왜냐하면 집사는 섬기는 자를 의미하기 때문입니다. 당시 사회에서 집사는 가정의 대소사를 도맡아 관리하는 사람이었습니다. 특히 궂은일은 집사의 몫이었습니다. 그렇기 때문에 지배 계층인 헬라인의 시선에서 보면 집사는 천한 일을 하는 천한 사람으로 여겼습니다. 지금 사회도 갑과 을에 대해 많은 말들을 하고 갈등을 유발하지만, 그 누구도 을이 되고 싶어 하는 사람은 없습니다. 무릇 남자라면 다스리고 지배해야 한다는 기본 생각이 깔려 있기 때문입니다. 그런데 예수님이 이런 사회 관점을 완전히 뒤엎으셨습니다. 누가복음 22장에서 예수님은 이렇게 말씀하고 계십니다. "앉아서 먹는 자가 크냐, 섬기는 자가 크냐, 앉아서 먹는 자가 아니냐. 그러나 나는 섬기는 자로 너희 중에 있느니라." 이 말씀은 이렇게 표현할 수 있습니다. "집사의 시중을 받는 자가 높은 사람이냐, 집사가 높은 사람이냐, 당연히 시중을 받는 사람 아니냐? 그러나 나는 집사로서 너희를 섬기겠다." 그러므로 세상의 관점과 관계없이 집사가 되어 교회를 섬기고 성도를 섬기는 것은 예수 그리스도께서 이 땅에 오신 이유와 목적을 가장 성실하게 따르는 것입니다. 또한 가장 예수 그리스도를 닮은 삶입니다. 이것이 집사 직분의 가치입니다.

그렇다면, 어떤 사람이 이 직분을 얻을 수 있을까요? 첫째, 정중해야 합니다. 정중하다는 것은 진지하고 사려가 깊다는 뜻입니다. 집사의 직분은 성도와 교회를 섬기고, 이웃을 섬기는 직분이기 때문에 필요가 무엇인지, 어려움이 무엇인지 살피는 마음 자세가 갖춰져 있어야 합니다. 그것이 정중함입니다. 둘째는 일구이언을 하지 말아야 합니다. 스스로 한 말을 상황에 따라 바꾸는 사람들이 있습니다. 자기의 편의와 자기의 유익에 따라 수시로 말을 바꾸는 사람은 한 입으로 두 말을 하는 사람입니다. 이런 사람은 개인 간에도 그렇지만 더욱이 공동체에서는 더더욱 신뢰를 얻을 수 없습니다. 신뢰가 없다는 것은 섬기는 직분에 있어서 치명적 걸림돌이 됩니다. 그러므로 집사의 직분을 받을 사람은 말실수를 하지 않고 신뢰 있는 행동을 해야 합니다. 셋째, 술에 인박히지 않아야 합니다. 술에 인박힌다는 말은 중독성을 의미합니다. 술을 좋아하는 사람들이 참 많은 것 같습니다. 저도 친구들 모임에 가면 술을 즐기는 친구들을 흔히 봅니다. 한번은 그게 그렇게 맛있느냐고 물었습니다. 질문을 받은 친구의 대답은 술 맛을 아는 사람만이 안다는 것이었습니다. 술은 중독성이 있습니다. 그런데 감독의 직분에서도 말씀드렸듯이 술은 모든 죄의 동기가 되고 원인이 될 때가 허다합니다. 술이 들어가면, 갑자기 호기가 생겨 시비를 걸고 싸움을 하게 되며, 즐거움을 찾아 죄를 좇아 다니는 습성이 있습니다. 마치 불나방 같이 말입니다. 그래서 집사는 술을 금해야 합니다.

넷째는 부정한 이익을 탐내지 말아야 합니다. 이는 돈을 사랑하지 말아야 한다는 말과도 맥을 같이 합니다. 돈을 사랑하면 부정한 이익을 탐할 수밖에 없습니다. 욕심이 더 큰 욕심을 낳기 때문입니다. 최근 한 대기업에 대한 세무조사 내용이 뉴스를 통해 연일 보도되고 있습니다. 수천억 대의 지분을 넘기면서도 양도세를 내지 않으려고 갖은 수법을 다 쓰고, 형제의 난에서는 지분을 더 매입하려고 비자금을 만들어 주식을 사들이는 사례가 의혹으로 발표되고 있습니다. 어디 그 대기업뿐이겠습니까? 거의 대부분 기업들이 이런 관행에 젖어 있지 않을까 생각합니다. 섬기는 자가 부정한 이익을 탐한다면 이미 자격을 잃은 것입니다. 그런 의미에서 하나님을 믿는 그리스도인은 결단을 해야 합니다. 성실하고 정직한 것만 취하겠다고 말입니다. 저는 1998년 무역을 시작하면서 잠시 under value를 통해 원가를 낮추었습니다. 인보이스 금액을 낮추게 되면, 관세, 부가세를 적게 내게 되고 영업 이익이 커지는 구조입니다. 대부분의 사람들이 그렇게 하고 있었기에 무심코 하다가 어느 후배의 결단을 보고 정신이 들어 회개하고 정상적으로 무역을 했습니다. 이 원칙은 지금도 지켜지고 있으며 아들에게도 그대로 적용해서 교육하고 있습니다.

다섯째, 깨끗한 양심에 믿음의 비밀을 가져야 합니다. 디모데전서 1장에서도 "믿음과 착한 양심을 가지라"고 했듯이 성경에 기록된 진리, 예수 그리스도에 대한 진리, 구원에 대한 진리를 가져야 합니다. 이것을 굳게 잡고 있는 것, 그것이 믿음의 비밀입니다. 이 비밀을 깨끗한 양심에 담아야 합니다. 그래야 선한 섬김의 직분을 감당할 수 있기 때문입니다. 여섯째, 한 아내의 남편이어야 합니다. 이 말씀은 지키기 쉬운 것 같지만, 사실 가장 지키기 어려운 부분이기도 합니다. 요즈음 감독들과 사회 지도층의 성적 타락을 눈으로 보고 있지 않습니까? 뿐만 아니라 사회가 성적으로 너무 문란하여 마치 소돔과 고모라의 형상을 닮아 가고 있어 참담함 그 자체입니다. 성적 순결은 남자, 여자 모두 동일하게 지켜야 할 의무입니다. 첩을 두는 것이 일반화되었던 당시의 사회에서 바울은 섬기는 자의 자격 요건에서 이 부분을 특히 강조한 것입니다.

일곱째, 자기 집을 잘 다스려야 합니다. 집사의 직분을 감당하려면, 먼저 자기 집을 믿음 안에서 성숙함으로 잘 다스려야 합니다. 직분자 가정에서 자녀들이 불량하면 덕이 되겠습니까? 가정을 잘 다스리며, 자녀들이 부모에게 순종하고 바르게 자라는 모습이 다른 사람들에게 본이 되어야 교회에서도 직분을 은혜로 감당할 수 있습니다. 여덟째는 여자들도 이와 같아야 함을 강조하고 있습니다. 정숙하고 모함이나 비방하지 않고 절제하며 모든 일에 충성된 자라야 한다고 본문은 말씀하고 있습니다. 여자로서 리더의 직분을 맡아 사역하는 사람은 위에서 말씀드린 자격 요건을 충족시켜야 함을 말씀하고 있는 것입니다. 특히 여자들은 말을 조심해야 합니다. 여기저기 험담이나 남의 말을 하고 옮기는 사람은 신뢰와 품격을 현격히 떨어뜨리기 때문에 직분자로서 안 된다는 것입니다. 그것이 습관적 죄가 되기 때문입니다. 솔로몬은 이런 사람은 사귀지도 말라고 훈계했습니다.

집사의 자격 요건을 보면 감독과 큰 차이가 없음을 알 수 있습니다. 가르치고 지도하는 일 외에는 감독의 덕목과 집사의 덕목이 같다고 보면 됩니다. 왜냐하면 감독을 돕는 집사 역시 감독에 버금가는 자질을 갖추고 있어야 하기 때문입니다. 우리는 직분에 대한 이해를 할 필요가 있습니다. 초대교회 당시에는 감독과 집사밖에 없었습니다. 오늘날로 말하면 목사와 장로 그리고 안수집사밖에 없었다는 말입니다. 우리나라에서는 여기에 권사라는 직분이 더해진 것입니다. 그리고 서리 집사는 교회가 커지고 조직화 되면서 안수집사, 안수권사로 세워지기 위한 검증과 준비를 거치게 하기 위해서 생겨난 직분으로 이해하면 됩니다.(교단마다 약간 차이가 있어서 서리집사에서 장로가 되는 경우도 있습니다) 그러나 이 모든 직분은 교회의 역사 속에서 실제적인 필요에 의해서 생겨난 것이지만, 그 직분들은 분명히 교회의 권위와 하나님의 뜻에 따라서 세워지는 것이라는 것을 믿음으로 받아들여야 합니다. 그리할 때, 겸손히 그 직분을 감당하며 교회를 세우고 하나님을 영화롭게 하는 가장 유익한 도구가 될 것입니다. 우리가 알아야 할 것은 '이런 직분의 원리가 무엇인가' 하는 것을 아는 것입니다. 1절에서 말씀하셨듯이 모든 직분은 선한 일을 사모하는 것입니다. 하나님의 일을 맡은 모든 직분 자들에게 이 말씀은 가장 중요한 원리가 됩니다.

오늘 본문은 집사의 직분을 감당하는 자들에게 두 가지 큰 유익이 있음을 말씀하고 있습니다.

첫째는 아름다운 지위를 얻는다는 것입니다. 여기서 '지위'의 뜻은 '걸음' '계단' '단계'를 의미합니다. 그렇다고 세상의 직위가 올라가듯 서리집사-안수집사, 안수권사-장로 이렇게 올라가는 것을 의미하는 것은 아닙니다. 물론 직분에 성실함으로 교회와 성도를 든든히 섬기는 사역이 칭송을 받아 장로가 될 수도 있지만, 본문은 '집사'라는 직분 자체가 아름답다는 뜻입니다. 또한 집사의 직분을 잘 감당하는 사람들로 인해 집사의 직분 자체가 아름다운 지위로 인정을 받는다는 의미입니다. 다시 말씀드리면, 집사의 직분을 받은 자가 그 직분을 잘 감당하면, 그 사람으로 인해 하나님께서 교회 안에 세우신 집사라는 직분(직위)의 아름다움이 빛을 발하게 된다는 것입니다.

둘째는 예수 그리스도 안에서 믿음에 큰 담력을 얻는다는 것입니다. 이 말씀은 집사가 지켜야 할 요건들을 잘 지키며 성실함으로 그 직분을 잘 감당하면 그 사람은 예수 그리스도께서 주시는 믿음에 큰 담력을 얻게 된다는 의미입니다. '담력'이란 겁이 없고 용감한 기운을 말합니다. 다시 말해 믿음의 배짱입니다. 그런데 이 믿음의 배짱은 선한 양심에서 나온다는 사실입니다. 왜 그렇습니까? 죄를 짓고는 선한 양심을 가질 수 없고 떳떳하지 못하니 움츠러들고 위축되어 믿음의 용기를 낼 수 없기 때문입니다. 따라서 착한 양심은 말씀대로 순종하며 살아갈 때, 회복되고 충만해지는 것입니다. 어릴 때가 생각납니다. 자다가 오줌이라도 싸게 되면 큰 죄를 지은 것 같이 주눅이 들고 부모 눈치를 보고 누구도 모르게 얼른 치우려고 안절부절하던 모습 말입니다. 그런데 학교에서 시험점수를 잘 받아 오면, 집으로 막 달려오며 큰 소리로 부모를 부르며 나 오늘 몇 점 받았다고 큰 소리로 외치게 됩니다. 떳떳할 때, 배짱이 생기는 것입니다. 그것이 믿음의 담력입니다. 저는 학창시절 1등을 줄곧 하고 장학금을 받아 가면서 공부한 시절이 있었습니다. 그땐 그것이 얼마나 당당하고 자랑이 되었으며 떳떳했는지 모릅니다. 믿음의 선한 양심을 지키면 이와 같지 않을까 생각됩니다.

2. 왜 바울은 경건의 비밀이 크다고 했을까요?

오늘 본문은 이렇게 말씀하고 있습니다. 크도다! 경건의 비밀이여, 그렇지 않다 하는 이가 없도다. 그는 육신으로 나타난바 되시고, 영으로 의롭다 하심을 받으시고, 천사들에게 보이시고, 만국에서 전파되시고, 세상에서 믿은바 되시고, 영광 가운데서 올려지셨느니라.(16절) 무슨 뜻입니까? 바울은 말씀 속에서 큰 경건의 비밀을 발견하고 감탄하고 있습니다. 그 경건의 비밀의 첫째는 예수님의 성육신입니다. 하나님이신 예수님이 인간의 몸을 입고 이 땅에 오신 것입니다. 잠시 인간인 척한 것이 아니라 진짜 인간으로 오신 것입니다. 그 이유는 바로 인간의 죄를 씻기 위함임이 명확합니다. 둘째는 십자가입니다. 예수님은 인간의 모든 죄를 대신해서 십자가를 지셨으며 모진 고통을 감내하면서 못 박혀 죽으셨습니다. 이를 율법적으로 보면 하나님의 저주(심판)를 받아 죽은 것입니다. 왜냐하면 십자가는 저주의 상징이었기 때문입니다. 다시 말씀드리면 예수님은 죽을 수밖에 없는 죄인인 우리를 대신해서 하나님의 심판을 받으신 것입니다. 그리고 이로 인해 우리의 모든 죄 값이 치러졌습니다. 하나님의 대속입니다.

   셋째, 부활입니다. 부활은 성령님에 의한 의롭다 하심을 받은 증거입니다. 그렇기 때문에 부활은 기독교 신앙의 핵심입니다. 만약 부활이 없었다면, 예수님이 십자가에서 죽은 사건으로 끝이 났을 것입니다. 그리고 예수님이 공생애 기간에 의롭게 한 일들에 의해 하나의 종교에 머무르고 말았을 것입니다. 그러나 부활하심으로 성육신 하나님이 증명된 것입니다 .이것이 경건의 비밀의 핵심입니다. 넷째는 이로 인해 복음이 만국에 전파되었습니다. 여기서 만국은 지리적 의미보다는 모든 유대민족 외 이방인을 의미합니다. 예수 그리스도가 오시기 전에는 복음이 전파되지 않았습니다. 예수님이 오심으로 만방에 복음의 문이 열린 것입니다. 이것은 "복음"을 유대민족을 넘어 세계 모든 민족에게 전파하라는 예수님의 명령입니다. 사도행전 1:8 에서는 이렇게 말씀하고 있습니다. "성령이 너희에게 임하시면 너희가 권능을 받고 예루살렘과 온 유대와 사마리아와 땅 끝까지 이르러 내 증인 되리라 하시니라." 이 명령에 의해 복음이 전파된 것입니다. 여기서 주목할 것은 '전파'라는 단어입니다. 전파는 "전하여, 널리 퍼짐 혹은 퍼뜨림"의 뜻을 갖고 있습니다. 누구에 의해서입니까? 바로 오늘을 사는 우리, 그리고 교회 공동체에 의해 전파되어야 하고 그 사명을 우리 모두가 갖고 있는 것입니다.

   경건의 비밀 다섯째는 세상에서 믿는 바 되신 것입니다. 사람들이 예수 그리스도를 믿음으로 영접하게 됩니다. 이 진리에 대한 산 증거가 바로 우리들입니다. 여섯째, 부활하신 예수님의 "승천"입니다. 승천은 하나님께서 예수 그리스도를 하늘로 올리셔서 하나님 보좌 우편에 앉히신 것입니다. 이는 예수 그리스도를 영광스럽게 하시고 모든 권세와 능력을 주시며, 만왕의 왕으로 삼으신 것입니다. 우리가 받은 구원이 안전하고 영원한 이유도 바로 여기에 있습니다. 하나님께서 영광스럽게 하신 그 예수님이 나를 위해 이 땅에 오셨고, 나를 위해 죽으셨고, 나를 위해 부활하시고, 나를 위해 승천하신 것입니다. 그리고 하나님 보좌 우편에 앉으셔서 지금도 나를 위해 중보하고 계심을 알아야 합니다. 이보다 더 확실하고 명확한 구원의 증거가 어디에 있겠습니까? 이것이 바로 경건의 비밀이며, 믿음의 비밀이고, 구원의 비밀입니다.

하나님의 교회는 이 경건의 비밀을 지키고 전해야 합니다. 왜냐하면 교회는 예수 그리스도를 믿는 한 사람, 한 사람이 모여 이뤄지는 공동체이기 때문입니다. 그러므로 크나큰 경건의 비밀을 지키고 전해야 할 사람은 감독(목사와 장로)과 집사, 바로 우리 모두입니다. 이 사명과 사역을 위해 지금까지 언급한 감독과 집사의 덕목과 자질을 갖춰야 하는 것입니다. 그래야 하나님이 원하시는 합당한 삶을 통해 사람들에게 그리스도의 향기를 풍기게 되고 그 향기를 통해 사람들이 귀를 기울이게 되기 때문입니다. 우리가 받은 감독의 직분, 집사의 직분은 명예를 위함도 아니며, 인격 수양 차원은 더더욱 아닙니다. 그것은 크고 놀라운 비밀을 맡은 사명자이기 때문입니다. 우리가 그 사명을 감당할 때, 세상 사람들이 "크도다! 경건의 비밀이여" 하고 신앙고백 할 수 있고 하나님을 찬양할 수 있을 것입니다. 이를 위해 우리는 우리의 삶을 다듬고 정결하게 정돈해야 합니다.

　오늘 말씀을 묵상하면서 저의 신앙생활을 되짚어 보는 계기가 되었습니다. 고등학교 시절부터 교회를 다니기 시작했고 군 생활 동안 열심을 냈으며 사회에 나와서도 하나님에 대한 열심이 있었습니다. 태평로 삼성 사옥에 근무할 때는 금요 직장인 예배에 참석하기 위해 점심을 건너뛰는 열심이 있었고 해외 근무할 때도 중동의 그 열악한 환경 속에서 주변 예배 장소를 찾아 다녔고 후에는 근무지 영내에 삼성교회를 세우는 특심도 있었습니다. 담낭 결석으로 육체적 연약함 가운데 더 갈급함이 있었고 이로 인해 가장 강력한 성령 체험을 하는 계기가 되었습니다. 40세 전에 안수집사가 되었고, 사업을 한다고 뛰어든 세상에서 호된 신고식으로 IMF가 닥쳤을 때는 가진 모든 것을 잃고 신용불량자에 빚더미 신세가 되기도 했습니다. 이렇게 지나온 시절을 되돌아보면, 하나님에 대한 열심은 있었지만, 말씀의 깊이가 없었고 깨달음이 없다보니 말씀이 삶이 되지 못했습니다. 그러니 내 지식, 경험, 내 생각의 옳은 소견으로 살 수밖에 없었습니다. 그 결과, 광야라는 고난을 자초해서 7년여 기간 동안 혹독한 5대 광야를 다 경험하고 유라굴로 광풍도 경험하는 계기가 되었습니다. 그러나 눈물로 회개하며 자복하는 통렬한 기도의 씨름에 주님의 지극한 사랑과 긍휼이 반응하셨고, 내 능력이 아닌 주님의 손길에 의해 회복되는 놀라운 영적 체험을 경험하게 되었습니다. 이제 감독의 직분을 받은 자로서 묵상한 말씀들이 실제 사역 가운데, 삶 가운데 나타날 수 있기를 소망합니다. 묵상 가운데 깨달음으로 주신 경건의 비밀들을 널리 전파하는 일에 남은 삶을 통해 전심으로 경주할 수 있기를 소망합니다.

★ 적용하기_

1. 직분에 맞는 덕목을 함양시키고 예수 그리스도의 향기가 되도록 노력하겠습니다.
2. 경건의 비밀을 주변과 열방에 전파시키는 일에 최선을 다하겠습니다.

★ 말씀으로 기도하기_

"하나님 아버지! 직분의 원리와 본질을 잘 이해하고 직분에 걸맞은 인격과 성품으로 매일 다듬어져서 그것이 그리스도의 성품으로 나타나는 삶이 되기를 소망합니다. 또한 깨달은 경건의 비밀을 삶 속에서 전파하는 삶이 되어서 하나님 나라가 날로 확장되는 성령의 역사를 경험하게 하옵소서. 예수님의 이름으로 기도합니다. 아멘."

주제:바울의 마지막 명령

말씀 요약_

　바울은 사욕을 따라 진리를 듣지 않는 사람들에게라도 때를 얻든지 못 얻든지 말씀을 전파하는 것이 그리스도인의 사명이라고 말합니다. 그는 그렇게 말씀을 전해온 자신의 인생길 끝에 면류관이 예비되어 있다고 간증하며, 디모데와 주의 나타나심을 사모하는 모든 자도 자신과 같은 길을 걷고 있다고 합니다.

질문하기_

1. 왜 바울은 말씀을 전파하라고 엄히 명령하였을까요?

2. 왜 바울은 의의 면류관이 예비되었다고 말했을까요?

묵상하기_

1. 왜 바울은 말씀을 전파하라고 엄히 명령하였을까요?

　오늘 본문 말씀은 사도 바울의 유언과 같은 말씀입니다. 이미 상황적으로 죽음이 다가오고 있는 그가 사랑하는 디모데에게 마지막으로 해주고 싶은 말이 있었습니다. 그러나 권면의 말이 아닌 엄중한 명령으로 대신합니다. 그것은 "너는 말씀을 전파하라"입니다. 영어로는 Preach the word입니다. 그렇다면 전파하라(Preach)의 뜻은 무엇일까요? 그것은 말해진 것을 전달하고 기뻐하는 것입니다. 이미 예수님으로부터 선포된 말씀을 전달하고 기뻐하는 것, 그것이 전파의 의미입니다. 미국 베들레헴 침례교회 담임 목회를 했던 존 파이퍼 목사는 그의 저서에서 '전파하는 것'은 하나님 말씀을 이해하고 그 말씀을 설명(강해)하고 그로 인해 기뻐(환희)하는 것이라고 했습니다. 말씀을 이해한다는 것은 말씀 앞에서 압도되어 하나님께 영광을 돌리며 그 말씀을 통해서(through), 말씀 안에서(in) 하나님을 예배하는 것을 의미합니다. 그렇기 때문에 말씀을 간직만 해서는 안 됩니다. 말씀 안에서 예배된 그 말씀을 선포해야 합니다. 이것이 사도 바울의 마지막 명령입니다.

그런데 바울은 주목해야 할 두 가지를 말합니다. 첫째는 때를 얻든지 못 얻든지 항상 힘쓰라는 것입니다. 여기서 때는 결실을 얻는 때(season)를 의미합니다. 말씀을 전할 때, 결실을 얻을 때가 있고 그렇지 못할 때가 있습니다. 그러므로 "때를 얻든지"는(in season) 결실이 얻어지는 때를 말하고, "못 얻든지"(out of season)는 그렇지 못할 때를 의미합니다. 또한 힘쓰라는 것은 그 모든 경우를 대비해 "준비하라"(be prepared)는 것입니다. 우리가 전도 나가 보면 예비된 영혼을 만나 쉽게 전도될 때가 있습니다. 그땐 기쁘고 찬송도 저절로 나오지만, 냉대를 당하고 전해 준 전도지까지 길거리에 버리는 것을 보면, 상처가 되고 민망하기도 하고 실망이 됩니다. 그러나 실망할 필요는 없습니다. 주님은 다음 기회를 준비하시기 때문입니다. 바울은 어떤 경우든 어떤 상황에서든 믿음의 담력을 갖고 전하라 명령하는 것입니다.

주목해야 할 두 번째는 범사에 오래 참음과 가르침으로 경책하며, 경계하며, 권하라는 것입니다. 이 말씀에서 세 가지가 강조되어 있습니다. 첫째는 경책하는 것입니다. 경책을 네이버 사전을 찾아보니까 한자로 두 가지로 분리가 되어 있습니다. 輕責(경책)은 명사로서 '가볍게 꾸짖음' 이렇게 되어있고, 警責(경책)은 '정신을 차리도록 꾸짖음'으로 되어 있습니다. 저도 가볍게 꾸짖는 것으로 이해를 했었는데, 두 번째 한자를 보면 말씀 언(言)자가 받히고 있는 것으로 볼 때 두 번째 해석이 더 맞는 것으로 생각됩니다. 그러나 성경 전체적 흐름으로 볼 때, 경책은 말씀을 이해되도록 가르치고(convince), 잘못된 이해를 바로 잡는 것(correct)을 의미합니다. 둘째, 경계하는 것입니다. 경계는 잘못된 행위에 대해 꾸짖는 것(rebuke)을 말합니다. 셋째는 권하는 것입니다. 권한다는 의미는 용기를 주는 것(encourage)을 말합니다. 이렇게 강조한 세 가지를 오래 참음과 가르침으로 하라고 합니다. 여기서 오래 참음은 잠시 인내가 아니라 "대단하다" 할 정도의 참음(great patience)이며, 가르침 역시 적극적으로 주의 깊게 가르치는 것(careful instruction)을 말합니다. 다시 말씀드리면 오래 참으며 정성을 다하는 것입니다. 이 시대는 바른 교훈인 선한 도리를 듣기조차 싫어하는 시대입니다. 그렇다고 그리스도인으로서 바라보고만 있을 수는 없습니다. 오히려 더 영적 긴장감을 가지고 주님의 일에 동참해야 합니다. 바울이 이렇게 간곡한 명령을 한 것은 사람들이 바른 교훈을 받지 않고 사욕을 따를 스승을 많이 두며, 진리에서 돌이켜 허탄한 이야기를 따를 그때가 오기 때문입니다. 그런 그들에게 진리의 말씀을 전파하는 것은 비록 고난일지라도 전도자의 직무라는 것입니다. 그러므로 그 직무를 다 하라고 명하는 것입니다.

프랑스 작가 장 지오노스의 소설 <나무를 심는 사람>을 보면, 양치기 하는 사람이 매일 도토리 100개씩을 심어 프로방스 황무지를 떡갈나무 숲으로 만든 내용이 나옵니다. 창원시 합포구 진북면 금산리에 소재한 편백나무 숲은 30여만 평의 광대한 산에 장관을 이루었는데 이는 고 이민규씨와 후손들이 1972-1977년까지 매일 200-300 그루씩 5년간 50만 그루의 묘목을 심어 오늘의 숲을 이룬 것입니다. 물론 그들은 숲을 사랑하는 마음과 기업가적 마인드로 대를 이어 가문의 땀을 통해 큰 성공을 이뤘습니다. 두 공통점은 힘든 수고의 땀을 목표가 달성될 때까지 흘리는 수고가 있었다는 것입니다.

전도는 그리스도인의 목회 사역입니다. 왜냐하면 예수님이 그 일을 하셨고 우리에게 사명으로 주셨기 때문입니다. 그래서 사명자는 하나님 나라를 꿈꾸며 그 일을 해내야 합니다. 우리의 지체가 말씀을 바로 살아내지 못할 때, 꾸짖고 바로잡는 일을 게을리 하지 않아야 합니다. 물론 필요할 땐 용기도 주고 함께 기도하며 마음을 같이 해야 합니다. 우리가 그렇게 인내하고 수고의 땀을 흘리면 반드시 그리스도인의 숲이 온 우주에 조성될 것입니다. 우리는 이 일에 부름받은 그리스도인입니다. 그리고 곧 오실 예수님 앞에서 복음을 전하는 것이 필수적인 사명임을 알아야 합니다.

말씀을 묵상하면서 깊은 찔림이 제가 다가왔습니다. 이런 사명에 너무도 직무를 다 하지 못했기 때문입니다. 교회의 사역이 다양하게 참 많습니다. 그러나 그 어떤 사역보다 상위가 바로 복음을 전파하는 일입니다. 그런데 '이 일에 참으로 소홀했구나' 하는 찔림이 왔습니다. 젊은 시절 아내는 아파트에 직접 구운 발효 빵을 돌리며 전도를 했고 그 결과 몇 개의 구역으로 분가하는 은혜를 경험했습니다. 저 역시 사경회를 할 때면 주변 지인들에게 열심히 전화해서 초청을 했고 "예수 믿고 구원을 받아야 함"을 강조했던 기억이 납니다. 전도하신 분들이 나보다 먼저 장로가 되어 정말 충성스럽게 섬기는 모습은 가슴 뿌듯한 보람도 되었습니다. 그런데 언제부터인가 그 일에 소홀하기 시작했습니다. 더욱이 기름 부은 장로로서 너무도 부끄러운 일입니다. 저희 교회 장로님 중에 한 분은 매주 토요일 전도팀과 함께 전도를 나가십니다. 그분은 변함없이 이 일에 열심을 다하고 있습니다. 다 달란트가 있겠지만, 그래도 말씀을 전하는 일이 우선 되어야 하고 우리는 그 일에 사명감을 갖고 임해야 합니다. 나의 민낯을 보고 부끄러움을 느끼는 묵상입니다.

2. 왜 바울은 의의 면류관이 예비되었다고 말했을까요?

본문 6절에서 바울은 이제 떠날 시간이 가까웠다고 고백합니다. 죽음이 임박했다는 것입니다. 그런데 바울은 자신이 복음을 위해 전제와 같이 자신을 다 쏟아부어 온 그동안 사역의 삶을 간증합니다.

전제란 제물 위에 포도주를 붓는 의식을 말하는데 자신의 사역 여정을 그렇게 전제를 드리듯 했다는 것입니다. 그리고 그가 사역의 여정을 회고하면서 간증하는 것은 선한 싸움을 싸우고 자신이 달려갈 길을 마쳤으며, 믿음을 지켰다고 합니다. 그렇기 때문에 그에게 의의 면류관이 예비 되어있음을 고백하는 것입니다.

바울은 AD4년에 길리기아 "다소"에서 출생했습니다. 다소는 스토아 철학 사상이 지배한 학문의 도시였으며 그런 문화 영향을 많이 받으며 자랐습니다. 그는 베냐민 지파로 로마 시민권자였으며 태어난지 8일 만에 할례를 받은 전통 유대인이었습니다. AD10년에 가말리엘 문하생으로 들어가 수학했으며 바리새인이 됩니다. 그가 스승으로 모신 가말리엘1세는 바리새주의자의 거두였습니다. 우리나라 당파가 있을 때, 노론, 소론 등의 거두와 같은 의미입니다. 그는 바리새파의 모범생일 뿐만 아니라 수제자였습니다. 그러므로 그는 AD32년에 다메섹 도상에서 예수님을 만나기 전까지 기독교인들을 핍박하고 박해하는 일에 앞장섰던 사람입니다. 그런 그가 예수님을 만난 이후 어쩌면 12제자 보다 더 훌륭한 사역을 했습니다. 신약의 대부분이 그의 작품이며, 로마서의 경우 성경의 교과서라고 할 정도로 그의 학문적 지식과 깊은 영성이 들어가 있습니다. 그리고 그의 성격이 강직하고 열정적이었기 때문에 회심 전에는 기독교인 박해에 열정적이었고 회심 후에는 복음 전파에 열정적으로 사명을 감당하였습니다. 순교에 이르기까지 말입니다.

모든 경주는 결승점이 있습니다. 우리는 믿음의 경주를 하고 있고 그 경주는 예수님이 이 땅에 다시 오실 그날까지 해야 할 우리의 사명입니다. 그런데 경주하는 자가 중도에 포기하면 그는 선수로서 자격이 없고 실격처리 됨을 알아야 합니다. 바울은 그 경주의 사명에 있어 마지막까지 최선을 다해 왔고 이제 이 땅에서 마지막을 직감하며 유언서를 편지로 쓴 것입니다. 그 유언의 명령을 통해 자신이 뛰어온 믿음의 경주를 선한 싸움에 비유하며, 끝까지 승리할 것과 결승점에 도달하면 하나님께서 친히 준비하신 승리의 면류관이 예비되어 있다고 선포합니다.

저는 믿는 자로서 선한 싸움의 치열함을 고백하게 됩니다. 그것은 다른 사람과의 싸움이 아닌 자신과의 싸움임을 깨닫게 됩니다. 바로 죄와의 끝없는 싸움입니다. 이 싸움은 피를 흘리는 그런 싸움입니다. 하나님이 가장 값진 선물을 우리에게 주셨는데 그것은 하나님 자신이 갖고 계신 자유의지입니다. 하나님은 인간을 너무 사랑하셔서 자신의 형상대로 만든 인간에게 선물로 주셨습니다. 그런데 이 자유의지에는 때론 창조주 하나님을 부정하고, 때론 내 의지가 하는 대로 따라가려는 속성에 자신을 맡기는 죄의 본성이 있습니다. 용납하지 못하고 용서하지 못하고 정죄하고 미움과 시기 질투로 상처주고 왕의 보좌에 하나님을 앉혀 드리지 못하고 자신이 앉는 경우가 허다합니다. 예수 그리스도의 향기가 아닌 사람의 냄새를 풍길 때가 허다하고 주님의 마지막 명령인 복음 전하는 사명도 내 생각대로 내 의지대로 하려고 합니다. 잘 되면 기뻐하고 안 되면 자기 색깔을 드러냅니다. 저를 포함해서 주변을 둘러보면 대부분 이 범주를 벗어나지 못하는 그런 현실을 직면하게 됩니다. 그래서 바울의 선한 싸움을 영적 싸움으로 봐야 합니다. 말씀이 영입니다. 그러므로 말씀으로 싸워야 합니다. 말씀으로 싸운다는 것은 말씀으로 산다는 뜻입니다. 결과적으로 말씀이 삶이 되어야 합니다. 우리는 이 싸움을 우리 삶이 다 하는 그날까지, 또한 예수님이 오실 그때까지, 성령님을 의지하며 의의 면류관을 소망하면서 마지막 주자가 되어야 합니다.

★ 적용하기

1. 매일 나무를 심는 마음으로 말씀을 전파하겠습니다.
2. 고난과 박해가 있을지라도 의의 면류관을 바라보며 믿음의 경주를 다하겠습니다.
3. 향수로 향기를 내지 않고 그리스도의 향기가 되는 데 최선을 다하겠습니다.

★ 말씀으로 기도하기

"하나님 아버지! 참으로 많은 찔림이 오는 말씀 묵상을 통해 자신을 점검할 수 있도록 인도해 주셔서 감사합니다. 깨달은 것을 은혜로만 간직하지 않고 말씀이 삶에 적용될 수 있도록 충만한 은혜를 부어 주옵소서. 매일 삶에서 지치지 않게 하시고 믿음의 결승점을 향해 바울의 열정으로 달려가는 제자 되게 하옵소서. 예수님의 이름으로 기도합니다. 아멘."

주제: 상속자가 되는 믿음

말씀 요약_

　세상의 상속자 언약은 율법을 지키는 자가 아니라 믿는 자에게 주어진다고 사도 바울은 말합니다. 그렇지 않을 경우 믿음은 헛된 것이 되며 약속은 파기되기 때문입니다. 아브라함은 나이가 많아 후손을 바랄 수 없게 되었지만, 하나님의 약속을 끝까지 믿었기에 하나님은 그것을 의로 여기셨습니다. 이런 믿음의 의는 예수님의 부활을 믿는 자에게 이어집니다.

질문하기_

1. 왜 바울은 믿음의 의로 말미암아 상속자가 된다고 했을까요?

2. 왜 예수님의 죽음과 부활이, 우리를 의롭다 하시기 위함일까요?

묵상하기_

1. 왜 바울은 믿음의 의로 말미암아 상속자가 된다고 했을까요?

　오늘 본문에서 바울은 의롭다 하심을 받는 것이 율법의 행위와 상관없이 오직 믿음으로 된다는 것을 증명하고자 아브라함과 그 후손에게 주신 언약을 들어 설명합니다. 하나님은 아브라함과 그 후손에게 세상의 상속자가 되리라고 하신 언약을 주셨습니다. "세상의 상속자가 되리라"는 언약은 장차 세상이 회복되어 이루어질 하나님의 나라를 상속받게 되리라는 약속입니다. 요한계시록 11:15에서는 "세상 나라가 우리 주와 그의 그리스도의 나라가 되어 그가 세세토록 왕 노릇 하시리로다." 이렇게 말씀하고 있습니다. 또한 "후손"은 일차적으로 그리스도를 가리킵니다. 왜냐하면 갈라디아서 3:16에 이렇게 말씀하고 있기 때문입니다. "이 약속들은 아브라함과 그 자손에게 말씀하신 것인데 여럿을 가리켜 그 자손들이라 하지 아니하시고 오직 한 사람을 가리켜 네 자손이라 하셨으니 곧 그리스도라." 하셨습니다. 이로 미루어 볼 때 후손은 일차적으로 그리스도를 가리키는 것입니다. 더 나아가 믿음으로 그리스도와 연합하게 될 모든 사람들이 아브라함의 후손입니다. 갈라디아서 3:29에서는 "너희가 그리스도의 것이면 곧 아브라함의 자손이요 약속대로 유업을 이를 자니라." 하셨습니다.

그런데 이 약속은 율법을 지키는 조건으로 허락된 것이 아니라 오직 믿음으로 받게 되는 것입니다. 왜냐하면 이 약속은 율법이 주어지기 전에(430년 전에) 주어졌기 때문입니다. 만일 율법을 지키는 조건으로 받게 되어있다면, 그 약속에 대한 믿음은 헛것이 되고 말 것입니다. 왜냐하면 그 누구도 율법을 완전하게 지킬 수 없고, 따라서 누구도 하나님이 그 약속을 자신에게 이루어 주시리라는 믿음을 가질 수 없을 것이기 때문입니다. 그렇다면 그 약속은 유명무실한 약속이 됩니다. 그 약속은 파기된 것이나 다름이 없게 됩니다. 그러므로 하나님의 약속은 율법과 관계없이 오직 믿음의 의로만 받게 되어 있습니다. 그렇기 때문에 율법을 지키지 못하는 우리도 그 약속을 우리의 것으로 믿고 주장할 수 있는 것입니다.

찰스 스펄전 목사님이 경험한 한 할머니 성도의 이야기를 상기해 봅니다. 할머니는 작은 시골집에 살았는데 연세가 많아서 누워 지냈습니다. 어느 날 스펄전 목사님이 할머니를 심방했는데 할머니 집에는 그림 액자가 많이 걸려 있었습니다. 그것을 잠시 구경하다가 스펄전 목사님은 유언장이 액자에 넣어져 그림과 함께 걸려 있는 것을 발견했습니다. 놀랍게도 그 유언장에는 할머니가 예전에 가정부로 있던 집의 주인이 막대한 재산을 할머니에게 상속했다는 내용이 적혀 있었습니다. 그런데 글자를 읽지 못하는 할머니는 그저 자기에게 친절하게 편지를 써 준 것으로 알고 옛 주인에 대한 추억으로서 그 유언장을 액자에 넣어 걸어 두었던 것입니다. 막대한 상속을 전혀 삶에서 누리지 못한 채 평생을 작은 시골집에서 보냈던 것입니다.

오늘날 많은 성도들이 애석하게도 이 할머니처럼 많은 것을 상속받았음에도 불구하고 그것을 모른 채 실제로는 그 상속을 누리지 못하고 있습니다. 우리 또한 마찬가지입니다. 우리가 아브라함을 믿음의 조상으로 믿는다면 그의 후손임도 믿어야 합니다. 그리할 때, 영적 계보와 상속이 함께 이어질 것입니다.

오늘 하나님께서 아브라함에게 주신 언약이 무엇입니까? 그것은 세상의 상속자가 되리라는 것입니다. 그런데 상속은 싸워서 얻는 것이 아니라 '자녀 됨의 권리로 얻는 것'입니다. 그러므로 우리가 세상의 상속자가 되는 것은 우리가 얼마나 선한지 혹은 얼마나 악한지와 관계 없습니다. 그렇다면, 세상의 상속자가 되리라는 이 언약은 어떻게 이루어질까요? 그것은 율법이 아니라 믿음의 의로 말미암아 이루어집니다. 이 믿음의 의는 무엇입니까? 이 믿음의 의는 오직 하나님의 선물입니다. 우리의 행위와 관계없이 하나님이 주시는 은혜의 선물입니다. "너희는 먼저 그의 나라와 그의 의를 구하라" 하셨는데 우리의 의도 아니고 행위도 아닙니다. 그의 의(義)이고 선물로 주시는 의(義)입니다.

신앙생활을 하면서 주변 지체들을 보면 행위에 많이 집착하는 것을 보게 됩니다. 주일 성수, 헌금, 봉사의 섬김 등 이런 소임을 다 하지 못했다고 느끼며 스스로 믿음 없는 자로 자책하고 구원의 확신을 잃어가는 모습을 볼 때가 있습니다. 물론 이런 모든 것들이 우리가 신앙생활을 하면서 중요한 요소가 되는 것은 사실입니다. 성도로서 신앙고백이며 덕목이기 때문입니다. 그러나 거기에 집착하면 그것이 율법이 되고 올무가 됨을 알아야 합니다. 믿음 안에서 자유함을 누림도 중요합니다. 오늘 성경은 분명히 말합니다. 상속자의 자격은 율법이 아니라 믿음이라고 말입니다.

율법 아래의 이스라엘이 "유아"였듯이 우리 또한 "유아"입니다.

316

그러나 예수님이 죽으시고 부활하셨을 때 하나님을 믿는 자들에게 아들의 영을 주셨습니다. 이는 자녀의 위치에 놓인다는 의미입니다. 이 자녀는 "유아"가 아니라 "장성한" 자녀를 뜻합니다. 이것은 처음 믿을 때는 유아였다가 점차 다 자란 아들이 되는 영적 성장을 의미하는 것이 아닙니다. 율법 아래서는 유아지만 은혜 아래서는 예수 그리스도를 믿는 순간 이미 다 자란 아들인 것입니다. 그리고 이 아들에게 유업이 있습니다. 믿음으로 말입니다.

2. 왜 예수님의 죽음과 부활이 우리를 의롭다 하시기 위함일까요?

본문 25절은 이렇게 말씀하고 있습니다. "예수는 우리가 범죄 한 것 때문에 내줌이 되고 또한 우리를 의롭다 하시기 위하여 살아나셨느니라." 예수님께서 십자가의 모진 고통과 수치를 다 감당하시며 죽으시고 다시 살아나신 이유는 오직 한 가지입니다. 그것은 우리를 의롭게 하시기 위함이셨습니다. 바로 이것이 하나님께서 예수님을 이 땅에 보내신 이유이기도 합니다. 의로움의 또 다른 말은 "구원하심"입니다. 그렇다면, "의롭다 한다는 것"이 도대체 무엇입니까? 세상의 일반적 의로움은 윤리적으로, 도덕적으로, 흠이 없고 반듯하다는 의미입니다만 성경은 그렇게 말하지 않습니다. 본문의 본질적 의미는 바로 무죄 선언입니다. 일반 법정에서도 우리가 보기에 의혹이 가고 죄의 의심이 있더라도 판사가 무죄를 선언하면 그는 그 순간 무죄가 됩니다. 사실 죄인에게 무죄 선언은 최고의 선물입니다. 사람들은 이 무죄를 위해 최고의 변호사를 선임하고 논리를 개발하고 할 수 있는 모든 수단을 동원합니다.

　얼마 전 스스로 생을 마감한 경남기업 성완종 회장 리스트 파문
으로 큰 고통을 치룬, 누구나 다 아는 명망 높은 정치인이 있었습니
다. 한 사람은 당시 국무총리였고 또 한 사람은 경남도지사였습니다.
우리가 보기엔 뇌물을 받은 것으로 심증이 갔지만, 총리였던 한 분이
우선 무죄 선고를 받았습니다. 법정을 나서는 그분의 얼굴이 밝고 큰
짐을 벗었다는 안도감이 읽혀졌습니다. 그렇다면 왜 이토록 무죄 선
고를 갈망할까요? 그것은 죄인이 된다는 사실이 불명예일 뿐만 아니
라 자신들의 정치 생명에도 치명타가 되기 때문입니다. 그런데 만약
죄가 너무 무거워서 사형 선고를 받는 사람이 있다면 그는 절망할
것입니다. 사형 선고를 목격한 사람들의 얘기를 종합해 보면 죄수는
몸을 가눌 수도 없을 뿐만 아니라 순간적으로 멘붕 상태가 된다고
합니다. 그렇기 때문에 죄인에게 있어서 최고의 선물이라면 연인의
면회도, 영치금 입금도, 사식을 먹을 수 있는 특권도, 호텔 같은 독
방도 아닙니다. 오직 하나 무죄선고 뿐입니다. 그러므로 "죄인"에게
"무죄" 선고는 복음 중의 복음이 되는 것입니다. 로마서 3장에서는
이렇게 말씀하고 있습니다. "모든 사람이 죄를 범하였으매 하나님의
영광에 이르지 못하더니 그리스도 예수 안에 있는 속량으로 말미암
아 하나님의 은혜로 값 없이 의롭다 하심을 얻은 자 되었느니라." 그
렇습니다. 하나님께서 인간에게 주신 최고의 선물이 바로 이것입니
다. "너는 의롭게 되었다", "너는 무죄다", 라는 선언입니다. 하나님

318

께서는 우리를 너무 사랑하셔서 우리가 죄인임에도 불구하고 예수 그리스도를 통해 속량의 은혜로 최고의 선물인 무죄 선언을 해주셨습니다. 조건 없이, 값없이 선물로 주셨습니다.

★ 적용하기_

1. 하나님을 믿는 믿음으로 온 세상을 물려받을 상속자임이 믿어집니까?
2. 믿음 외에 다른 것으로 상속자가 되려고 한다면, 그것은 무엇입니까?
3. 우리를 향한 하나님의 무죄선언이 가슴으로 느껴지십니까?
4. 우리의 삶의 환경에서 하나님의 의를 어떻게 드러내겠습니까?

★ 말씀으로 기도하기_

"하나님 아버지! 주신 말씀이 믿음으로 살아 역사하기를 소망합니다. 나의 행위나 의가 아니라 오직 믿음으로 상속자가 됨을 고백하게 하옵소서. 또한 우리를 향해 아무 조건 없이, 무죄를 선언하신 하나님의 그 은혜를 가슴으로 뜨겁게 느끼며 이 땅에서 하나님의 의를 드러내는 데 부족함이 없도록 성령님 인도하여 주옵소서. 예수님의 이름으로 기도합니다. 아멘."

주제:한 사람의 순종하심으로

말씀 요약_

　아담 한 사람의 불순종으로 세상에 죄가 들어와 사망이 왕 노릇 했지만, 율법이 없었을 때에는 사람들이 죄를 죄로 여기지 않았습니다. 그러나 예수 그리스도 한 사람의 순종으로 은혜와 의의 선물을 넘치게 받는 자들은 죄가 더한 곳에서도 더욱 넘치는 은혜를 경험하여 생명 안에서 왕 노릇 합니다.

질문하기_

1. 왜 한 사람으로 말미암아 사망이 들어왔다고 했을까요?
2. 왜 예수 그리스도를 통하여 생명 안에서 왕 노릇 한다고 했을까요?

묵상하기_

1. 왜 한 사람으로 말미암아 사망이 들어왔다고 했을까요?

　로마서 5장은 아담과 그리스도의 대표성에 대하여 강조하고 있습니다. 아담은 인류 사회에 범죄를 가져온 대표자로 나타나 그로 말미암아 죄와 사망이 들어왔다는 사실을 밝히고 있으며 그리스도는 그와 대조적으로 인류 사회에 의를 가져와 그로 말미암아 생명을 공급한다는 사실에 대하여 증거하고 있습니다. 오늘 본문은 이렇게 말씀하고 있습니다. 한 사람으로 말미암아 죄가 세상에 들어오고 죄로 말미암아 사망이 들어 왔다고 말입니다. 죄의 기원은 에덴 동산에서 벌어진 사단의 유혹으로부터 시작되고 있습니다. 에덴동산은 죄가 없었고 아담에게도 죄의 품성이 없었습니다. 그러나 사단은 뱀을 그의 활동의 발판으로 하여 하와를 유혹하였고 아담과 하와는 이 사단의 유혹으로 하나님께 대한 불순종의 죄를 범하게 된 것입니다. 그 불순종의 결과적인 책임은 아담에게 있었습니다. 왜냐하면 하나님은 이미 사단의 유혹이 있을 것을 아시고 아담에게 선악을 알게 하는 나무의 실과는 먹지 말라고 경계의 말씀을 하셨습니다. 그러나 아담은 그 경계의 말씀을 잊고 유혹에 넘어가고 말았습니다. 하나님이 아담에게 준 최고의 선물인 자유의지를 잘못 사용한 결과입니다. 이렇게 불순종을 택한 아담은 죄에 팔린 몸이 되었습니다. 죄로 인해 아담은 하나님과의 교통이 끊어졌고 죄의 세력이 아담을 지배하게 된 것입니다. 바로 죄의 종이 되었습니다. 이 같은 아담의 신분은 그의 후손인 모든 인류에게 동일하게 나타났습니다. 하나님은 아담과 계약하셨고 아담에게 선언하셨지만 아담은 인류의 대표자로서 세움을 받은 존재였기 때문에 아담 이후 모든 인류는 아담과 같은 동일한 운명의 삶을 살아가고 있는 것입니다.

우리에게 있어서 아담이 무엇을 했느냐 하는 것은 대단히 중요한 문제가 됩니다. 그 이유는 모든 인류가 지금 당하고 있는 죄와 사망이 오직 이 한 사람 아담으로 말미암은 것이기 때문입니다. 인간의 정죄는 한 사람으로 말미암아 왔습니다. 이 세상에는 많은 사람들이 살아가고 있습니다. 그런데 수많은 사람 가운데 한 사람의 의인도 존재할 수 없다고 성경은 말씀하고 있습니다. 그 이유가 무엇입니까? 그것은 아담 한 사람의 죄로 인해 죄의 유산을 받은 존재이기 때문입니다.

그러므로 우리는 아담 안에 있는 나를 봐야 합니다. 대부분 사람들은 언제나 자기가 행하는 선이나 의를 보고 그것에 가치를 두려고 합니다. 그러나 진실한 자기를 바라보려면 아담 안에 있는 자기를 발견해야 합니다. 내가 생각하는 신뢰나 불의 때문이 아니라 오직 한 사람 아담의 죄로 말미암아 이미 하나님의 정죄하심을 받고 있다고 하는 이 사실을 찾아야 하는 것입니다. 나는 이미 아담 안에서 죄에 팔린 몸이 되었습니다. 나는 이미 아담 안에서 사망에 처한 사람이 되었습니다. 변하지 않는 이 신분을 분명하게 알아야 합니다.

2. 왜 예수 그리스도를 통하여 생명 안에서 왕 노릇 한다고 했을까요?

바울은 의의 한 행동으로 말미암은 그리스도의 행동이 우리에게 어떤 영향을 미쳤는가에 대하여 증거해주고 있습니다. 본문은 "의의 한 행동으로 말미암아 많은 사람이 의롭다 하심을 받아 생명에 이르렀느니라."라고 말씀하고 있습니다. 바울이 로마서에서 아담이 범한 죄와 그에게 내려진 정죄와 사망에 대해 특히 강조하고 이 강조를 반복하는 이유가 있습니다. 그것은 그 같은 적용이 똑같이 그리스도의 의로운 행동에도 미친다는 사실을 증거하려는 데 있기 때문입니다. 아담 한 사람이 그의 혈통적인 후손들에게 미친 영향은 결정적입니다. 아담의 자손 중에 비록 아담보다 의롭고 도덕적이며 아담보다 훌륭한 인격의 소유자가 있다고 해도 그것이 이유가 되어 의를 얻거나 생명을 얻을 수 있는 것이 아닙니다. 왜냐하면 아담 한 사람으로 인해 죄인이 되었고 사망에 이르렀기 때문입니다.

　　마찬가지로 그리스도 안에 있는 모든 사람들에게 똑같이 적용되는 것입니다. 그리스도 한 사람의 의의 행동 때문에 그리스도 안에 있는 모든 사람들이 의로워지게 되는 것입니다. 내가 달라지고 이전보다 선해졌거나 의로워서가 아닙니다. 우리가 아담 안에 있었을 때 오직 한 사람 아담으로 말미암아 죄인 되어 정죄함에 이르고 사망에 이르렀던 것과 같이 그리스도 안에 있으면 다만 한 사람 그리스도로 말미암아 의로워지고 생명에 이르게 되는 것입니다. 그러므로 아담 안에서 자기를 바라봐야 하듯이 그리스도인은 그리스도 안에 있는 자기를 볼 수 있어야 합니다. 왜냐하면 그리스도 밖에 있는 자기는 언제나 죄인의 모습을 지니고 있기 때문입니다. 우리는 예수 그리스도로 인해 생명을 얻었습니다. 그리고 그분의 은혜로 왕 같은 제사장 직분으로 살아가는 존재입니다. 예수 그리스도로 인해 사망에서 회복시켜 생명의 문을 열게 되었습니다. 망가진 우리를 완전히 새것으로 만드신 것입니다. 우리를 영생과 왕의 자리에 앉히신 것입니다. 이것이 구원입니다.

　　그러므로 바울은 한 사람으로 인해 사망에 이른 것까지 "은혜요 선물"이라고 말하는 것입니다. 그 주인공은 바로 예수 그리스도입니다. 우리가 죄를 이기는 길은 오직 은혜 안에 거하는 것입니다. 우리 힘으로, 우리의 의로 이길 수 없다는 것을 인정해야 합니다. 오직 예수 그리스도의 의 안에 있을 때 우리는 죄를 넉넉히 이길 수 있습니다. 오늘 주제가 '한 사람의 순종으로'입니다. 바로 예수 그리스도의 순종을 말하는 것입니다. 그 순종은 자기를 다 버리는 십자가의 순종입니다. 성경은 첫 번째 아담을 오실 자의 모형이라고 했습니다. 이제 허상인 아담은 물러가고 실체이신 '오실 자 예수 그리스도를 예표하는 것'입니다.

하나님은 예수 그리스로 말미암은 새 언약을 약속하셨습니다. "너희는 귀를 기울이고 내게 나아와 들으라 그리하면 너희 영혼이 살리라 내가 너희에게 영원한 언약을 세우리니 곧 다윗에게 허락한 확실한 은혜니라"라고 하셨습니다(사55:3). 이 같은 언약은 예수 그리스도로 말미암은 새 언약입니다. 아담의 언약은 그의 불순종으로 인하여 생명 대신에 죄와 사망을 가져왔지만 예수 그리스도의 언약은 죄를 사하고 사망에서 승리하며 의와 생명에 이르게 하셨습니다. 그러므로 예수 그리스도로 말미암은 하나님의 은혜의 선물은 그를 믿는 자에게 주시는 의와 생명입니다.

오늘 말씀을 묵상하면서 아담 안에 있는 자신을 바라보게 되었습니다. 여전히 옛사람에서 벗어나지 못하고 죄의 올무에 갇혀 있는 자신을 보게 된 것입니다. 우리가 행위로는 선한 것을 지향하고 또 선한 일을 만들어 가면서 선한 모습으로 포장은 할 수 있어도 여전히 우리 안에 있는 죄가 뱀이 똬리를 틀고 있듯이 도사리고 있다는 사실입니다. 시기, 질투, 미움, 분노, 육신의 정욕과 탐심 등 죄가 갖고 있는 모든 형태를 갖고 있다는 것을 깨닫게 됩니다. 어느 장로님이 보내 준 감동 실화 동영상을 본 적이 있습니다. 내용은 할머니 손수레에 긁힌 아우디 차량에 대한 내용이었습니다. 신월동 시장 도로에 세워 둔 아우디 외제 차량을 어린 할머니 손자가 손수레를 끌고 가다가 상처를 낸 것입니다. 할머니의 손수레에는 콩나물 봉지와 손자가 좋아하는 바나나 한 봉지가 들어있었습니다. 할머니는 당황해서 어쩔 줄 모르고 이를 지켜보던 주변 사람들이 차량에 적혀 있는 전화번호로 전화를 걸어서 자초지종을 이야기했습니다. 약 10분쯤 지나서 차주인 40대의 젊은 부부가 나타났습니다. 그런데 첫 번째 보석을 할머니라고 한다면 두 번째 보석은 이제부터입니다.

할머니는 어린 손자가 그럴 수도 있겠지 하고 지나칠 수 있었지만 그렇게 하지 않았습니다. 책임을 느끼고 어떻게 해결할 수 있을까 고민하고 있었던 것입니다. 그리고 소식을 받고 나타난 차주는 뜻밖에 할머니에게 정중히 사과를 하는 것이었습니다. 차를 주차장에 세워 두지 않고 도로에 세움으로 통행에 방해를 드려서 죄송하다는 것입니다. 또 차주의 부인은 울고 있는 어린 아이를 달래며 안아주고 있었습니다. 얼마나 아름다운 모습인지 감동이 되었습니다.

그리고 세 번째 보석이 나타났습니다. 이를 알게 된 아우디 코리아에서는 그 차량을 무상으로 수리해주겠다고 제안했습니다. 동영상을 보면서 나는 스스로에게 부끄러움과 민망함을 동시에 느꼈습니다. 왜냐하면 언제인가 주일 날 교육관에 세워 둔 제 차량의 뒷 범퍼를 어느 성도님이 상처를 입혔습니다. 그분은 친절하게도 교회 사무실로 연락을 해서 제 핸드폰 번호를 알고 전화를 주셨습니다. 그리고 보험 처리도 해 주셨습니다. 사실 상처라고 해봐야 눈에 조금 거슬리는 것뿐인데 '괜히 보험 처리를 했나' 하는 후회감이 들었습니다. 그럼에도 상당히 비용이 들었을 것을 알면서도 보험 처리를 해서 수리를 마쳤습니다. 할머니와 차주, 그리고 차량 판매 회사의 보석 같은 모습을 경험하면서 '이것은 예수님의 품성이고 예수님의 인격이다' 하는 생각이 들었습니다. 내 안에 예수님의 생명이 있다면, 그분을 품고 사는 그리스도인이라면 또 그분의 제자라면 마땅히 그분의 인격을 닮고 그분의 품성으로 살아가야 함에도 그렇지 못한 자신이 너무 부끄러웠습니다.

★ 적용하기_

1. 내가 죄인인 것을 인정하십니까? 또한 죄를 죄로 여기지 않는 나의 습관이나 행동은 무엇입니까?
2. 나를 힘들게 하지만, 은혜를 경험하도록 하나님의 선물로 내 곁에 있는 사람은 누구입니까?
3. 또한 죄를 이기기 위해 은혜를 구하는 것이 먼저임을 믿습니까?
4. 하나님의 인격과 품성으로 살아가려면 어떻게 해야 하겠습니까?

★ 말씀으로 기도하기_

"하나님 아버지! 먼저 나 자신이 죄인임을 고백합니다. 나의 어떤 행동이나 생각으로 의에 이를 수 없음도 고백합니다. 오직 예수 그리스도 안에서 그 의로 말미암아 의로워질 수 있는 존재임도 고백합니다. 내 안에 있는 죄의 옛사람을 예수 그리스도 보혈의 피로 씻고 바름으로 죄가 왕 노릇 하지 못하게 하시고, 예수 그리스도를 통하여 생명 안에서 왕 노릇 하는 멋진 그리스도인이 되게 하옵소서. 예수님의 이름으로 기도합니다. 아멘."

　　　　성경 본문: 로마서 6:15-23

주제: 죄(罪)의 종 VS 의(義)의 종

말씀 요약_

　　우리가 누구에게 순종하느냐에 따라 누구에게 종이 되었는지가 나타납니다. 하나님께 순종하는 자는 의의 종이 되어 영생의 열매를 맺지만, 죄의 종이 되는 자는 사망의 열매를 맺습니다. 그러므로 지체를 부정과 불법에 내주지 말고 교훈의 본을 마음으로 순종하여 거룩함에 이르러야 합니다.

질문하기_

1. 왜 죄의 종이 사망에 이른다고 했을까요?
2. 왜 순종의 종이 의에 이른다고 했을까요?

묵상하기_

1. 왜 죄의 종이 사망에 이른다고 했을까요?

　　본문을 이해하려면 우리는 먼저 죄가 무엇인가부터 알아야 합니다. 요한1서 2장4절에서는 "그를 아노라 하고 그의 계명을 지키지 아니하는 자는 거짓말 하는 자요 진리가 그 속에 있지 않다"고 말씀하고 있습니다. 그리고 5:17에서는 모든 불의가 죄라고 분명하게 말씀하고 있습니다. 죄를 나타내는 헬라어 4가지를 살펴보겠습니다.

첫째는 "하마르티아"입니다. 이는 일반적으로 우리가 성경적으로 아는 죄의 유형을 말합니다. 하나님의 말씀과 계명의 기준을 벗어나는 것, 다시 말씀드리면 과녁(표적)에서 벗어나는 것을 말합니다. 둘째는 "아디키아"입니다. 모든 불의, 부정, 행악을 말합니다. 셋째는 "포네리아"입니다. 이는 사악하거나 부패한 종류의 악을 말합니다. 넷째는 "아노미아"입니다. 무법과 불법을 의미합니다. 다시 말씀드리면 율법을 행하지 않는 것입니다. 그런데 이런 죄의 형태는 우리의 거듭나지 못한 옛사람, 육에 속한 성품들이 해당됩니다. 또한 거듭났다고 해도 여전히 남아 있는 옛사람의 잔재가 여기에 해당됩니다. 이런 죄는 4가지 성질을 내포하고 있습니다. 그것이 무엇입니까?

첫째 "죄의 고착성"입니다. 죄가 우리 안에 들어오면 부정적 고정관념으로 사로잡는 특성이 있습니다. 둘째는 "죄의 발육성"입니다. 거짓은 또 다른 거짓을 낳고 욕심은 또 다른 욕심을 낳습니다. 그래서 성경은 욕심이 잉태하면 죄를 낳고 죄가 장성한즉 사망을 낳는다고 증거하고 있습니다. 셋째는 "죄의 전염성"입니다. 죄는 들어오면 가만히 있지 않고 누룩처럼 퍼져 나가는 특성이 있습니다. 왜냐하면 합리화시키고 동조적 일들을 만들어나가는 성향 때문입니다. 넷째는 "죄의 파멸성"입니다. 죄의 결과, 모든 불행의 원인이 여기에 이르고 맙니다. 그래서 성경은 죄의 삯은 사망이라고 분명하게 정의를 내리고 있습니다. "We died to sin"을 선포해야 합니다.

그런데 오늘 본문에서 "순종"이란 단어가 나옵니다. 좀 더 의미를 알기 위해서 헬라어로 살펴보겠습니다. 순종에는 '문에 귀를 기울이다'라는 "휘파쿠오", 자발적 항복을 의미하는 "휘포타소", 통치자들에게 순종을 의미하는 "페이다르케오", 복종(Obey)을 의미하는 "휘파코에", 노예들의 종속적 복종을 의미하는 "휘포타게"가 포괄적으로 포함됩니다. 이 말씀은 귀를 집중해서 기울이고 들으며, 절대적으로 복종하는 순종을 의미합니다.

오늘 본문 전반부에서 바울은 중요한 두 가지를 말씀하고 있습니다. 그것은 사람이 복종하는 그 힘이 무엇이든 간에 그 사람 스스로 종으로서 그 힘에 복종하면, 그는 그 힘의 종이 된다는 것입니다. 둘째는 우리가 대상인 두 관계 중 오직 하나를 선택해야만 합니다. 다시 말씀 드리면 바울은 죄의 순종, 그리고 그 결과인 사망과 의를 대조해서 자신의 논리를 전개하고 있는 것입니다. 본문에서 "사망에 이르고"라는 표현과 "의에 이르고"라는 표현은 죄와 순종에 복종한 종들이 마지막에 이르게 될 두 가지 종속적인 상황을 말하고 있습니다. 신학자 머레이(Murray)는 사망을 주의 얼굴과 그의 힘의 영광을 떠난 영원한 사망으로 보았고 최종적 "의"를 완성된 의로 보았습니다. 왜냐하면 내 안에 있는 또 다른 내가 완전히 죽어 사망 선포를 할 때 하나님의 의가 완성되기 때문입니다. 여기서 사망은 일반적 죽음이 아닌 영원한 죽음, 즉 하나님의 종말론적인 마지막 유죄 판결로서의 죽음을 의미합니다.

개인주의와 자유주의가 강한 세상의 삶에서는 순종이란 말에 거부감을 느끼는 경향들이 있습니다. 성경적 말씀을 근거로 하나님께 순종하는 것도 예외는 아닐 것입니다. 그러나 그리스도 안에서 죄 사함을 얻고 하나님의 자녀로 거듭난 우리는 하나님께 대한 순종의 삶이야말로 번영과 성장과 생명에 이르는 "삶의 방편"이요, "삶의 지혜"임을 깨닫고 인지해야 합니다. 우리가 어디에 순종하는가에 따라 사망에 이를 수도 있고 생명에 이를 수도 있습니다. 선택은 우리의 몫입니다.

그렇다면 죄의 문제를 해결하기 위해서 우리는 어떻게 해야 합니까? 그것은 하나님의 은혜 아래 거하는 것입니다. 이스라엘 백성들이 출애굽 후 광야 생활을 할 때, 하나님께서는 낮에는 구름으로 그들을 덮어 주셨습니다. 만약 하나님께서 구름으로 덮어 주시지 않았다면 광야에서 다 죽고 말았을 것입니다. 광야는 그런 곳입니다. 이것은 오직 하나님의 은혜입니다. 마찬가지로 죄로 죽을 수밖에 없는 우리를 위해 예수 그리스도가 십자가에서 보혈의 피로 우리를 덮어 주셨습니다. 그 은혜로 우리가 천국 백성이 될 수 있는 길이 열린 것입니다. 하나님의 전적인 은혜입니다. 그러므로 우리는 십자가 안에 거해야 합니다. 그 십자가를 품고 그 십자가를 지고 골고다 언덕을 올라야 합니다. 내 안에 있는 옛사람을 거기서 십자가에 못 박아야 합니다. 그리고 은혜 아래 있는 자로서 결단해야 합니다. 우리 지체를 불의의 무기로 죄에게 내주지 말고 의의 무기로 하나님께 드리겠다고 말입니다. 그렇게 할 때 죄가 우리를 주장하지 못할 것입니다. 이것은 우리가 주인을 바꿨을 때 가능합니다. 죄에게 복종하면 결국은 사망에 이릅니다.

오늘 말씀을 묵상하면서 젊은 시절을 회상하게 되었습니다. 예수 그리스도를 영접하고 구원을 받은 하나님의 은혜 아래 있는 나였지만, 내 안에 있는 또 하나의 내가 이끄는 대로 복종하며 숱한 삶을 살아왔구나 하는 회개를 하게 됩니다. 하나님을 아버지로 믿으면서 성령의 소욕을 따르지 않고 육체의 소욕을 따른다면 우리는 여전히 죄의 노예인 것입니다. 은혜 아래 주시는 행복과 기쁨 등 축복의 바구니가 너무 많지만, 영적 눈이 어두워 그것을 발견하지 못하고 항상 부족함의 결핍증 환자처럼 내 힘으로 무엇을 이루겠다는 의지적 삶을 살았던 저의 삶이 회개가 되었습니다. "I can do nothing"인데 말입니다. 하나님의 손길이 아니면 내 힘으로 할 수 있는 것은 아무것도 없다는 것을 한참 뒤에 깨달았습니다. 숱한 사기를 당하고 실패를 연속하면서 그 원인이 밖에 있는 것이 아니라 바로 내 자신 안에 있다는 것을 깨닫는 순간은 내 힘으로 할 수 있다고 믿는 물질이 다 없어진 뒤에야 가능하며, 비로소 그것이 죄임을 발견하게 됩니다.

2. 왜 순종의 종이 의에 이른다고 했을까요?

오늘 본문에서 바울이 말한 순종의 개념은 우리가 이뤄가야 할 성화의 실천 원리에 있어 핵심 사항입니다. 믿는 자는 종이 주인의 자유재량에 자신을 온전히 내어 맡기는 것과 같이 철저하고도 순종적으로 자신을 하나님 뜻에 맡겨야 합니다. 앞에서 말씀드렸듯이 우리는 죄의 종이거나 의의 종이거나 둘 중의 하나입니다. 중간 지대는 없습니다. 그런데 의의 종이 되는 데 있어 전제는 순종이라는 사실입니다. 왜냐하면 예수 그리스도를 나의 구주로 영접하고 그분의 자녀임을 고백하는 것은 그분의 말씀을 순종으로 받아들여야만 가능하기 때문입니다. 하나님의 말씀을 믿는 우리가 죄에서 해방되어 의의 종이 되었습니다. 본문에서 바울이 사용하는 이 "의"에는 특별한 의미가 담겨 있습니다. 첫째, 하나님 자신의 실체적인 의와 둘째, 하나님 앞에서 의로 인정받는 명목상의 의가 동시에 포함되어 있습니다. 그리고 그리스도를 믿는 것과 의로 인정받는 것 사이에는 시공간 차이가 없습니다. 믿음 자체를 즉시 의로 인정하기 때문입니다. 우리가 믿음의 삶을 살아가고 하나님을 온전히 섬기면 실체적으로 의로워지는 과정이 바로 "성화"입니다. 그러므로 우리의 신앙생활은 믿음으로 명목상 의를 얻는 곳에서 출발하여 실체적 의를 얻도록, "거룩함에 이르라"는 하나님의 명령에 몸부림치며 순종하는 삶의 연속인 것입니다.

우리가 자신을 죄에 대하여 죽고 하나님께 대하여 산 자로 여길 때 우리는 우리의 지체를 의의 병기로 하나님께 드려야 합니다. 그런데 여기서 드린다는 의미는 하나님께 속한 자로 헌신한다는 뜻입니다. 그리고 지체를 의의 병기로 하나님께 드림은 그리스도인의 마땅한 순종 의무입니다. 또한 이러한 드림은 세상을 살아가는 그리스도인이 감당해야 할 영적 전투이기도 합니다. 그러나 이는 하나님 나라를 실현하기 위하여 고난에 동참하는 것이기에 순종이 우선 되어야합니다. 그러므로 이런 우리가 해야 할 일은 죄를 거절하고 죄가 다가올 때, 단호히 물리치는 일입니다. 이것이 바로 죄가 우리를 주관하지 못하게 하는 방법입니다. 만약 우리가 연약함에 빠져 이에 소극적이고 수동적으로 대처한다면, 우리는 죄에게 사기를 당하고 속게될 것입니다. 우리가 우리를 하나님께 내어 맡기는 것은 하나님과 연합하는 것이고 합력하는 것입니다. 왜냐하면 우리에게 구원을 허락하신 하나님께서 우리의 순종을 기뻐 받으시고 우리를 거룩하게 하시기 때문입니다. 이때 우리는 내적이면서 인격적인 변화를 경험하게 됩니다.

그러므로 그리스도인이 순종해야 할 이유는 첫째, 순종이 구원에 이르는 큰 요소이기 때문입니다. 본문에서도 바울은 결과적으로 "복음에 순종해야만 구원을 얻을 수 있다"고 말하고 있습니다. 그런데 순종은 믿음이 전제되어야 합니다. 의인은 오직 믿음으로 산다고 했듯이 그리스도인은 믿음으로 구원에 이르기 때문입니다. 그리고 이 믿음에는 세 가지 요소가 있습니다.

그것은 지, 정, 의이고 이 요소들이 조화를 이뤄야 온전하고 올바른 믿음이 됩니다. 다시 말씀드리면 그리스도와 그 복음을 지식적으로 깨닫고 그 십자가의 복음을 "구원의 길"로 인정할 뿐만 아니라 마음으로 기뻐하며 그 복음을 의뢰하는 것이 정적 요소요, 그리고 온 인격을 통해서 그 복음을 나의 것으로 삼는 행위가 바로 의지적인 요소라고 할 수 있습니다. 순종은 바로 그 의지적인 요소를 신앙적으로 표현하는 말입니다. 즉 믿음은 알고 의뢰하며 순종하는 전인적인 행동과 삶을 정의하는 것입니다. 그러기에 순종은 그리스도 안에서 하나님과 교제하기 위한 필수조건인 셈입니다. 이 순종이 결여된 신앙은 철학이요 신념적 신앙일 뿐입니다.

둘째, 순종은 하나님의 자녀로 거듭난 성도의 본성이기 때문입니다. 바울이 지적하듯 그리스도를 알지 못하고 성령과 진리로 거듭나기 전 인간의 처지는 죄의 종이었습니다. 그래서 바울은 에베소서에서 이런 사람들을 불순종의 아들들로 묘사하기도 했습니다. 사탄에게 예속되어 아담에게서 전가 받은 반역자의 영으로, 대적자의 정신으로, 교만 무지자의 사고로 하나님을 대하는 것이 불순종하는 사람들의 모습입니다. 그러나 회개하고 성령과 진리로 거듭난 그리스도인은 그 본성이 불순종의 자녀에서 순종의 하나님 자녀로 새롭게 변화를 받습니다. 이 변화가 우리를 하나님과의 교제가 가능하도록 해주는 조건입니다. 그리고 순종을 결단한 그리스도인의 모습은 언제나 자원적입니다. 절대적입니다. 이는 진실한 순종의 결과입니다. 또한 구속의 진리를 더욱 깊이 깨닫는 지혜자가 됩니다. 그리고 영생의 열매를 맺습니다. 그러기에 그리스도인의 순종적 삶은 성도의 본능이요, 자연적인 응답이며, 삶의 지혜입니다. 그리고 하나님과 영원한 교제를 지속할 믿음의 최대 요건입니다.

이제 우리가 어디에 순종하는 가에 따라 그 열매가 사망의 열매를 맺을 수도 있고 영생의 열매를 맺을 수도 있습니다. 선택은 전적으로 우리의 몫입니다. 다니엘은 왕이 조서에 왕의 도장을 찍어 발포했다는 소식을 들었음에도 불구하고 늘 기도하던 그대로 예루살렘을 향하여 창을 열어 놓고 하루 세 번씩 무릎을 꿇고 기도했습니다. 그렇게 기도하면 자신이 사자 굴에 던져진다는 것을 알면서도 그렇게 했습니다. 아브라함은 100세에 얻은 아들을 번제로 드리라는 하나님의 명령에 갈등과 힘든 과정이 있음에도 불구하고 순종했습니다. 오늘날 우리는 어떻습니까? 예수 믿는 것 때문에 생명이 위협받거나 크게 핍박받는 일이 없음에도 이해타산적으로 계산을 하면서 선택적 믿음으로 세상을 살아가는 경우가 많지는 않습니까? 그것은 예수를 너무 편하게, 또 쉽게 믿고 있다는 것입니다. 예수 때문에 겪는 치열한 몸부림 같은 것이 없습니다. 오늘 말씀을 통해 은혜 아래 있는 그리스도인이 순종의 신앙생활을 통해 생명의 열매를 맺어야 함을 결단해야 할 것입니다. 이것이 하나님의 의에 이르는 길입니다.

★ 적용질문

1. 내 안에 있는 죄의 종이 되는 요소들은 무엇이 있습니까?
2. 순종할 수 없는 주변의 상황이 나를 '순종의 종'이 되게 하려고 붙여주신 하나님의 완벽한 세팅임을 인정하십니까?
3. 내 마음의 나침판은 어디를 향하고 있습니까?

★ 말씀으로 기도하기

"하나님 아버지! 오늘 말씀을 통해 나를 돌아보게 하시고 죄의 종으로 살았던 모습을 통해 회개의 열매를 맺도록 인도해 주시니 감사합니다. 연약함을 스스로 인정하고 육체를 죽이는 일에 몸부림치는 애씀이 있게 하시고 순종의 삶을 통해 하나님의 의에 이르는 은혜 아래 있는 자가 되게 하옵소서. 예수님의 이름으로 기도합니다. 아멘."

주제:선과 악의 갈등

말씀 요약_

내가 원하는 선은 행하지 않고 원하지 않는 악을 행하는데, 이는 율법이 선하다는 것을 나타내는 것입니다. 내 속에는 선과 악이 함께 있기에 서로 싸웁니다. 이런 곤고한 나를 사망의 몸에서 건져 내시는 분은 우리 주 예수 그리스도이십니다.

질문하기_

1. 왜 내가 원하는 것을 행하지 않고 미워하는 것을 행할까요?

2. 왜 마음으로는 하나님의 법을 육신으로는 죄의 법을 섬길까요?

묵상하기_

1. 왜 내가 원하는 것을 행하지 않고 미워하는 것을 행할까요?

먼저 로마서 7장의 전체 주제와 단원별 구분을 살펴보도록 하겠습니다. 핵심 주제는 '율법(律法) 아래에서 은혜(恩惠) 아래로'입니다. 6장에서 죄의 권세가 무너졌음을 말하였고 7장에서는 율법에서 해방되었음을 말하고 있습니다. 죄에서 해방되었다는 것은 예수 그리스도와의 연합을 의미합니다. 그리고 7:1-6에서는 우리가 어떻게 율법 아래에서 구원을 받았는가 하는 것이고 이는 자기를 부인(否認)하면 율법의 매임에서 벗어나게 된다는 원리를 부부관계를 통해 설명하고 있습니다. 7:7-13에서는 "율법아래"에서의 문제점과 율법의 기능을 설명하는데 율법은 우리 속의 죄를 더욱 죄 되게 하는 선(善)한 역할을 강조합니다. 7:14-25은 오늘 본문 말씀인데 거룩한 율법과 죄를 갖고 있는 인간은 서로 조화될 수 없음을 매우 명확하게 설명하고 있습니다. 우리 안에 율법을 행하고자 하는 마음과 거부(拒否)하는 마음이 동시에 들어있기 때문입니다. 그리고 이렇게 정의를 내립니다. 죄의 종이 의를 행하는 것은 불가능하지만 예수 그리스도 안에서는 승리할 수 있다고 말입니다. 그러므로 거듭난 그리스도인이라면 더이상 의를 행할 수 없다고 핑계를 대서는 안 되는 것입니다. 또한 거듭났지만 인간의 연약함을 스스로 인정하고 예수님께 전적으로 맡기는 삶이 생활화되어야 합니다.

그렇다면 율법을 주신 목적은 무엇일까요? 그것은 인간이 스스로 죄인이라는 것을 알게 하시기 위함입니다. 그리고 우리의 죄를 드러내기 위한 이유이기도 합니다. 7:13에서는 계명으로 말미암아 죄로 심히 죄 되게 하려 함이라고 말씀하고 있습니다. 그렇게 율법은 하나님의 목적을 이루었고 인간 자신들이 죄인임을 알게 하였습니다. 그런데 문제는, 율법을 온전히 지킨 자만이 의인이 될 수 있다는 하나님의 법이 있는 한 인간에게는 선택의 여지가 없다는 것입니다. 왜냐하면 오직 율법을 온전히 지켜서 의인이 되어 구원을 이뤄야 하기 때문입니다. 그래서 우리가 도저히 풀 수 없는 이 문제를 하나님 스스로 풀어 주셨습니다. 그 방법은 죽는 것입니다. 그러나 하나님께서는 죽으실 수 없는 분이십니다. 그래서 죽으실 수 없는 하나님께서 죽으시기 위해 인간이 되셨고 죽으셨습니다. 율법을 만들고 주신 하나님, 율법의 계약 당사자이신 하나님께서 죽으심으로 율법은 효력이 상실되었습니다.

그리고 하나님께서는 율법보다 더 상위법인 예수 그리스도를 믿는 "믿음의 법"을 우리에게 주셨습니다. 그러므로 이제 우리는 예수 그리스도를 믿는 믿음의 법의 계약 당사자가 된 것입니다. 예수 그리스도를 믿는다는 것은 예수 그리스도와 함께 죽은 자가 되는 것이고 또 예수 그리스도와 함께 산 자가 되는 것입니다. 그래서 죄에 대하여 죽고 의에 대하여 산 자가 되었다고 사도 바울은 강조하고 있습니다. 아직은 우리가 사망에 몸이 갇혀 있지만 예수 그리스도로 인하여 죄로부터 완전히 자유할 수 있는 것입니다. 이것이 믿음입니다. 이 믿음을 가진 자가 그리스도인, 또는 성도라고 말할 수 있는 것입니다.

그렇다면, 내가 원하는 것은 행하지 않고 도리어 미워하는 것을 행하는 이유는 무엇일까요? 그것은 인간 내면에 있는 죄가 그렇게 한다고 본문에서 말씀하고 있습니다. 예수 그리스도를 믿음에도 불구하고 우리 안에 두 사람이 존재합니다. 그것을 인정해야 합니다. 그것이 무엇입니까? 그것은 겉사람과 속사람입니다. 이것은 우리가 이중적 인격의 소유자임을 말하는 것입니다. 선악과 이전에는 하나님 형상과 모양대로 지음받아서 하나님처럼 생각하고, 느끼고, 보고, 듣고 살았으나 선악과 사건 이후에는 탐욕이 들어오고 자존심이 들어오고 오만과 교만이 들어옴으로 인간 내면에 두 사람의 내가 존재하게 된 것입니다. 그러므로 선을 행하고 싶은데 악이 있고 사랑이 있는 곳에 미움이 있으며 분노가 있는, 이중적 인간이 되고 말았습니다.

고린도후서 4:16에서 "우리의 겉사람은 낡아지나 우리의 속사람은 날로 새로워진다"고 말씀했는데 이 겉사람이 육신의 사람입니다. 우리 안에 선을 행하고 싶은 마음이 다 있습니다. 비록 악한 일을 하는 사람들도 그 내면에는 선을 행하려는 마음이 있습니다. 그러나 선을 행하고 싶은 마음만 있는 것이 아니라 그 이면에 또 악으로 끌고 가는 강력한 힘이 있는 것입니다. 그래서 행하고 보면 결과적으로 악을 행하고 마는 경우가 많은 것입니다. 선악이 우리 안에 동시에 존재하는데 선이 이기는 것이 아니라 악이 늘 이기게 됩니다. 그만큼 죄의 힘이 강한 것입니다. 우리가 거룩을 다짐하지만 며칠 못 가서 옛사람으로 되돌아갑니다. 10년, 20년, 40년, 평생 예수 믿었다고 해서 스스로 의롭게, 거룩하게 된다고 생각했다면, 미혹에 빠진 것입니다.

우리 겉사람과 속사람도 마찬가지입니다. 겉사람이 죄악의 사람, 육신의 사람으로 내 안에 존재하고 있기 때문에 우리가 세상과 구별된 삶을 살려고 애를 써도 쉽지 않습니다. 탐심과 육신의 정욕은 오히려 더 강하게 작용하기도 합니다. 그래서 절망할 때도 있습니다. 그렇기 때문에 우리의 구원에는 도움이 필요합니다. 갈라디아서 5:19에서는 겉사람의 행위를 이렇게 말씀하고 있습니다. "육체의 일은 분명하니 곧 음행과 더러운 것과 호색과 우상 숭배와 주술과 원수 맺는 것과 분쟁과 시기와 분냄과 당 짓는 것과 분열함과 이단과 투기와 술 취함과 방탕함과 또 그와 같은 것들"이라고 결론적으로 말씀하고 있습니다. 이것이 육체의 일이고 이런 자는 하나님 나라를 유업으로 받지 못한다고 정의하고 있습니다. 이것이 내가 원하는 것을 행하지 않고 도리어 미워하는 것을 행하게 되는 이유입니다.

그러나 우리에겐 예수 그리스도를 모셔 들임으로 거듭난 속사람이 있습니다. 이 속사람은 물과 성령으로 거듭나야 한다고 하셨습니다. 여기서 물은 회개를 의미하고 성령은 하나님의 능력을 말씀하고 있습니다. 우리 힘으로는 속사람이 될 수 없습니다. 그래서 회개가 필요합니다. 내 힘으로 의로운 삶, 거룩한 삶, 정결한 삶을 살 수 없다는 것을 진솔히 고백하고 우리의 연약함을 주님께 의지하면, 성령이 오셔서 우리를 거듭나게 만들어 주십니다. 왜냐하면 죄도 흠도 불의도 없으신 예수님이 우리의 겉사람을 십자가에 못 박아 버리고 속사람을 거듭나게 하시기 때문입니다. 그러므로 우리는 항상 성령의 임재 안에 있어야 합니다. 속사람이 건강한 사람은 하나님의 임재 안에 있는 사람입니다. 그리고 이것이 겉사람을 무력화시킬 수 있는 유일한 무기이기도 합니다.

2. 왜 마음으로는 하나님의 법을 육신으로는 죄의 법을 섬길까요?

속사람이 물과 성령으로 거듭났다 하더라도 여전히 우리는 겉사람과 함께 존재하기 때문에 마음으로는 하나님의 법을 따라가면서 육신으로는 죄의 법을 섬기게 됩니다. 이것은 거듭난 사람의 갈등이요 천국 가는 그날까지 겪어야 할 영적 투쟁입니다. 그러므로 사도 바울은 "오호라 나는 곤고한 사람이로다. 이 사망에서 누가 나를 건져내랴." 하고 깊은 고뇌를 고백하는 것입니다. 또한 우리 주 예수 그리스도로 말미암아 하나님께 감사한다고 확신과 감사의 고백을 합니다. 전자는 옛 자아이고 후자는 새 자아입니다. 이런 대립은 그리스도인의 자연스런 현상입니다. 거듭나지 않았을 때는 죄를 섬김으로 죄의 노예 상태에 있었지만, 거듭난 후에는 성령이 우리 안에 거하기 때문입니다. 이것은 새로운 자아가 형성되는 계기가 됩니다. 이런 육신의 소욕과 성령의 소욕의 싸움은 예수님이 오실 때까지 계속될 것입니다. 또한 이런 내적 갈등이 없다면 어쩌면 '짝퉁 그리스도인'이 아닐까 생각됩니다. 오히려 내 안에 이런 영적 갈등이 있음을 감사해야 합니다. 이 과정을 거쳐 성화와 성숙이 내면에서 일어나기 때문입니다. 그렇다면 최소한 구원은 이룬 것입니다. 성령이 우리 안에 내주할 때 첫째, 내면의 평화가 임합니다. 그리고 둘째는 내면의 싸움이 일어나는데 이것이 그리스도인의 특징입니다.

그렇다면 어떻게 하면 승리의 환호성을 부를 수 있을까요? 그것은 내 안에 두 마리 늑대가 있음을 인정하고 이겨야 하는 늑대에게 계속적으로 먹이를 주는 것입니다. 선한 늑대에게 매일 먹이를 주면 선한 늑대가 이길 것이고 악한 늑대에게 먹이를 주면 악한 늑대가 이길 것입니다. 우리는 어느 늑대에게 먹이를 주겠습니까? 당연히 선한 늑대에게 먹이를 줘야 합니다. 사랑, 말씀, 기도, 찬양, 예배를 매일 먹으면 내 안에 있는 선한 자아가 승리의 환호성을 부를 것입니다. 그러나 알아야 합니다. 아무리 선한 늑대에게 먹이를 줘도 결코 악한 늑대가 죽지는 않는다는 사실을 말입니다. 그 능력을 약화시킬 뿐입니다. 우리를 강하게 하는 것은 영적 훈련이 아니라 성령님이심을 믿고 그분을 의지하며 그분께로 나아가야 합니다. 역사하시고 강하게 일하시는 성령님께 나를 내어 드려야 합니다. 대안은 성령님뿐입니다. 우리가 어느 쪽을 섬기느냐에 따라 섬기는 쪽의 종이 됩니다. 하나님을 섬기면 하나님의 종이 되고 육신을 섬기면 죄의 종이 됩니다. 우리가 알아야 할 것은 육신의 생각은 우리를 죄로 갈 수 있는 환경과 토양을 조성한다는 사실입니다. 죄의 특징이 그렇습니다. 달콤하고 육신이 좋아할 일들을 만들기를 좋아합니다. 그때부터 우리 안에 선한 자아와 악한 자아가 싸웁니다. 악한 자아는 나름대로 합리성과 타협을 내세우며 세상의 문화가 세상의 풍습이 다 그렇다고 유혹을 합니다. 그러니 괜찮다는 것입니다. 괜찮다고 합리화하며 따라간 그 길은 사망의 길이요 멸망의 길인 것입니다. 왜냐하면 죄의 삯은 사망이기 때문입니다.

나의 경우도 예외는 아닙니다. 말씀을 묵상하면서 많은 찔림이 가슴으로 밀려 왔습니다. 내 안에도 두 자아가 여전히 존재하고 있기 때문입니다. 때론 연약함으로 합리화시킬 경우도 있고 때론 강한 성령의 임재 가운데 넉넉히 승리할 때가 있습니다. 분명한 것은 악한 자아가 이길 경우 절망감에 휩싸이게 되지만 선한 자아가 이길 경우 가슴이 뿌듯하고 승리의 환호성이 입술에서 터진다는 사실입니다. 그러므로 가능한 선한 자아가 이길 수 있도록 말씀의 공급과 기도, 그리고 흥얼거림의 찬양이 내 입에서 떠나지 않게 하고자 합니다. 감사한 것은 유행가는 거의 입에서 나오지 않고 언제나 찬양이 나온다는 사실입니다. 그리고 차량의 주파수를 106.9 극동 방송에 고정시킴으로 이동 간에도 말씀과 찬양을 들음으로 선한 자에게 지속적 영양공급을 받게 하는 것입니다. 그리고 또 한 가지는 세상 모임에서는 가급적 1차 식사로 끝내고 2차 이상은 가지 않는 나름의 생활 방식입니다.

　　아주 가깝게 친밀함을 나누며 평생 정을 나누고 사는 그룹이 있습니다. 이 모임은 내가 이 땅을 떠나는 날까지 계속될 그런 모임이기도 합니다. 이런 모임의 멤버와 얼마 전 베트남 여행을 다녀온 일이 있습니다. 몇 일간의 해외여행은 일에만 몰두하던 나에겐 힐링도 되는 즐거운 여행이었습니다. 그런데 여행 첫 날 저녁 식사를 마친 우리에게 가이드가 제안을 합니다. 노래방이 있다는 것입니다. 대부분 멤버들이 동의했고 우리는 노래방으로 향했습니다. 호텔 높은 층에 허름하게 꾸며진 노래방이라는 룸에는 탁자 같은 테이블을 빙 둘러놓고 중앙에는 춤을 출 수 있도록 공간이 주어졌으며 한쪽 면에는 스크린과 음향기기가 있었습니다. 일행이 앉자마자 문이 열리며 맥주와 마른안주 그리고 과일이 들어오고 20대의 젊은 여성 30여명이 들어와서 앞에 나열을 했습니다. 그리고 하나씩 고르라는 것입니다. 팁은 3불이면 된다고 했습니다. 대부분 멤버들은 다 앉혔지만 나하고 다른 한 명만 앉히길 사양했습니다. 그런데 이런 나를 보고 멤버 중 한 명이 강력히 권면을 하면서 이런 자리에서는 함께 놀아야 한다고 했습니다. 그렇지 않으면 분위기를 깬다고 적극 강권했습니다. 그리고 목사 장로들도 다 그런다고 당신만 장로 아니라고까지 했습니다.

그러나 나를 위에서 보고 계신 하나님을 생각하면서 단호히 거부했습니다. 그렇지만 노래도 부르고 분위기에 맞춰 시간을 잘 보냈습니다. 그런데 또 헤어질 시간이 되니까 2차가 있다는 것입니다. 몇 백 불을 주면 다음날 아침 6시까지 호텔로 데려다준다고 했습니다. 이 순간이 치열한 영적 전투의 시간입니다. 결국 약 70% 멤버가 그 시간을 택했고 나를 포함한 일부는 호텔로 돌아왔습니다. 다음날 멤버 중 한 명이 그 시간을 이렇게 비유했습니다. 버릴 것이 하나도 없는 시간이었다고. 그렇습니다. 죄는 이렇게 우리를 유혹하고 달콤하게 속삭입니다. 해외에 오니 보는 사람도 없고 함께 즐거운 시간을 보낸 것으로 만족하면 된다고 말입니다. 그러나 죄는 거절하고 강하게 물리쳐야 합니다.

다음날 이동하는 차량 안에서 나에게 간증과 강의의 시간이 주어졌을 때, 도스토옙스키의 <까라마조프가의 형제> 중에서 "양파 한 뿌리"를 챕터로 정리해서 죄에 대한 것과 죄의 원인인 단절을 해결하는 방법 중, 사랑에서 실천적 사랑을 설명하고 그럼에도 실천적 사랑을 할 수 없는 인간의 한계성을 설명하면서 예수님의 아가페적 사랑을 간증과 더불어 얘기했습니다. 설명을 듣고 멤버들이 그리스도인은 이래야 된다고 동의했습니다.

★ 적용질문_

1. 나는 죄에 대해 내가 스스로 이길 수 있다고 착각하고 있지는 않습니까?
2. 내 안에 선한 자아와 악한 자아가 동시에 존재함을 인정하십니까?
3. 선한 자아가 이길 수 있도록 어떤 먹이를 주고 있습니까?
4. 오직 예수 그리스도만이 소망이심을 인정하십니까?
5. 치열한 영적 전투를 한 경험이 있습니까?

★ 말씀으로 기도하기_

"하나님 아버지! '오호라 나는 곤고한 사람'이라고 고백한 사도 바울의 고백이 오늘 나의 고뇌이고 고백입니다. 내 안에 있는 두 사람과 치열한 영적 전투를 해야 하는 존재로서 오직 말씀과 기도, 찬양과 묵상을 통해 주님과 친밀함을 나누고 주님의 영향력 아래 거함으로 내 안에서 승리의 환호성을 부를 수 있도록 성령님 인도하여 주옵소서. 예수님의 이름으로 기도합니다. 아멘."

2017년 큐티
아침마다 별을 찾다

주제:기도의 네 가지 능력

말씀 요약_

하나님께서 모세에게 향을 만드는 법을 가르쳐 주십니다. 소합향과 나감향과 풍자향을 유향에 섞되 각기 같은 분량으로 하고 하나님의 명령대로 만들되 소금을 쳐서 성결하게 하라고 하십니다. 또한 이 향은 거룩한 향이라 말씀하시며 너희를 위해서는 만들지 말라 경고하십니다.

질문하기_

왜 하나님은 네 가지 향에 대해 특별히 말씀하셨을까요?

묵상하기_

왜 하나님은 네 가지 향에 대해 특별히 말씀하셨을까요?

예수님이 오셔서 피 흘려 교회의 머리 되어 주심으로, 교회를 세워 주심으로 우리는 교회 생활을 하게 되었습니다. 교회는 예수 그리스도의 십자가의 피 흘림으로 세워진 것입니다. 교회를 잘 이해하려면 구약의 이스라엘 백성들이 하나님을 섬겼던 성막, 성전에 대해서 먼저 이해해야 도움이 됩니다. 이스라엘 백성들이 애굽에서 나와 광야를 지나 시내산에 이를 때 하나님께서 모세에게 성막을 지으라고 말씀하셨습니다. 천막으로 하나님이 임재하시는 집을 지으라는 것입니다. 성막은 그리 크지는 않습니다. 직사각형으로 된 성막은 약 22.8m x 45.6m의 크기이며 동쪽에 성막 문이 있는데 문의 크기는 약 9.12m입니다. 그런데 들어가는 입구가 오직 동쪽 문 하나뿐인 것은, 구원의 문은 오직 예수 그리스도임을 의미합니다. Only Jesus입니다. 왜냐하면 다른 이로서는 구원을 받을 이가 없기 때문입니다(행 4:12). 성소로 들어가려면 반드시 이 문을 통과하여야 합니다. "나는 양의 문이라"(요 10:7) 성막문은 오직 하나밖에 없습니다. 성막문은 동쪽에 나 있어서 성막으로 들어올 때는 서쪽을 향해서 들어오지만, 나갈 때는 해 뜨는 동쪽을 향해 나아갑니다. 우리가 교회에 들어올 때는 석양의 그늘 같은 문제를 안고 들어오지만, 교회에서 나갈 때에는 떠오르는 태양 같은 확신과 기쁨을 갖고 나갑니다.

성막문은 청색, 자색, 홍색, 가는 베실(흰색)의 네 가지 색깔로 정교하게 짜여진 문입니다. 입구에 들어서면 먼저 제단이 있습니다. 번제단은 나의 죄를 대신할 희생제물을 바치는 곳입니다. 이곳에서 속죄제물을 온전히 태워 하나님께 제사를 올립니다. 이를 통해 나의 죄의 문제를 해결하는 것입니다. 다음에 물두멍이 있습니다. 물두멍은 손과 발을 씻는 곳으로, 번제단에서 이미 죄 사함으로 구원받은 자로서 이 세상에서 살아가는 동안 묻는 세상의 먼지(죄와 허물)를 씻어 정결하게 하는 것입니다. 예수님께서 제자들의 발을 씻기실 때 이미 목욕을 한 자는 발만 씻으면 된다고 하셨습니다. 우리의 마음과 몸을 씻으면서 오직 하나님만을 의지하고 살겠다는 자기 고백과 자기부인이 이뤄지는 곳입니다. 그리고 그 안에 다시 성소와 지성소로 되어 있는 곳이 나옵니다. 제일 안쪽 지성소에는 법궤, 언약궤가 있습니다. 조각목으로 짠 것인데, 그 안에는 아론의 싹 난 지팡이(히 9:4), 만나를 담은 금 항아리, 십계명 돌판 2개를 보관하고 있습니다. 거기에는 허락받은 한 사람, 이스라엘 백성 가운데 한 사람인 대제사장이 1년에 한번 들어가게 되어 있습니다. 그날이 바로 이스라엘 달력으로 7월 10일 대속죄일입니다. 그리고 휘장을 쳐놓은 곳 다음이 성소입니다.

지성소에는 법궤만 있지만 성소에는 세 개가 있습니다. 휘장 바로 밑에 있는 것이 오늘 본문에 있는 향단입니다. 조각목을 금을 둘러서 단을 만들었습니다. 이것을 통하여 항상 하나님께 향을 피우게 됩니다. 향을 만들 때 네 가지 재료로 만들라 하셨습니다. 소합향, 나감향, 풍자향, 유향을 똑같은 분량으로 섞고 소금을 쳐서 만들었습니다. 아침에 한번, 저녁에 한번 제사장이 들어와서 향을 피웁니다. 1년 내내 피워야 하며 꺼뜨리면 안 됩니다. 우편에는 떡 상이 있습니다. 그 떡 이름을 진설병이라고 하는데 이스라엘 지파가 12지파이므로 떡 덩이를 12개 만들어서 여섯 개씩 두 줄로 놓았습니다. 그 떡은 고운 가루로 만드는데, 가루를 11번 채로 쳐서 만들라고 성경은 말합니다. 그리고 이것은 일주일에 한번 바꿉니다. 이 떡은 아무나 못 먹고 장소를 정해서 제사장만 먹게 되어있습니다. 성막 안에는 의자가 없기 때문에 앉아서 먹을 수가 없었습니다. 진설병은 서서 먹어야 했습니다. 먹기 위해서 먹지 말고, 사명을 위해서 먹으라는 뜻입니다. 그리고 성소 좌편에 금 촛대가 있습니다. 이 등대는 정금 1달란트(34Kg)로 만들었습니다. 금은 믿음입니다. 빛 된 생활을 하려면 믿음의 생활을 해야 합니다. 등대의 모양은 가운데 한 줄기가 있고 양편에 각각 셋씩 모두 6가지가 있습니다. 등대는 아침, 저녁에 감람유를 공급해 주어야 합니다. 이것들은 다 의미가 있습니다. 지성소는 성부 하나님을 의미합니다. 떡 상은 예수 그리스도를 말합니다. 요 6:35에 "내가 곧 생명의 떡이라"라고 하셨습니다. 좌측에 있는 금 촛대는 성령을 의미합니다. 성령은 늘 우리 마음에 불을 켜 주시고, 우리 심령에 빛이 되시고, 어두움을 몰아내시고, 우리 삶을 늘 빛 가운데로 인도하시는 분, 그리스도에게 인도하시는 분이 바로 성령이십니다.

그런데 딱 하나가 다른 것이 있는데 그것은 향단입니다. 향단은 아침, 저녁으로 향을 피우는데, 향기로운 연기로 하나님께 올려 드리는 것입니다. 계 8:3-4을 보면, 이것은 성도의 기도를 말합니다. 향을 피워서 좋은 냄새를 풍깁니다. 이 향이 성도의 기도라고 했습니다. 그러므로 우리 기도의 배경을 성전 안에서 찾아야 합니다. 인간이 할 수 있는 것은 향단밖에 없습니다. 성부, 성자, 성령 그리고 향단입니다. 구약에서는 이곳에서 늘 향을 피워서 올려 드렸듯이 신약시대에는 사도 요한이 보니 교회에 나와 성도들이 하는 기도들이 전부 천사의 손에 있는 금향로에 담겨지더라는 것입니다. 연기처럼 하나님 보좌 앞으로 이 기도를 담아서 천사가 하나님 앞에 바친다는 것입니다. 오늘 우리가 교회에 나와서 하나님이 계시는 성전, 주님이 피 흘려 세우신 교회, 성령이 감동하시는 교회 안에 우리가 바칠 수 있는 것은 기도입니다. 이 기도는 한 마디 한 마디가 어떤 기도이든지 전부가 천사의 손에 받들어 담겨져 올리는데 이 냄새가 얼마나 좋은지 네 가지 냄새로 하나님 앞에 올립니다. 소합향과 나감 향과 풍자 향과 유향의 냄새를 갖고 우리 하나님 앞에 올라갑니다.

그렇다면 네 가지 기도의 향에 대해 알아보겠습니다.

첫째, 소합향입니다.

이것은 시리아에서 나온다고 하는데, 소합 나무의 액을 모아서 사용합니다. 이 향은 치료제로 사용되었다고 하는데, 오늘 우리 성도들이 드리는 기도가 내 몸과 내 영혼을 치료하는 기도가 되는 것입니다. 슬픈 사람이 기도하면 기쁨을 얻고, 괴로운 심령이 기도하면 평안을 얻고, 환란 중에 있는 성도가 기도하면 위로를 받는 것이 소합향의 기도의 능력입니다. 가정의 문제와 우리 삶의 모든 문제를 하나님 앞에 아뢸 때 하나님은 우리 기도를 들어주셔서 그 향기를 받으심으로 우리의 문제를 해결해 주십니다. 어려운 일이 있을 때 하나님 앞에 기도해야 합니다. 문제가 있을 때 기도해야 합니다. 다니엘은 기도함으로 문제 해결함을 받았습니다. 기도는 우리를 치료해 주는 명약입니다. 우리가 몸담고 있는 이 세상에서 심령이 병들고, 영적으로 연약할 때 기도하면 치료될 뿐만 아니라 새 힘을 얻습니다. 우리의 영육과 세상의 삶과 가정 가운데 있는 여러 가지 답답한 문제들을 간구하는 심령으로 아뢰면 이 기도는 소합향과 같이 문제가 치료되고 질병이 치료되며 영혼이 새롭게 소생하는 능력이 됩니다.

둘째는 나감향입니다.

나감은 홍해나 인도양의 해안에서 나는 조개나 동물의 가죽에서 나온다고 합니다. 가죽이나 조개를 잘 빻아서 가루로 만듭니다. 그래서 소합향과 같이 섞습니다. 이것은 가루로 만들면 향기가 난다는 것입니다. 이것은 무엇을 의미합니까? 기도는 우리 자신을 가루로 만드는 것입니다. 나 자신을 부인하고, 나를 버리는 것이 기도입니다. 내 몸 안에 있는 육체의 일, 정욕, 교만, 고집, 내 뜻, 내 생각을 버리는 것이 기도입니다. 세상을 사랑하고, 죄악을 사랑하고, 불의를 사랑한 내 안의 옛사람과, 의롭지 못한 내 생각들을 기도를 통해 곱게 갈아서 하나님 앞에 좋은 향으로 드리는 것입니다. 내 자신을 버려야 하나님이 쓰시기에 합당한 사람이 됩니다. 하나님 앞에 영적으로 은혜를 받지 못하는 것, 성장하지 못하는 것은 아직 우리 안에 육적인 힘이 남아 있기 때문입니다. 세상의 힘이 남아 있기 때문입니다. 하나님은 모세의 힘을 빼셨습니다. 베드로의 힘을 빼셨습니다. 그 힘을 빼야 좋은 작품이 나오고 위대한 일을 할 수 있고 하나님 앞에서 영적인 홈런을 날릴 수 있기 때문입니다. 오늘 우리 자신의 힘을 빼는 길이 어디 있습니까? 우리 자신을 죽이는 방법이 무엇입니까? 기도 밖에 없습니다. 애통하며 눈물 흘려 기도할 때 내 육이 죽습니다. 금식 기도할 때 혈기가 죽습니다. 나감향의 기도입니다. 내 자신을 버리면 하나님은 위대한 일을 만들어 가십니다.

셋째는 풍자향입니다.

이것은 아라비아, 페르시아, 인도, 아프리카 등에서 자라는 관물에서 나오는 즙액입니다. 이 향의 냄새는 짐승들이 싫어한다고 합니다. 성막은 광야에 세우는데, 쥐, 도마뱀, 전갈, 두더지 등 여러 짐승, 곤충들이 있습니다. 그런데 이 향을 피우면 들어올 수 없다는 것입니다. 우리들의 기도가 무엇입니까? 기도는 영적인 풍자향입니다. 기도하는 가정, 기도하는 심령, 기도하는 교회는 어둠이 물러가고 죄악이 떠나갑니다. 하나님 앞에 늘 깨어 기도할 때 내 삶의 내 영혼에 독사가 못 들어오고, 죄악이 못 들어오고, 악한 세력이 들어올 수 없습니다. 이것을 막아내는 길, 마귀가 싫어하는 것은 무엇입니까? 기도입니다. 그래서 풍자향을 피워야 합니다. 깨어 기도하면 시험, 환난이 절대로 그 가정을 넘어뜨릴 수 없습니다. 내가 깨어 기도하지 않기 때문에 두더지, 뱀이 들어옵니다. 가정이 행복할 때도 악한 세력이 들어옵니다. 마귀는 풍자향이 없으면 다 들어갑니다. 그러나 이 냄새를 풍기면 우리의 삶과 영혼을 곤고케 하는 모든 것들이 들어올 수 없습니다. 자신을 위해서 피우라는 것입니다. 우리는 지금 죄악이 관영한 세상에 살고 있지만 풍자향을 피우면 승리할 수 있습니다. 우리의 기도가 풍자향의 기도가 되어야 합니다.

넷째는 유향입니다.

유향은 길르앗, 여리고 등지에서 나오는데, 동방박사 예물 중 하나이고, 창세기 43장을 보면 야곱이 바로에게 보낸 예물 중에 유향이 있었고, 성경에 17회나 언급되어 있습니다. 이것은 마치 약방의 감초와 같이 모든 곳에 들어갑니다. 또한 해독제로 쓰이며 독을 제거합니다.

이와 같이 향은 네 가지입니다. 이것을 똑같은 분량으로 섞어서 향을 피워야 합니다. 그리할 때 가장 좋은 향기가 되는 것입니다. 배합의 효과입니다. 우리의 기도가 그렇게 되어야 합니다. 그리 할 때 하나님께서 가장 기뻐하시는 기도가 될 것입니다.

기도는 밖에서 들어오는 두더지, 뱀, 전갈도 문제이지만 내 마음 안에 일어나는 것도 문제입니다. 우리 안에 악한 것을 제거하는 것이 기도입니다. "그러므로 내가 한 법을 깨달았느니 곧 선을 행하기 원하는 나에게 악이 함께 있는 것이로다."(롬 7:21) 우리의 마음속에는 두 마음이 존재합니다. 교회 갈까 말까? 기도 할까 말까? 하는 마음입니다. 미움이 올라가면 싸움이 생기고 사랑이 올라가면 화평합니다. 이 싸움에서 이기는 길, 독을 제거하는 길은 기도뿐입니다. 사탄은 오늘 우리에게 총을 주어서 넘어뜨리지 않고, 우리 마음에 낙심을 주고, 절망, 분열, 갈등, 괴로움을 주어서 우리 삶을 넘어뜨리고, 가정을 파괴하는 것입니다. 밖으로 오는 것도 문제이지만 내 안에 일어나는 것도 문제입니다. 이 악한 가라지를 뽑는 길이 무엇입니까? 기도하면 내 마음의 가라지를 주님의 능력으로, 성령의 도우심으로 뽑아낼 수 있습니다. 그렇다면 오늘 내가 해야 할 일이 무엇입니까? 바로 기도입니다. 기도하는 민족이 흥왕합니다. 기도하는 심령이 새 힘을 얻습니다. 기도가 얼마나 귀한지는 인류 역사를 보면 알 수 있습니다. 골 4:2을 보면 "기도를 계속하고 기도에 감사함으로 깨어 있으라"고 했습니다. 왜 그렇습니까? 향이기 때문입니다. 불의한 우리가 하나님을 기쁘시게 하는 것이 기도의 향기입니다. 기도는 이 네 가지 큰 비밀을 갖고 있습니다. 이 세상 어떠한 어려움이 온다 할지라도 기도하는 성도는 실패하지 않고 하나님 나라 가는 그날까지 주께서 동행해 주실 것입니다. 그것은 기도의 네 가지 비밀을 알고 그 삶을 기쁨으로 감당하는 우리에게 주시는 하나님의 선물입니다.

오늘 말씀을 묵상하면서 누가복음에 나오는 탕자의 비유가 생각났습니다. 먼저 자기 몫을 챙겨서 먼 외지에 나가 방탕한 삶으로 모든 것을 탕진한 후 어느 집 하인이 되어 돼지 치는 일을 한 둘째 아들, 그는 돼지가 먹는 쥐엄 열매로 배를 채우고자 하나 주는 자가 없다고 했습니다. 그런데 그는 가진 소유의 모든 것을 다 잃은 후에서야 비로소 스스로 돌이켜 아버지를 생각했던 것입니다. 이 말씀이 가슴에 닿았습니다. 가진 것을 모두 잃고서야 돌아서는 인간의 한계성이 새삼 나의 삶으로 클로즈업 되었습니다. 물론 나는 부모로부터 유산을 먼저 받은 일도 없고 방탕한 삶으로 재산을 탕진한 일도 없습니다. 그러나 나의 욕심을 성공의 기준에 맞춰 놓고 내 힘으로 무엇을 이루고자 가진 모든 재산을 투자해서 사업의 길을 갔지만, 결과적으로 신용불량자에다 하루 먹을거리를 걱정하고 거처할 장막이 불안한 상황이 되어서야 하나님 아버지 앞에 무릎을 꿇었습니다. 그리고 새벽에 하루 세 시간씩 눈물의 통회와 자복의 기도를 7개월간이나 했습니다. 그 기도는 나의 모든 죄를 자복하고 회개하는 통렬한 자기 부인의 기도였습니다. 그리고 그 기도가 오늘 회복된 나를 있게 했습니다. 그 기도는 오늘 나눈 '기도의 네 가지 재료'를 같은 분량으로 가장 알맞게 배합한, 가장 향기 나는 기도였습니다. 매일 눈물로 기도하며 주님의 보혈로 내면을 청결케 하고 바름으로 쥐나 두더지가 들어 올 수 없었으며 성결된 그릇에 올려 드리는 기도는 하나님이 기뻐하시는 향연이 되었습니다. 하나님이 기뻐하시는 기도는 네 가지 재료가 균형 있게 배합된 최고의 향기가 되어야 합니다.

★ 질문하기

1. 나는 매일 기도의 향연을 올려 드리고 있습니까?
2. 기도의 4가지 향을 배합하기 위해 나는 어떤 노력을 하고 있습니까?
3. 내가 하나님께 드릴 것이 기도밖에 없음을 인정하고 있습니까?

★ 말씀으로 기도하기

"하나님 아버지, 기도하는 나라, 기도하는 민족이 언제나 승리함을 성경을 통해 깨닫습니다. 또한 기도하는 가정, 기도하는 자가 하나님의 자녀다운 삶으로 하나님의 기쁨이 됨을 깨닫습니다. 저희의 일상의 삶이 기도하는 삶이 되어 그 기도를 하나님이 가장 기뻐하시는 4가지 향이 배합된 최고의 향연으로 올려 드리기를 소망합니다. 성령님 저희를 인도하여 주옵소서. 예수님의 이름으로 기도합니다."

주제:아버지께로 돌아가다

말씀 요약_

　　어떤 사람에게 아들 둘이 있는데 작은아들이 자기 몫을 미리 달라고 요청을 합니다. 이에 아버지는 각각 살림을 나눠 주고 작은아들은 먼 지방으로 가서 방탕한 삶으로 다 탕진한 후에 그 지방에 흉년이 들자 돼지 치는 머슴으로 전락합니다. 심지어 돼지가 먹는 쥐엄 열매로 배고픔을 면하고자 하나 그에게 먹는 것을 주는 자가 없다고 했습니다. 그제서야 그는 먹을 것이 풍족한 아버지 집을 생각하고 죄 지었음을 고백하며 아버지 집으로 돌아갑니다. 아버지는 돌아온 아들을 먼발치에서 발견하고 달려가 안고 그에게 가장 좋은 옷과 손에 끼는 반지, 신발을 신겨주며 잔치를 베풉니다. 이 소식을 들은 큰아들이 화를 내자, "네가 나와 함께 있으니 내가 가진 모든 것이 네 것"이라고 달래며, 잃었던 아들을 되찾았으니 즐기며 기뻐하는 것이 마땅하다고 합니다.

질문하기_

1. 왜 아버지는 탕자 아들이 돌아왔을 때, 기뻐하며 잔치를 베풀었을까요?

2. 왜 큰아들은 아버지의 잔치 소식에 화를 내었을까요?

1. 왜 아버지는 탕자 아들이 돌아왔을 때, 기뻐하며 잔치를 베풀었을까
요?

오늘 본문은 말씀을 들으려고 예수님께 가까이 오는 세리들과
죄인들을 보고 바리새인들과 서기관들이 수군거리며 비난하는 말
을 들으시고 그들에게 비유로 말씀하신 내용입니다. 아버지에게 자
기 몫을 미리 달라고 해서 그것을 먼 타국에 가서 방탕한 삶으로 탕
진한 아들이 마침 그 지방에 흉년이 들게 되자 삶은 궁핍할 대로 궁
핍하고 피폐할 대로 피폐해져서 굶는 배를 채우고자 그 지방 주민의
돼지를 치는 머슴으로 전락하고 맙니다. 말이 머슴이지 실상은 노예
와 같은 삶의 나락으로 떨어진 것입니다. 굶주린 배를 채우고자 돼지
가 먹는 쥐엄 열매라도 먹고 싶은 심정인데 그에게 먹을 것을 주는
자가 없다고 성경은 말씀하고 있습니다. 사실 이렇게 되면 삶의 의미
와 살 가치를 잃기에 충분할 것입니다. 더이상 떨어질 곳이 없는 나
락으로 떨어진 것입니다. 이때 비로소 작은아들은 자기의 죄를 깨닫
고 아버지 집을 생각합니다.

그렇다면, 작은아들의 죄는 무엇입니까? 첫째, 아버지 생전에 유
산을 요구한 것입니다. 과거 이스라엘뿐만 아니라 현재 우리나라에
서도 아버지 생전에 자식이 먼저 자기 몫을 요구하는 것을 금기시하
고 있습니다. 그것은 부모에 대한 도리가 아니기 때문입니다. 아버
지가 알아서 먼저 분배해 준다고 해도 사양하는 것이 예의인 시대에

먼저 유산을 달라고 하는 것은 아버지의 권위를 부정하는 행위이고 효와는 거리가 먼 행동으로밖에 볼 수 없습니다. 둘째는 그렇게 자기 몫의 재산을 챙긴 후 먼 곳에 가서 방탕한 삶으로 탕진한 것입니다. 비록 아버지가 분배를 해줬지만 그 재산에는 아버지의 땀과 인생의 이력서가 첨부되어 있습니다. 그럼에도 그 가치를 인식하지 못하고 자기 쾌락을 위해 무질서한 삶으로 탕진한 것은 불효막급 할 뿐만 아니라 내쫓김을 당해도 할 말이 없는 큰 죄를 지은 것입니다. 또한 재산만 있으면 무엇이든 다 할 수 있다는 물질만능주의와 교만이 자리잡고 있었던 것입니다. 이는 오늘날도 마찬가지가 아닌가 싶습니다. 물질이 결코 생명을 지켜 주지 못함을 우리는 알아야 합니다. 셋째는 아들의 신분을 노예로 전락시킨 죄입니다. 아버지의 귀한 아들이고 그에 걸맞은 신분으로 살았던 아들이 그 신분조차 잊어버리고 품꾼보다 못한 노예로 전락한 것은 아버지가 모욕을 받은 것과 같은 죄가 됩니다. 우리는 하나밖에 없는 하나님의 유일한 걸작품입니다. 그리고 그분을 영접함으로 그 분의 자녀가 되었습니다. 다시 말씀드려 하나님의 자녀 된 신분입니다. 그런데 우리가 그 신분에 맞지 않는 삶으로 신분을 저버린다면 그것은 하나님을 욕보이는 것입니다. 넷째는 자기 욕심을 채우기 위해 아버지를 떠났고 아버지를 버린 것입니다. 다른 어떤 죄보다도 이 죄가 가장 무겁고 아버지의 진노를 발하게 할 만한 그런 큰 죄라고 생각됩니다. 비록 죄가 있더라도 아버지 품에 있어야 합니다. 아버지를 떠난 삶은 피폐하고 노예로 전락하는 삶입니다. 요즈음 말로 망한 것입니다. 그래서 성경은 죄의 삶은 사망이라고 말씀하고 있습니다.

작은아들은 자기가 가진 모든 재물을 다 탕진하고 굶주림의 나락으로 떨어진 후에야 비로소 자기의 죄가 무엇인지 깨닫고 회개하며 아버지 집으로 돌아옵니다. 그는 진심으로 회개했습니다. 하늘과 아버지 앞에 죄를 지었다고 고백하며 아들이라고 불릴 자격도 없다고 자신을 낮췄습니다. 그리고 아버지가 부리는 품꾼의 하나로 삼아 달라고 거듭 자신을 낮췄습니다. 비록 그가 모든 것을 다 잃고 난 후에 죄를 깨닫고 돌아왔지만, 그의 진솔한 자기 고백과 회개는 아버지를 기쁘시게 하는 훌륭한 자세가 아닐 수 없습니다. 이것이 자기 부인입니다. 우리도 인생의 흉년이 올 수 있습니다. 또한 우리의 죄로 인해 모든 것을 다 잃는 고난의 삶을 살 수도 있습니다. 그럴 때 중요한 것은 아버지 집으로 돌아오는 회복의 자기부인과 진정한 회개로 하나님을 기쁘시게 하는 것입니다.

아들의 이런 신앙고백은 아버지의 본성인 긍휼이 일하게 하셨습니다. 먼발치에서 돌아오는 아들을 보자마자 달려가 끌어안고 입을 맞췄습니다. 뿐만 아니라 집으로 데리고 들어와 가장 좋은 옷을 입혔으며, 손에 반지를 끼우고 신을 신겼습니다. 그리고 가장 살진 송아지를 잡아 잔치를 벌였습니다. 이런 아버지의 반응은 무엇을 의미합니까? 바로 아들의 신분을 원상회복 시키신 것입니다. 영화 <벤허>에서 주인공이 노예로서 배의 노를 저으며 항해하던 중 풍랑을 만나 모두 죽게 되었을 때, 주인공 벤허가 로마 집정관을 살렸습니다. 이를 계기로 집정관은 자신의 반지를 벤허에게 끼워줬습니다. 집정관의 신분과 벤허의 신분이 동등하게 되는 순간입니다. 노예에서 로마의 귀족으로 신분이 변화되었습니다. 반지는 이런 의미가 있습니다. 옷과 신발도 마찬가지입니다. 즉 탕자로 돌아온 아들의 신분을 회복시킨 것입니다. 오늘 작은아들이 돌아온 것은 잃었던 아들을 되찾은 것입니다. 우리 주님은 잃어버린 한 마리 양을 찾았을 때, 그 무엇보다도 기뻐하시는 아버지 하나님이십니다. 그러므로 아버지가 살진 송아지를 잡고 잔치를 베푸는 것은 당연한 것입니다.

저도 작은아들과 같은 삶을 살았습니다. 젊은 나이에 비교적 빠른 내 집 마련과 목돈 저축은 스스로를 자만하게 만들었고 재물이면 모든 것을 다 할 수 있다는 오만에 빠져 좋은 직장임에도 만족하지 못하고 사업의 길로 들어섰습니다. 그러나 하나님은 아버지의 마음으로 이를 방임하실 수 없어 광야 훈련 학교에 입학시켰고 7년여의 광야 생활 가운데 가진 모든 것을 정말 하나도 남김없이 다 잃는 고난을 당하게 되었습니다. 오늘 작은아들이 다 탕진한 후에야 비로소 아버지 집을 생각하고 회개의 자리에 나아갔던 것처럼 저 또한 내가 가진 모든 것을 잃고 난 후에야 하나님을 바라보게 되었습니다. 그리고 무릎 꿇고 진정 회개의 눈물로 부르짖어 기도했습니다. 그 눈물의 기도가 아버지의 본성인 긍휼이 일하게 하셨고 전혀 내 힘과 능력이 아닌 아버지의 전적인 은혜로 회복의 은혜를 경험하게 되었습니다.

우리는 아버지 안에 거해야 합니다. 그것이 회복이고 자녀의 삶이고 구원입니다.

2. 왜 큰아들은 아버지의 잔치 소식에 화를 내었을까요?

작은아들이 돌아온 것에 기뻐 아버지가 잔치를 베풀 때, 큰아들은 들에서 돌아오는 길에 이 소식을 듣습니다. 그리곤 이 소리가 무엇이냐고 종들에게 묻습니다. 잔치의 내용을 알게 된 큰아들은 화를 냈습니다. 그리고 집에 들어가지 않고 버텼습니다. 큰 재물을 먼 지방에 가서 술과 여자와 쾌락으로 탕진한 동생을 질책하며 내쫓아야 함에도 잔치를 열어 환영하는 아버지가 마음에 들지 않다 보니 그의 마음에 분노가 일어난 것입니다. 자기는 아버지를 모시고 땀 흘려 일했지만, 동생은 야단맞아 마땅한 삶을 살았음에도 오히려 환영해 주고 잔치까지 열어 주는 이 상황이 도저히 납득되지 않았던 것입니다.

그렇다면 우리는 어떨까요? 우리 또한 큰아들 같이 행동하지 않았을까요? 어쩌면 더 크게 화를 내고 아버지에게 따지고 동생을 야단치며 쫓아냈을지도 모릅니다. 세상의 가치관으로는 당연한 것으로 여겨집니다. 이런 동생을 누가 받아들일 수 있을까요. 더 가혹하게 대하고 싶은 마음이 우리 안에 존재하고 있습니다.

큰아들의 죄를 살펴보도록 하겠습니다. 첫째 공간적으로는 아버지를 떠나지 않았으나 아버지와 함께하지 못했습니다. 몸은 아버지와 함께 있었지만, 아버지의 마음을 전혀 모르는 것입니다. 왜 그렇습니까? 그는 아버지를 섬긴 것이 아니라 아버지의 재물, 즉 염소새끼를 섬긴 것입니다. 출애굽한 이스라엘 백성들이 그랬습니다. 몸은 애굽을 떠났어도 계속 불평불만하며 마음은 애굽에 있었습니다. 그래서 지도자를 원망하고 하나님을 원망했던 것입니다. 이런 그들의 죄로 인해 출애굽 1세대는 여호수아와 갈렙 두 사람을 제외하고는 모두 광야에서 죽게 되었습니다. 둘째는 동생에 대한 긍휼의 마음이 없었습니다. 비록 동생이 탕자의 삶을 살았을 지라도 그는 혈육이고 동생인데 불쌍히 여기는 마음이 있어야 했습니다. 그러나 오히려 자기 재물이 손해 볼 것을 염려하게 되고 아버지가 동생을 환영하는 모습에서 시기심과 질투심을 동시에 느꼈던 것입니다. 교회 공동체에 많은 지체들이 신앙생활을 하고 있습니다. 목회자가 누군가에게 더 관심과 사랑을 표현하면 그를 보던 다른 지체가 시기심과 질투를 느끼고 서로에게 상처를 주는 경우를 종종 봅니다. 우리 안에 하나님의 마음인 긍휼이 없어서입니다.

셋째는 아버지 앞에서 아버지와 동생에 대한 분노를 표출시켰습니다. 사실 큰아들은 아버지에게 불평할 자격이 없습니다. 동생이 자기 몫을 요청했을 때, 아버지는 두 아들에게 각각 살림을 내주었다고 본문은 말씀하고 있기 때문입니다. 이미 자기 몫을 받았음에도 동생 때문에 화를 내는 것은 이치에 맞지 않습니다. 그것은 오직 아버지의 뜻이고 아버지의 마음입니다. 이 땅에 사는 우리도 이런 욕심이 우리 안에 자리잡고 있습니다. 또한 우리가 교회 공동체에서 봉사의 사역을 감당할 때 자기의 혈기를 나타내는 경우가 있습니다. 이는 자기 의로 사역을 하기 때문입니다. 아버지의 마음으로 섬기는 자세로 한다면 결코 혈기를 낼 수 없는 것입니다. 넷째는 아버지의 마음을 모르는 죄입니다. 중요한 것은 자식 된 본인의 생각이 아니라 부모인 아버지의 마음입니다. 그것을 이해하고 헤아릴 수 있는 자세가 필요함에도 큰아들은 그것을 외면했습니다. 그리곤 동생의 죄를 일일이 열거하면서 정죄했습니다. 동생에 대한 사랑으로 덮어주고 감싸주는 형으로서 사랑이 결여되어 있었습니다.

이런 큰아들의 태도는 현재 자기가 누리고 있는 모든 것이 스스로 자격이 있기 때문이라고 믿고 있기 때문입니다. 이것은 착각입니다. 그리고 교만입니다. 결코 자격이 없으며 오직 아버지의 사랑 안에서 누리고 있는 것뿐입니다. 자기 자신을 볼 수 없는 것은 영적 무지이며 죄입니다. 교회 공동체에서도 직분을 받아 사역을 하는 것, 그것이 내 사회적 신분이나 명예, 물질의 힘에 의한 인정받음이라고 착각하는 분들이 있을 수 있습니다. 그러나 전혀 그렇지 않습니다. 만약 그렇게 생각했다면 오늘 큰아들의 죄를 답습하는 결과를 가져올 것입니다. 내가 잘 나고 자격 있어서 직분 주고 사역을 맡기는 것이 아닙니다. 직분도 하나님 허락하셔야 되고 사역도 하나님이 허락하셔야 됩니다. 오직 그 은혜 안에서 우리는 쓰임받는 질그릇일 뿐입니다. 그러므로, 질그릇이 어떻게 쓰임 받느냐 하는 것은 전적으로 하나님의 주권이고 마음입니다.

　저에게도 이런 큰아들의 마음이 여전히 존재하고 있습니다. 아버님이 생전에 비교적 많은 땅을 소유하고 계셨습니다. 어렸을 때, 마당에 큰 원통형을 볏집으로 만들어 그 안에 타작한 벼를 쌓아 두고 각 방마다 창고마다 농산물이 가득했던 기억이 있습니다. 동네에서 첫 번째, 두 번째로 토지를 많이 소유했다는 소리를 듣곤 했습니다. 초등학교를 졸업 후 고향을 떠나 외지에서 학업을 하고 결혼과 삶을 서울에서 꾸리다가 아버님 소천하기 전 고향의 땅이 어떻게 되었는지 확인해 보니 그 많던 토지가 다 없어지고 빚만 남아 있었습니다. 기가 막혔습니다. 내용을 들어 보니 동생들 요청으로 대출받아 준 돈을 상환하지 않아 나중에는 땅 팔아 부채 상환을 했고, 영농자금 대출받아 비닐하우스 농기계 등 계속되는 대출과 관리 부실로 손실이 눈사람 같이 커져서 결국 땅 팔아 부채를 갚아야 하는 그런 상황을 겪은 것입니다. 이에 대한 내 안에 분노가 있었습니다. 큰아들의 몫이 분명이 있어야 함에도 공평하지 않은 부모에 대한 원망, 또 동생들에 대한 분노가 내 안에 있었습니다. 아버지 재산 아버지 마음대로 한들 무슨 상관이 있겠느냐 생각해야 함에도 인간의 욕심은 그렇지 못했습니다. 더욱이 내가 혹독한 광야에 있을 땐 더욱 그런 생각이 가중되었습니다. 이를 씻어내는 데는 실로 많은 기도가 필요했습니다.

오늘 두 아들 중에서 누가 탕자입니까? 재산을 방탕한 삶으로 탕진한 둘째가 아직도 미운 탕자입니까? 그는 비록 재산을 탕진했어도 돌아온 탕자입니다. 그리고 회개의 자리에서 자신을 낮추고 아버지 앞에 무릎을 꿇었습니다. 그런데 큰아들은 어떻습니까? 동생이 집을 나갔을 때 그를 안타깝게 여기지도 않았고 돌아왔을 때는 오히려 자기가 더 가질 수 있는 재산이 줄어들까 하여 동생을 정죄하고 시기하고 질투했습니다. 아버지에게까지 분노를 표출했습니다. 그러므로 큰아들은 집을 나간 탕자임에 틀림없습니다. 아버지와 마음을 같이 하지도 못했고 잔치 소리에 화가 나서 아버지 집으로 들어가려고도 하지 않았기 때문입니다. 우리 또한 돌아온 탕자일 수도 있고 집을 나간 탕자일 수도 있습니다. 자기 죄를 깨닫고 회개하면 돌아온 탕자입니다. 그러나 자기 죄를 깨닫지 못하고 회개하지 못하면 집을 나간 탕자가 될 수 있습니다. 우리 각자는 어느 탕자에 속해 있는지 자신을 살펴봐야 합니다.

특별히 오늘 말씀은 말씀의 목마름으로 예수님께 나오는 세리와 죄인들을 비웃으며 자기들은 스스로 율법에 완전하고 거룩하다고 믿고 있는 바리새인들과 서기관들을 대상으로 하신 말씀입니다. 그들이 누구입니까? 그들은 율법에 목숨을 걸고 지키려 하는 사람들이며 백성들의 지도자 위치에 있는 사람들입니다. 겉으로는 완벽해 보이고 존경의 대상이 되는 듯합니다. 그런데 예수님은 그들을 향해 화가 있을 것이라고 반복해서 말씀하시며 그들이 십일조를 드리되 율법을 더 중요하게 여기므로 정의와 긍휼과 믿음은 버렸다고 강하게 책망하셨습니다. 그러면서 맹인 된 인도자, 눈먼 자라고 말씀하시며 먼저 안을 깨끗이 해야 겉도 깨끗해진다고 질책하십니다. 그들이 책망받는 이유가 무엇입니까? 그들은 겉은 그럴듯해도 속에 하나님이 없는 삶을 살고 있다는 것입니다. 말씀 앞으로 나아오는 세리와 죄인들만도 못하다는 것입니다. 이것이 외식하는 자입니다. 이 시대에도 그런 교인들이 많이 있습니다. 교회 다닌다고 다 그리스도인이겠습니까? 바리새인과 서기관 같은 자들도 있고 직분과 사역이 의복이 되어 겉포장만 화려한 자들도 있습니다. 오늘 큰아들의 모습이 바로 이와 같습니다. 그리고 그 모습은 우리가 스스로를 살펴야 할 경계선이기도 합니다.

★ 적용질문_

1. 나는 아버지의 마음을 갖고 탕자 동생을 받아들일 수 있는가?
2. 나는 돌아온 탕자인가 집을 나간 탕자인가?
3. 내 삶의 흉년을 경험한 적이 있는가? 있다면 그 원인과 죄는 무엇인가?
4. 아들의 신분에 대한 가치와 의미가 가슴으로 전해 오는가?
5. 내 안에 바리새인과 서기관은 없는가?

★ 말씀으로 기도하기_

"하나님 아버지! 내 자신이 탕자였음을 발견할 수 있도록 말씀을 통해 깨우쳐 주시니 진실로 감사합니다. 돌아온 작은아들과 완고한 큰아들의 모습이 동시에 내 안에 존재하고 있음을 고백합니다. 그러므로 아버지의 마음을 알고 아버지 안에 거할 수 있는 성령의 인도를 받을 수 있도록 주께서 친히 인치시고 인도해 주옵소서. 내 안에도 존재하는, 두 아들에게 있는 탕자의 죄를 보혈의 능력으로 씻어 주셔서 언제나 기다리고 계시는 아버지의 마음이 가슴으로 전해지는 은혜의 삶이 되게 인도해 주옵소서. 예수님의 이름으로 기도합니다. 아멘."

주제:한 여인의 이야기

말씀 요약_

　　예수님이 유대지역을 떠나 갈릴리로 향하는 길에 사마리아 수가 성을 지나는데 낮 12시에 물을 길으러 오는 한 여인을 만나 물을 좀 달라고 하십니다. 이에 여인이 유대인으로서 어찌 자기에게 물을 달라고 하느냐 반문할 때, 예수님은 영원히 목마르지 않는 생수에 대한 대화를 이어갑니다. 그리곤 여인에게 남편을 불러오라고 하며 여인의 삶의 고백을 이끌어 내십니다. 여인이 다섯 남편을 바꿨고 현재 살고있는 자도 내 남편이 아니란 진솔한 고백 위에 예수님과 여인은 인격적인 만남을 갖습니다. 그리고 예수님이 메시아임을 드러내실 때 영적 눈이 떠진 여인은 물동이를 버려두고 동네로 들어가 "와서 보라"며 예수님을 증거하는 자가 됩니다.

질문하기_

1. 왜 예수님은 사마리아 수가성을 향했을까요?
2. 왜 예수님은 여인에게 네 남편을 데려오라고 했을까요?

묵상하기_

1. 왜 예수님은 사마리아 수가성을 향했을까요?

세상에는 많은 만남이 있습니다. 세상에 태어나서는 부모와의 만남, 그리고 형제 및 가족들과의 만남, 학교를 다니면서 친구, 선후배들과의 만남, 군 생활을 통해 병영에서의 만남, 또 회사에서 상사, 동료, 후배들과의 만남, 비즈니스 관계에서의 만남, 그리고 연인과의 만남 등 무수한 만남들이 있습니다. 그런데 이 모든 만남이 다 아름다운 것은 아닙니다. 어떤 만남은 고통과 스트레스를 주는가 하면 또 어떤 만남은 만날수록 비린내가 나는 생선 같은 만남이 되기도 합니다. 이런 만남은 잘못된 만남입니다. 또 꽃송이처럼 금방 시들어 버리는 만남도 있습니다. 만나자마자 서로에게 싫증을 느껴버린 경우인데 이런 만남은 가장 조심해야 할 만남이기도 합니다. 그런데 건전지와 같이 효용 가치가 떨어지면 금방 버리는 가장 비천한 만남도 있습니다. 그리고 만남과 동시에 기억에서 지워버리는 지우개 같은 만남도 있습니다. 이런 만남은 만나는 시간조차 아까운 만남입니다. 그러나 가장 아름다운 만남이 있습니다. 바로 손수건 같은 만남입니다. 힘이 들 때 땀을 닦아 주고 슬픔이 있을 땐 눈물을 닦아 주는 손수건 같은 만남, 이런 만남은 인생에 큰 축복이 아닐 수 없습니다. 결국 인생의 성공 여부는 어떤 만남을 이뤄 가느냐에 달렸다고 해도 과언이 아닐 것입니다.

그런데 오늘 운명적인 만남이 있습니다. 그것은 예수님과 사마리아 여인과의 만남입니다. 본문에서 예수님은 유대를 떠나 갈릴리로 가시는 여정에 사마리아 수가라는 지역을 특별히 경유해서 가십니다. 그리곤 가장 뜨거운 낮 12시에 우물가에 도착하여 한 여인을 기다리십니다. 이 기다리는 여인이 예수님이 수가성을 향한 여행의 목적지였습니다. 남들이 다 쉼을 가질 한낮에 이 여인이 우물가를 찾아 물을 긷습니다. 이에 "물을 좀 달라" 하는 말로 시작되는 대화는 영생의 대화로 이어졌고 목마름에 갈급해하던 여인은 영원히 목마르지 않는 그런 물을 내게도 달라고 간청하며 자신의 심령을 고백합니다. 이에 생수의 근원 되시는 예수님이 그런 물을 줄 수 있는 사람은 자신뿐임을 드러내며 여인의 가장 아픈 치부를 건드릴 때, 여인은 비로소 예수님을 선지자로 인정하며 예배의 갈급함을 토해내고 예루살렘을 동경합니다. 그러나 예수님은 예배의 장소가 본질적인 문제가 아님을 강조하시며 "아버지께서 예배하는 자들을 찾는다"고 말씀하십니다. 예수님께서 여인이 찾는 메시아가 자신임을 드러내실 때, 여인은 영적 눈이 밝아져서 동네로 뛰어가며 예수님을 증거하는 자로 변화됩니다.

여인이 있는 사마리아 수가라는 지역은 유대인이 가장 경멸하는 지역이고 유대인은 갈릴리로 갈 때 사마리아 지름길을 외면하고 다른 길로 돌아갔습니다. 왜냐하면 순혈주의를 신봉하는 유대인의 입장에서 이방 민족과 혼혈되어 잡족이 되어 버린 사마리아는 유대인이 상종 못할 경멸의 대상이었기 때문입니다. 솔로몬 이후 남유다와 북이스라엘로 나라가 분단이 되었을 때, 북이스라엘은 6대 오므리 왕조가 사마리아 지역을 사서 수도로 삼았는데 후에 앗수르에 의해 멸망되었습니다. 이때, 귀족과 지식인, 장인 등 인재들은 앗수르에 포로로 끌려가고 대신 앗수르 사람들이 사마리아로 이주하게 되었는데 이로 인해 이방 문화와 정치, 종교, 혈육적으로 혼합주의에 빠지게 된 것입니다. 이런 사마리아 사람들을 유대인들은 상종조차 하지 않았고 만나는 것조차 수치로 여겼습니다. 그런데 이런 사마리아 지역을 오늘 예수님이 친히 목적 있는 여행지로 삼아 가셨던 것입니다. 오직 한 여인을 만나기 위해서 말입니다. 그래서 이 만남을 운명적 만남이라고 하는 것입니다. 이 여인이 올 12시, 가장 뜨거운 시간에 맞춰 우물가를 찾으신 예수님은 한 여인에 대한 가장 애끓는 마음과 그분의 긍휼하심이 일하실 수밖에 없는 안타까운 마음으로 찾으신 것입니다. 그것은 한 영혼에 대한 간절하고 애타는 사랑입니다. 그 사랑에 의해 우물가의 한 여인이 구원을 받았습니다.

나도 말씀에 비춰 자신을 살펴보니 예수께서 사마리아 여인에 대한 간절한 마음으로 수가성을 찾았던 그 사랑을 나에게도 주셨구나 하는 깊은 깨달음이 다가왔습니다. 나 역시 사마리아 여인과 다를 바 없는 수치스럽고 죄가 많은 존재였습니다. 우리 주님이 아니었다면 어쩌면 이 세상 사람이 아니었을지도 모르는 극한 상황도 경험하고 내 죄를 드러내어 통회할 때는 성령님이 임재하셔서 교통도 하시고 위로와 격려도 해주셨습니다. 그 주님을 이렇게 증거하고 찬양할 수 있는 지금은 일생 중 가장 행복한 순간입니다. 서두에 만남에 대해 언급했는데 오늘까지 삶을 살아오면서 만나서는 안 될 생선 같은 만남도 있었고 그로 인해 큰 상처와 아픔을 겪는 일도 있었습니다. 그러나 나의 소중한 지인 중에는 손수건 같은 만남도 있었기에 나의 삶이 헛되지 않았구나 하는 자긍심을 갖기도 합니다. 내가 가장 깊은 스올에서 고통받고 있을 때 우리 주님은 영적 벧엘로 올라오라 하시며 그곳에서 만나 주셨고 나의 가장 깊은 상처와 수치스러운 모든 삶을 고백할 때 주님은 자애로운 눈빛으로 품어 주시며 그분의 넓은 품으로 안아 주셨습니다. 그리고 육적인 목마름과 갈증, 또한 영적 목마름과 갈증을 그분의 손길에 의해 회복해 주시고 다시 한번 거듭남을 확인시켜 주셨습니다. 그분은 아버지의 마음으로 오늘도, 부족한 나와 함께 동행하시며 간섭하시고 계십니다.

2. 왜 예수님은 여인에게 네 남편을 데려오라고 하셨을까요?

예수님이 여인과 생수에 대한 대화를 하시면서 "내가 주는 물은 그 속에서 영생하도록 솟아나는 샘물이 되리라"라고 말씀하십니다. 이 말씀을 들은 여인은 지극히 육신적인 생각으로 그런 물을 자기에게 주어서 목마르지 않게 해 달라고 합니다. 이때 예수님은 느닷없이 네 남편을 데려오라고 하십니다. 목마르지 않는 물을 달라고 요청했는데 네 남편을 데려오라는 예수님의 말씀은 언뜻 이해되지 않는 것 같습니다. 그런데 예수님의 이 한 말씀은 여인의 깊은 상처를 터치해서 그 상처가 드러나도록 하시기 위한 또 다른 사랑의 표현이셨습니다. 여인이 구원을 받기 위해서는 먼저 그 상처가 치유되어야 했기 때문입니다. 예수님의 터치에 여인은 놀라운 고백을 합니다. 자신은 남편이 다섯이 있었고 지금 같이 살고 있는 자도 남편이 아니라는 것입니다. 다시 말해서 남편 다섯을 갈아치웠고 현재 살고 있는 남자도 동거인에 불과하다는 것입니다. 여인이 숨기고 싶었던 가장 깊은 치부가 드러나는 순간입니다. 이런 여인의 수치스런 삶 때문에 사람들의 따돌림과 손가락질을 당하고 경멸의 대상이 되었기에 그 여인은 다른 사람들이 찾지 않는 낮 12시를 택해 물을 길으러 온 것입니다.

그렇다면 예수님께서 이 여인의 이런 삶을 모르셨을까요? 그렇지 않습니다. 예수님은 이미 이 여인의 모든 삶과 그 형편을 다 알고 계셨습니다. 그러나 여인 스스로 고백하게 함으로 스스로 길을 찾아가도록 인도하신 것입니다. 그리고 여인의 그런 진솔한 자기 고백은 우리 주님의 마음을 감동시키기에 충분했습니다. 이 고백이야말로 여인이 구원의 반열에 설 수 있는 동기부여가 된 것입니다. 우리가 하나님 앞에 직면할 때는 이 여인과 같은 진실된 자기 고백이 있어야 합니다. 자신의 치부를 담대히 드러내어 회개함으로 용서받고 치유 받는 과정이 반드시 필요합니다. 그렇지 않을 때, 하나님과 교통할 수 없고 양심에 걸림으로 하나님을 인격적으로 만날 수 없게 되는 것입니다. 우리가 하나님 앞에 설 땐 어린아이가 부끄럼 없이 벌거벗은 몸으로 부모 앞에 서듯이 그렇게 서야 합니다. 그 고백을 주님은 기쁘게 받으시기 때문입니다. 이 여인이 지금까지 갖고 있던 수치심을 다 던져버리고 우리 주님 앞에 벌거벗은 몸으로 자기 고백을 했을 때 비로소 주님께서 메시아이심을 드러내셨습니다. 그리고 여인의 영안의 비늘을 벗겨 주셨습니다. 영안이 열린 여인이 메시아 예수 그리스도를 직면하고 깨달아 온 동네를 뛰어다니며 증인된 신분으로 전도자의 사명을 감당하는 것입니다.

우물가의 여인이 오늘 우리가 되어야 합니다. 그리고 여인과 같이 주님과 직면함으로 주님을 인격적으로 만나야 합니다. 이 여인이 부끄러운 과거를 진솔히 고백했던 것과 같이 내 안에 있는 다섯 남편이 무엇인지 또 내가 현재 쫓고 있는 또 한 사람의 남편은 무엇인지 그것을 발견해야 합니다. 그리곤 그것을 우리 주님 앞에 다 내려 놓고 고백해야 합니다. 그리할 때 우리 주님은 인격적으로 우리에게 다가오십니다.

나 역시 우물가의 여인 같이 가짜 남편 다섯이 있었습니다. 그것이 무엇입니까? 탐욕, 욕망, 이기심, 시기, 질투, 교만, 자만심, 우월주의, 성공 우선주의 등 다섯 남편 그 이상의 남편이 내게 있었습니다. 그리고 항상 자기중심적인 또 하나의 남편도 동거하고 있었습니다. 이 모든 것은 가짜입니다. 오늘 여인이 내게는 남편이 없습니다, 라고 고백함과 같이 우리도 이런 고백을 하고 주님 앞에 서야 합니다. 내 안에 있는 가짜 남편을 결단하고 던져 버려야 합니다. 그 고백을 통해 주님께서는 우리를 인격적으로 만나 주실 것입니다. 다섯 남편과 살았던 삶이 부끄럽고 수치스런 가짜 삶이었듯이 우리 인생에서 예수 그리스도를 남편으로 모시지 않는 삶은 그 삶 자체가 죄와 짝지어 살 수밖에 없는 가짜 삶이 되는 것입니다. 그분을 주인으로 모시고 그분을 나의 유일한 남편으로 모시고 섬기며 살아야 합니다. 그러면 남편 되신 주께서 우리를 언제나 옳은 길로 또한 선한 길로 인도하실 것입니다. 그 길이 축복받은 길입니다. 그 길이 평안이요 그 길이 천국의 소망을 품은 길입니다. 나 역시 이런 고백이 있기까지 광야의 고난이 있었습니다. 그리곤 내 힘으로 도저히 할 수 없는 상황에 이르러서야 비로소 하나님 앞에 무릎을 꿇었습니다. 그리고 수치스런 모든 죄들을 드러내며 통회와 자복의 회개 기도를 올려 드렸습니다. 그 기도는 "내게는 남편이 없습니다"라는 자기 고백이었습니다. 그리고 결단이었습니다. 하나님은 그 기도에 응답하셨고 주님과 인격적 만남을 통해 황폐해진 모든 삶을 회복시켜 주셨습니다. 오직 그분의 은혜로 말입니다. 주님께서는 저를 '신용불량자'에서 '신용등급 A+'의 신분으로 변화시켜 주셨습니다. 그분의 장자이기 때문입니다. 그분의 신부이기 때문입니다. IMF 때 그토록 대출금 상환을 독촉하던 은행이 지금은 서명 한 장으로 억대의 대출을 쉽게 주겠다고 합니다. 변화된 신분을 경험하게 됩니다. 오직, 전적인 주님의 은혜입니다.

★ 적용질문_

1. 내 안에 있는 다섯 남편과 또 동거 중인 남편은 무엇입니까?
2. 나는 "내게 남편이 없습니다"라고 담대히 고백할 수 있습니까?
3. 나는 예수님과 같이 한 여인의 구원을 위해 기꺼이 사마리아로 향할 수 있습니까?

★ 말씀으로 기도하기_

"하나님 아버지! 저 역시 우물가의 한 여인과 같은 존재였음을 고백합니다. 그 여인의 부끄럽고 수치스런 삶이 저의 삶이었음을 고백합니다. 그러나 그 여인이 주님 앞에서 내게는 남편이 없습니다, 라고 자기 고백을 통해 주님을 인격적으로 만났던 것처럼 저 역시 내 안에 있는 다섯 남편, 그리고 늘 동행하는 또 하나의 가짜 남편을 매일 십자가에 못 박고 주님 앞에 벌거벗은 모습으로 서기를 소망합니다. 그러함으로, 주님과의 인격적 만남을 통해 늘 주님과 동행하며 천국의 소망을 품고 이 땅의 삶을 아름답게 살아가도록 인도하여 주옵소서. 예수님의 이름으로 기도합니다. 아멘."

주제: 작정하신 하나님의 심판

말씀 요약_

하나님은 남유다 백성들의 죄로 말미암아 이제 더는 인내하시지 않고 심판을 작정하십니다. 비록 모세와 사무엘이 기도할지라도 더는 마음을 바꾸시지 않겠다고 하시며 뜻을 돌이키기에 지치셨다고 하십니다. 그리고 이것은 하나님을 버린 그들의 죄라고 말씀하시며 큰 파멸과 수치와 근심을 가져올 하나님의 벌이라고 말씀합니다.

질문하기_

1. 왜 하나님은 내 마음이 이 백성을 향할 수 없다 하셨을까요?
2. 왜 하나님은 내가 뜻을 돌이키기에 지쳤다고 하셨을까요?

묵상하기_

1. 왜 하나님은 내 마음이 이 백성을 향할 수 없다 하셨을까요?

오늘 말씀은 하나님의 결심을 나타내는 강한 내면의 언어를 사용하시면서까지 유다의 징계를 말씀하십니다. 가장 신뢰하심으로 선택하여 하나님의 대행자의 사명을 감당케 한 모세와 또 가장 훌륭한 선지자 중의 하나인 사무엘이 와서 중보할지라도 하나님의 마음을 백성에게 향할 수 없다, 라고 단언하십니다. 그리고 예레미야를 향해 백성들에게 이렇게 말하라고 하십니다. 죽을 자는 죽음으로 나아가고 칼을 받을 자는 칼로 나아가고 기근을 당할 자는 기근으로 나아가고 포로 될 자는 포로 됨으로 나아가라고 말입니다. 또한 네 가지로 벌을 내리시는데 곧 죽이는 칼과 찢는 개와 삼켜 멸하는 공중의 새와 땅의 짐승으로 할 것이라고 하십니다. 실로 두렵고 떨리는 징벌이 아닐 수 없습니다. 그런데 이렇게 하나님께서 진노하시는 이유가 유다 왕 므낫세 때문이라고 분명하게 말씀하십니다. 그가 예루살렘에 행한 것이라고 그의 행위까지 정확히 지적하십니다.

그렇다면 므낫세의 죄가 무엇이기에 하나님께서 이토록 진노하시는지 살펴보겠습니다. 히스기야 왕이 병에 걸렸다가 회복된 후 12세였던 므낫세를 남유다의 통치자로 세웠습니다. 그리고 55년간 통치한 왕이었습니다. 그러나 그는 남유다 왕 중에 가장 악한 왕으로 기록되었습니다. 그리고 하나님의 진노를 가장 크게 일으킨 사람입니다. 그의 악행은 이스라엘이 가나안을 정복하기 이전 거주했던 이방 민족보다도 더 심했습니다. 그는 하나님의 성전 안에 이방신을 세웠고 제사했으며 자기 아들을 불 가운데로 지나가게 했습니다. 뿐만 아니라 신접한 자와 박수를 신임하고 무죄한 자의 피를 흘려 그 피가 예루살렘에 가득했다고 성경은 말합니다. 이렇게 그의 죄는 거룩해야 할 하나님의 성전을 이방신의 제단으로 더럽혔으며 하나님 앞에서 악을 행함으로 하나님과 멀어지게 했습니다. 실로 가증한 죄가 아닐 수 없습니다. 이런 므낫세의 죄는 하나님의 돌이키실 수 없는 진노를 불러일으켰고 결과적으로 남유다의 멸망으로 이어졌습니다.

이로부터 70년의 바벨론 노예 삶이 시작되는 것입니다

하나님이 이스라엘 민족을 선택하신 것은 그들로 하여금 제사장 나라를 삼으시려는 하나님의 목적이 있으시기 때문입니다. 이것은 하나님이 인간을 창조하신 목적이기도 합니다. 그런데 그 모든 하나님의 기대를 무너뜨린 왕이 므낫세입니다. 그는 하나님이 가증히 여기고 싫어하시는 모든 것의 종합세트로 하나님을 대적하여 스스로 하나님의 진노를 불러일으킨 장본인입니다. 아버지 히스기야의 정책을 한순간에 엎어버렸으며 그의 죄는 그의 아들 아몬에게까지 대물림되어 그가 악을 행함으로 스스로 멸망의 길을 걷게 했습니다. 이를 통해 우리 안의 므낫세를 발견해야 합니다. 내 안에 있는 므낫세는 무엇인지 자신을 성찰하며 살펴봐야 합니다. 내 안에도 하나님이 싫어하시고 가증히 여기는 것이 있다면 과감히 물리쳐야 합니다. 그것은 하나님의 진노를 불러일으키고 우리를 멸망으로 이끌 수 있기 때문입니다. 사탄은 우리 안에 옛 아담을 조종해서 하나님을 대적하게 하고 하나님을 멀리 떠나게 합니다. 그렇게 해서 사탄의 종으로 전락하도록 유도합니다. 우리가 누구의 지배를 받는가에 따라 그의 종이 됨을 알아야 합니다. 사탄의 지배를 받는다면 사탄의 종이고, 성령의 지배를 받는다면 하나님의 종이 되는 것입니다. 그러나 하나님은 우리가 구원받은 이후 편무 관계에서 쌍무 관계로 우리를 존중해 주시고 인격적 교제를 허락하셨습니다. 그러므로 그분을 영접하고 거듭난 자는 그분과 인격적 교제를 나누며 수평적 관계가 되는 특권을 얻는 것입니다.

거룩이란 말에는 '구별하다'라는 히브리어의 뜻이 있습니다. 이 구별은 하나님의 백성이 꼭 가져야 할 성품이고 삶의 기준이 되어야 합니다. 그럼에도 이 거룩을 지키기가 죽는 것만큼이나 힘든 일이라면 이해가 될까요? 이것은 자기 십자가를 지는 아픔과 고통 그리고 절제와 인내를 전제로 합니다. 그렇지 않고는 구별된 삶을 살아낼 수가 없기 때문입니다. 거듭난 자로서 하나님의 신실한 백성이라면 마땅히 지켜야 할 거룩에 최선을 다해야 합니다. 내 안에 있는 옛사람의 활동을 억제해야 하고 옛사람이 좋아하는 세상 풍습과 가치관 그리고 그런 환경과 멀리해야 합니다. 그렇지 않으면 하나님이 가증히 여기고 싫어하시는 세상 사람들의 육신에 속한 삶으로 인해 내 안에 죄가 가득하게 됩니다. 죄의 결과는 사망입니다. 우리는 주변에서 육신에 속한 타락한 삶을 추구하고 그것을 즐기며 그것을 행복으로 착각하는 많은 사람들을 보게 됩니다. 해외여행을 가도 문화와 그 나라의 가치를 탐구하는 것이 아니라 어디에 가면 더 자극적인 것을 즐길 수 있는가 하는 것에 더 관심을 갖고, 또 골프 여행을 가면 당연히 그런 것이라고 치부하면서 남자들만의 밤 문화를 즐기려 합니다. 어디 이것뿐입니까? 사업을 빙자하여 많은 대출을 받고 고의로 파산 신고를 하거나 부도를 내는 사람들. 그들은 얼마 후면 바로 아내 이름으로 사업자를 내고 다시 버젓이 사업을 합니다. 매스컴을 통해 드러나는 패륜적 행위들, 이 땅에 악들은 너무 성행합니다. 이 모든 것들은 사탄이 므낫세가 되어 멸망으로 이끄는 속임수일 뿐입니다. 깨어나야 합니다.

우리는 알아야 합니다. 하나님은 이런 우리의 죄를 용서해 주시고 구원하시기 위해 독생자 예수 그리스도를 이 땅에 보내 주신, 사랑과 긍휼이 충만하신 분이시고 선하신 분이라는 사실을 말입니다. 그 예수님을 영접한 결과로 내가 거룩한 성전이 되었으며 주님의 성품을 닮아가는 특권이 주어졌습니다. 그러나 거룩해야 할 성전인 나의 육체가 정욕으로 인해 더럽혀지고 옛사람의 자아가 살아나서 하나님의 영광을 가리는 경우가 허다합니다. 그렇다면 므낫세의 죄와 나의 죄가 별반 다르지 않다는 것을 깨닫게 됩니다. 실로 두렵고 떨리는 일입니다. 그러므로 거룩을 위해 몸부림치는 애씀과 성령을 의지하여 부르짖는 기도가 있어야 합니다. 그러했을 때 비로소 성령께서 우리를 인도하실 것입니다.

2. 왜 하나님은 내가 뜻을 돌이키기에 지쳤다고 하셨을까요?

하나님께서 내가 뜻을 돌이키기에 지쳤다고 하신 말씀에는 이미 진노의 잔을 붓기로 결단하셨다는 의미가 포함되어 있습니다. 그래서 예레미야 선지자는 이렇게 호소합니다. "예루살렘아 너를 불쌍히 여길 자 누구며 너를 위해 울자 누구며 돌이켜 네 평안을 물을 자 누구냐. 그리고 여호와께서 네가 날 버렸고 내게서 물러갔으므로 네게로 내 손을 펴서 너를 멸하였다"고 합니다. 하나님이 백성을 버린 것이 아니라 백성들이 하나님을 버렸다는 뜻입니다. 그러므로 하나님께서 그들을 키로 까불러서 멸하겠다고 하십니다. 이것은 농부가 곡식의 껍데기를 키질을 통해 날려 버리듯이 북방의 바벨론 군대를 통해 유다를 멸망시킬 것을 표현하신 말씀입니다. 결과적으로 바벨론의 침공으로 유다의 장정들이 죽고 많은 과부가 발생하였습니다. 그래서 하나님은 그들의 과부가 바다 모래보다 더 많아졌다고 하셨습니다.

이렇듯 하나님을 떠난 백성들, 악을 행하는 자들에게 하나님은 그들이 감당할 수 없을 정도의 형벌을 내리십니다. 자식 잃은 어미같이 수치와 조롱을 당하게 됩니다. 죄는 이렇게 하나님과의 언약의 관계를 깨뜨리게 합니다. 사사시대의 특징이 무엇입니까? 그들이 하나님을 몰랐으며 내 옳은 소견대로 했다는 것입니다. 하나님을 모르고 내 옳은 소견대로 행하는 것은 죄로 갈 수밖에 없고 하나님이 가증히 여기는 행위를 하게 됩니다. 이것이 하나님을 지치게 하는 우리의 범죄 행위입니다.

그렇다면 내 안에도 이런 범죄를 일으키는 죄의 DNA가 있음을 알고 그것을 경계하며 성령의 조명을 받아 거룩함으로 나가야 합니다. 반복되는 죄는 죄의 감각을 무디게 하여 영적 나병에 걸리게 합니다. 죄로 인해 처음에는 양심의 가책을 받기도 하며 주저하기도 하지만 반복될 경우 '세상이 다 그렇지' 하며 양심이 무디어지고 죄의 감각을 점차 잃어갑니다. 그렇게 해서 결국 영적 손과 발 등 지체를 잃게 됩니다. 나병의 무서운 형벌입니다. 그렇기 때문에 십자가를 지는 것만큼 힘들지만 결단하고 어둠에서 빛으로 달려가야 합니다. 우리의 죄로 인해 하나님을 더이상 지치게 해서는 안 됩니다. 하나님의 지치심은 우리에게는 재앙으로 다가옵니다.

말씀을 묵상하면서 내 안에 중독된 죄는 무엇인가 살펴보는 계기가 되었습니다. 말씀과 묵상을 통해 하나님의 성품으로 닮아가고자 노력은 하지만 여전히 내 안에는 또 하나의 내가 도사리고 있음을 발견하게 됩니다. 그 '나'는 세상 사람과 똑같은 모습을 하고 있습니다. 그렇기 때문에 말씀을 떠나면 언제나 '또 다른 내'가 나를 지배하게 될 것입니다. 주변에서도 흔히 볼 수 있는 이런 또 다른 나의 모습들을 보게 됩니다. 어떤 사람은 도박에 중독되어 틈만 나면 도박을 즐기다 그로 인해 가정 경제가 피폐해지는 것을 보게 됩니다. 또 어떤 사람은 음란의 영으로 인해 기회만 되면 그런 곳을 찾고 주위 사람을 충동합니다. 또한 교만으로 인해 힘써 모은 재물을 한순간에 잃는 사람들, 호시탐탐 사기 칠 기회만 보고 남의 눈물을 즐기는 사람들, 이 모든 것은 우리 안에 죄가 왕 노릇 하기 때문입니다. 죄는 인격적 교제와 인격적 삶조차 떠나게 합니다. 그러므로 형편없는 사람으로 전락하게 만듭니다. 하나님이 세상에 하나밖에 없는 존귀한 자로 우리를 만드셨음에도 죄는 그 존귀한 신분을 잃게 만드는 것입니다. 결단해야 합니다. 그리고 존귀한 자의 신분을 회복해야 합니다.

깨어서 기도하는 것 외에 다른 방법이 없습니다. 말씀 앞으로 다가가서 두루마리를 먹어야 합니다. 그것이 보혈의 피가 되어 보혈의 능력으로 나타날 때 죄를 이길 수 있습니다.

★ 적용질문_

1. 나는 세상에서 하나님의 선한 영향력을 발휘하고 있습니까?
2. 내 안에 있는 므낫세는 구체적으로 무엇입니까?
3. 내가 하나님 앞에 고백하지 않는 내 삶의 영역은 무엇입니까?

★ 말씀으로 기도하기_

"하나님 아버지, 돌이킬 수 없는 진노를 표현하시며 노하시기를 더디하시는 하나님께서 이젠 돌이키기에 지쳤다고 하시는 마음을 헤아려 봅니다. 그리고 그 주인공이 바로 나이며 우리라는 것을 고백합니다. 주님 용서해 주옵소서. 이제는 반복된 죄에서 돌이킴을 결단하고 빛의 자녀로 하나님을 기쁘시게 하는 선한 행실로 나아가기를 소망합니다. 오직 주님만 의지하며 주님이 나의 전부임을 고백하며 주님과 동행하는 삶이 되도록 성령님 인도하여 주옵소서. 예수님의 이름으로 기도합니다. 아멘."

주제:사는 길 VS 죽는 길

말씀 요약_

유다 왕 시드기야는 예레미야에게 사람을 보내 나라의 위급 상황에 기도해 줄 것을 요청합니다. 이에 예레미야는 여호와께서 이미 경고했던 심판을 거두지 않고 이스라엘을 바벨론에게 넘기신다고 말합니다. 그러나 여호와께서 이스라엘 백성들에게 생명의 길과 사망의 길을 두었다고 하시고 유다 왕의 집이 아침마다 정의롭게 판결하지 않으면 그 행위대로 벌하신다고 말합니다.

질문하기_

1. 왜 시드기야는 예레미야가 여호와께 간구해 주기를 요청했을까요?
2. 왜 하나님은 생명의 길과 사망의 길을 두었다고 하셨을까요?

묵상하기_

1. 왜 시드기야는 예레미야가 여호와께 간구해 주기를 요청했을까요?

여호와 하나님께서 예레미야를 통해 유다의 죄로 인해 심판하실 것을 계속 선포했음에도 돌이키지 않는 그들에게 이제 드디어 북방의 바벨론을 들어 심판하십니다. 바벨론의 침략을 받은 유다 왕 시드기야가 위기 상황을 직감하고 선지자 예레미야에게 자기의 측근을 보내 기도를 요청합니다. 그런데 스스로도 유다의 죄를 알고 염치가 없었던지 여호와께서 혹시 모든 기적으로 도와주시면 바벨론이 떠날 것이라 합니다.

그러나 여호와 하나님의 대답은 분명합니다. 바벨론을 대적하는 유다 백성들의 손에서 무기를 뒤로 돌릴 것이며 여호와께서 든 손과 강한 팔로 진노와 분노와 대노로 친히 유다를 치시겠다는 것입니다. 뿐만 아니라 사람이나 짐승이나 큰 전염병에 죽게 하고 남은 자들은 그들의 원수 손에 넘기시겠다고 하십니다.

본문을 묵상하면서 하나님의 진노하심에 두려운 마음이 듭니다. 하나님은 본인 스스로 대노하셨다고 하시며 이 심판은 내가 한 것이라고 거듭 말씀하십니다. 그렇게 심판을 예고했고 재앙이 곧 닥칠 것을 경고했지만 이스라엘 백성들은 오히려 선지자 예레미야를 조롱했으며 여호와 하나님을 비방했습니다. 하나님은 충분히 기회를 줬음에도 그들은 하나님의 경고를 무시했으며 죄에 죄를 더하는 삶으로 여호와를 대적했습니다. 이에 하나님은 징계의 손을 드신 것입니다.

특별히 오늘 말씀에서 주목해야 하는 말이 있습니다 "혹시"라는 말입니다 시드기야가 죄는 돌이킬 생각은 하지 않고 위기 상황에서 선지자의 기도를 통해 혹시나 하는 신앙을 갖고 있다는 사실입니다. 그 이면에는 하나님의 징계하심의 경고가 하나님의 인내로 늦어진 것에 대해 '이번에도 혹시' 하는 생각으로 요청을 하는 것입니다. 그러나 지금 당한 국가 위기 상황에서 시드기야가 할 일은 굵은 줄로 허리띠를 동여매고 머리에 재를 뿌리며 여호와의 제단 앞에 엎어지는 것입니다. 온 백성들에게 명령하여 금식하며 회개토록 해야 합니다. 니느웨의 성은 심판의 위기에서 요나를 통한 하나님의 경고에 즉시 반응해서 왕과 온 백성이 금식하며 눈물로 회개했습니다. 그 결과 구원을 받았습니다. 그러나 시드기야는 아직도 눈에 바벨론만 보이고 하나님은 보이지 않습니다. 그 결과, 비참한 재앙을 초래하고 말았습니다.

우리도 시드기야와 같은 신앙을 가질 수 있습니다. 고난이 닥쳤을 때 그 고난의 원인이 무엇인지 자신을 성찰하기보다는 눈앞에 고난만 보이고 허둥대며 얄팍한 머리로 위기를 벗어날 궁리만 합니다. 신앙생활을 하고 하나님의 임재를 경험한 사람이라면 누구라도 고난의 원인이 자신의 죄로 인한 것임을 잘 알 수 있습니다. 그럼에도 애써 외면하며 눈앞의 바벨론인 고난만 의식합니다. 이런 사람은 호된 광야를 경험할 수밖에 없습니다. 만약 고난이 나의 죄로 인한 것임이 깨달아지지 않는다면 그는 영적 무지 상태입니다. 고난보다 더 위험한 상황입니다. 왜냐하면 그런 영적 무지로는 하나님을 만날 수 없기 때문입니다. 하나님과 우리의 관계에서 '혹시나' 하는 신앙은 없습니다. 하나님은 우리의 머리털 하나까지 세실 수 있는 분이고 우리의 모든 행위를 기억하십니다. 그러므로 사랑이 무한하신 하나님이시지만 또한 죄에 대해서는 징계도 마다 않으시는 공의의 두려운 하나님이시기도 합니다. 이것을 결코 잊어서는 안 됩니다. 오늘 유다가 심판받는 것은 과거의 일이 아닌 현재도 유효한 하나님의 간섭하심이고 통치하심입니다.

그렇다면 고난의 순간에 우리가 취할 태도는 무엇입니까? 여기저기 기도 받으러 다녀야 할까요? 물론 기도 받는 것도 중요합니다. 기도 중에 말씀이 깨달아지고 하나님의 음성을 들을 수 있기 때문입니다. 그러나 그보다 더 중요한 것은 하나님 앞에 엎어지는 것입니다. 그리고 자신을 성찰하며 모든 죄를 낱낱이 고하고 통회하며 깊은 회개를 해야 합니다. 이런 기도에 눈물이 없다면 아직도 자신의 죄의 심각성과 고난의 원인을 제대로 인식하지 못한 것입니다. 결국 고난이 길어질 수밖에 없습니다. 그러나 이렇게 기도를 찾는 사람은 시간이 걸려도 길을 찾아갈 수 있기 때문에 희망이 있습니다. 그러나 그 고난을 내 알량한 머리로 벗어나려고 이 방법 저 방법 인간의 생각으로 해결하려는 사람은 희망이 결여됩니다. 하나님과의 관계가 오작교만큼 멀기 때문입니다.

나 또한 예외가 아니었습니다. 신앙생활 열심히 한다고 하면서도 여전히 옛사람의 삶을 살고 세상 가치관이 내 지식과 경험을 토대로 연합전선을 펴면서 인간의 지혜를 마음껏 뽐낼 때가 있었습니다. 사실 열심히 하는 것과 잘하는 것은 전혀 다른 결과임에도 당시엔 그것을 분별하지 못했습니다. 신앙생활 잘하는 것은 말씀 안으로 들어가서 하나님과 교제하고 하나님의 뜻 안에서 그분의 인도를 받는 삶이어야 합니다. 이런 삶은 나의 주권이 하나님께 완전히 이양되는 마음의 할례가 이뤄져야 합니다. 그러나 절차와 형식에 의한 세례를 받은 것이 정말 세례라고 생각하는 인지오류에서 비롯된 열심이 신앙적 착오를 초래하는 것입니다. 이런 나의 신앙생활은 삶이 예배가 될 수 없기에 죄에 죄를 더하는 연속적 삶이 될 수밖에 없었습니다. 회사생활 잘하다가 밖에서 더 잘할 수 있다는 자만함으로 시작한 첫 사업이 보기 좋게 실패했을 때, 그로 인해 큰 재정적 손실로 삶의 위기가 예고되었음에도 멈춰 서서 자기를 성찰하는 데는 게을렀습니다. 그리고 다른 정보를 취합해서 또 다른 일을 벌이는, 이런 일을 반복했습니다. 그 결과는 인생 5대 광야를 거쳐야 하는 광야학교 입학이었습니다. 우리는 영적으로 깨어 있어야 합니다. 그리할 때 하나님의 사인에 즉시 반응할 수 있기 때문입니다. 나의 고난 앞에서 기도의 자리에 나오더라도, 자리를 지킨 것에서 만족하면 하나님과 직면할 수가 없습니다. 그런 자세는 '혹시나' 하는 기도 태도입니다. 예컨대 새벽기도 나오면 고난이 풀릴 것이라는 막연한 생각 말입니다. 절대 그렇지 않습니다. 어떻게 어떤 자세로 기도하느냐가 중요합니다. 벌거벗은 어린아이와 같이 하나님께 나의 모든 죄를 고백하는 것이 먼저입니다. 나의 현재의 고난을 나를 돌이키기 위한 하나님의 배려하심으로 깨닫는다면 진정한 회개로 하나님과 만나 그분과 인격적 교제를 해야 합니다.

2. 왜 하나님은 생명의 길과 사망의 길을 두었다고 하셨을까요?

여호와께서는 이제 바벨론을 사용하셔서 유다 백성들의 징계를 실행하시지만 그럼에도 불구하고 사는 길과 죽는 길을 두심으로 그들이 선택할 수 있는 기회를 주셨습니다. 이는 하나님의 백성들을 모두 재앙의 심판으로 죽게 할 수 없는 하나님의 애타는 마음입니다. 그러므로 사는 길과 죽는 길이 무엇인지 예레미야를 통해 선포하신 것입니다.

그렇다면 유다가 사는 길은 무엇입니까? 그것은 바벨론에 항복하라는 것입니다. 이미 이 길이 사는 길임을 수차례 말씀해 주셨음에도 영적 귀가 막힌 유다가 외면했고 오늘 바벨론의 침공을 받음으로 절제절명의 위기 앞에 선 것입니다. 미리 항복했더라면 나라도 보존되고 예루살렘 성도 불타지 않았을 터인데 유다는 듣지 않고 오히려 하나님이 싫어하는 죄를 더했습니다. 이 위기 가운데서 하나님은 다시 한번 항복이 사는 길이라고 말씀하십니다. 비록 전리품같이 취급받는 비참한 생명이지만 살길이라는 것입니다. 그러나 유다는 끝까지 불순종함으로 죽는 길을 선택했습니다. 성이 함락될 때 도망친 시드기야는 눈앞에서 자식이 참수당하고 그도 두 눈이 뽑히고 쇠고랑을 차고 끌려가는 신세로 전락합니다. 뿐만 아니라 성은 불타고 성전은 파괴되며 살육과 강탈로 인해 아비규환이 되었습니다. 죽는 길은 이런 비참함과 참담함을 겪게 됩니다.

우리 삶에도 이런 바벨론 침공 같은 위기가 올 수 있습니다. 이 위기에 어떻게 반응하느냐 하는 것은 너무도 중요합니다. 하나님은 위기의 순간에도 살 길을 열어 주시는 긍휼이 풍성하신 하나님이십니다. 그것이 하나님의 사랑이고 속성입니다. 위기의 순간에 즉시 하나님 앞에 항복하는 것, 그것이 우리가 살 길입니다. 바로 회복으로 나가는 길입니다. 그럼 어떻게 항복해야 합니까? 그것은 내 생각, 내 계획, 내 지식, 내 경험, 또한 내 힘으로 무엇을 시도하려는 모든 것을 내려놓아야 합니다. 이런 모든 것은 아직도 내가 주인이고 주권자라는 증거이기 때문입니다. 실질적 자기부인(세례)이 안 된 사람들이 내려놓지 못하는 것들입니다. 배는 선장이 Key를 잡고 운행하는 것이지 배에 탄 사람이 하는 것은 아닙니다. 우리의 선장은 예수 그리스도입니다. 그분께 온전히 맡기면 그분이 가장 좋은 길로 항해를 인도하십니다. 그러나 죽는 길은 계속 내 의지대로 행하는 것입니다. 고난은 깊어질 것이며, 그것은 망하는 길입니다.

나 역시 이렇게 깨달은 말씀을 큐티를 통해 말하지만 누군가 나의 위기 앞에 멘토해 주는 길잡이가 없다 보니 항복하는 방법도 몰랐고 오히려 내 의지로 다른 방법을 찾아 거친 풍랑을 자초하며 결국 난파선이 되어서야 엉엉 울며 아버지 앞에 엎어졌습니다. 조금 더 일찍 항복했더라면 난파선까지는 되지 않았을 텐데 영적으로 어두운 상태에서는 분별력을 잃게 됩니다. 아무리 교회 생활 열심히 하고 봉사, 헌금, 섬김을 해도 나의 속사람이 변하지 않으면 세상 소리의 요란한 소리에 눌려 하나님의 세미한 음성이 들리지 않습니다. 그러니 배가 침몰할 때까지 가는 것입니다. 우리가 기도하고 말씀을 묵상하는 것은 영적 귀를 여는 것입니다. 그리고 이것이 거룩한 습관으로 자리잡아야 합니다. 그렇게 하면 우리는 하나님이 예비하신 젖과 꿀이 흐르는 가나안 땅에서 하나님과 동행의 기쁨과 은혜를 누리며 살게 될 것입니다.

★ 적용질문_

1. 나에게 혹시나 하는 기복 신앙은 무엇입니까?
2. 나는 고난 가운데서도 살 길을 열어 두신 하나님을 신뢰합니까?
3. 나는 매일의 삶에서 하나님께 항복하는 비결을 배웠습니까?

★ 말씀으로 기도하기_

"하나님 아버지, 시드기야를 통해 혹시나 하는 신앙을 버릴 수 있는 진리를 깨닫게 하시니 감사합니다. 위기 가운데서 살 길을 열어 두시는 주님 앞에 즉시 항복하는 비결을 언제나 가슴에 품고 살게 하옵소서. 이를 위해 말씀과 깊은 묵상, 또한 기도의 삶을 통해 주님의 음성에 귀 기울이는 복된 삶이 되도록 인도해 주옵소서. 예수님의 이름으로 기도합니다. 아멘."

주제: 실패 후에도 주를 의지하는 믿음

말씀 요약_

하나님의 분노로 땅의 재앙과 어려움을 당한 시인은 이에 대한 고통을 호소합니다. 그러나 시인은 하나님이 자기 백성을 자기 소유로 삼으시고 대적을 물리치시는 분임을 고백하며 하나님께 구원과 응답을 간구합니다. 그리고 시인은 사람을 의지하지 않고 하나님을 의지하는 믿음의 용기를 보여 줍니다.

질문하기_

1. 왜 시인은 하나님의 분노로 흩으셨음에도 회복을 간구했을까요?
2. 왜 시인은 군대의 나감에 하나님의 동행을 간구했을까요?

묵상하기_

1. 왜 시인은 하나님이 분노로 흩으셨음에도 회복을 간구했을까요?

시편은 하나님께 마음을 담아 올려 드리는 찬양의 시이며 기도입니다. 우리가 예배 때 찬양을 올려 드리는 것과 같습니다. 오늘 시편은 시인의 특별한 교훈이 있습니다. 승리의 기쁨을 노래한 것이 아니라 전쟁의 실패 가운데 하나님께 나가는 시인의 모습에서 우리에게 주는 메시지가 담겨 있습니다.

시인은 아람과의 전쟁에서 패함을 "하나님의 분노로 우리를 흩으셨다"고 고백합니다. 흩으실 수밖에 없는 하나님의 분노가 죄로 인한 것임을 알기에 이 실패를 '지진으로 땅이 갈라지는 고통'에 비유하며 마치 포도주에 취해 비틀거림 같다고 고백합니다. 고통의 강도를 말하고 있는 것입니다. 그리고 이 전쟁은 하나님께서 패하게 하셨다며 실패를 인정합니다.

시인은 실패할 수밖에 없는 이스라엘 공동체의 원인을 밖으로 돌려서 시간을 낭비하지 않고 안에서 원인을 찾는 지혜를 발휘합니다. 이것이 시인의 위대함입니다. 자신과 공동체의 죄를 솔직히 인정하고 전쟁의 패함도 그런 죄로 인해 하나님의 분노를 일으킬 수밖에 없었던 것을 자인하며 회개의 자리에서 주께 간구합니다. 그의 이런 간절한 기도에 하나님께서 응답하셨습니다. 요단강 좌, 우편에 있는 전략 요충지 세겜과 숙곳을 "내 것인데 너에게 줄 것"이라 하시며 요단강 주변 땅을 기업으로 받고 거주하는 길르앗, 므낫세, 에브라임 지파가 다 내 것이라고, 하나님의 선택적 사랑을 표현하셨습니다. 그리고 구원의 투구가 될 것이며 유다를 지켜 주심으로 하나님의 권위를 상징하시겠다고 하십니다.

오늘 주인공, 시인이며 정치가이며 왕인 다윗에 대해 묵상해 봅니다. 우리는 다윗과 같은 믿음과 용기를 갖고 있는지 돌이켜 봐야 합니다. 큰 전쟁에서 패하여 회복이 힘든 전력 손실과 고통 중에 있으면서도 그 실패를 불평이나 원망으로 접근하지 않았습니다. 오히려 그는 겸허히 자신을 낮추고 문제를 하나님 안에서 찾으려고 합니다. 그는 만약 실패의 징벌이 하나님께서 행하신 것이라면 그 원인도 하나님 안에서 발견되어야 함을 깨달은 것입니다. 하나님의 징벌에는 반드시 이유가 있기에 그것을 하나님 안에서 찾으려는 다윗의 태도는 우리가 본받아야 할 교훈이 아닐 수 없습니다. 그것이 하나님의 마음을 알아가는 길입니다. 그렇게 원인이 파악되면 문제의 해결도 찾을 수 있습니다. 문제의 답도 하나님이 갖고 계시기 때문입니다. 다윗의 그런 진솔한 고백과 간구는 하나님께서 응답하심으로 이어졌고, 하나님께서는 요압의 동생 아비새를 통해 주변을 다 물리치고 승리로 이끄셨습니다.

우리도 살다보면 이런 실패를 경험할 때가 있습니다. 그것을 우리는 고난이라고 합니다. 그러나 그 고난의 이면에는 반드시 이유가 있습니다. 그것이 물질로 인한 문제이든, 부부의 문제, 자녀의 문제이든 또는 질병의 문제이든 그 어떤 문제로 인해 오늘 당해야 할 고난이 있다면 그것을 하나님 안에서 찾아야 합니다. 고난을 배열하신 하나님 뜻이 있기 때문입니다. 그러나 고난 중에 있는 사람은 영적 분별을 하기가 쉽지 않습니다. 마음이 복잡, 분주하고 여유가 없기 때문입니다. 그렇다면 문제 앞에 우리가 취할 태도는 무엇입니까? 먼저, 분주한 마음부터 내려놓아야 합니다. 분주함 속에서는 하나님의 뜻을 분별하고 음성을 들을 수 있는 귀가 열리지 않습니다. 그래서 분주함을 저는 '사탄'이라고 정의합니다. 그리곤 하나님 앞에 진실된 마음으로 직면해야 합니다. 하나님과 직면할 때는 하나님 없이 내가 주인 되어 살았던 이전의 삶을 솔직히 고백하고 용서를 구하는 회개가 전제되어야 합니다. 또한 새 영으로 거듭난 자의 삶을 결단하고 행함으로 드러내야 합니다. 이때 비로소 하나님과의 인격적 만남과 교제가 이뤄집니다. 나의 가면을 벗지 않고는 하나님과 인격적 만남이 이뤄질 수 없습니다. 오늘 다윗은 자신을 다 내려놓은 진실한 모습으로 주님 앞에 섰기에 주께서 그의 간구에 흔쾌히 응답하신 것입니다. 유다가 하나님의 권위의 상징인 규였듯이 오늘 우리가 하나님의 규가 되어야 합니다. 우리의 진실된 신앙고백에 의해서 말입니다.

어느 지인은 예수를 믿는다 하면서도 말씀으로 거듭나지 못한 삶을 살았습니다. 그의 삶은 가면무도회에 나온 사람 같이 진실함이 결여되어 임기응변식으로 상황만 모면하려는 거짓의 영으로 가득 차 있는 모습을 보게 됩니다. 고난이 그의 앞에 광풍으로 왔지만 그 원인을 하나님 안에서 찾기보다는 세상 속에서 찾으려 하고 분주함으로 문제를 해결하려고 동분서주합니다. 그는 법적으로 문제가 있는 일임에도 그것을 자신의 욕심 때문에 솔직히 얘기하지 않고 주변 사람들에게 애드벌룬을 띄웠습니다. 이로 인해 많은 피해자가 고통을 당하고 있음에도 자기의 죄를 뉘우치고 회개하기보다는 사업하다 보면 흔히 겪게 되는 상황논리로 포장을 합니다. 얼핏 듣기에는 마치 자신이 피해자인 듯 얘기합니다 가해자이고 용서받기 어려운 죄인데도 말입니다. 이것이 인간의 완악함입니다. 이런 사람은 유다가 멸망한 것처럼 맹렬한 하나님의 진노를 받게 될 것입니다.

2. 왜 시인은 군대의 나감에 하나님의 동행을 간구했을까요?

시인은 전쟁을 위해 나가는 군대에 하나님께서 동행해 주실 것을 간절히 요청합니다. 그는 실패한 전쟁에서 그 문제가 내 안에 있음을 알았습니다. 그것은 하나님의 마음을 모르고 내 뜻대로 행한 모든 행위였음을 깨달음이었고, 솔직한 고백과 하나님과의 인격적 만남은 실패한 전쟁을 승리로 반전시키는 결과를 가져왔습니다. 이를 통해 하나님만이 의지의 대상이며 하나님만이 문제를 해결하실 수 있는 분임을 깨달았습니다. 전쟁을 승리로 이끄시는 분은 나의 전략이나 군대가 아니라 하나님뿐이라는 것을 발견한 것입니다. 그러므로 다윗은 전쟁을 떠나면서 간절히 하나님께 동행을 요청하는 것입니다.

우리의 삶에도 의지할 분은 오직 예수 그리스도 한 분 뿐임을 내면의 깊은 고백으로 아뢸 수 있어야 합니다. 또한 우리의 만족도 예수 그리스도 한 분으로 족함을 고백할 수 있어야 합니다. 그러나 내 안에 살아 있는 자아는 그렇게 쉽게 나의 자리를 주님께 이양해 드리지 않습니다. 누려야 할 만족도 세상에서 찾으려 하고 할 수만 있다면 나의 지혜와 명철을 동원하려고 하며 주변 사람을 의지하려고 합니다. 전지전능하신 하나님을 의지하기보다는 세상을 더 의지하는 그 심령에는 하나님이 서 계실 공간이 없습니다. 그러므로 하나님께서 임재하시지 못 하고 문 밖에서 문을 두드리고만 계시는 것입니다. 하나님의 음성을 듣고 문을 여는 것은 나의 몫입니다. 주님의 음성을 듣고 문을 열면 그분이 내 안에 들어와 나와 더불어 먹고 마시는 것입니다. 곧 동행의 삶입니다. 우리는 철저히 나의 주권을 그분께 내어 드려야 합니다. 주권 이양이 되지 않고는 하나님의 음성을 들을 수 없습니다. 나의 살아 있는 자아는 하나님이 선물로 주신 자유 의지를 선용하지 못하고 하나님을 대적하는 경우가 허다합니다. 죄로 병든 자아는 옛 아담이기 때문입니다. 철저히 내려놓고 철저히 자기부인이 될 때 하나님은 오늘도 우리의 간구에 귀 기울이시고 동행의 축복을 기쁘시게 허락하십니다.

자신의 병든 자아로 인해 고난을 자초한 어느 지인은 "예수를 믿는다" 하면서도 여전히 문제 해결을 세상에서 찾았습니다. 그로 인해 그의 고난은 더 깊어 갔지만 쉽게 자신의 자아를 깨지 못했습니다. 견고한 자아는 호두알 같아서 깨지는 데도 힘이 듭니다. 그래서 하나님은 그것을 깨기 위해 더 큰 고난을 배열하십니다. 그래도 말씀의 귀는 있어서 기도 잘 하는 사람 있다는 소리를 들으면 기도 받겠다고 뛰어다닙니다. 그러면서 점집도 찾고 사주팔자도 봅니다. 그렇다면 예언 기도 받겠다고 뛰어다니는 것이나 점집 찾아가는 것이나 무엇이 다르겠습니까? 내 안에 하나님이 없을 때 보이는 이런 행위는 "지성이면 감천"이란 유교 문화적 사고이며 기복 신앙의 모습입니다. 기도 받는 것이 나쁜 것이 아니라 기도가 내 목적의 수단이 되어서는 안 된다는 뜻입니다. 기도는 호흡이며 하나님과 유일한 소통 창구입니다. 그렇다면 어떤 마음과 어떤 자세로 기도를 해야 하는지 가슴에 손을 얹고 묵상해야 합니다. 우리가 찾아야 할 분은 오직 하나님 한 분 뿐입니다. 그분만이 나의 의지할 유일한 분이십니다.

★ 적용질문_

1. 하나님의 분노를 일으키게 한 나의 삶은 무엇입니까?
2. 나는 문제 앞에서 하나님과 직면하고 있습니까?
3. 내가 아직도 깨지 못하는 견고한 자아는 무엇입니까?

★ 말씀으로 기도하기_

"하나님 아버지, 실패에서도 문제의 해결은 하나님뿐임을 깨닫게 하시니 진실로 감사합니다. 다윗의 고백과 믿음의 용기가 그를 다시 승리로 이끌었던 것처럼 우리도 그와 같은 신앙고백과 믿음의 용기를 갖고 주께로 달려갈 수 있도록 인도하여 주옵소서. 예수님의 이름으로 기도합니다. 아멘."

주제: 살았으나 죽은 자

말씀 요약_

　예수님은 사데교회를 향해 "네가 살았다 하는 이름을 가졌으나 죽은 자"라고 하시며 깨어서 남은 바 죽게 된 것을 굳건하게 하고 회개하라고 하십니다. 또한 빌라델비아 교회에 대해서는 작은 능력을 가지고서도 내 말을 지키고 내 이름을 배반하지 않았다고 하시며 이로 인해 너를 지켜 시험의 때를 면하게 하시겠다고 하십니다. 그리고 이기는 자는 성전의 기둥이 되게 하시겠다고 하십니다.

질문하기_

1. 왜 예수님은 사데 교회를 살았으나 죽은 자라고 말씀하셨을까요?

2. 왜 예수님은 빌라델비아 교회를 향해 작은 능력을 가지고도 말씀을 지켰다고 하셨을까요?

묵상하기_

1. 왜 하나님은 사데 교회를 살았으나 죽은 자라고 하셨을까요?

　어제는 소아시아 일곱 교회 중 네 번째 두아디라 교회에 대해 칭찬과 책망을 동시에 하셨습니다. 두아디라는 무역의 중심지역으로 이방 종교가 같이 들어 왔습니다. 또한 제우스 신전을 세웠고 제우스의 아들 아폴로를 도시의 수호신으로 숭배했습니다. 이런 환경 가운데 믿음을 지키고자 경제적 손실과 삶의 압박을 받으면서도 인내한 것을 아신다고 칭찬하셨습니다. 그러나 자칭 선지자라 일컬으며 두아디아 교회에 이교적 우상숭배를 들여와 교인들을 '문화'라는 이름 하에 음란한 이방 종교의 축제로 이끈 이사벨을 용납한 것은 죄라고 강하게 책망하셨습니다. 더욱이 회개할 기회를 줬음에도 음행을 회개하지 않았다 하십니다. 이에 대해 그 행위대로 갚아 주리라 경고하십니다. 그리고 이런 교훈을 따르지 않는 남아 있는 자에게는 주께서 오실 때까지 굳게 잡으라 하시며 이기는 자는 만국을 다스리는 권세를 주시겠다고 약속하셨습니다.

두아디라 교회에 하신 말씀 속에서 우리의 모습을 봅니다. 세상 문화로 타락해 가는 환경 속에서도 삶의 손실과 관계의 불편함을 감내하면서 믿음을 지키는 사람이 있는가 하면 그것을 세상의 문화로 애써 포장하고 거기에 타협하며 동조할 뿐만 아니라 그런 문화를 즐기는 자들도 교회 안에 존재하고 있습니다. 특히 동성애를 '퀴어 축제'라 하며, 문화 행사로 격상시키는 가증한 것을 목도하게 됩니다. 행음적 타락도 하나님을 진노하시기에 충분한데 이젠 하나님의 창조 질서를 파괴하는 동성애를 합법화하려 하고 서울 시청 광장에서 보란 듯이 문화 축제로 치루고 있습니다. 하나님은 이를 회개치 않을 경우 침상에 던지며 큰 환란 가운데 던지시겠다고 심판의 메시지를 주셨습니다. 그러므로 지금은 회개함으로 돌이키고 굳게 믿음을 지켜 만국을 다스리는 천국의 열쇠를 받아야 합니다. 그것이 영적 귀가 열린 자의 모습입니다.

오늘은 사데 교회와 빌라델비아 교회에 하신 말씀을 살펴보겠습니다.

사데는 소아시아 서부 루디아 왕국의 수도이며 상업과 군사도시였습니다. 지형적으로 난공불락의 요새를 갖춤으로 사람들의 자만심과 교만이 가득했습니다. 또한 이교 제사 의식이 벌어지며 우상숭배가 심하고 사치와 향락 문화가 성행했습니다. 이런 그들에게서 하나님 앞에 네 행위의 온전한 것을 찾지 못했다고 하시며 "살았으나 죽은 자"라고 책망하셨습니다. 그리곤 회개를 강력하게 촉구하시며 깨어나지 않으면 주께서 도둑같이 임할 것임을 말씀하십니다. 그러나 사데에 옷을 더럽히지 않은 몇 명이 있다고 하시며 그들은 주님과 함께 흰 옷을 입고 다닐 것이라고 하십니다. 이것이 이긴 자의 표징이며 그 이름을 생명책에서 결코 지우지 않을 것과 성부 하나님과 천사들 앞에서 시인하실 것임을 약속하셨습니다.

오늘날도 세상은 글로벌 시대라고 하여 무역과 상업이 발전하고 도시는 화려한 변신을 거듭하고 있습니다. 마천루가 생기고 저마다 그랜드 마크라는 이름으로 높은 빌딩을 지어 크기를 자랑하고 있습니다. 뿐만 아니라 향락 문화와 이방 종교가 혼합적으로 들어와서 백성들의 눈을 현혹하고 있습니다. 자라나는 세대와 젊은 세대가 타락하는 세상을 보고 자랄 수밖에 없고 또한 그런 문화 속에 구별된 가치관은 멀어지고 다 그렇고 그렇다는 보편적 사회관으로 정착되어 가고 있는 실정입니다. 정보통신의 발달로 스마트폰을 열기만 하면 저속한 타락의 모습들을 얼마든지 열어 볼 수 있는 세상이고 또 그런 것을 보며 정신적으로 황폐해진 청소년들의 일탈 행위와 기성세대들의 병든 모습을 겸하여 목도하게 됩니다. 어제는 14세 여중생이 선배와 동료들에게 맞아 온몸이 피투성이가 되어 무릎을 꿇고 있는 모습이 SNS를 통해 유포된 뉴스를 접했습니다. 참으로 죄악이 만연한 세대에 우리가 살고 있습니다. 그런데 믿는 우리도 이런 세상 사람들과 별반 다르지 않다는 사실이 충격적입니다. 교회도 세속화되어 가며 대형 교회와 중형 교회들이 목회자 세습이라는 해괴한 일들을, 분열과 성도들의 상처를 외면하면서 강행하고 있는 모습들이 지탄의 대상이 되고 있습니다. 교회가 교회의 모습을 잃어가고 성도가 성도의 모습을 잃어 가고 있는 것입니다. 이런 우리들의 모습을 보며 주님은 너희가 살아있으나 실상은 죽은 자라고 책망하십니다. 사데 교회를 향하신 주님의 책망은 오늘 우리에게 하시는 하나님의 음성입니다. 우리는 알아야 합니다. 이것이 교회의 모습뿐만 아니라 변화되지 않고 아직 십자가에 못 박지 못한 나의 옛사람의 모습이라는 사실을 말입니다. 그 옛사람은 삯꾼 목자가 되어 우리를 사데 교회의 현장으로 이끌어 가려고 오늘도 강하게 내면을 움직이며 유혹합니다.

그런데 주님은 이런 사데 교회에도 세상 문화를 따르지 않은 구별된 몇 사람이 있다고 하십니다. 세상의 삶에서는 좀 손해를 보고 삶이 좀 불편할지라도 자기의 믿음을 지키려고 애쓰며 끝내 믿음의 승리를 하는 자들입니다. 그들에겐 흰옷을 입고 주님과 함께 동행하는 축복을 허락하신다고 합니다. 또 생명책에 기록한 이름이 결코 지워지지 않는다고 약속하십니다. 버가모 교회에서도 이긴 자들에게 흰 돌을 주심으로 무죄를 입증하신 것처럼 사데 교회에서 옷을 더럽히지 않은 자들에겐 흰옷을 입혀 주신다고 하신 것입니다.

　우리는 살아 있습니까? 그렇다면 살아 있는 모습이 드러나야 합니다. 찔림을 당하면 아파하는 반응도 보이고 공격을 당하면 방어하는 모습도 보이고 생명을 낳는 모습이 나타날 때 생명이 살아 있음이 증명되는 것입니다. 이런 모습이 우리 안에 있는지 살펴봐야 합니다. 하나님은 우리를 그리스도의 군사로 부르셨습니다. 이 땅의 타락한 문화와 범람하는 죄악 속에서 영적 승리를 하도록 여호와의 군대로 무장을 시키셨습니다. 그런 우리가 패잔병이 될 수는 없는 것입니다. 당당히 맞서 싸워 이겨야 합니다. 소금이 소금의 역할을 못하고 빛이 빛의 역할을 못할 때 우리는 죽은 자입니다. 그러므로 우리는 연어같이 이 땅의 세류를 거슬러 올라가야 합니다. 맑은 정상을 위해서 말입니다. 청결하고 순결한 하나님과 나의 공간에서 많은 생명을 낳아야 합니다. 연어는 오직 알을 낳기 위해 태어난 고향을 향해 사력을 다해 물을 거슬러 올라옵니다. 온몸이 만신창이가 되는 사투를 벌이면서도 말입니다. 내 친구 구광회 예비역 대령은 소위로 임관을 하고 근무지에 배속받았을 때 처음부터 술잔을 받지 않았다고 합니다. 처음에는 그로 인해 오해를 받고 많은 비난을 받았지만 그는 거룩한 구별됨을 위해 타협하지 않았습니다. 그런 그와 하나님께서 동행하셨고 흰옷을 입혀 주심으로 평안한 삶을 보증하셨습니다. 지금은 섬기는 교회의 장로직분으로 사명을 감당하고 있습니다.

2. 왜 예수님은 빌라델비아 교회를 향해 작은 능력을 가지고도 말씀을 지켰다고 하셨을까요?

빌라델비아는 교통의 요지이며 전략 요충지입니다. 이 도시 역시 무역과 상업의 발전으로 부요했으며 소아테네로 불릴 만큼 우상이 범람했고 하나님의 교회와 성도를 핍박했습니다. 특히 이 도시는 포도주가 생산되는 지역으로 술에 취함과 방탕한 삶이 만연했습니다. 이런 타락한 문화와 우상 숭배가 가득한 도시임에도 유일하게 책망받지 않은 교회입니다. 그러므로 이 시대를 살아가는 우리에겐 모델이 되는 교회의 모형이 아닐 수 없습니다. 그들이 큰 능력을 가진 것도 아닌데 작은 능력을 가지고도 하나님을 배반하지 않고 믿음을 지켰다고 주님은 말씀하십니다. 큰 능력을 가진 자라면 권력을 갖고 큰 영향력을 행사할 수 있는 자들일 것입니다. 이렇게 유력한 자도 아니면서 발람의 교훈을 따르지 않고 믿음을 지킨 작은 거인들이 바로 빌라델비아 성도들입니다. 이런 그들에게 주님은 말씀하십니다. 주님이 장차 재림하실 때, 땅에 거하는 자들을 시험하는 그 고난에서 면하게 하실 뿐만 아니라 성전의 기둥이 되게 하시고 새 예루살렘의 이름과 주님의 이름을 그 사람들 위에 기록하시겠다는 축복의 말씀을 주셨습니다. 인내로 지키는 자들에게 주시는 하나님의 선물입니다.

　우리에게 사데와 빌라델비아 두 교회가 있습니다. 우리는 어느 교회를 선택해야 합니까? 하나님의 진노의 잔이 부어지기 전에 하나님의 음성을 듣고 깨어나야 하지 않겠습니까? 미혹의 영으로부터, 타락한 문화가 나도 모르게 젖어들고 타협해 가려는 병든 자아로부터, 삶이 거듭난 자의 모습을 드러내지 못하는 절름발이 그리스도인의 모습으로부터 우리는 깨어 일어나야 합니다. 믿음의 담력과 능력은 우리가 지켜야 할 주님의 거룩을 지킬 때 나타납니다. 주님의 신실함이 나의 신실함이 될 때 주님의 능력이 나의 능력으로 나타납니다. 이를 위해서는 몸부림치는 애씀으로 영적 전쟁을 승리로 이끌어야 합니다. 지식적으로는 모두가 다 알고 있습니다. 그러나 이를 결단하고 행하는 데는 실로 십자가를 지는 노력과 결단이 없이는 불가능합니다. 우리가 세상 한가운데 있기 때문입니다. 생각으로 침투하는 세상의 타락한 문화가 둥지를 틀지 못하도록 흘려보내는 훈련도 해야 합니다. 생각이 머릿속에 머물면 그것이 죄의 모습으로 나타나기 때문입니다. 때론 가면을 쓰고, 때론 뻔뻔한 모습으로 우리를 죄의 길로 이끌어 갑니다. 거짓 목자가 되어 달콤한 말로 미혹을 합니다. 때문에 성령의 검을 굳게 잡고 기도하며 말씀을 지켜나갈 때 승리의 기쁨을 누리게 될 것입니다. 우리는 큰 영향력을 가진 사람들이 아닙니다. 작고 미약한 능력뿐이지만 하나님의 거룩 안에서, 하나님의 신실함 안에서 그 작은 능력은 어떠한 다른 능력보다도 더 큰 힘을 발휘할 것입니다. 우리 주님이 우리와 함께하시기 때문입니다. 흰옷을 입혀 주셨기 때문입니다.

★ 적용질문_

1. 내 안에 있는 사데 교회의 문화는 무엇입니까?
2. 나는 주께서 친히 입혀 주시는 흰옷을 입고 있습니까?
3. 나는 내 안에 있는 작은 능력으로 능히 이길 수 있겠습니까?

★ 말씀으로 기도하기_

"하나님 아버지, 오늘 사데 교회에 하신 말씀에서 이 시대의 문화와 그 안에 함몰되어 가는 우리의 모습을 발견하게 됩니다. 이제 주님의 음성에 반응하며 깨어나는 회개의 역사가 있게 하시고 빌라델비아 교회의 모습을 교훈 삼아 작은 능력으로 이기는 자가 되어 주님이 친히 입혀 주시는 흰옷을 입고 주님과 동행하며 하나님 나라 성전의 기둥이 되는 쓰임 받는 질그릇이 되기에 부족함이 없도록 인도하여 주옵소서. 예수님의 이름으로 기도합니다. 아멘."

주제: 고난은 돌이킴의 기회

말씀 요약_

　다섯째 천사가 나팔을 불 때, 하늘에서 떨어진 별 하나가 있는데 그가 무저갱의 열쇠를 받아 여니 큰 화덕의 연기 같은 연기가 올라와서 해와 공기가 어두워지고 그 연기 가운데로부터 황충이 나옵니다. 사람들을 해할 권세를 받은 황충이 하나님의 인침을 받지 않은 사람들을 괴롭히는데 다섯 달 동안만 괴롭히도록 하고 그들을 죽이지는 못하게 하십니다. 또한 괴롭힘을 당하는 인침을 받지 못한 자들은 죽고 싶어도 죽을 수 없다고 합니다.

질문하기_

1. 왜 하늘에서 떨어진 별이 무저갱의 열쇠를 받았을까요?

2. 왜 황충이 다섯 달 동안만 괴롭히도록 하셨을까요?

묵상하기_

1. 왜 하늘에서 떨어진 별이 무저갱의 열쇠를 받았을까요?

　다섯째 천사가 나팔을 불 때 하늘에서 땅에 떨어진 별 하나가 있다고 했습니다. 그리고 그가 무저갱의 열쇠를 받았더라, 했습니다. 또 그가 무저갱을 열었을 때 연기가 올라왔고 해와 공기가 어두워졌습니다. 그 연기 가운데 땅에 있는 전갈의 권세를 가진 황충이 나옵니다. 다섯째 나팔과 재앙이 시작됨을 알리고 있습니다.

하늘에서 떨어진 별 하나는 하나님과 같이 높아지려다 떨어진 타락한 천사 사탄을 의미합니다. 그리고 무저갱은 끝이 없는 깊은 웅덩이, 바로 지옥을 의미합니다. 그런데 이 무저갱의 열쇠를 사탄이 받았다고 했습니다. 이는 무저갱을 열 수 있는 것도 하나님의 권위, 하나님의 통치 아래에서만 가능하다는 것을 보여주는 것입니다. 그러므로 모든 재앙은 하나님의 완전한 통치 아래에서 그분의 계획 안에서 이뤄지는 구속사의 한 부분임을 알아야 합니다. 세상 권세를 다 쥐고 있는 사탄일지라도 그가 하는 모든 행위는 하나님의 통치 아래서만 가능하다는 의미입니다. 이제 땅에 있는 모든 자들에게 임할 화가 무저갱의 열쇠를 받은 사탄에 의해 진행됨을 예고하고 있습니다. 죄로 인해 하나님의 인침을 받지 못한 자들은 이제 전갈의 권세를 가진 황충이 휩쓸고 지나간 뒤에 오는 고통과 황폐함을 직면하게 됩니다.

우리도 하나님같이 높아지려는 옛사람의 성품이 있지 않습니까? 하나님을 몰랐을 때는 더욱 끝없이 높아지려 모든 방법을 다 동원하고 또 하나님을 믿는다 하면서도 버리지 못한 옛사람은 여전히 B.C와 A.D를 구별 못하고 동일한 가치관으로 높아지려는 가치에 몰입하게 됩니다. 그렇다면 하늘에서 땅에 떨어진 별 하나와 무엇이 다르겠습니까? 거룩은 포장할 수 있어도 거룩한 삶의 향기는 흉내낼 수 없습니다. 입술로는 믿는 자라고 할 수 있어도 믿는 자의 삶이 겉으로 드러나는 것은 아무나 할 수 없습니다. 하나님의 긍휼을 입으로는 말할 수 있어도 그 긍휼을 품고 살아내는 것은 하나님의 인침을 받은 참 그리스도인만이 할 수 있습니다. 내 안에 그리스도가 없으면 그리스도의 삶이 드러날 수 없기 때문입니다.

그러므로 우리는 알아야 합니다. 내가 스스로 하늘의 별인 줄 착각하고 나의 세상적 스펙이나 자랑할 것을 내세우며 그것으로 신앙을 덧칠하려는 우매한 행위를 멈춰야 한다는 것을 말입니다. 따지고 보면 다 도토리 키 재기에 불과한데도 뭘 그리 잘났다고 교만한지 목을 꼿꼿이 세우고 사람들을 내려다보는 습성들을 주변에서 많이 보게 됩니다. 그것이 돈일 수도 있고, 또 세상의 직위가 될 수도 있고 또 갖고 있는 명성이나 명예가 될 수도 있습니다. 교회 공동체에서조차 그런 것을 신앙의 눈높이와 같이 보려고 합니다. 결코 사회의 스펙이 신앙이 될 수 없고 또한 인격이 될 수 없습니다. 신앙과 인격은 하나님과 인격적 교제와 만남이 이뤄질 때 내 안에서 일어나는 변화들이기 때문입니다.

어느 지인은 자신의 학벌을 은근히 내세우며 남이 알아주기를 바라는 모습을 보입니다. 또 세상의 지위와 가족의 명성을 마치 그것이 내 명성인 것처럼 자랑하고 드러내며 대화의 주도권을 쥐려고도 합니다. 자신의 기술이 세계 최고인 것처럼 자랑하며 그것을 삶의 보람으로 여기며 세상의 양식으로 삼아 살아가려고도 합니다. 다 부질없는 일입니다. 이렇게 높아지려는 자만과 교만은 결국 무저갱의 문이 열림으로 나온 황충에 의해 재앙이 임할 수밖에 없고 그로 인해 고통과 황폐함만 남게 될 것입니다. 우리는 분별 있는 삶을 살아야 합니다. 하나님을 믿는 자라면 그 믿음에 어울리는 삶이 드러나야 합니다. 그리고 나의 삶의 규모도 하나님을 믿는 성도답게 진실함과 성실함이 드러난 삶으로 살아야 합니다. 지난 나의 삶도 다시 회개의 마음을 갖게 합니다. 나 역시 별반 다르지 않은 그런 삶으로 인해 재앙을 경험했기 때문입니다.

2. 왜 황충이 다섯 달 동안만 괴롭히도록 했을까요?

하나님은 황충에게 명령을 합니다. 땅의 풀이나 각종 수목은 해하지 말고 오직 이마에 하나님의 인침을 받지 아니한 자들만 해하라 하십니다. 그러나 그들을 죽이지는 못하게 하시고 다섯 달 동안만 한정해서 괴롭게 하라고 하십니다. 그럼에도 그 괴롭힘은 전갈이 사람을 쏠 때의 괴로움과 같고 너무 괴로워 죽기를 구하여도 죽지 못하고, 죽고 싶으나 죽음이 그들을 피한다고 하십니다.

다섯 달 동안의 괴롭힘을 당할 때, 그 고통이 얼마나 견디기 어려웠으면 죽기를 구하고 죽고 싶다고 했을까 생각하게 됩니다. 그러나 죽지 못하고 죽음이 피하는 것은 더 큰 고통이 아닌가 싶습니다. 그럼에도 생명에는 손을 못 대게 하시고 다섯 달로 한정하신 것은 특별한 하나님의 배려적 사랑이 아닌가 싶습니다. 왜냐하면 일곱째 나팔 중에 이제 다섯째 나팔을 불었지만 아직 두 번의 나팔이 남아 있기 때문입니다. 두 번의 남아 있는 나팔이야말로 최고의 재앙으로 준비되어 있고 마지막 재앙이 되기 때문에 하나님은 그 재앙이 임하기 전에 다시 한번 돌이킴을 기대하시면서 황충을 통해 괴롭힘당함을 허용하시는 것입니다. 하나님의 우리에 대한 사랑은 그야말로 끝없는 사랑입니다. 멸망의 직전에서조차 다시 한번 돌아서기를 바라는 아버지의 애타는 마음입니다.

그러나 하나님은 다섯 달의 고통과 돌이킬 수 있는 기간을 한정하셨습니다. 나는 중동에서 근무한 경험이 있습니다. 그때 사막에서 전갈을 보기도 했고 실제 전갈에 쏘인 사람이 후송되는 것을 본 적도 있습니다. 일단 전갈에 물리면 헬기를 동원해서 가장 빠른 속도로 병원 이송을 하게 됩니다. 강한 독이 생명을 위협하기 때문입니다. 그런 권세를 가진 황충이 주는 고통이라면 상상이 갈 수 있으리라 봅니다. 황충은 원어적으로는 '먹어치우다'라는 뜻으로 메뚜기 떼를 의미합니다. 엄청나고도 처참한 재앙을 가져다주는 하나님의 심판 도구로 사용되기도 합니다. 학창시절 펄벅 여사의 <대지(大地)>를 감명 깊게 읽은 경험이 있습니다. 그때 광활한 대지를 한순간에 황폐하게 만드는 것이 바로 메뚜기 떼였습니다. 한 번 메뚜기 떼가 지나간 자리는 풀 한 포기 남아 있지 않을 정도로 처참한 광경이 연출되었습니다. 본문에서 황충의 재앙을 이렇게 볼 수도 있고 그렇기 때문에 전갈의 독과 같이 무서운 재앙임을 말씀하고 있는 것입니다. 하나님은 우리를 너무도 사랑하셔서 이 엄청난 재앙을 우리의 죄로 말미암아 내릴 수밖에 없는 상황에서도 회개하고 돌이킬 수 있는 여지를 남겨 두셨습니다. 놀라운 하나님의 은혜입니다.

그런데 황충의 모습이 하나님의 권세를 잡은 자와 같습니다. 행동이 기민하고, 왕 같은 권세와 위엄이 있으며, 지혜롭고 매력적이면서도 결코 무너지지 않는 힘과 능력이 있어 보입니다. 속이기에 족하고 속을 만합니다. 그러나 비슷하게 흉내만 내는 가짜입니다. 이런 겉모습의 황충이 우리에게 좋은 것을 가져다줄 것으로 착각하여 따라간다면 끔찍한 고통과 멸망에 이르게 될 것입니다. 세상에 보이는 것이 마치 황충과 같습니다. 그래서 우리는 세상에서 만족과 즐거움, 쾌락을 쫓아 마치 불나방같이 뛰어나가게 됩니다. 뒤에 남은 것은 허무와 상실감뿐인데도 그 순간을 잊지 못해 반복된 삶을 살아가고 있습니다. 마치 마약에 중독된 사람처럼 말입니다. 그 끝은 멸망임을 결코 잊어서는 안 됩니다. 우리가 깨어서 기도해야 할 이유가 그래서 있는 것입니다. 영적으로 분별하지 못하면 이 세상 것이 좋아 쫓아가다가 속아 가짜 인생을 살 수밖에 없습니다. 하나님의 은혜 안에 있지 않고 하나님을 떠난 삶이 무저갱의 괴롭힘을 당하는 삶이 될 것입니다.

1. 내가 하늘 높이 화려함을 추구하며 쫓아 살아온 삶은 무엇입니까?
2. 내게 있는 깊은 고난이 있다면 그 고난의 원인을 어디에서 찾으시겠습니까?
3. 나의 믿음의 신앙 가치관은 하나님을 향하고 있습니까?

★ 말씀으로 기도하기_

"하나님 아버지, 높은 것을 추구하며 화려한 인생을 꿈꿨던 지난날의 삶으로 인해 무저갱의 괴롭힘을 당했던 것을 말씀을 통해 깨닫게 해주시니 진실로 감사합니다. 그럼에도 고난의 기간을 한정하시며 통회와 자복의 회개가 눈물로 고백될 때 회복으로 이끌어 주신 그 크신 은혜에 오직 감사와 찬양을 올려 드립니다. 말씀과 묵상, 기도의 삶으로 깨어 있는 영이 분별 있는 삶을, 믿음의 자리에서 그리스도의 삶으로 나타낼 수 있도록 인도하여 주옵소서. 예수님의 이름으로 기도합니다. 아멘."

주제:재앙 중에도 복 있는 사람

말씀 요약_

　여섯째 천사가 대접을 쏟자 유브라데 강이 말라 동방 왕들이 오는 길이 예비되고, 용과 짐승과 거짓 선지자의 입에서 세 더러운 영이 나와 큰 전쟁을 위해 왕들을 모읍니다. 예수님은 깨어 자기 옷을 지키는 사람이 복이 있다고 말씀하십니다. 일곱째 천사가 대접을 쏟자 지진과 큰 우박의 재앙이 내립니다. 큰 재앙 때문에 사람들은 하나님을 비방합니다.

질문하기_

1. 왜 사탄은 천하의 왕들을 불러 모았을까요?
2. 왜 하나님의 보좌로부터 "되었다" 하셨을까요?

묵상하기_

1. 왜 사탄은 천하의 왕들을 불러 모았을까요?

　본문을 묵상하기 위해서는 요한계시록 16장 전체를 살펴볼 필요가 있습니다. 16장에서는 본격적인 일곱 대접의 재앙이 나타나고 있습니다. 이 일곱 대접의 재앙은 앞의 일곱 나팔의 재앙과 그 대상에 있어서 순차적으로 일치하는 점을 가지고 있으나 일곱 나팔의 재앙에 비해 더욱 극심해진 재앙이었으며 또한 재앙의 대상이 짐승을 따르는 사람들에게 국한된다는 점에서 차이를 보입니다. 요한은 성전에서 큰 음성이 나서 일곱 천사에게 말하는 것을 듣습니다. 그것은 하나님의 진노의 일곱 대접을 땅에 쏟으라는 것입니다.

첫째 천사가 대접을 땅에 쏟으니까 짐승의 표를 받은 사람들과 우상에게 경배하는 자들에게 악하고 독한 종기가 났다고 했습니다. 첫째 나팔의 재앙은 땅 삼분의 일에 내려진 재앙이었으나 첫째 대접의 재앙은 땅 전체에 내려진 전면적 재앙입니다. 일곱 나팔의 재앙이 짐승의 지배를 받고 짐승이 다스리는 이 땅 세상에 내려진 재앙인 반면 일곱 대접의 재앙은 온 세계에 본격적이며 최후적인 재앙들이 부어지는 재앙입니다. 그런데 첫째 대접의 재앙으로 악하고 독한 종기가 났다고 했습니다. 이는 나병 환자의 상처와 같은 하나님의 강한 징계의 수단이 동반되었음을 의미한다고 볼 수 있습니다. 둘째 천사가 대접을 바다에 쏟으니 바다가 곧 죽은 자들의 피같이 되며 바다 가운데 모든 생물이 죽더라 했습니다. 이것은 애굽에 내려진 첫 번째 재앙이나 두 번째 나팔의 재앙과 같습니다. 그러나 애굽의 재앙은 일시적인 것이고 둘째 나팔의 재앙은 바다의 생물 삼분의 일이 죽었을 뿐이었지만 두 번째 대접의 재앙은 바다의 생물들이 전멸하는 재앙이었습니다. 셋째 천사가 대접을 강과 물 근원에 쏟으니 곧 피가 되었습니다. 이것은 살아 있는 사람들에게 더 큰 재앙입니다. 물이 없이는 한순간도 살아갈 수 없기 때문입니다. 갈증은 배고픔보다 더 큰 재앙이 될 것입니다. 넷째 천사가 대접을 해에 쏟으매 해가 권세를 받아 불로 사람을 태웁니다. 태양이 권세를 받았다는 것은 태양이 뜨거워졌다는 뜻입니다. 이는 넷째 나팔 재앙과 같이 태양과 관계된 것입니다. 다섯째 천사가 대접을 짐승의 왕좌에 쏟았습니다. 짐승의 왕자란 말은 적그리스도의 Head Office를 의미하고 거기에 재앙이 쏟아졌다는 의미입니다. 이 재앙으로 인해 그 나라가 어두워지며 혀를 깨물고 고통이 극에 달했지만 그럼에도 회개를 하지 않았습니다. 이미 사탄의 자녀가 된 그들은 회개조차 할 수 없는 불쌍한 삶을 살아가고 있는 것입니다.

이제 오늘 본문 여섯째 천사가 대접을 큰 강 유브라데에 쏟습니다. 이로 인해 강물이 마르고 동방에서 오는 왕들의 길이 예비됩니다. 그리고 개구리 같은 세 더러운 영, 즉 귀신의 영들이 전쟁을 위하여 세상 임금들과 사람들을 아마겟돈으로 모았습니다. 아마겟돈은 히브리어로 '므깃도의 산'이라는 뜻인데 역사상 수많은 전투가 이뤄졌던 격전장입니다. 즉 최후의 큰 결전이 벌어질 장소라는 의미로 사용된 용어로 볼 수 있습니다. 마지막 일곱 대접으로 인한 재앙은 공기 가운데 쏟아져서 번개와 음성들과 뇌성이 있고 큰 지진이 나는 것입니다. 이 지진은 역사상 유래가 없을 정도로 큰 것으로 큰 성 바벨론이 사라지고 섬도, 산악도 사라질 정도였습니다. 또한 우박이 내려서 사람들이 극심한 피해를 당하는 재앙입니다.

그런데 오늘 본문 말씀은 여섯째 천사가 대접을 쏟음으로 강이 말라 동방에서 왕들이 오늘 길이 예비되었다고 합니다. 그들이 오는 이유가 무엇입니까? 그것은 최후의 일전을 위해 사탄의 지배를 받는 세력들이 한곳으로 모이는 것입니다. 그곳이 아마겟돈입니다. 바야흐로 큰 전쟁을 위해 세상의 악한 세력들이 한곳으로 모여 힘을 응집하는 것입니다. 이 전쟁의 최후 승리자는 어린양으로 오신 우리 주님이십니다. 그러므로 주님을 전적으로 믿고 신뢰하며 그분을 의뢰해야 합니다. 오늘날도 이런 동방의 왕들은 우리를 호시탐탐 넘어뜨리려고 모든 수단을 다 동원하고 있습니다. 창조질서를 파괴하고 하나님을 대적하는 동성애의 합헌을 위해 성 평등이란 요사한 이름으로 법 개정을 추진하고 있습니다. 이 법이 통과되면 유럽처럼 동성애를 반대할 수도 없고 그들을 비난하면 감옥에 갈 수도 있습니다. 주민등록표에는 아버지, 어머니 대신 부모1, 부모2로 표기될 것입니다. 이 얼마나 해괴망측한 일입니까? 또한 우리 내면은 어떻습니까. 온갖 세상 욕심과 탐욕, 그리고 정욕이 넘쳐 세상 왕들이 한곳으로 모여 선한 자아를 넘어뜨리려 합니다. 마지막 재앙이 오기 전 암흑과 같은 위기의 순간을 우리가 살고 있습니다. 그러므로 깨어서 기도하고 등불을 준비한 지혜 있는 다섯 처녀가 되어야 합니다. 곧 오실 주님을 기다리면서 말입니다.

2. 왜 하나님의 보좌로부터 되었다 하셨을까요?

일곱째 천사가 그 대접을 공중에 쏟을 때, 큰 음성이 하나님의 보좌로부터 나서 말씀하십니다. 그것은 "되었다"라는 것입니다. 무엇이 되었다는 것일까요? 그것은 하나님의 진노가 찬 대접을 부을 때가 되었고 마지막 심판의 때가 되었다는 하나님의 메시지입니다. 어린 양으로 오신 예수 그리스도는 십자가에서 마지막 숨을 거두시기 전에 다 이루었다고 하셨습니다. 그 분의 사명을 다 이루심과 하나님의 구속사를 완성해 나갈 길을 이루셨다는 의미가 아닐까 싶습니다. 그러나 "되었다"라는 말씀은 인간 세상의 종말을 의미하는 것입니다. 다시 말씀드리면 하나님의 때가 이르렀다는 뜻입니다. 그러므로 이제는 재앙을 미루시거나 침묵하시지 않고 즉시 행동으로 옮기십니다. 그것이 아마겟돈 전쟁이고 이 전쟁에서 사탄의 세력들은 완전히 멸망할 것입니다.

그날이 한편 두렵고, 한편 기다려지기도 합니다. 두려운 것은 내가 준비되지 않은 삶의 모습이며 기다려지는 것은 구원받은 성도의 최후의 희망이기 때문입니다. 내 안에도 큰 음녀 바벨론이 존재할 수 있습니다. 그리고 어떻게 하든 하나님 사람으로 붙잡혀 있는 손을 놓게 하고 사탄의 종이 되게 하려고 합니다. 그것이 옛사람의 모습으로 올 수도 있고 아직 거듭나지 못한 나의 연약한 자아의 아우성일 수도 있습니다. 또한 육신의 정욕에 사로잡힌 나의 병든 자아일 수도 있습니다. 큰 음녀는 여러 가지 모양으로 나의 선한 자아를 공격하며 쓰러뜨리려 합니다. 그것이 하나님의 용납하심을 넘고 하나님의 인내를 넘어 하나님의 "되었다"라는 음성과 함께 큰 전쟁으로 다가올 수 있습니다. 우리는 경계해야 합니다. 사탄은 끊임없이 우리를 공격해 올 것입니다. 이 땅의 정치를, 사회를, 문화를, 조정해 나가려고 애를 쓸 것입니다. 이미 교묘하게 침투하고 일을 꾸미고 있습니다.

그러므로 하나님은 말씀하십니다. 도둑같이 오리니 누구든지 깨어 자기 옷을 지켜 벌거벗고 다니지 말라고 하십니다. 그리고 자기의 부끄러움을 보이지 않는 자가 복이 있다고 합니다. 이것이 재앙 중에도 복이 있는 자의 삶입니다. 수치를 당하지 않으려면 깨어서 분별해야 합니다. 일곱 대접의 재앙은 하나님께서 인간에게 내리는 최후적 재앙들의 모습을 보여 주는 환상입니다. 짐승을 경배하고 우상을 섬기는 자들에게 부여되는 용서 없는 극렬한 재앙입니다. 이는 하나님께서 이를 얼마나 가증히 여기며 미워하시는지를 여실히 보여 주고 있습니다. 때문에 우리 주변을 정결하게 해야 합니다. 하나님보다 더 섬기는 것을 내려놓고 그분을 으뜸의 자리에 모셔야 합니다. 뿐만 아니라 우리 내면도 매일 보혈의 피로 씻어야 합니다. 순간적으로 들어오는 악의 세력들을 보혈의 피로 덮고 바름으로 철저하게 거룩함으로 나가야 합니다. 그것이 마지막 때에 복 있는 자가 되는 비결입니다.

★ 적용질문_

1. 나도 모르게 하나님을 대적하는 일과 경계선을 넘으려고 하는 것은 무엇입니까?
2. 하나님의 경고 사인에도 애써 모른 채 외면하는 일은 무엇입니까?
3. 나는 내 안에 있는 큰 성 바벨론을 발견할 수 있습니까?

★ 말씀으로 기도하기_

"하나님 아버지, 마지막 재앙의 그 날이 두렵기도 하지만 한편 기대가 되고 기다려지기도 합니다. 마지막 재앙이 오기 전 옷을 지켜 벌거벗지 않고 스스로의 부끄러움을 보이지 않는 복 있는 자의 삶을 살아가기에 부족함이 없도록 성령님께서 강하게 저희를 인도하여 주옵소서. 말씀을 매일 먹고 그 말씀이 보혈의 피가 되어 나를 정결케 하는 거룩한 삶이 되도록 인도하여 주옵소서. 예수님의 이름으로 기도합니다. 아멘."

주제: 하나님께 찬송하라

말씀 요약_

　요한은 하늘에 허다한 무리가 구원과 영광과 능력이 하나님께 있음을 찬양하며 참되고 의로운 심판을 음행으로 땅을 더럽게 한 큰 음녀에게 행하신 하나님을 높여드리는 큰 음성을 듣습니다. 또 이십사 장로와 네 생물이 엎드려 하나님께 찬양으로 화답하자 보좌의 음성이 하나님의 종들에게 모두 찬양하라고 하시는 말씀을 듣습니다. 이어서 어린양의 혼인이 이르렀고 그의 아내가 자신을 준비하였다며 하나님께 영광을 돌리자고 찬양하는 음성을 듣습니다.

질문하기_

1. 왜 보좌에서 음성이 나서 하나님의 종들에게 찬양하라 하였을까요?
2. 왜 어린양의 신부에게 깨끗한 세마포 옷을 입도록 허락하셨을까요?

묵상하기_

1. 왜 보좌에서 음성이 나서 하나님의 종들에게 찬양하라 하였을까요?

　오늘 본문 첫 말씀이 "이 일 후에"라고 했습니다. 다시 말씀드리면 그 일 후에 하나님의 종들에게 찬양하라고 하셨다는 것입니다. 그렇다면 그 일이 무엇인지 18장 하반기 말씀을 살펴보도록 하겠습니다. 이제 큰 음녀 바벨론이 심판을 받는데 그와 함께 음행하고 사치하던 땅의 왕들이 불 심판을 보고 가슴을 치며 고통을 무서워하여 멀리 서서 바라보고 있는 상황입니다. 그리고 땅의 상인들이 그로 인해 각종 보석과 각종 상품들을 장사할 수 없어 울고 애통하는 모습입니다. 세마포 옷과 자주 옷과 붉은 옷을 입고 금과 보석과 진주로 꾸민 큰 성 바벨론의 부가 불과 한 시간 만에 망했음을 보며 티끌을 뒤집어쓰고 애통하며 화가 임했음을 외치고 있는 것입니다. 또한 힘센 천사가 큰 맷돌을 바다에 던져 말하기를 큰 성 바벨론이 이같이 비참하게 던져져 결코 다시 보이지 않는다고 선언합니다. 큰 음녀 바벨론의 지배를 받던 사람들, 또 그의 사치와 화려함의 치장을 위해 상업으로 돈을 벌던 자들이 이제 바벨론에 내린 하나님의 진노 앞에 가슴을 치며 울며 애통해 하지만 아직도 그들은 자신의 죄를 회개하거나 뉘우치는 마음에서 비롯된 애통함이 아니요 다만 바벨론의 심판받음으로 인해 자신이 장사할 일이 없어짐으로 인한 애통함을 나타내고 있습니다. 아무리 화려함을 자랑하던 바벨론도 불과 한 시간 만에 재앙으로 망하고 말았습니다. 하늘에 속한 자들과 교회를 핍박하던 바벨론이 맷돌을 바다에 던짐 같이 비참한 최후를 맞이하고 있는 상황입니다.

이런 일 후에 요한에게 하늘에서 음성이 들렸습니다. 그 음성은 구원과 영광과 능력이 하나님께 있음을 찬양하라는 것입니다. 그리고 큰 음녀 바벨론이 음행으로 땅을 더럽힌 것을 하나님이 심판하신 것을 그분의 의로움으로 알며, 그것을 찬양하라는 것입니다. 바벨론의 멸망으로 대환난은 종식되었고 최후의 심판을 위해 예수 그리스도의 재림이 임박함을 예고하고 있습니다. 허다한 무리의 찬양은 바벨론에 내린 하나님의 공의로우신 심판에 대해 노래하는 것입니다. 이에 화답하여 이십사 장로들과 네 생물도 엎드려 아멘 할렐루야로 하나님께 경배했습니다. 그러자 보좌에서 음성이 나서 "하나님의 종들 곧 그를 경외하는 너희들아 작은 자나 큰 자나 다 하나님께 찬송하라"고 합니다. 이는 하늘에 속한 하늘의 성도들이 하나님을 찬양하는 모습을 나타내고 있습니다. 이런 연합된 찬양을 우리 하나님의 사람들의 공동체가 올려 드려야 합니다. 우리는 이미 승리하신 예수 그리스도를 믿음으로 받아들였습니다. 그러므로 그분의 자녀가 되었습니다. 뿐만 아니라 하늘에 속한 자가 되었고 하나님의 사람으로 마땅히 그분을 찬양으로 높여드려야 합니다. 이 땅의 바벨론은 잠시 동안 득세를 할 것이지만 곧 그 수명을 다할 것입니다. 우리는 담대한 믿음으로 어떤 핍박이나 환란이나 곤고가 우리 앞에 놓일지라도 오직 그분의 약속을 믿고 그분의 오심을 기다리며 끝까지 인내해야 합니다. 그것이 승리하는 길입니다.

큰 음녀 바벨론을 이기는 비결은 어린양의 피를 문설주와 좌우 인방에 바르는 것입니다. 어떻게 바릅니까? 그분의 말씀인 두루마리를 매일 먹어야 합니다. 그리고 그 말씀이 보혈의 피가 되어 우리 혈관을 채워야 합니다. 그리할 때, 보혈의 능력으로 거뜬히 이길 수 있는 것입니다. 예비역 대령으로 예편한 가까운 친구가 있습니다. 그 친구의 간증을 들을 기회가 있었는데 그 친구는 소위 임관 후 회식 자리에서부터 술잔을 받지 않았다고 합니다. 그리고 자신은 기독교 신자임을 밝히고 앞으로도 술은 입에 댈 수 없음을 분명히 말했다고 합니다. 이 말이 간단한 것 같지만 결코 그렇지 않습니다. 상명하복의 문화가 가득한 군대에서 하늘같은 상관이 주는 술잔을 거절한다는 것은 결코 쉬운 일이 아니며 또 그 자리 분위기에도 나쁜 영향을 미치기 때문입니다. 그럼에도 그는 술잔을 처음부터 받지 않았으며 대신 모든 군 생활에 모범적 삶의 모습을 보였습니다. 약 6개월이 지나니까 "아 그 사람은 확실한 사람이야" 하고 평가가 내려지더라는 것입니다. 비록 술잔을 거부함으로 불편한 관계가 있었지만 그가 보여준 성실과 모범적 모습에서 기독교인의 향기가 풍겼던 것입니다. 이런 구별의 의지적 표현이 바로 믿음의 모습입니다. 그 안에 보혈의 피가 흐르기 때문에 담대히 구별할 수 있었던 것입니다. 내 안의 바벨론도 보혈의 피를 매일 먹고 바름으로 능히 이겨 낼 수 있습니다. 생각 속으로 들어오는 바벨론, 눈과 귀로 들어오는 바벨론 환경으로부터 강요받는 바벨론도 보혈의 능력으로만 이겨낼 수 있습니다. 그러기에 우리는 보혈의 피를 매일 먹어야 합니다. 그것이 '학가다'이고 말씀의 묵상, 큐티, 되새김입니다.

2. 왜 어린양의 신부에게 깨끗한 세마포 옷을 입도록 허락하셨을까요?

"하나님을 경외하는 작은 자나 큰 자나 모두 하나님을 찬양하라"는 음성에 이어서 또 하늘에서 들리는 찬양 가운데 어린양의 혼인 잔치가 묘사되어 있습니다. 어린양의 혼인 잔치가 무엇입니까? 그것은 그리스도의 재림 때 이루어질 어린양 되신 그리스도와 교회 사이의 연합을 의미합니다. 이 혼인 잔치 때에는 하늘에 속한 성도들이 하늘로 들어 올리워져 주님을 영접하게 될 것입니다. 이렇게 그리스도와 교회를 혼인 관계로 묘사하는 것은 구약 때부터 하나님과 이스라엘의 관계를 비유적으로 묘사한 것부터 이어져왔습니다. 그러므로 교회와 성도들은 이 잔치를 위해 자신을 준비해야 합니다. 그것이 예비신부의 자세입니다.

오늘 본문은 어린양의 혼인 기약이 이르렀음으로 하나님께 영광을 돌리라고 합니다. 그리고 어린양의 신부가 자신을 준비하였음으로 그에게 빛나고 깨끗한 세마포 옷을 입도록 허락하셨다고 하십니다. 그렇다면 어린양의 신부가 자신을 어떻게 준비했다는 것입니까? 세상의 화려한 옷으로 치장하고 립스틱 짙게 바르며 한껏 아름다움을 드러내는 것일까요? 세상의 가치관으로는 분명 그렇게 준비하는 것이 신부의 모습일 것입니다. 그러나 우리 주님은 그런 신부에게는 관심조차 두지 않으십니다. 신부가 입도록 허락된 세마포 옷은 성도들의 옳은 행실이라고 본문은 분명하게 명시하고 있습니다. 그렇다면 어린양의 신부는 옳은 행실의 세마포 옷을 입고 단장된 모습으로 신랑을 맞이해야 합니다. 그 길은 예수 그리스도의 십자가를 나의 십자가로 믿고 그 십자가를 묵묵히 지고 가는 성도들의 옳은 행실입니다. 어린양이 가장 기뻐하는 신부의 모습은 이렇게 정결한 모습으로 단장된 신부입니다. 하나님의 말씀인 진리를 붙들고 그 진리를 삶에 적용하며 그로 인해 어떤 어려움이나 핍박이 올지라도 끝까지 인내하며 이기는 자의 대열에 선 준비된 신부를 신랑 되신 어린양은 기꺼이 혼인 잔치에 초대하고 맞이할 것입니다. 그러나 우리가 몸 담고 있는 현실은 결코 쉽지가 않습니다. 세상에서는 미혹의 영들이 우리를 달콤하게 유혹하고 있으며 우리 심령 안에서는 옛사람이 우리를 지배하려고 끝없는 투쟁을 하고 있기 때문입니다. 교회 공동체가 더욱 높은 도덕성을 지켜야 할 이유가 여기 있는 것이며, 또한 목회자와 장로 중직들이 높은 수준의 윤리, 도덕, 성실을 요구받는 시대에 우리가 서 있습니다. 우리는 알아야 합니다. 신부의 정체성은 정결함이라는 사실을 말입니다. 정결함으로 준비한 신부에게만 빛나고 깨끗한 세마포 옷을 입도록 허락하신다는 사실을 잊지 말아야 합니다.

정결함으로 준비된 신부를 어린양의 혼인 잔치에 초대한 후에 드디어 하늘이 열리며 백마 탄 모습으로 예수 그리스도가 재림주로 오십니다. 그분이 영광스런 모습으로 이 땅에 임하시는 것을 요한은 보았습니다. 그분은 정복자로서 모든 원수를 쳐부수고 '충신과 진실'이라는 이름으로 오시는 신실하고 거짓이 없는 분이십니다. 이제는 공의로운 심판으로 세상을 심판하기 위해 오신 분이십니다. 영광스럽고 신실하며 공의로운 심판주로 오시는 그리스도는 이제는 더이상 은혜의 말씀을 전하기 위해서가 아니라 공의로운 심판과 승리의 나팔을 불기 위해 오시는 것입니다. 이 재림의 주를 우리가 맞이해야 합니다. 그분의 신부로서 말입니다. 잠자는 영혼으로는 그분을 맞이할 수 없습니다. 슬기로운 다섯 처녀처럼 깨어 있어야 하고 준비되어 있어야 합니다. 그리할 때 어린양의 혼인 잔치에 늦지 않게 참석할 수 있습니다. 세마포로 곱게 단장한 신부의 모습으로 말입니다.

★ 적용질문_

1. 나는 곧 오실 그리스도의 재림을 기대하며 찬양하고 있습니까?
2. 나는 어린양의 혼인 잔치에 초대받은 신부로서 준비되어 있습니까?
3. 나는 어린양의 정결한 신부가 되기 위해 어떤 준비를 하고 있습니까?

★ 말씀으로 기도하기_

"하나님 아버지, 큰 음녀 바벨론을 한 번에 정복하시고 승리의 깃발을 높이 드신 주님을 찬양합니다. 또한 공의의 심판주로 오셔서 세상을 심판하실 주님을 찬양합니다. 이제 곧 오실 주님의 재림을 기다리며 빛나고 깨끗한 신부의 의로운 옷 세마포를 입고 아름다운 신부의 단장을 할 수 있도록 눈동자 같이 지켜 주시고 인도하여 주옵소서. 예수님의 이름으로 기도합니다. 아멘."

2018년 이후 큐티

아침마다 별을 찾다

성경본문: 마태복음 12:31-37

주제: 성령을 거역하면…

말씀 요약_

　예수님은 인자를 거역하면 사하심을 얻되 성령을 거역하면 사하심을 얻지 못한다고 하십니다. 또한 선한 사람은 그 쌓은 선에서 선한 것을 내고 악한 사람은 그 쌓은 악에서 악한 것을 낸다고 하십니다. 그러므로 사람들은 심판 날에 자기가 한 말로 의롭다 함을 받기도 하고 정죄함을 받기도 한다고 말씀하십니다.

질문하기_

1. 왜 예수님은 성령을 거역하면 사하심을 얻지 못한다고 하셨을까요?

2. 왜 예수님은 심판 날에 자기가 한 말로 의롭다 함과 정죄함을 받는다고 하셨을까요?

묵상하기_

1. 왜 예수님은 성령을 거역하면 사하심을 얻지 못한다고 하셨을까요?

　오늘 본문 말씀은 매우 충격적인 말씀이 아닐 수 없습니다. 우리가 예수 그리스도를 시인하고 믿음으로 영접하면 우리의 그 어떤 죄라도 다 용서가 되고 흰 눈같이 희게 하시겠다고 약속하셨고, 이를 위해 예수님은 골고다 언덕에서 십자가의 고난을 스스로 감당하셨는데 오늘 본문은 용서받지 못할 죄가 있다는 것입니다. 도대체 그 죄가 어떤 죄이기에 용서를 받지 못하는 것일까 한편 두려운 마음조차 들게 됩니다. 본문은 이렇게 말씀하고 있습니다. "그러므로 내가 너희에게 이르노니 사람에 대한 모든 죄와 모독은 사하심을 얻되 성령을 모독하는 것은 사하심을 얻지 못하겠고 또 말로 인자를 거역하면 사하심을 얻되 누구든지 말로 성령을 거역하면 이 세상과 오는 세상에서도 사하심을 얻지 못하리라."

　본문 말씀을 다시 정리하면 이렇게 말할 수 있을 것입니다. 사람에 대한 그 어떤 죄라도 용서를 받을 수 있고 또 말로 예수님을 거역한 것도 용서를 받을 수 있지만, 성령을 거역한 것은 영원히 용서를 받을 수 없다는 뜻입니다. 사람에 대한 죄는 우리가 세상을 살면서 흔히 짓게 되는 여러 유형의 모든 죄를 포함합니다. 또 예수님을 거역한 것은 예수님이 이 땅에 오신 초림 당시의 모습에서 아직 하나님의 능력이나 사역이 구체적으로 일어나기 전의 초라한 모습을 보고 말로 부정한 것을 의미합니다. 또한 하나님의 능력이 나타났다고 해도 아직 믿음을 줄 그런 환경을 갖지 못한 상태에서 거부한 말을 의미합니다. 실제로 예수님은 목수의 아들로 태어나셨습니다. 그래서 유대인들은 나사렛에서 무슨 선한 것을 기대할 수 있겠느냐고 했고 갈릴리에서 선지자가 나온 일이 없다고 조롱과 빈정거림의 말을 했습니다. 이렇듯 예수님의 가난과 비천한 출생과 모습을 보고 비방하며 조롱한 것은 용서받을 수 있다고 하신 것입니다. 물론 모든 죄에는 회개가 있어야 합니다. 그러나 성령을 거역한 죄는 이 땅에서뿐만 아니라 재림의 때에도 용서를 받지 못한다고 분명하게 말씀하고 계십니다.

그렇다면 성령을 거역한 죄가 무엇일까요?

이 말씀을 이해하기 위해서는 마태복음 12장 전체의 이해와 말씀이 나오게 된 배경을 알아야 합니다. 첫째는 안식일 사건이 있습니다. 다음 사역을 위해 이동 중에 예수님의 제자들이 배고픔을 참지 못하고 밀 이삭을 잘라 먹은 것을 바리새인들이 보고 율법을 어겼다고 정죄했을 때 예수님은 스스로 안식일의 주인임을 나타내셨습니다. 그리고 성전보다 더 큰 이가 여기 있다고 하셨습니다. 또 회당에서 한쪽 손 마른 사람을 고쳐주셨습니다. 예수님의 이런 사역을 율법을 어긴 것으로 그들은 단정했고 그래서 어떻게 죽일까를 모의하던 중이었습니다. 둘째는 귀신 들려 눈멀고 말 못하는 사람을 데려왔을 때 그를 고쳐 준 것을 바리새인들은 귀신의 왕 바알세불을 힘입어 고쳐 준 것이라고 매도했습니다. 다시 말하면 예수님이 귀신에 미쳤다는 것입니다. 이런 소문은 예수님의 친족이 살고 있는 나사렛까지 들려서 그의 어머니와 동생들이 예수님을 찾아 왔습니다. 말이 찾아 온 것이지 실제는 붙들러 온 것입니다. 왜냐하면 나사렛과 가버나움은 약 30km의 거리가 되며 이 먼 거리를 급히 올 때는 예수님의 행적을 심각하게 받아들였기 때문입니다. 같은 관점에서 기록된 마가복음 3:30에서는 "이는 그들이 말하기를 더러운 귀신에 들렸다 함이

러라." 라고 설명하고 있습니다. 이런 배경에서 오늘 본문 말씀을 선포하신 것입니다.

이렇듯 예수님의 신성과 인성을 부정하는 것은 바리새인들과 서기관들이 그들의 종교적 기득권에 예수님의 사역이 배치되었다는 데 근거하고 있습니다. 만약 그들의 이해관계에 예수님의 사역이 부합되었거나 별 문제가 없다면 그들은 그렇게 매도하지는 않았을 것입니다. 그들의 기득권은 그들이 스스로 만든 율법을 전제로 하며, 그 율법은 율법주의가 되고 종교 권력이 됩니다. 그것으로 예수님의 사역을 부정하고 대적하는 이것이 바로 성령을 거역하고 성령을 모독하는 죄가 되는 것입니다. 이 죄는 이 세상뿐 아니라 다시 올 세상에서도 용서받을 수 없다고 예수님은 말씀하십니다. 자기 목적을 위해서 성령께서 하시는 일을 부정하는 행위, 이것이 성령을 훼방하고 거역하는 죄가 됩니다.

다시 한번 정리를 하면 성령을 모독하는 죄는 사하심을 얻지 못하는 죄이며 결국 사망에 이르는 죄가 되는 것입니다. 이는 하나님의 진리를 시인하고 성령을 통하여 깨달았음에도 자기의 목적을 위해 악한 마음으로 진리를 부인하고 대적하는 것을 의미합니다. 이런 자의 특징은 진리를 미워하고 한발 더 나아가 대적한다는 것입니다. 또한 이런 자는 절대로 회개의 자리에 서지 않습니다. 그러므로 사하심을 얻지 못하게 됩니다. 이 죄를 영구한 무지라고 합니다. 그리고 이 죄를 일컬어 사하심을 얻지 못한다고 하는 것은, 그 죄가 너무도 위중하여 그리스도의 공로의 가치를 뛰어넘기 때문이 아니라, 영적 무지를 형벌로 받고 회개의 은사를 받지 못하기 때문입니다. 즉 무지와 회개하지 않음이 그의 형벌이 됩니다. 그런데 성부, 성자, 성령 중에 유독 성령만을 말씀하시는 것은 성령을 대적하는 특별한 방식으로, 우리의 심령 안에 내주하시며 심령을 일깨우는 성령의 고유한 직분과 사역을 거부하며 대적함으로 결과적으로 성령을 모독하는 것을 의미합니다.

한 가지 예를 들어 보겠습니다. 누구나 잘 아는 지식인으로 불리는 한 교수가 있습니다. 그는 기독교 신앙을 가진 가정에서 태어났고 기독교 신앙을 교육받은 사람입니다. 또한 미션 스쿨인 한신대를 졸업하고 기독교 진리에 대한 확실한 지식을 알고 있는 사람입니다. 그가 말한 대로 성경을 여러 번 읽었고 성경에 대한 해박한 지식을 갖고 있습니다. 그런 그가 예수님의 신성과 인성을 부정하는 발언들을 지속적으로 했습니다. TV 강의에서도 했고 기회만 되면 그런 류의 강의를 했습니다. 동정녀를 통한 예수님의 탄생 자체를 부정했습니다. 노자 강의를 하며 반기독교적 발언들을 강의함으로 그의 강의가 전파를 타고 많은 사람들에게 전달이 되었습니다. 이런 행위는 실수나 부주의에서 나온 것이 아니고 진리에 대한 미움에서 나온 것이며 그의 지식으로 논리적이며 체계적으로 또 계획적으로 복음을 거부한 것입니다. 성령의 회개의 역사를 거부한 고의적 행위인 것입니다. 이런 것을 우리는 성령을 모독했다고 말할 수 있을 것입니다. 반면에 사울 같은 사람도 있습니다. 그는 지독히 예수님을 핍박하고 그리스도인들을 옥에 가두는 일에 앞장섰던 사람입니다. 스데반이 순교할 때는 옷을 벗어 증인까지 섰던 사람입니다. 그러나 그가 회개하여 바울이 되고 예수 그리스도의 제자가 되었습니다. 인자를 거역하면 사하심을 얻는다는 말씀은 바울에게 적용되는 말씀인 것입니다. 그러므로 내 안을 깨끗하게 하는 회개의 역사는 바로 성령의 역사가 되며, 회개가 없으면 죄 사함도 없게 되는 것입니다. 곧 성령을 거부 → 회개를 거부 → 성령을 모독 → 용서 받을 수 없는 등식이 성립됩니다. 우리가 다 아는 바와 같이 베드로는 예수님을 세 번씩이나 부인했습니다. 그러나 그가 예수님을 부인한 것은 예수님의 권능이나 예수님의 신성을 거부한 것이 아니라 자신의 두려움에서 비롯된 연약함이었기에 그가 회개함으로 구속사의 일원으로 사용되어진 것입니다.

2. 왜 예수님은 심판 날에 자기가 한 말로 의롭다 한 말과 정죄함을 받는다고 하셨을까요?

예수님께서는 사람이 무슨 무익한 말을 하든지 심판 날에 이에 대하여 심문을 받는다고 하셨습니다. 그리고 그날에 사람이 한 말에 대해 의롭다 함과 정죄함을 동시에 받는다고 하십니다. 이 말씀은 죄를 인식하고 심판 날에 스스로 감당하는 데 그 목적이 있습니다. 이것이 하나님 나라의 심판 기준인 것입니다. 그날에는 이 땅에 사는 동안 각자 마음속에 쌓은 선과 악을 근거로 심판을 통해 의롭다 함과 정죄함을 받게 된다는 의미입니다. 그런데 선과 악의 심판은 성령에 의해 이루어집니다. 왜냐하면 성령은 하나님의 올바른 정신이며 또한 이성적 인간이 거부할 수 없는 올바른 양심의 지식이기 때문입니다. 그렇기 때문에 심판의 날이란 관점에서 보았을 때 하나님의 뜻인 선을 깨달은 시기가 육체적 관점에서 보면 늦었다고 볼 수 있습니다. 즉 육체적으로 행할 수 있는 기회가 더 이상 남아 있지 않았을 때의 깨달음을 성경에서의 심판이라 할 것입니다.

그렇다면 우리는 어떻게 이 땅의 삶을 살아가야 하는지 삶의 방향을 깊이 묵상해야 합니다. 우리는 예수 그리스도를 영접하는 그 순간부터 하나님의 자녀가 되는 하나님의 일방적 은혜로 구원을 받게 됩니다. 이것이 칭의입니다. 그러나 하나님의 의롭다 함을 선물로 받은 사람이라면 그 선물을 선용하여 선한 열매를 맺어가는 삶을 살아갈 때, 그것을 하나님의 선, 하나님의 의라 말할 수 있습니다. 또한 나의 부족함을 인식하고 채워 나가는 수고를 기쁨으로 여기는 자가 구원받은 자입니다. 그런데 예수를 믿는다 하면서도 여전히 변화되지 않고 나의 속사람이 시키는 대로 육에 속한 삶을 살아간다면 그것은 하나님의 의와 대립되는 악한 행위가 되는 것입니다. 그리고 이것은 죄입니다. 뿐만 아니라 성경은 우리의 입술에 파수꾼을 세우라는 말로 말의 경계를 주었지만 우리의 입은 쉬지 않고 스스로 판단하여 상대를 정죄하는 경우를 흔히 봅니다. 하나님의 뜻과 상관없이 내 스스로 판단하는 나의 의는 내가 스스로 왕의 보좌에 앉은 결과를 가져오고 그렇게 악을 쌓아가게 되는 것입니다.

그런데 이렇게 쌓은 선과 악은 우리의 행위로 더 이상 무엇을 할수 없는 그 순간, 바로 심판의 때에는 하나님의 심판대에서 심문을 받게 된다는 것입니다. 그때는 더 이상 나의 행위가 무익한 순간입니다. 돌이킬 수도 없는 순간입니다. 그때에 나의 스스로 쌓아 온 말로 인해 의롭다 함을 받을 수도 있고 죄의 정죄함을 받을 수도 있습니다. 말은 생각의 표현이며 생각의 언어입니다. 그래서 말로 쌓아 놓은 것은 선과 악으로 구분이 될 수 있습니다. 하나님은 심판 날에 이것을 심문하시겠다고 하십니다. 오늘 본문을 보면 바리새인들이 예수님의 권능을 보고도 그것을 바알세불을 힘입어 한 것이라고 평가절하합니다. 그런데 바알세불은 "파리의 왕, 또는 똥"이라는 뜻으로 예수님을 모욕하는 말입니다. 이렇게 쌓은 악한 말은 심판 날에 반드시 심문을 받게 될 것입니다.

오늘 말씀을 묵상하면서 한편 두려운 마음도 들고 마음을 새롭게 단장하는 계기가 되었습니다. 교회 공동체를 섬기면서 혹여 나의 목적을 위해 하나님의 뜻을 왜곡하거나 나의 주관을 관철하기 위해 지나친 고집을 드러내는 경우가 있을 수 있기 때문입니다. 나의 완고함은 불순종이며 하나님을 결과적으로 대적하는 행위가 됩니다. 나도 모르게 성령을 훼방하고 성령을 거부하며 성령을 모욕하는 행위가 될 수 있다는 사실은 나의 성품과 언어를 어떻게 관리해야 할지를 더욱 분명하게 깨닫는 계기가 됩니다. 또한 공동체를 섬기면서 나의 가치관과 신앙관을 잣대로 지체의 다른 것을 틀리다고 스스로 판단하여 정죄한다면 그것이 악한 말로 쌓아 놓는 결과물이 될 것이기에 더욱 생각과 언어의 경계를 해야 함을 깨닫게 됩니다. 언젠가 장로회의 회의 자료를 정리해 공유하는 과정에서 나의 의견이 반영되지 않고 진행되는 것을 보면서 어느 장로님에게 나의 못된 성품을 드러낸 적이 있습니다. 표현이 서로 다른 것이지 틀린 것은 아님에도 나의 못난 자아는 나의 의견이 가장 좋은 표현 방법이라고 고집을 부렸던 것입니다. 이런 완고함은 곧 상대를 정죄하게 되고 계속해서 죄를 범하게 되는 결과를 초래하게 됩니다. 우리가 알아야 할 것은 하나님의 선한 양심을 우리가 품고 이 땅에서 살아가며 하나님의 선한 의를 세우는 데 최선을 다해야 한다는 사실입니다. 틀린 것이 아닌 다른 것을 갖고 결코 정죄할 수는 없습니다. 혹여 틀리더라도 정죄의 언어를 사용해서는 안됩니다.

1. 내가 성령을 거역한 죄는 없는지 살펴봅시다.
2. 나의 언어 중에 심판의 근거가 되는 언어는 없었습니까?
3. 나는 매일 선한 의의 언어를 쌓고 있습니까?

★ 말씀으로 기도하기_

"하나님 아버지, 오늘 말씀을 통해 자신을 다시 돌아볼 수 있는 은혜를 허락하시니 진정 감사합니다. 알게 또는 모르게 성령을 거역한 모든 죄를 용서해 주옵시고 입술에 파수꾼을 세워 주셔서 악한 말은 입에도 내지 않도록 인도하여 주옵소서. 하나님의 통치가 내 안에서 이뤄지고 하나님 나라 건설에 사용되어지는 은혜가 있게 하옵소서. 예수님의 이름으로 기도합니다. 아멘."

주제: 멀찍이 따라가는 베드로

말씀 요약_

대제사장, 서기관, 장로들에 의해 파송된 무리들로 의해 예수님이 대제사장 집으로 끌려가실 때, 베드로는 예수님을 멀찍이 따라 대제사장의 집 뜰 안까지 들어가서 아랫사람들과 함께 앉아 불을 쬡니다.

질문하기_

왜 베드로는 예수님을 멀찍이 따라 들어갔을까요?

묵상하기_

왜 베드로는 예수님을 멀찍이 따라 들어갔을까요?

오늘 본문은 이제 예수님의 마지막 사역 십자가의 고난을 감당하시기 위해 잡혀가시는 장면에서 예수님의 열둘 제자 중 가장 수제자라고 하는 베드로가 예수님을 멀찍이 따라가는 내용으로 시작됩니다. 예수님은 오늘 이 사역을 위해 겟세마네 동산에서 땀방울이 핏방울이 되도록 성부 하나님께 기도를 하시면서 제자들에게 깨어서 기도하라고 했지만 제자들은 잠들고 말았습니다. 육신의 피곤함도 있었겠지만 영적으로 깨어나지 못한 것입니다. 예수님은 십자가 고난을 여러 번 제자들에게 강조하시며 예언하셨건만, 제자들은 그 시간이 왔는데도 깨닫지 못하는 것입니다. 결국 예수님이 대제사장들과 서기관들이 보낸 종들에 의해 잡히실 때 제자들이 다 도망을 갔다고 성경은 말씀하고 있습니다.

그런데 그렇게 흩어진 제자들 중에 베드로가 예수님을 멀찍이 따라 대제사장 집 안까지 들어갑니다. 그리곤 하인들과 함께 불을 쬐며 어떻게 상황이 전개되는지 보고자 합니다. 이를 좋게 볼 수도 있겠지만, 반면에 베드로의 죄성과 연약함을 그대로 드러내는 장면이기도 합니다. 본문 이후 말씀에서 대제사장 집 여종이 너도 나사렛 예수와 함께 있지 않았느냐고 할 때 나는 예수를 모른다고 첫 번째 부인을 합니다. 또 여종이 주변 사람들에게 이 사람이 그 도당이라고 할 때 아니라고 두 번째 부인을 합니다. 그리곤 곁에 서 있는 사람이 다시 네가 갈릴리 사람이고 그 도당이 아니냐고 할 땐 저주까지 하며 아니라고 강하게 부인을 합니다. 이렇게 베드로는 예수님의 예언대로 닭이 두 번 울기 전에 세 번 예수님을 부인하고 맙니다.

이렇게 약해 빠진 베드로가 누구입니까? 그는 열둘 제자 중에 단연 수제자입니다. 그리고 예수님의 공생애 3년 동안 예수님 곁에서 말씀을 직접 다 들은 사람입니다. 뿐만 아니라 세상 사람들이 예수님의 사역을 보고 더러는 세례요한, 더러는 엘리야, 어떤 이는 예레미야나 선지자 중에 하나라고 말한다는 것을 제자들에게 들은 예수님이 그럼 "너희는 나를 누구라 하느냐" 하시며 직접 제자들에게 물으셨을 때, 베드로의 기가 막힌 대답이 나옵니다. "주는 그리스도요 살아계신 하나님의 아들이십니다." 이렇게 엄청난 고백을 했던 사람입니다. 그 고백 위에 교회가 세워졌고 주님은 천국의 열쇠를 베드로에게 맡기셨습니다. 그가 예수님 가까이 있을 때, 영적으로 민감했고 성령의 임재를 경험하게 된 것입니다.

그런데 오늘 본문은 베드로가 예수님을 멀찍이 따라갔다고 증언합니다. 이런 베드로의 모습에선 당당함이나 예수님을 하나님의 아들로 고백한 흔적을 찾을 수가 없습니다. 오히려 두려움이 가득한 모습이기도 합니다. 그래서 여종의 물음에, 또 곁에 섰던 사람들의 지적에 자기는 예수님과 아무 상관이 없는 사람이라고 모른다고 또 저주까지 하면서 결국 세 번씩이나 부인하고 말았습니다. 그는 예수님을 따라 다녔지만 말씀을 제대로 듣지도 않았던 것 같습니다. 이미 십자가 고난은 예수님이 예언한 말씀입니다. 그 말씀을 기억했더라면 오히려 이 고난의 시기에 어떻게 해야 할 것인가를 생각했을 것이고 준비했을 것입니다. 그리고 담대히 이 사건을 맞이했을 것입니다. 또한 예수님의 수제자로서 예수님을 부인하는 수모를 당하지도 않았을 것입니다. 그는 겟세마네 동산에서 기도할 수 있는 소중한 기회도 놓치고 말았습니다. 예수님이 깨어서 기도하라고 했지만 기도의 자리에 서지를 못했습니다. 모든 제자들이 예수님의 십자가 고난이 하나님의 계획하심임을 깨닫지 못했기에 예수님을 통해 세상의 왕국을 이루고 한 자리씩 차지할 생각만 했으며 오히려 그들은 그들이 원하는 왕국이 세워졌을 때 서로 자리다툼까지 했던 것입니다. 그들의 관심은 예수님의 십자가와 부활이 아니었기에 이런 상황에서 오히려 실망감을 갖고 흩어진 것입니다. 수제자인 베드로조차 당당히 예수님을 따라가지 못하고 멀찍이 떨어져서 동향 파악을 하는 심정으로 따라갈 수밖에 없었던 것입니다.

　오늘 말씀을 통해 우리 자신을 관찰할 수 있어야 합니다. '멀찍이'라는 단어의 뜻은 도망갈 거리를 확보하여 적당한 거리를 유지함을 의미합니다. 어떻습니까? 이 시대 신앙생활 하는 우리의 모습이 그렇지는 않습니까? 교인에서 성도가 되어야 하고 또한 성숙하여 제자의 삶을 살아가야 할 사명이 우리에게 있지만 우리 역시 베드로와 다를 바가 없는 신앙생활을 하고 있지는 않습니까? 그래서 작은 일에 상처받고 툭하면 교회를 떠나는 어리석은 행동을 하진 않습니까? 마치 교회를 나와 주는 것으로 자신을 자부하며 스스로의 잣대가 율법이 되어 정죄의 화살을 쏘지는 않습니까? 모태 신앙을 자랑하며 신앙의 연륜과 직분을 앞세워 스스로 높아지려고 하지는 않습니까? 내가 낸 헌금의 분량과 봉사의 분량으로 스스로 위치를 정하며 교만한 자리에 앉아 있지는 않습니까? 또 사회적 신분과 학력, 경력을 내세워 자신의 우월성을 내세우지는 않습니까? 이 모든 것들은 우리가 예수님을 멀찍이 따라갈 때 나타나는 현상들입니다. 그분과 직면하고 그분과 동행을 한다면 이런 모습은 결코 일어나지 않을 것입니다. 그분을 받아들인 순간 우리는 그분께 나의 주권을 이양해야 합니다.

그래서 그분이 내 삶의 주인이 되어야 합니다. 그분의 왕 되심을 인정하고 우리가 종임을 인정해야 합니다. 주권을 이양했다면 우리 안에 Complain이 일어나지 않아야 합니다. 우리가 할 일은 그분의 뜻에 순종하는 것뿐입니다. 그리할 때 주는 그리스도요 살아계신 하나님의 아들이라고 고백한 베드로의 위대한 고백이 우리의 고백이 될 것입니다. 그리고 그분의 간섭하심과 인도하심을 받는 삶을 살아가게 될 것입니다.

이 시대의 예배의 모습을 보면 예배도 형식에 치우치고, 봉사에 열정이 없는 것을 발견하게 됩니다. 또한 말씀 앞으로 다가서기보다는, 내 논리를 앞세우고 그 논리 안에 나의 경험, 경륜, 사회적 가치, 자기 주관을 넣어서 그것이 믿음에 의한 것처럼 포장을 하는 모습을 보게 됩니다. 뿐만 아니라 기도의 자리는 날이 갈수록 비어 가고 있습니다. 이런 우리의 모습은 나를 부인해야 하는 세례적 삶을 살아가지 못하고 예수님을 부인하는 오늘 베드로와 같은 삶이 되기에 충분합니다. 결과적으로 예배가 삶이 되고 삶이 예배로 드러나는 삶이 되지 못하는 자기 한계의 모순에 빠지고 마는 것입니다. 이는 내가 져야 할 십자가를 다시 예수님에게 지우고 예수님을 십자가에 못 박게 하는 행위와 같습니다. 사도 바울은 갈라디아서 2:20에서 이렇게 고백을 합니다. "내가 그리스도와 함께 십자가에 못 박혔나니 그런즉 이제는 내가 산 것이 아니요 오직 내 안에 그리스도께서 사신 것이라 이제 내가 육체 가운데 사는 것은 나를 사랑하사 나를 위하여 자기 몸을 버리신 하나님의 아들을 믿는 믿음 안에서 사는 것이라." 이 고백은 그리스도와 함께 나의 옛사람은 십자가에 못 박혀 죽었고 이 제 그리스도께서 내 안에 사신다는 신앙고백인 것입니다. 그래서 예수 그리스도를 영접한 자가 사는 것은 그리스도를 믿는 믿음 안에서 사는 것임을 말씀하고 있는 것입니다. 다시 말씀드리면 나의 옛사람 의 사망 선고를 선포한 것입니다. 그리고 예수 그리스도 안에서 새로 운 내가 탄생했다는 거듭남의 고백을 한 것입니다. 얼마나 놀라운 고 백입니까?

이제 우리는 그분의 연인이 되어야 합니다. 그분과 함께 호흡하 고 그분과 함께 생각하고 그분과 함께 동행하면서 어디든 그분과 함 께 가야 합니다. 멀찍이 떨어져서는 연인이라고 할 수 없습니다. 시 공간 속에 함께 느끼고 함께 교통하고 서로를 헤아릴 수 있어야 합 니다. 이것이 동행의 기쁨이고 은혜입니다. 단장된 신부로서 무한한 행복이기도 합니다.

저 역시 베드로와 같이 예수님을 믿는다 하면서 실제는 예수님을 부인하는 삶을 살았던 적이 있습니다. 믿음은 신뢰입니다. 만약 예수 님을 신뢰했다면 아주 작은 일이라도 그분께 질문하고 의뢰하면서 그분의 뜻을 존중했어야 했습니다. 그러나 잘난 것도 없는 내가 스스 로 자만하고 높아져서 하나님께서 선물로 주신 자유의지를 내 마음 대로 사용했습니다. 내가 왕이 되어 내 마음대로 판단하고 결정하고 행동했습니다. 세상의 삶도 세상의 가치를 따랐고 거룩한 삶에서 멀찍이 떨어진 그런 삶을 세상 사람들과 어울리며 살았습니다. 가지 말아야 할 곳도 갔고 하지 말아야 할 것도 했습니다. 더 큰 야망을 이룬다고 사업의 길에 나서면서도 기도하지 않았고 가까운 아내 말도 듣지 않았습니다. 이미 내 머릿속에 그림이 다 그려졌고 계산까지 끝나 있었습니다. 너무 빨리 돌아가는 내 머리가 바로 사탄의 지배를 받고 있는 줄은 까마득히 모르면서 마치 스스로 총명한 것으로 착각을 한 채 성공에 대한 조급함을 채찍질했습니다. 그 결과는 하나님의 이유 있는 방임하심으로 5대 광야를 거쳐야 했습니다. 출애굽 후 홍해는 건넜지만 홍해를 건넌 사람으로서의 삶을 살지 않았기에 하나님은 광야 학교에 입학시켰고 호된 훈련을 받게 하셨습니다. 입에서 단내가 나는, 마치 군대에서 유격 훈련을 받을 때처럼 그런 고난도의 훈련을 받았습니다. 감사하게도 그 훈련을 통해 새롭게 거듭나는 은혜를 받았으니 이 또한 하나님의 지극하신 사랑이 아닐 수 없습니다. 하나님의 사람은 Lordship 삶을 통하여 천국 시민권자가 되어야 하기 때문에 하나님은 이런 훈련도 허락하시는 것입니다. 7년간 광야 훈련을 하면서 가진 모든 것을 잃고 97년 말 IMF 때는 완전 KO패 당하고 말았습니다.

그러나 "내게 남편이 없습니다." 라고 고백한 우물가의 한 여인의 고백처럼 나의 지난 죄를 진솔하게 자복하면서 눈물로 부르짖어 기도했을 때 하나님께서는 긍휼의 은혜로 품어 주셨고 집을 나간 탕자가 다 잃고 아버지 집을 생각하며 돌아왔을 때 그 아들을 가서 끌어안고 입 맞추며 집으로 데리고 들어와서 가장 좋은 옷과 신발을 신겨 아들로서의 신분을 회복시켜 준 아버지처럼 나에게도 그런 은혜를 허락하셨고, 모든 삶을 풍성하게 회복시켜 주셨습니다. 그 아버지 하나님을 찬양합니다. 그분을 나의 삶의 주인으로 모십니다. 그분께 나의 주권을 맡기고 그분의 인도함을 받으며 그분과 동행하는 삶을 최고의 행복으로 고백합니다.

그분을 멀찍이 따라가는 베드로가 되어서는 그분의 제자가 될 수 없습니다. 그분의 신부는 더더욱 될 수 없습니다. 할 수만 있다면 그분과 밀착해야 합니다. 아니 하나가 되어야 합니다. 우리는 그분의 어여쁜 신부입니다. 그러니 당연히 하나가 되어야 하지 않겠습니까? 우리의 모습이 어떠하든지 그분은 진솔한 고백과 회개 그리고 회개의 합당한 삶으로 돌아서는 우리를 향해 "내 사랑 너는 어여쁘고도 어여쁘다"라는 아가서의 고백처럼 우리에 대한 사랑을 확증하십니다.

★ 적용 질문_

1. 나는 예수님과 동행하고 있다고 자신 있게 말할 수 있습니까?
2. 내가 십자가 앞에서 당당하지 못하고 갈등하는 것은 무엇입니까?
3. 내가 예수님과 멀찍이 떨어져 있다고 생각할 때 어떻게 하겠습니까?

★ 말씀으로 기도하기_

"하나님 아버지! 예수님이 십자가의 고난을 받기 위해 잡혀가시는 현장에서 멀찍이 떨어져 따라가는 베드로의 모습이 오늘 우리의 모습임을 고백하지 않을 수 없습니다. 베드로가 예수님을 세 번씩이나 부인한 것처럼 우리 또한 이 땅의 삶을 살아가면서 수없이 주님을 부인하는 삶을 살아가고 있음을 고백합니다. 주님 용서해 주옵소서. 이제 주님의 십자가를 내가 담대히 지고 그리스도의 남은 고난을 나의 육체에 채우는 일에 기꺼이 쓰임 받는 예수 그리스도의 참 제자가 되기를 소망합니다. 스스로를 돌아보게 하시고 주님의 마음을 품게 하시며 동행의 기쁨 가운데 작은 예수의 삶이 되기에 부족함이 없도록 저희를 인도하여 주옵소서. 예수님의 이름으로 기도드립니다. 아멘."

주제: 사무엘을 부르시는 하나님

말씀 요약_

아이 사무엘이 엘리 앞에서 여호와를 섬길 때에 엘리는 자기 처소에서 누웠고 사무엘은 하나님의 법궤가 있는 여호와의 전에 누웠을 때 사무엘이 하나님의 부르시는 소리를 듣습니다. 그러나 어린 사무엘이 하나님의 음성을 분별하지 못하고 엘리 제사장이 부르는 것으로 착각하여 엘리에게로 달려갑니다. 세 번째 부르심을 받고 엘리에게 달려갔을 때에야 그는 이것이 여호와께서 사무엘을 부르시는 것으로 깨닫고 다시 부르시거든 "여호와여 말씀하옵소서 주의 종이 듣겠나이다"라고 대답할 것을 일러 줍니다. 사무엘을 다시 부르신 여호와께서는 엘리 제사장 집에 내릴 심판에 대해 말씀하십니다.

질문하기_

1. 왜 여호와께서 어린 사무엘을 부르셨을까요?

2. 왜 엘리 제사장 집에 하나님의 심판이 임한다 하셨을까요?

묵상하기_

1. 왜 여호와께서 어린 사무엘을 부르셨을까요?

오늘 본문은 아이 사무엘이 엘리 앞에서 여호와를 섬길 때라고 말씀하고 있습니다. 이런 사무엘을 향해 여호와께서 두 번씩이나 부르십니다. 그러나 사무엘은 잠결에 엘리 제사장이 부르는 것으로 착각하여 달려갔지만 엘리는 내가 부르지 않았다 하며 가서 잠을 자라고 명합니다. 세 번째 달려갔을 때에야 비로소 여호와께서 사무엘을 부르신 것으로 깨닫고 순종으로 대답할 것을 일러 줍니다. 그리고 네 번째 사무엘을 부르신 여호와께서는 엘리 제사장의 집에 내릴 심판에 대해 사무엘에게 말씀하셨습니다.

사무엘이란 뜻은 히브리어로 쉐무엘이며 "하나님께 구함"이라는 뜻을 갖고 있습니다. 그의 모친 한나가 아이를 생산하지 못함으로 인해 큰 슬픔에 빠졌을 때 여호와의 전에 들어가 통곡하며 기도한 내용은 "만군의 여호와여 만일 주의 여종의 고통을 돌보시고 나를 기억하사 주의 여종을 잊지 않으시고 주의 여종에게 아들을 주시면 내가 그의 평생에 그를 여호와께 드리고 삭도를 그의 머리에 대지 아니하겠나이다."라는 서원이었습니다. 이런 기도의 결과로 출생한 사무엘은 약속대로 여호와께 드려져서 오늘 하나님의 음성을 듣는 영광을 얻게 됩니다. 그의 나이 12세에 아직 여호와의 임재를 분별할 수 없는 상황에서 부르심을 받게 된 것입니다. 그리고 장차 다가올 엘리 제사장의 집에 내릴 심판에 대해 여호와의 말씀이 임했습니다. 이를 전해들은 엘리 제사장은 "이는 여호와시니 선하신 대로 하실 것"이라고 합니다.

그렇다면 엘리 제사장 집의 죄가 무엇입니까? 그것은 불량한 자식을 책망하지 않고 가르치지 않았다는 것입니다. 또한 엘리 자신도 하나님의 직분인 제사장 직분을 제대로 지키지 못했습니다. 영적 무지로 아들들의 악행을 방관했습니다. 이런 엘리의 죄는 이스라엘을 큰 환란에 빠지게 했습니다. 하나님의 대행자로서의 사명을 감당하는 제자상 직분은 힘을 잃었으며 엘리와 그의 두 아들이 하나님의 심판을 받아 죽었습니다. 결국 블레셋과의 전쟁에서 하나님의 법궤마저 빼앗기는 수모를 당하며 이스라엘 가운데 하나님의 영광이 떠나가는 비운을 초래하게 되었습니다. 제사장 한 사람의 죄가 온 이스라엘의 재앙이 된 것입니다.

우리는 깊이 묵상해야 합니다. 왜 하나님께서 제사장인 엘리 그리고 그의 아들들에게 나타나시지 않고 어린아이 사무엘에게 나타나셨는지를 말입니다. 하나님께서 얼마나 답답하시고 스트레스가 크셨으면 제사장인 엘리에게도 그리고 그의 두 아들들에게도 말씀하고 싶지 않으셨을까 하는 것입니다. 왜 그러셨을 것 같습니까? 하나님은 중심을 관통하시는 분이십니다. 그렇기 때문에 거짓이 설 수 없고 속일 수도 없습니다. 엘리 제사장은 그 중심에 하나님을 섬기는 마음이 없었습니다. 위에서도 언급했듯이 그의 아들 홉니와 비느하스는 망나니였습니다. 이 모든 것을 그는 알았지만 바로 잡지를 않았습니다. 저주를 자청한 것입니다.

12세의 어린아이 사무엘은 비록 어렸지만 여호와의 전에서 성실히 섬김을 다 했습니다. 제사장 엘리를 섬겼고 여호와의 전에서 섬겨야 할 모든 일들을 성실하게 잘 감당했습니다. 그 중심이 하나님에게 집중되어 있었습니다. 성실하고 신실하며 정직했습니다. 엘리 제사장 집의 죄를 보신 여호와께서는 이제 그 집의 촛대를 사무엘에게로 옮기신 것입니다. 이렇게 부름받은 사무엘은 장성하여 30세에 선지자로 세움을 받아 117세까지 살면서 그 맡은 직분을 성실히 잘 감당했으며 위대한 선지자 중의 한 사람으로 기록되었습니다.

2. 왜 엘리 제사장 집에 하나님의 심판이 임한다 하셨을까요?

어린 사무엘을 부르신 여호와께서는 엘리 집을 영원토록 심판하시겠다고 합니다. 그리고 이 심판에 대해 "듣는 자마다 두 귀가 울릴 것"이라고 덧붙이십니다. 그 이유는 그가 아는 죄악 때문이라고 하시며 그 아들들이 저주를 자청하였음에도 이를 금하지 않았다고 하십니다. 이 죄로 인해 여호와께서는 엘리 집에서 제물로나 예물로나 영원히 속죄함을 받지 못할 것이라고 맹세까지 하셨습니다. 그리고 하나님의 사람을 엘리에게로 보내서 앞으로 그의 집에 내릴 저주를 구체적으로 말씀하십니다.

그것은 앞으로 엘리의 집에 노인이 하나도 없게 하되 영원히 그렇게 하시겠다는 말씀입니다. 그리고 그의 집에서 출산하는 모든 자가 젊어서 죽게 하신다고 강조하십니다. 그러니 노인이 없게 되는 것입니다. 또한 두 아들 홉니와 비느하스도 한 날에 죽게 하는데 그것이 심판의 표징이 된다고 말씀하십니다. 이 말씀 후에 어린 사무엘을 부르신 것입니다.

여호와께서 말씀하십니다. "너희는 어찌하여 내가 내 처소에서 명령한 내 제물과 예물을 밟으며 네 아들들을 나보다 더 중히 여겨 내 백성 이스라엘이 드리는 가장 좋은 것으로 너희들을 살지게 하느냐." 엘리의 아들 홉니와 비느하스는 여호와를 알지도 못했고 여호와의 제사를 멸시했습니다. 백성들이 제사를 드리려고 고기를 삶을 때에 와서 먼저 쇠갈고리로 고기를 건져 갔으며 기름을 태우기 전에 날고기를 가져가는 못된 짓을 했습니다. 뿐만 아니라 회막 문에서 수종드는 여인들과 동침을 하는 가증한 일을 했습니다.

성경에 죄의 삯은 사망이라고 했습니다(롬6:24). 엘리와 그의 두 아들의 죄는 결과적으로 그의 집안에 하나님의 심판이 내리게 했습니다. 여호와께서는 "나를 존중히 여기는 자를 내가 존중히 여기고 나를 멸시하는 자를 내가 경멸하리라"(삼상2:30下)라고 말씀하셨습니다. 엘리와 엘리 두 아들의 죄는 하나님을 멸시한 것이고 회복할 수 없는 죄를 짓고 만 것입니다. 그가 평생 제사장으로 살아왔지만 온 집안이 멸망하는 심판을 받은 것입니다. '오죽하면 하나님께서 말씀도 안 하시고 외면하셨을까 그리고 어린 사무엘을 부르셨을까' 깊이 묵상하게 됩니다. 죄는 하나님과의 단절을 의미합니다. 이 죄로 인해 블레셋과의 전쟁에서 이스라엘은 큰 살육을 당했으며 홉니와 비느하스도 죽었습니다. 또한 이 소식을 전해들은 엘리는 앉은 의자에서 뒤로 넘어져 목이 부러져 죽었습니다. 비느하스의 아내도 출산을 한 후 죽어가며 그가 낳은 아들 이름을 이가봇이라 했는데 이는 "영광이 떠났다" 하는 뜻입니다. 실로 이스라엘에 하나님의 영광이 떠난 것입니다.

저는 5월 24일 금요일 한밤의 기도회에서 김은경 목사님의 <량(量)과 질(質)>이란 제목의 설교 말씀을 들었습니다. 말씀의 요지는 이렇습니다. 아무리 제사를, 예배를 량으로 채울지라도 하나님은 외면하신다는 것입니다. 그러므로 량으로 승부를 보려는 생각을 아예 버려야 한다고 합니다. 오늘 본문처럼 이런 사람들과는 하나님께서 말씀하고 싶어 하지 않으신다는 것입니다. 사실 엘리와 사무엘은 량적인 측면에서 상대가 되지도 않습니다. 그런데 하나님은 엘리를 심판하셨습니다. 이스라엘 백성들도 제사의 량을 넘치도록 채웠습니다. 그러나 중심을 관통하지 않은 량의 제사는 하나님께서 받지 않으셨습니다. 오히려 하나님께서 모욕감을 느끼셨습니다. 왜냐하면 량으로 다 했다고 판단하기 때문입니다. 량(量)은 눈에 잘 보여도 질(質)은 눈에 잘 보이지 않습니다. 하나님은 중심을 관통하십니다. 그리고 그 중심에 무엇이 있는지 보십니다.

그렇다면 량으로 승부를 보려는 사람은 어떤 사람입니까? 서기관, 바리새인, 율법학자, 제사장 같은 사람들입니다. 그들은 겉으로는 가장 많이 제사를 드리고 또 율법을 지키는 것 같지만 실제의 삶에서는 위선과 인사받기 좋아하는 목이 곧은 자들입니다. 반면에 하나님께서 찾으시는 사람은 세리, 창기, 어린아이들입니다. 이들은 자신의 죄를 진솔하게 고백하며 나는 죄인입니다, 라고 진솔하게 고백하는 자들입니다. 하나님은 오직 중심만을 보실 뿐입니다. 구약의 율법은 대부분 눈에 보이는 것들입니다. 그러나 주님이 말씀하신 것은 보이지 않습니다. 왜냐하면 심령 깊은 심연에 있는 것이기 때문입니다. 우리 삶의 변화는 량적인 신앙으로는 일어나지 않습니다. 그럼 어떻게 해야 변화가 일어나겠습니까? 그것은 나의 생명, 나의 한계로는 죽음뿐임을 인정하고 그러기에 예수 생명인 십자가를 붙들고 나아갈 때 내 안의 질적인 변화가 일어나는 것입니다. 예수 그리스도의 보혈의 공로에 의해 거듭나는 은혜를 입었다는 이 감격과 감사의 고백 위에, 그러기에 이제는 예수 그리스도의 생명으로 사는 것, 그것이 질적인 삶이 될 것입니다.

말씀을 묵상하면서 내면에서 깊은 울림이 일어났습니다. 저 또한 거의 평생 신앙생활을 나름 열심을 갖고 해온 사람입니다. 성령의 뜨거운 체험과 말씀의 은혜를 받고 눈물도 흘린 사람입니다. 그럼에도 내 삶이 예배적 삶이 되지 못하고 여전히 '량'에 치우치는 신앙의 삶이 되었구나 하는 자성의 깨달음이 마음으로 전달되었습니다. 교회 공동체에서 참 많은 사역도 했고 기름 부음을 받은 장로로서 또 목자의 마음으로 사역을 감당하고 있다고 생각을 했습니다. 그럼에도 량 vs 질에서 결코 자유로울 수 없는 자신을 발견할 때 몸에 전율이 왔습니다. 량에 목숨을 걸었던 바리새인과 서기관들 그리고 율법학자들, 그들과 내가 다른 점이 무엇인가 하는 질문을 스스로에게 하게 됩니다. 그들이 오늘 내가 아닌가 하는 것입니다. 특별히 엘리 제사장과 사무엘을 묵상하면서 자녀들을 향한 신앙교육의 측면에서 너무도 부족한 나의 죄를 깨닫게 됩니다. 모태신앙인 두 아들은 하나님의 사람으로 부르기에는 많이 부족한 게 사실입니다. 교회 잘 나가면 신앙인으로 잘 성장하리라 생각했습니다. 그러나 부모의 신앙교육이 받쳐줬을 때 가능함을 최근에야 깨달았으니 저 또한 무지의 죄를 고백하지 않을 수 없습니다. 모두가 부모의 죄입니다. 엘리 제사장이 자식을 제대로 가르쳤다면 그 집안의 재앙은 결코 일어나지 않았을 것입니다. 사무엘도 위대한 선지자였지만 그 또한 자식에게 신앙의 유산을 남겨 주지 못했습니다. 이제부터라도 자식을 품고 기도하며 신앙의 전수를 위해 최선을 다해야 함을 깨닫고 마음을 다져 먹습니다. 오늘 말씀에서 보는 것과 같이 엘리 제사장을 제껴놓고 사무엘을 발견하신 하나님의 마음을 알고 하나님에게 발견되는 삶이 되며 믿음의 가정으로 거듭나는 계기가 되도록 최선을 다하려고 합니다.

★ 적용 질문_

1. 엘리 제사장의 모습이 오늘 나의 모습은 아닙니까?
2. 나는 자녀들에게 어떻게 신앙을 전수하고 있습니까?

★ 말씀으로 기도하기_

"하나님 아버지, 오늘 말씀을 묵상하면서 찢어지는 심령을 주님 앞에 고백하지 않을 수 없습니다. 물과 성령으로 거듭나지 아니하면 하나님 나라에 들어 갈 수 없다고 하셨는데 진정한 거듭남의 신앙과 신앙의 전수를 다 하지 못했음을 이 시간 회개합니다. 주님 용서해 주옵소서. 오늘 사무엘을 찾으신 주님의 마음을 헤아리고 주님 앞에 발견되어 쓰임 받는 하나님의 사람으로 사는 자녀들이 되도록 훈계와 양육을 다짐하며 나아가고자 합니다. 성령님, 선히 인도하여 주옵소서. 그러므로 언제나 주께서 기뻐하시는 저희 가정이 되어 그리스도의 향기를 삶으로 나타내는 성령의 역사와 은혜를 허락하여 주옵소서. 예수님의 이름으로 기도합니다. 아멘."

주제: 순종이 제사보다 낫다

말씀 요약_

　　하나님께서 사무엘을 통해 사울을 이스라엘 왕으로 세우신 것을 후회하셨다고 합니다. 이에 사무엘이 밤새 부르짖어 기도하고 길갈에 있는 사울에게 가서 왕이 여호와의 말씀을 버렸으므로 여호와께서 왕을 버리셨다고 하나님의 말씀을 전합니다.

질문하기_

1. 왜 하나님은 사울이 여호와의 말씀을 버렸다고 하셨을까요?
2. 왜 하나님은 순종이 제사보다 낫다고 하셨을까요?

묵상하기_

1. 왜 하나님은 사울이 여호와의 말씀을 버렸다고 하셨을까요?

　　오늘 말씀은, 사울이 왜 여호와의 말씀을 버리게 되었는지 말씀의 배경을 알아야 합니다. 본문 전반부 말씀을 보면 하나님께서 아멜렉을 진멸하라는 명령을 하셨습니다. 이에 사울이 군대를 이끌고 아멜렉을 쳐서 아멜렉 왕 아각을 사로잡음으로 전쟁은 이스라엘의 승리로 끝이 났습니다. 그런데 사울과 이스라엘 백성들은 아멜렉 백성들과 하찮은 소유물들은 진멸하였지만 아각과 그의 양과 소의 가장 좋은 것, 기름진 것과 어린 양들은 전리품으로 취했습니다. 이것은 순간 탐욕이 발생하여 하나님의 말씀을 망각한 사울과 백성들의 불순종으로 인한 것입니다.

어찌 보면 전쟁에서 적군의 좋은 것을 취하는 것이 당연한 것 같이 여겨질 수 있을 것입니다. 그러나 이것은 세상 논리이고 세상의 가치관입니다. 하나님의 말씀은 타협의 대상이 되거나 또는 자의적 해석으로 말씀을 왜곡할 수 없음에도 승리에 도취된 사울이 그의 옛사람인 교만이 안에서 일하는 것을 방임한 결과입니다. 사실 사울은 용모도 준수했고 누가 봐도 부러움을 살 만한 그런 사람이었습니다. 그런 그가 전쟁에서 승리하다 보니 자기도취에 빠진 것입니다.

그렇다면 진멸이란 무슨 의미일까요? 진멸은 태워서 흔적도 없이 하는 것을 의미합니다. 하나님은 아멜렉을 진멸하라고 분명히 명령하셨습니다. 여기에는 그렇게 하실 수밖에 없는 아멜렉의 죄가 있습니다. 아멜렉은 에서의 후손으로 광야족으로 불렸습니다. 그리고 그들은 약탈을 생업의 수단으로 삼는 민족이었습니다. 이런 그들이 이스라엘 백성들이 출애굽 후 광야의 여정에서 르비딤에 이르렀을 때 이스라엘 백성들을 공격하게 되었고 모세는 여호수아를 보내 아멜렉과 전쟁을 하게 했습니다. 이때 여호와께서 이것을 책에 기록하여 기념하게 하라 하시고 아멜렉을 없이 하여 천하에서 기억도 못하게 하시겠다고 하셨습니다.

하나님께서 택한 이스라엘 백성들의 광야 길에서 그들을 약탈하고 괴롭힌 아말렉을 하나님은 진멸하도록 명령했던 것입니다. 그런데 사울은 그 명령의 본질을 잊은 채 자의적 진멸로 하나님의 명령을 불순종한 죄를 범하고 말았습니다. 이것이 여호와의 말씀을 버린 것입니다. 이로 인해 사울은 그의 왕권을 잃게 되었습니다.

우리의 삶의 여정에서도 하나님의 말씀을 임의로 자의적 해석을 하거나 깊은 생각 없이 제 뜻대로 해석함으로서 불순종의 죄를 짓는 경우가 허다함을 깨닫게 됩니다. 그리스도인으로 자처하면서도 여러 사람들이 회식하는 자리에서 술잔을 받거나 마시는 경우, 흔히 이런 말들을 합니다. 성경 어디에 술을 먹지 말라고 했느냐는 것입니다. 과연 그럴까요? 성경을 묵상하면서 전혀 그렇지 않다는 것을 깨닫게 됩니다. 독주를 피하라고 하셨고 에베소서 5장 18절에서는 술 취함을 방탕한 것으로 말씀하셨으며 잠언 23장 31절에서는 포도주는 붉고 잔에서 번쩍이며 순하게 내려가나니 너는 그것을 보지도 말지어다 이렇게 말씀하셨습니다. 또한 거룩함을 지키라고 했지만 우리는 대부분 적당히 혼합하고 타협해 버립니다. 거룩함은 철저한 구별을 의미합니다. 이는 결코 타협의 대상이 될 수 없습니다. 그러함에도 적당함이 세상의 삶에서 편리하니까 자의적으로 적용하게 되는 것입니다. 뿐만 아니라 우리가 올려 드리는 예배도 영과 진리로 드려야 함에도 준비된 예배를 드리지 못하고 예배에 참석한 종교행위로 주일을 보내는 경우가 허다합니다.

그렇다면 오늘의 이런 우리가 사울과 다를 바가 무엇이겠습니까? 우리의 삶의 모습, 행위가 사울처럼 여호와의 말씀을 버린 것은 아닌지 우리 자신을 점검하고 성찰할 필요가 있습니다. 그래서 그리스도인은 큐티를 통해 하나님 말씀을 묵상하는 것이 일상화되어야 합니다. 저 역시 말씀에 비춰보면 늘 부끄럽고 민망하기에 십자가 굳게 붙들고 자기부인의 결단을 하게 됩니다.

2. 왜 하나님은 순종이 제사보다 낫다고 하셨을까요?

먼저 우리는 순종이 무엇인지부터 알아야 합니다. 순종은 믿음의 눈으로 하나님을 바라보는 것입니다. 다시 말씀드리면 하나님에 대한 절대적인 신뢰를 전제로 합니다. 그래야 하나님의 말씀을 따를 수 있기 때문입니다. 출애굽한 이스라엘 백성들 1세대 중에서 여호수아와 갈렙만 약속의 땅 가나안에 입성을 했습니다. 이는 그들이 믿음의 눈으로 여호와 하나님을 바라보았기 때문입니다.

오늘 사무엘로부터 하나님의 명령을 받은 사울은 아멜렉을 진멸하러 갔지만 부분적 진멸만 하고는 탐스러운 전리품들을 갖고 돌아왔습니다. 그리고는 길갈로 찾아온 사무엘에게 의기양양하여 "당신은 여호와께 복을 받으소서 내가 여호와의 명령을 행하였나이다"라고 말합니다. 그리고 짐승들의 소리를 들은 사무엘이 그럼 내게 들리는 이 소리가 무엇이냐고 묻는 말에 백성들이 아멜렉에서 끌어온 것인데 당신의 하나님 여호와께 제사하려고 가장 좋은 것을 남긴 것이라고 뻔뻔스럽게 변명을 합니다. 자신이 가져온 것이 아니라며, 백성에게 책임 회피까지 합니다. 이에 사무엘이 그 유명한 하나님의 말씀을 선포합니다. 그것은 "순종이 제사보다 낫고 듣는 것이 숫양의 기름보다 낫다"는 말씀입니다.

우리는 죄의 성격을 구분할 필요가 있습니다. 성경적 죄는 하나님께서 하라는 것을 하지 않고 하지 말라는 것을 하는 것을 말합니다. 또한 과녁을 벗어났을 때 죄라고 합니다.

그리고 순종은 '순종할 순 + 좇을 종'으로 "말씀을 듣고 순종하여 좇아간다"라는 뜻이며 히브리어로는 '샤마'라고 하여 이는 "경청하여 듣고 따라가다"라는 뜻입니다. 영어로는 obedience 인데 좀 더 강하게 '순종+복종'으로 표현되어 있습니다. 그러므로 하나님의 말씀을 듣고 순종할 때 인격, 성품이 변하고 삶도 변화되어 예수님을 닮아 가는 작은 예수가 되는 것입니다.

그렇다면 왜 순종해야 될까요? 첫째, 하나님의 명령이기 때문입니다. 두 번째는 예수님이 순종의 본을 보여 주셨기 때문입니다. 겟세마네 동산의 기도가 그렇고(눅22:42) 죽기까지 순종하신 십자가(빌2:8)가 증거입니다. 세 번째는 축복받는 비결입니다(신28:1-6). 네 번째는 순종하면 기적이 일어납니다. 가나 혼인 잔치에서 하인들이 순종했을 때 물이 포도주가 되었고(요2:1-11) 나아만 아람 군대 장관이 엘리야의 말에 순종해서 요단강에 일곱 번 몸을 담갔을 때 그의 나병이 깨끗함을 받았습니다.(왕하5:1-15) 다섯째, 순종은 불가능을 가능하게 합니다. 여리고성도 순종으로 돌았을 때 무너졌으며(수6:1-7) 흐르던 요단강도 법궤를 메고 그 물에 발을 담그는 순종으로 멈춰졌습니다. 여섯째, 순종은 하나님의 채워주심을 경험하게 됩니다. 엘리야 선지자에게 단 한 움큼의 남은 가루로 떡을 만들어 물과 같이 대접한 사르밧 과부는 약속한 기간까지 기름과 통에 가루가 떨어지지 않는 공급의 축복을 받았습니다.

순종해야 할 이유를 알았다면 어떻게 순종해야 하는가도 알아야합니다. 첫째, 말씀으로 순종해야 합니다. 신명기 28장 1절에는 "네가 네 하나님 여호와의 말씀을 삼가 듣고 내가 오늘 네게 명령하는 그의 모든 명령을 지켜 행하면 네 하나님 여호와께서 너를 세계 모든 민족 위에 뛰어나게 하실 것"이라 말씀하셨습니다. 둘째는 믿음으로 순종해야 합니다. 로마서 4장에는 아브라함의 믿음과 그로 말미암은 언약의 말씀이 나옵니다. 아브라함은 그의 고향 갈데아 우르를 떠나라는 말씀에 망설임 없이 순종했으며(창12장) 또한 100세에 낳은 독자 이삭을 번제로 드리라는 말씀에 순종했을 때 하나님께서는 번제로 드릴 어린 양을 예비하셨습니다(창 22장). 셋째는 성령으로 순종해야 합니다. 초대교회 집사들은 성령 충만했기에 순종으로 그리스도의 사랑과 복음을 전하고 순교까지 할 수 있었습니다. 내 힘과 의지로는 한계가 있게 마련입니다. 그러므로 성령 충만해야 합니다.

넷째는 기도로 순종해야 합니다. 예수님도 마지막 사명을 감당하시는 십자가를 지시기 전에 겟세마네 동산에서 땀방울이 핏방울이 되도록 기도하셨습니다. 기도로 순종할 때 감당할 수 있는 힘과 능력을 공급해 주십니다.

오늘 사울은 위에서 말씀드린 순종에 대한 이해가 부족했고 그렇기에 임의로 판단하고 스스로 결정했기에 결과적으로 여호와 하나님의 말씀을 버리는 죄를 범하고 말았습니다. 그가 사무엘의 명령은 받았으나 그것이 하나님의 명령임을 깨닫는 데 부족했고 그러기에 믿음으로 반응하지 못했습니다. 또한 성경 어디에도 그가 하나님께 기도했다는 말씀이 없습니다. 이런 그의 태도는 영적 무지를 가져올 수밖에 없는 한계를 드러내게 됩니다.

사무엘은 왕이 스스로 작게 여길 그때에 이스라엘 지파의 머리가 되지 않았느냐고 사울에게 반문합니다. 그리고 "여호와께서 왕에게 기름을 부어 이스라엘 왕을 삼으시고 또 여호와께서 왕을 길로 보내시며 이르시기를 가서 죄인 아멜렉 사람을 진멸하되 없어지기까지 치라 하셨거늘 어찌하여 왕이 여호와의 목소리를 청종하지 아니하고 탈취하기에만 급하여 여호와께서 악하게 여기시는 일을 행하였나이까"라고 명확하게 사울의 죄를 지적합니다.

오늘 말씀을 묵상해 보면서 내 안에도 이런 사울이 여전히 존재함을 깨닫게 됩니다. 우리의 삶에 깊은 고난과 광야가 있다면 그것은 전적으로 내가 여호와의 말씀을 청종하지 않고 순종으로 반응하지 않은 삶의 결과란 것을 알아야 합니다. 혹자는 모르고 지난 것이 무슨 죄일까 생각합니다만 무지도 죄라는 것을 분명히 알아야 합니다. 그렇기 때문에 말씀이 일상화되는 삶, 묵상이 일상이 되는 삶, 기도가 일상이 되는 삶을 살아가야 합니다. 그것이 사울의 실패를 통해 반면교사의 삶으로 적용하는 삶이며 우리의 현재, 미래의 삶을 평안의 삶으로 축복받는 길입니다. 저 또한 과거의 삶에 사울의 죄의 흔적들이 남아 있습니다. 어쩌면 오늘의 삶에도 순간적으로 그런 실수가 나타날 수 있습니다. 그러나 감사한 것은 지금은 바로 깨닫고 돌이킨다는 사실입니다. 이것은 훈련의 결과이기도 합니다.

오늘 사울이 불의하게 취한 기름진 전리품으로 제사드리는 것은 하나님께서 기쁘게 받지 않는 제사가 된다는 의미를 우리도 깊이 되새김해야 합니다. 우리 삶에도 불의한 제사가 있을 수 있고 하나님을 진노하게 하시는 예배가 있을 수 있다는 의미가 됩니다. 하나님은 우리의 헌물, 헌신도 구별된 것을 드릴 때 기쁘게 받으십니다. 그러기에 말씀 앞에 순종이 먼저입니다.

★ 적용 질문_

1. 우리의 삶에서 하나님의 말씀을 버린 일은 무엇입니까?
2. 하나님 앞에 불순종의 삶으로 살았던 일은 무엇입니까?

★ 말씀으로 기도하기_

"하나님 아버지, 오늘 사울을 통해 드러난 실패의 모습을 보면서 나 자신을 말씀 앞에 비춰 볼 수 있는 은혜를 허락해 주셔서 진실로 감사합니다. 오늘 묵상한 말씀들을 상기하면서 말씀으로 순종하고 믿음으로 순종하며 기도로 승리하는 저희 모두가 되도록 인도하여 주시길 간구합니다. 오직 주님만이 나의 소망임을 고백하며 예수 그리스도의 이름으로 감사하며 기도합니다. 아멘."

주제: 구하고 찾고 두드리는 기도

말씀 요약_

　하나님은 우리에게 구하라 하시며 구하면 받을 것이라고 하십니다. 그리고 찾으라 하시며 찾는 이는 찾아낼 것이라 말씀하시고 또 두드리라 하시며 그럼 두드리는 이에게는 열릴 것이라 말씀하십니다. 그러시면서 하늘에 계신 하나님 아버지께서 구하는 자에게 좋은 것으로 주시지 않겠느냐 반문하십니다.

질문하기_

1. 왜 하나님은 구하고 찾고 두드리라 말씀하셨을까요?
2. 왜 하나님은 구하는 자에게 좋은 것으로 주시지 않겠느냐 하셨을까요?

묵상하기_

1. 왜 하나님은 구하고 찾고 두드리라 말씀하셨을까요?

　오늘은 주 안에서 진실로 아끼고 사랑하는 한 지체를 위해 묵상한 내용을 옮기려 합니다. 어쩌면 많이 힘들어하고 불안해하기도 할 그 지체에게 내가 할 수 있는 최선의 방법은 말씀을 통해 위로하고 격려하고 힘을 주는 것이기 때문입니다. 뿐만 아니라 하나님의 약속의 말씀을 분명히 믿음으로 받아들일 때 그 믿음의 역사가 기적의 역사가 되는 것을 경험한 사람으로서 동일한 하나님의 일하심과 손길을 경험하게 되기를 바라는 소망이 있기 때문입니다. 지난 12월 6일 전화 통화 시 병원 검사에서 한 지체가 유방암 진단이 나왔다는 소식을 들었습니다. 그리고 12월 12일 2부 예배가 끝나고 교회 뒤편 도란도란 카페에서 부부를 만나 차를 나누며 서로의 삶을 나눴고 앞으로 있을 정밀 검사와 수술에 대해 모든 것을 주께 의뢰하고 평안한 마음으로 감당할 것을 권면하며 간절히 기도하는 시간도 가졌습니다.

본문 말씀은 "구하라 그리하면 너희에게 주실 것이요 찾으라, 그리하면 찾아낼 것이요 문을 두드리라 그리하면 너희에게 열릴 것이다." 라고 말씀하셨습니다. 앞의 6장 25-30절 말씀에서는 아무것도 염려하지 말라고 하신 주님이 7장에 와서는 "구하라, 찾으라, 두드리라" 말씀하십니다. 빌립보서 4장 6절에서도 "아무것도 염려하지 말고 다만 모든 일에 기도와 간구로, 너희 구할 것을 감사함으로 하나님께 아뢰라"라고 하셨습니다. 구하라, 찾으라, 두드리라고 하신 것은 바로 기도하라는 것입니다. 그렇다면 아무것도 염려하지 말라고 하신 주님께서 왜 기도하라고 하셨을까요? 염려하지 않지만 기도하라고 하신 것입니다. 왜냐하면 기도와 염려는 비례하기 때문입니다. 기도하면 염려하지 않습니다. 그러나 기도 안 하면 염려가 가득할 수밖에 없습니다. 이렇게 기도와 염려는 병행하는 것입니다. 그러므로 기도는 염려의 백신이라 말할 수 있습니다. 우리는 염려하지 않기 위해 기도해야 합니다. 기도는 구하는 것입니다. 찾는 것입니다. 두드리는 것입니다. 순서에 매일 필요는 없습니다. 모두가 기도이기 때문입니다.

기도는 우리의 열정을 담아 간구하는 것입니다. 기도는 끈기 있게 매달리는 것입니다. 기도는 절대 포기하지 않고 집념을 갖고 마음을 주님께 토해내는 것입니다. 구하라, 찾으라, 두드리라 라고 말씀하신 것은 기도를 3중으로 강조한 것입니다. 이것이 기도의 핵심입니다. 다시 말씀드리면 끝을 볼 때까지 매달리는 끈기가 필요함을 말씀하고 있습니다. 절박한 문제를 주님 앞에 갖고 와서 씨름하는 것이 기도입니다. 야곱이 외삼촌 라반의 집에서 큰 재물과 종들을 데리고 고향으로 향하는 길에 그는 형 에서와 해결하지 못한 큰 짐이 있었습니다. 형의 배고픔을 이용해서 팥죽 한 그릇에 장자권을 넘기도록 한 것, 또 부친 이삭이 죽기 전에 장자에게 축복하려는 것을 어머니와 공모하여 축복권을 가로챈 일 등 형 에서와 원수진 일에 대해 아직 해결하지 못했던 것입니다. 이로 인해 고향으로 향하는 야곱의 발걸음은 무거울 수밖에 없었고 더욱이 에서가 400명을 거느리고 야곱을 만나러 온다는 소식을 들은 야곱은 이 절박한 문제를 어찌할 수가 없는 그런 상황을 맞이한 것입니다. 힘으로는 형을 이길 수도 없습니다. 절체절명의 순간입니다. 그때 천사가 찾아와 야곱과 씨름을 한 곳이 얍복 강변입니다. 밤이 새도록 씨름을 했습니다. 이제 날이 새려고 하는데 천사가 가게 해달라고 합니다. 그러나 야곱은 자기를 축복하지 않으면 절대 놓을 수 없다고 합니다. 야곱의 허벅지 관절이 위골되면서까지 야곱은 천사를 붙들고 있었습니다. 이런 야곱의 끈기, 절대 포기하지 않는 집념은 그의 이름이 야곱에서 이스라엘로 바뀌는 축복으로 이어집니다. '이스라엘'이 무슨 뜻입니까? 하나님과 겨뤄 이겼다는 뜻입니다. 이런 축복이 어디에 있겠습니까. 인간이 창조주 하나님과 겨루어 이겼다니, 이보다 더한 축복은 결코 없을 것입니다. 야곱의 기도가 승리한 것입니다.

저는 이것을 짐짓의 은혜라고 생각합니다. 창조주 하나님, 무소부재의 하나님, 모든 능력을 다 가지신 하나님이 왜 야곱에게 겨 주셨을까요? 그것은 야곱의 포기하지 않는 기도에 응답하신 것입니다. 그리고 일부러 겨 주신 것입니다. 이것이 하나님의 은혜요 우리의 소망이기도 합니다. 본문에서 기도를 3중 화법으로까지 강조하신 주님의 마음이 있습니다. 첫째는 구하고 찾고 두드리는 기도는 하나님의 때를 기다리는 기도여야 한다는 것입니다. 대부분의 사람들은 한두 번 기도하곤 자기가 원하는 때에 기도가 응답되기를 바랍니다. 기도는 내 때에 내가 받아내는 것이 아닙니다. 하나님의 때가 있다는 것입니다. 그러나 그렇다고 마냥 기다리고만 있어서도 안 됩니다. 그래서 본문에서는 구하고 안 되면 다시 찾고 그래도 안 되면 다시 두드리라는 말씀을 하고 있는 것입니다. 하나님께서 기다리심은 우리의 변화를 이끌어내기 위함이십니다. 기도에 집중하게 되면 하나님의 마음을 알게 되고 하나님의 마음을 알게 되면 내가 변할 수밖에 없습니다. 우리의 기도를 받으시고 하나님께서 일어나 행동하실 때 놀라운 응답이 있습니다. 이것을 믿어야 합니다. 둘째는 우리가 구하고 찾고 두드리는 대상이 하나님 아버지라는 것입니다. 11절에 보면 "너희 아버지께서"라고 하셨습니다. 하나님이 누구십니까? 전능하신 분, 창조주 하나님이십니다. 또한 피조물인 우리를 무한히 긍휼의 마음으로 바라보시는 분이십니다. 자비하심이 넘치시는 분이십니다. 약속을 모두 성실하게 지키시는 하나님 아버지, 모든 것을 다 하실 수 있는 그분이 우리 아버지라는 것입니다. 그분에게 기도하라는 것입니다. 그분에게 구하고 찾고 두드리라는 것입니다.

우리는 알아야 합니다. 하나님을 아무나 아버지로 부를 수 없다는 것을 말입니다. 오직 그분을 영접한 자에게만 주어지는 특권이라는 것을 알아야 합니다. 그분을 우리가 영접한 후에 우리는 그분에게 구하고 찾고 두드리는 기도를 할 수 있는 자격이 주어지는 것입니다. 그러므로 그분을 100% 신뢰하고 내어 맡기는 기도를 해야 합니다. 머리로 하는 기도는 의미가 없습니다. 몇 마디 기도하고 기도 다 했다고 말하기 때문입니다. 하나님 아버지는 하늘에 계시지만 보혜사 성령님을 우리에게 보내 주셔서 늘 우리와 함께 동행할 수 있도록 하셨습니다. 때문에 우리 삶의 모든 문제를 성령님과 수시로 소통을 하면서 성령님께 아뢰고 간구해야 합니다. 그럼 하나님 아버지께서 우리의 기도에 마음을 바꾸실 수 있는 것입니다. 왜 구해야 합니까? 왜 찾아야 합니까? 왜 두드려야 합니까? 그것은 하나님께서 아버지이시기 때문에 설득을 당하실 수 있다는 얘기입니다. 얼마나 놀라운 일입니까. 9-10절에서는 이렇게 말씀하고 있습니다. 너희 중에 누가 아들이 떡을 달라 하는데 돌을 주며 생선을 달라 하는데 뱀을 줄 사람이 있느냐. 그리고 12절에서는 하물며 "하늘에 계신 너희 아버지께서"라고 말씀하십니다. 육신의 부모도 자식이 달라고 하면 좋은 것으로 주려고 하는데 하물며 하나님 아버지께서 외면하시겠느냐 하는 것입니다. 열왕기하 20장에서는 히스기야 왕의 발병과 회복의 말씀이 나옵니다. 히스기야는 하나님을 잘 섬겼고 하나님의 축복도 많이 받은 사람입니다. 그런데 그가 30대에 병으로 죽게 되었습니다. 하나님은 이사야 선지자를 그에게 보내 곧 죽게 될 터이니 집에 유언을 하라 하십니다. 이 말씀을 듣고 히스기야는 이사야가 떠난 뒤 낯을 벽으로 향하고 부르짖어 기도합니다. 성경은 그가 "심히 통곡하였더라"라고 말씀합니다. 이 간절한 기도와 눈물을 하나님은 보셨습니다. 그리고 기억하셨습니다. 그래서 이사야가 성읍에 이르기 전에 다시 명령을 하십니다. 히스기야에게 가서 하나님이 네 기도를 들었고 네 눈물을 보았으며 이로 인해 히스기야의 병을 낫게 하고 15년의 연수를 더해 주신다는 것입니다. 이 얼마나 놀라운 일입니까? 히스기야의 간절한 부르짖음의 기도와 그의 눈물이 하나님의 마음을 설득당하게 한 것입니다. 왜냐하면 자비가 무한하신 하나님 아버지이시기 때문입니다.

나 역시 이런 하나님의 무한하신 은혜를 입은 사람입니다. 사업의 실패로 가정도 삶도 설 자리를 잃게 된 어찌할 수 없는 절박한 상황을 맞이한 적이 있었습니다. 아내와 두 아들을 데리고 어디 갈 데도 없고 일용할 양식조차 구하기 힘든 그래서 처참한 자신이 싫어 한강을 생각할 정도로 절박함을 경험했습니다. 그때 야곱의 씨름을 생각했고 예레미야 33:3절 말씀을 붙들고 기도했습니다. "너는 내게 부르짖으라 내게 네게 응답하겠고 네가 알지 못하는 크고 은밀한 일을 네게 보이리라." 매일 새벽, 그리고 수시로 기도하는 종의 기도로 얼굴에 소금기가 앉을 정도였던 눈물의 기도는 하나님을 설득당하게 하였고 하나님께서 일어나서 행하심으로 놀라운 기적의 일들을 경험하게 되었습니다. 둘째 호선이가 생후 1년도 되기 전에 라이증후군이라는 희귀병에 걸려 중환자실에서 생사의 기로에 있을 때 중환자실의 문고리를 붙들고 간절히 눈물로 기도한 그 기도를 우리 주님은 외면하지 않으시고 치유와 회복을 허락하셨습니다. 하나님은 이런 분이십니다.

2. 왜 하나님은 구하는 자에게 좋은 것으로 주시지 않겠느냐 하셨을까요?

하나님은 먼저 육신의 부모에 대해 말씀하셨습니다. 너희 중에 아들이 떡을 달라고 하는데 돌을 줄 사람이 있느냐 물으십니다. 그리고 이어서 생선을 달라고 하는데 뱀을 줄 사람이 있느냐고 물으십니다. 이 말씀은 육신의 부모도 자식이 뭔가 달라고 하면 더 좋은 것으로 주려 한다는 것입니다. 그러시면서 악한자라도 좋은 것으로 자식에게 줄 줄 아는데 하물며 "하늘에 계신 하나님 아버지께서 우리가 구하는 것을 좋은 것으로 주시지 않겠느냐" 하신 것입니다.

다시 말씀드리면, 구하고 찾고 두드리는 자에게 반드시 좋은 것으로 주시겠다는 하나님 아버지의 약속입니다. 이 약속은 보증수표입니다. 보증수표가 무엇입니까? 절대 부도나지 않는 지급이 보장된 수표를 보증수표라고 말합니다. 하나님의 약속은 보증수표를 뛰어넘는 100% 신뢰성이 있는 약속이십니다. 그러므로 그 약속의 말씀을 믿음으로 받아들이고 구하고 찾고 두드리는 기도를 해야 합니다.

기도를 해야 영안이 열립니다. 얄팍한 지식으로는 영안이 열리지 않습니다. 지식을 내려놓고 믿음으로 그분께 집중해야 합니다. 온 마음으로 그분께 집중하면 우리의 영안이 열리고 그분의 음성을 들을 수 있습니다. 영안이 열리지 않으면 하나님이 떡이라고 해도 그것이 돌로 보일 수 있습니다. 그러나 영안이 열리면 하나님이 돌이라고 해도 그것이 좋은 것으로 보입니다. 그것이 믿음입니다. 위기에서도 우리의 실수까지 선으로 바꿔서 좋은 것으로 주실 수 있는 분, 그분은 우리의 영원한 아버지 하나님이십니다.

오늘 이 큐티를 사랑하는 지체에게 보내려고 합니다. 그리고 부부가 매일 손잡고 기도하기를 권면합니다. 기도에 눈물이 없다면 우리가 중심을 다해 기도했다고 볼 수 없습니다. 정말 내 마음을 다해 토해내면 눈물이 강 같이 흘러내리게 됩니다. 히스기야가 낯을 벽으로 향해 부르짖어 기도함과 같이 "그가 심히 통곡했더라" 함과 같이 오직 주님의 긍휼을 위해 기도하기를 소망합니다. 절박한 상황에게 하루 세 시간씩 눈물로 부르짖어 기도했을 때, 나의 방법이 아닌 하나님의 방법으로 절망의 나락에서 멋진 묘기로 회복의 역사를 이끌어내신 우리 구주 하나님의 그 크신 은혜와 사랑을 내가 아끼고 사랑하는 이 가정이 경험하게 되기를 간절히 기도합니다.

★ 적용 질문_

1. 구하고 찾고 두드리는 기도를 가로막고 있는 걸림돌은 무엇입니까?
2. 이제 구하고 찾고 두드리는 기도를 하기로 결심하셨습니까?
3. 열정을 담아 간구하고 끈기 있게 매달리고 절대 포기하지 않고 집념을 갖고 마음을 토해내는 기도로 나가기를 결심했습니까?

★ 말씀으로 기도하기_

"하나님 아버지, 오늘 구하고 찾고 두드리는 이 기도의 삼겹줄을 진심으로 사랑하는 두 분 집사님이 붙잡고 기도할 수 있도록 인도해 주시길 소망합니다. 오직 주님만 바라보고 주님께만 집중해서 야곱과 같은 기도로 승리할 수 있도록 힘과 능력을 더 하여 주옵소서. 특별히 2022년 1월 7일 국립암센터 이은숙 교수가 수술을 하게 되는데 주께서 함께 하셔서 집도의가 되어 주심으로 모든 암의 근원들이 제거될 수 있도록 보혈의 은총을 허락하여 주옵소서. 이번 계기를 통해 믿음이 더욱 자라고 장성한 분량에 이르러 하나님의 형상을 이뤄가는 복된 삶이 될 수 있도록 축복하여 주옵소서. 오직 평안의 마음을 공급하셔서 담대히 주를 의지하며 감당할 수 있도록 인도하여 주옵소서. 라파의 하나님 되시는 예수 그리스도의 이름으로 간절히 기도드립니다. 아멘."

주제: 심령이 가난한 자

말씀 요약_

　예수께서 온 갈릴리에 두루 다니시며 예수님의 3대 사역인 가르치며, 전파하시며, 고치시는 사역을 하실 때 소문을 듣고 수많은 무리가 따릅니다. 이에 예수께서 무리를 보시고 산에 올라가 산상수훈의 첫 번째 말씀인 심령이 가난한 자가 받을 복에 대해 말씀하십니다.

질문하기_

왜 예수님은 심령이 가난한 자가 복이 있다고 말씀하셨을까요?

묵상하기_

왜 예수님은 심령이 가난한 자가 복이 있다고 말씀하셨을까요?

　예수님은 오늘 팔복을 말씀하시면서 복 있는 자의 첫 번째로 <심령이 가난한 자>를 말씀하셨습니다. 심령이 가난하다는 것을 문자적으로 보면 마음이 가난하다는 것으로 볼 수 있고 마음이 가난하다는 것은 어찌 보면 여린 마음에 의해 연민의 마음을 갖는 것이 아닐까 생각해 봅니다. 그런데 그것을 좀 더 영적으로 묵상해 보면 그것은 오직 하나님만을 의지할 수밖에 없는 상황적 가난을 의미한다고 볼 수 있습니다. 심령의 가난은 성령으로 새롭게 된 자들 속에서 성령이 역사하신 하나님의 영적 은혜이기 때문입니다.

그래서 칼뱅은 이렇게 말했습니다. 심령이 가난한 자는 그 자신 앞에서 아무것도 발견할 수 없어 자비를 구하기 위하여 '성소로 달려가는 사람을 말한다'라고 말입니다. 그러므로 심령의 가난은 자기 부인이요 자기 부정입니다. 못난 자아, 잘난 자아를 매일 십자가에 못 박는 사람입니다. 결과적으로 거듭난 그리스도인이 갖춰야 할 최고의 덕목이요 품성인 것입니다.

오늘 예수님이 산상수훈의 팔복을 선포하시면서 첫 번째로 심령이 가난한 자가 복있다 말씀하신 것은 이것이 내 안에서 먼저 되어야 할 중요한 핵심 키워드이기 때문입니다. 왜냐하면 심령이 가난하지 않고 애통하는 자가 될 수 없으며 온유한 자도, 의에 주리고 목마른 자도, 긍휼이 여기는 자도, 화평하게 하는 자도, 의를 위해 박해를 받는 자도 될 수 없기 때문입니다. 심령이 가난한 자가 전제되어질 때 비로소 나머지 칠복도 이뤄갈 수 있는 것입니다.

내 삶을 되돌아보니 그동안 심령이 많이 가난해졌다고 생각했음에도 심령의 한 구석에서는 여전히 부요한 또 다른 내가 도사리고 있음을 발견하게 됩니다. 그것은 낮은 체하고 겸손한 체하면서도 여전히 자기의 의를 드러내려는 내가 분명 있음을 깨닫기 때문입니다. 또한 이젠 조금 먹고 살만한 내 경제 상황도 한몫 할 것입니다. 그러나 이 모든 것은 가짜입니다. 내가 좀 더 부요하다고 느끼는 나의 주변 환경, 상황도 모두 하나님의 주권 아래 있고 그분의 은혜 안에 있는 것이며 그분의 손길에 의해 긍휼의 은혜를 베풀어 주신 결과이기 때문입니다. 그래서 우리는 예수 그리스도와 인격적 만남을 가졌던 그 놀라운 사랑, 다시 말씀드리면 주님과의 그 뜨거웠던 첫사랑을 결코 잊어버리지 않도록 스스로 경계하고 스스로 절제하며 스스로 조심하면서 그 사랑 안에 늘 거하는 그분의 신부가 되어야 합니다.

그러므로 이제부터 남은 삶을 계수하는 지혜로 천국을 준비하는 삶을 살아가고자 한층 노력하려고 합니다. 사도 바울의 고백처럼 그분의 흔적이 내 몸과 발자국마다 작은 점이라도 있게 하려고 말입니다. 오늘 허락하신 말씀을 묵상하면서 나의 심령이 그분을 전적으로 의지하기에 가난한 자가 되고 그분을 너무 사랑하기에 그분만이 나의 전부가 되고 그래서 그분 한 분만으로 만족한 삶을 고백하는, 그러기에 진정 심령이 가난한 자가 되는 삶을 지향하며 한 걸음 더 주님 앞으로 나아가고자 합니다.

★ 적용 질문_

1. 내 심령의 가난 지수를 매일 확인하고 있습니까?
2. 내 심령이 가난하기 위해 무엇을 해야 할까요?

★ 말씀으로 기도하기_

"하나님 아버지! 오늘 예수 그리스도의 산상수훈 첫 번째 말씀을 깊이 묵상할 수 있는 은혜를 허락해 주셔서 감사합니다. 말씀 속에 거하시는 주님을 발견하고 주님의 음성을 듣는 귀를 열어 주셔서 심령이 가난한 자가 복이 있다고 하신 주님의 마음을 헤아릴 수 있는 큰 은혜를 허락하심도 더욱 감사합니다. 이제 한 걸음 한 걸음 나아갈 때마다 주님의 마음을 묵상하면서 심령이 가난한 자의 삶을 살아가기에 부족함이 없도록 선히 인도하여 주옵소서. 예수님의 이름으로 기도드립니다. 아멘."

주의 말씀은 내 발에 등이요
내 길에 빛이니이다

주의 의로운 규례들을 지키기로
맹세하고 굳게 정하였나이다